KOLUMBA
Kunstmuseum des Erzbistums Köln
Auswahlkatalog 2

Auswahl
zwei

KOLUMBA

Wahrhafte Museen sind Orte, an denen sich die Zeit zu Raum verwandelt.

ORHAN PAMUK

Einweihung – 14. September 2007

Das Museum als ästhetisches Labor

Dieses Buch hätte zur Einweihung von Kolumba im September 2007 nicht erscheinen können. Da es von der Arbeit und von den Erfahrungen der ersten drei Jahre im Neubau berichtet, ist es auf ungewöhnliche Weise Architekturbuch wie Ausstellungs- und Sammlungskatalog. In der Zusammenführung dieser Anliegen berücksichtigt es die Wechselwirkung von Ort, Architektur und Sammlung, die bei der Planung für das Kunstmuseum des Erzbistums Köln im Fokus stand. Diese ganzheitliche Auffassung des Projektes wurde während der langjährigen Planung und Realisierung von Kolumba von allen Beteiligten als Chance für ein »Museum der Nachdenklichkeit« verstanden.

Auswahl zwei versteht sich als unmittelbare Fortsetzung der zur Einweihung erschienenen *Auswahl eins*, die als Panorama quer durch alle Jahrhunderte, Gattungen und Medien angelegt ist. Beide Bände dokumentieren ein Kontinuum und beziehen sich in Text- und Bildauswahl aufeinander. Der erste Auswahlkatalog setzt mit der Vorstellung zahlreicher erhaltener Realien sowie historischer Fotografien aus der wechselvollen zweitausendjährigen Geschichte des Ortes ein und endet mit der Errichtung des Gebäudes. *Auswahl zwei* beginnt mit einer umfangreichen Bildserie der fertiggestellten Architektur und dokumentiert die Ausstellungen der vergangenen ersten drei Jahre. In der Abfolge der Ausstellungsräume möchten wir wesentlichen Fragen nachgehen: Hat die Architektur die richtigen Antworten auf den Ort gefunden? Wie ist dieser Ort von den Menschen angenommen worden? Welche Wege gehen wir, um mit der Präsentation und der Vermittlung an die Bedingungen des Ortes, der Architektur und der Sammlung anzuknüpfen?

Das Museum als ästhetisches Labor

Museumsarbeit ist unserem Verständnis nach nicht ereignisorientiert, sondern nachhaltig. Sie beruht traditionell auf drei Säulen: dem Bewahren, Erforschen und Vermitteln; sie entwickelt sich aus diesen Aufgabenstellungen mit dem Ziel stetiger Präzisierung. Das Museumskonzept von Kolumba kennt daher keine Unterscheidung von Dauer- und Wechselausstellung. Vielmehr richten wir jeweils zum 14. September (dem Fest *Kreuzerhöhung*) für die Dauer eines Jahres das ganze Haus neu ein. Dabei wird die Sammlung unter einem anderen Blickwinkel und in einer anderen Auswahl neu vorgestellt. Einige Werke bleiben dauerhaft an ihren Standorten präsent und entwickeln aufgrund der in der Kunst grundsätzlich angelegten Vieldeutigkeit in wechselnder Nachbarschaft neue Sinnzusammenhänge. Bei den jährlichen Ausstellungswechseln arbeiten wir prinzipiell ohne Leihgaben, sieht man von solchen ab, die seit vielen Jahrzehnten als Dauerleihgaben zu den Hauptwerken des Museums zählen. Wir verstehen die Institution Museum als den Ort der eigenen Sammlung. Sie ist das unerschöpfliche Potential, das es immer wieder neu zu entfalten gilt. Dies trifft gleichermaßen auf die Architektur und deren Ausstattung zu, denn das Gebäude entwickelt seine Qualität als Ausstellungsarchitektur im Variantenreichtum räumlicher Möglichkeiten. Die in den Wechsel der Bespielung investierten Mittel verlieren sich nicht in temporär eingebauten Trennwänden, einmalig verwendeten Sockeln und anderen Präsentationsmitteln, sondern dienen der Erweiterung, Pflege und Präsentation des eigenen Bestandes im Rahmen eines auf lange Sicht und im Einklang mit der Architektur definierten »Mobiliars«.

Mit Blick auf die Museumsbauten und Ausstellungsarchitekturen der vergangenen dreißig Jahre zeichnet sich ab, dass vermeintlich »neutrale« Räume wie der »White Cube« für Kunst wenig geeignet sind, vielmehr Gefahr laufen, Kunst mit Künstlichkeit zu umgeben. Im Unterschied dazu sollte die Architektur von Kolumba spezifische Merkmale besitzen, die stark und kraftvoll die Sprache der Baukunst sprechen, sofern man hier – wie in der bildenden Kunst überhaupt – von einer »Sprache« reden kann, denn der Erlebnisraum der Architektur ist ebenso wenig erschöpfend verbal zu übersetzen, wie der des Kunstwerkes. Leitlinien für den angestrebten Charakter der Museumsräume waren für uns die Erfahrungen in Künstlerateliers und in Privatsammlungen als den Orten des selbstverständlichen Nebeneinanders und der Intimität. Gleichzeitig war uns die Möglichkeit zur Erfahrung von Aura wesentlich, die durch die Ruine der Kolumba-Kirche und die sakrale Herkunft vieler Werke aus der Kolumba-Sammlung nahegelegt wurde. Es war überdies eine stete Überlegung während der Planungsphase, dass der architektonische Charakter des Gebäudes eine Einladung sein sollte, sich gerne darin aufzuhalten, um sich mit Inhalten zu beschäftigen – Inhalten, die keineswegs immer bestätigend sind, sondern weitaus mehr in Frage stellen und verunsichern können.

Der einzige Ausstellungsraum, der für eine konkrete Werkgruppe geplant wurde, ist das vertikal über der Kapelle *Madonna in den Trümmern* gelegene Armarium, das den bedeutenden historischen Kirchenschatz von St. Kolumba beherbergt. Weitaus wichtiger als die Platzierung von Werken an vorgedachten Orten erschienen uns Überlegungen, die den Charakter der Räume maßgeblich prägen, etwa solche zu Maß und Proportion, Wegführung, Licht und Schatten, Material und Funktion, zu Intimität und Öffentlichkeit. Peter Zumthor hat uns in vielen Gesprächen immer wieder mit diesen Fragen konfrontiert, um für Kolumba spezifische Antworten zu entwickeln. Mit seinem Team verfolgte er individuelle Lösungen, die sich aus den erarbeiteten Kontexten ableiten und aufeinander verweisen. Kolumba ist in allen Teilen das Ergebnis eines ganzheitlichen Verständnisses von (Bau-)Kultur. Der Gesamtkontext bestimmt die Qualität der architektonischen Details, die deshalb nicht auf ihre Faktizität reduziert werden und auch nicht sinnvoll als Vorlage für andere Orte dienen können. Ihre Qualität resultiert aus funktionalen Überlegungen und liegt auch in den Stimmungen und Atmosphären, die sie produzieren. Davon ausgehend wäre es sicher sinnvoll, der Frage nachzugehen, was die Architektur in den Städten und Vorstädten, was die Architektur im Allgemeinen prägt. Sind es die höchst komplexen Rahmenbedingungen bei öffentlichen Bauprojekten, ist es die mangelnde Bereitschaft der Bauherrn, die Bedingungen von Raum und Zeit umfassend zu würdigen oder ist es die Beschränkung vieler Architekten auf eine Funktionalität von Details, die in veränderten Kontexten beliebig reproduziert werden können? – Und was bedeutet »Funktionalität« im Kontext eines Kunstmuseums?

Wenn im Museum alle gestalterischen Details mit Blick auf die sinnliche Wahrnehmung der Werke befragt werden, äußert sich Funktionalität vor allem in der Reduktion ihrer Sichtbarkeit – also im Weglassen. Das, was sichtbar ist, ist das, was für die Präsenz der Werke notwendig ist. Dazu ein Beispiel: Worin besteht die Funktionalität einer Steckdose an einer Wand, die in den meisten Fällen mit solchen Werken »bespielt« wird, die keinen elektrischen Strom erfordern? Und worin besteht die Funktionalität der Wand? Das Weglassen der Technik steigert deren ästhetische Qualität und damit ihre Funktionalität. Funktionalität und Ästhetik sind folglich keine sich widersprechenden Aspekte des Museums, sondern sie bedingen sich. Das sichtbare Detail ist ebenso wesentlich wie das nicht sichtbare bzw. das weggelassene, denn das sichtbare Detail steht am Ende einer Kette von Ausschließungen, von verworfenen Möglichkeiten. Jedes weggelassene Detail bedeutet ebenso eine Lösung wie das gestaltete.

Kolumba ist der Versuch, jede Lösung – ob in der Architektur oder im Museums- und Vermittlungskonzept – in das Verständnis eines individuellen Ortes einzubinden, der sich weder im Detail noch als Ganzes als Rezept für etwas anderes anbietet, der nur in der Erlebnisbereitschaft für das Ganze als etwas Unverwechselbares zu erfahren ist. Atmosphäre und Inhaltlichkeit sollen sowohl intuitiv erlebt als auch kritisch und kreativ reflektiert werden können. Die Akzeptanz dafür liegt weit höher als wir es je erwartet hatten, vor allem, wenn man bedenkt, dass Kolumba gegenüber dem »Museumsbetrieb« eine Haltung einnimmt, die in Teilen als Verweigerung verstanden werden könnte. So gibt es keine »Audioguides«, die den Erlebniswert des Kunstwerkes auf einen interpretierenden Informationsgehalt reduzieren. Es ist anregend darüber nachzudenken, ob Audioguides ein eigenes künstlerisches Medium sein könnten. Mit der Ausstellung *walkmen*, sind wir vor zehn Jahren dieser Frage nachgegangen. Es gibt keine Beschriftungen, die den subjektiven Zwischen-Raum von Betrachter und Werk verhindern. »Führungen« finden allein außerhalb der regulären Öffnungszeiten statt als begleitete Rundgänge zu vereinbarten Zeiten, im besten Fall als Gespräche zwischen mehreren Gästen und einem Gastgeber; Gespräche, die den Interessen der Gäste folgen und keine Fragen beantworten wollen, die nicht gestellt wurden. Viele weitere Entscheidungen tragen dieses Konzept im Detail.

Grundsätzlich unterliegt unserer Arbeit die Auffassung, dass alle Kunst an einen Kontext gebunden ist. Allerdings haben die Werke, wenn sie das Museum erreichen, ihren ursprünglichen Kontext verloren, der sich zudem – vor allem in der »alten« Kunst – oft nicht präzise recherchieren lässt. Dennoch: Es gibt keine Möglichkeit, Kunst ohne Kontext auszustellen, und jeder Kontext schafft eine Inhaltlichkeit, die durch die Art der Präsentation getragen, unterstützt, geschwächt oder konterkariert wird. Wir vertrauen auf den ästhetischen Wert der aus ihrem Zusammenhang gerissenen Werke, und wir vertrauen auf die Qualität des Fragmentes, das es in einen neu geschaffenen Kontext sinnstiftend zu integrieren gilt. Unter diesen Vorzeichen ist schnell ersichtlich, dass uns Ausstellen weit mehr bedeutet als nur eine Versammlung von Werken. Eine Ausstellung schafft ihre Inhaltlichkeit wesentlich über die Art der Präsentation und über die Möglichkeit, die ausgestellten Dinge ästhetisch erfahren zu können. Eine der Kunst adäquate Vermittlung ist daher primär in der Art ihrer Präsentation enthalten und sollte – nach unserer Meinung – erst sekundär auf Mittel der Erläuterung zurückgreifen. Das »Wie« ist für eine Kunstausstellung ebenso wichtig wie das »Was«. Ziel ist es, dem Besucher die Rezeption der Werke unkommentiert zu überlassen und ihm auf diese Weise die Möglichkeit zu aktivem Entdecken und unverstelltem Erleben zu geben.

Unser Verzicht auf Leihgaben trägt diesem Verständnis des Ausstellens Rechnung. Wer je mit Leihgaben gearbeitet hat, kennt die Situation, in der sich beim Auspacken des Werkes, das man dankbar zur Verfügung hat, dessen ästhetische Präsenz anders darstellt, als man es seiner Erinnerung oder einer Abbildung zufolge erwartet hatte. Die sich ergebenden Kontexte der meisten Ausstellungen sind zudem aufgrund der Zufälligkeit von Leihgabenzusagen nicht dazu geeignet, der Ästhetik der Werke zu folgen und auf sie zu reagieren, sondern sie sind – auch im Ersetzen von inhaltlichen Lücken – von einer vorgedachten Inhaltlichkeit bestimmt. Demgegenüber ermöglicht der Umgang mit der eigenen Sammlung eine von diesen Zufällen unabhängige, ästhetische Präzision der Ausstellung, die der Erfahrung des Werkes in einem bewusst gesetzten Kontext – etwa Raum, Licht, Geräusch etc. – folgen kann. Da die Anteile von Wissen und Erfahrung nicht immer voneinander zu trennen sind, wird nicht jeder Kontext gelingen, doch soll der Versuch erkennbar sein, dem Kunstwerk ästhetisch gerecht zu werden. Das Museum ist der Ort der Werke, sein Anteil an der Wissenschaft besteht vor allem in deren optimaler Präsentation. Dabei scheint es unerlässlich zu sein, weniger dem vorhandenen Wissen zu folgen und das Kunstwerk damit in einen bereits bekannten Zusammenhang einzufügen, als seine Wirkung auf uns stets zu aktualisieren und dabei Erfahrungen zuzulassen, die sich über die Jahre in wechselnden Kontexten verändern können. Mit diesem auf Sehen, Subjektivität und Intuition gegründeten Verfahren bewegt man sich – darüber sind wir uns bewusst – auf schwankendem Grund, doch gibt es in der Vorbereitung einer Ausstellung kein distanziertes Verhältnis zum Kunstwerk, das wissenschaftlich gerechtfertigt wäre, denn die Kunst gehört nicht der Kunstwissenschaft, sie gehört sich selbst. Das Museum darf keinerlei Deutungshoheit über die Kunst beanspruchen, sondern bestenfalls behaupten, der Ort des Werkes zu sein; ein idealer, weil von äußeren Zwängen freier Ort, um die existentielle Notwendigkeit, die gesellschaftliche Relevanz und die individuelle Gegenwart der Kunst mit Kunst zu vermitteln und eine optimale Erlebnismöglichkeit des Werkes bereit zu halten. Nach welchen Gesichtspunkten dies geschieht und welche Überlegungen und Erfahrungen uns dabei begleiten, davon möchten wir mit diesem Buch berichten. Seine Ordnung ist die Abfolge der Räume unserer Architektur, die in den jährlich wechselnden Ausstellungen eine Konstante bildet.

Schnell hat sich herausgestellt, dass die Architektur von Kolumba viele Varianten der »Bespielung« zulässt und mit jedem Ausstellungswechsel ein neues Museum entstehen kann, ohne dass eine bestimmte Ausstellungsästhetik architektonisch oder von Seiten der Kuratoren vorbestimmt wäre. Dadurch ergeben sich vielfältige Möglichkeiten, den Charakter der einzelnen Räume in jedem Jahr neu zu definieren. So wird ein sparsam bestückter Raum zu einem gefüllten, ein ruhiger Raum zu einem lauten etc. Beim Aufbau einer Ausstellung leitet uns die Absicht, mit Räumen und Werken erinnerungsfähige Bilder zu schaffen, eine Atmosphäre, die im Gedächtnis haften bleibt. Besonders mit der dritten Ausstellung, *Hinterlassenschaft*, stellte sich die

Frage nach der notwendigen und zulässigen Inszenierung der Werke. Der »Raum mit den Tischen« wurde zum Gegenstand einer Diskussion darüber, wie weit Kuratoren gehen dürfen (Abb. S. 354f.). Dabei kann die Präsentation dieser Arbeit beispielhaft für unsere Vorgehensweise angeführt werden: Denn auch bei der Frage, wie man das mehrere hundert Blätter und Realien umfassende Konvolut *Der Grafenberg* von Felix Droese ausstellen sollte, gingen wir vom Werk aus. In diesem Fall war es in einem dicht gefüllten Umzugskarton ohne jegliche Ausstellungsanweisung gelagert, gab also neben der »Lagerform« keine andere »Werkform« vor. Bei den Überlegungen zur Präsentation einer Arbeit vertrauen wir auf die Autonomie des Werkes; bei Objekten der alten Kunst ist dieses Vorgehen notwendigerweise eine Selbstverständlichkeit. Was also ist Bestandteil des Werkes und wie sollte es ausgestellt sein? Worin besteht sein spezifischer Werkcharakter? Es ist für uns entscheidend, dass diese Überlegungen bei aller Subjektivität immer gemeinsam vom Kuratorenteam geführt werden, mit großer Offenheit, viel gegenseitigem Vertrauen und einer hohen Bereitschaft, sich selbst einzubringen. Mit Blick auf den Grafenberg, bei dem es sich um das umfassende Dokument einer künstlerischen Auseinandersetzung mit der Lage der Psychiatrie in Deutschland um 1970 handelt, entschieden wir bald, dass eine konventionelle Aufbereitung der Papierarbeiten in Wechselrahmen an den Wänden des Museums ausscheidet. Auch stellte sich die Frage nach der Notwendigkeit bzw. der Möglichkeit einer Ordnung. Wir entschieden uns dafür, keine Ordnung herstellen zu wollen, die im Werk nicht selbst angelegt ist, und für eine Präsentation des Materials auf Tischen. Dazu wählten wir eine Art Schaukasten als einfache Form der Vitrine, die sich als Museumsinventar, wie man es etwa aus naturkundlichen Sammlungen gewohnt ist, zu erkennen gibt, um den musealen Eingriff sichtbar zu machen. Als Träger dieser Kästen schienen gebrauchte Tische aus verschiedenen Alltagszusammenhängen sinnvoll, weil sie auf die Individualität und Heterogenität des auf ihnen ausgebreiteten Materials verweisen. Die spürbare Werkabsicht, jede Überhöhung als Kunstwerk zu unterlaufen, hat uns dazu veranlasst, den Realitätsgehalt der versammelten Dinge zu stärken. So verständlich die Diskussion um den ungewohnten wie auffälligen kuratorischen Eingriff auch sein mag, eine Präsentation entsprechend den Konventionen des Museums (Wechselrahmen etc.) ist ebenfalls eine dezidierte kuratorische Haltung, ist ebenso ein Eingriff in das Werk, dessen Intentionen er in diesem Fall nicht gerecht geworden wäre. Die nachträgliche Zustimmung des Künstlers bestätigt die Vorgehensweise, maßgeblich ist allerdings der für den Besucher nachvollziehbare Zusammenhang zwischen dem Kunstwerk und der Art seiner Präsentation.

Die Entwicklung einer Ausstellung erfolgt nicht am Modell, sondern allein durch das reale Erproben einzelner Situationen mit den Werken, die potentiell in einem gedachten Zusammenhang tragfähig erscheinen und dafür vorbereitet werden (Restaurierung, Rahmung etc.). Die Ausstellung selbst entsteht in den ersten beiden Septemberwochen, in denen Kolumba aus diesem Grund geschlossen ist. Sie entwickelt sich – wie auch die Planung des Gebäudes – in einem kontinuierlichen Prozess des Hinzufügens und Weglassens, einem Ausprobieren mit den Werken, die unsere Sammlung bereithält; sie unterliegt dem Grundsatz, dass gedachte Zusammenhänge, die nicht auch gesehen werden, in der wissenschaftlichen Welt des Museums als Ausstellungsort keinen Raum beanspruchen können. Kolumba ist dann im besten Sinne ein ästhetisches Labor, das Mischungsverhältnisse ausprobiert und Reaktionen beobachtet. Diese Vorgehensweise ist in der Tradition der Institution Museum verankert: Seit dem 14. Jahrhundert entwickelte sich mit dem Arbeitsraum der humanistischen Gelehrten ein Ort, an dem die Forschung und das vergleichende Sehen gesammelter Dinge im

Mittelpunkt standen. Im Verlauf des 15. Jahrhunderts verlor das »studiolo« seine Funktion als Arbeitsraum und emanzipierte sich zur Sammlung, die Antiken und Naturalien, Objekte und Kultgegenstände verschiedener Kulturen, sowie wissenschaftliche Geräte und Kuriosa vereinte. Als »Wunderkammer« wurde es zum Vorbild offener Museumskonzepte, die in den Zwanziger Jahren des letzten Jahrhunderts besonders in Deutschland erprobt wurden. Sie reagierten auf die Ästhetik der Moderne, die andere Kulturen ebenso selbstverständlich einbezog wie Volkskunst und alltägliche Dinge. Erinnert sei an die wegweisende Arbeit von Museumskollegen wie Alexander Dorner (Hannover), Walter Riezler (Stettin), Max Sauerländer (Hamburg) oder Karl Wieth (Köln), die 1933 mit dem Beginn der nationalsozialistischen Herrschaft ihr jähes Ende fand und nach dem Krieg trotz der Rehabilitation der Moderne vergessen wurde. Es waren Künstler, die ab 1960 mit einem »erweiterten Kunstbegriff« die Museen dazu aufforderten, ihre Kategorien zu überdenken. Raumgreifende Installationen wie der *Beuys-Block* im Hessischen Landesmuseum in Darmstadt (1970), Paul Theks Ausstellung *Pyramid / A Work in Progress* im Moderna Museet in Stockholm (1971) oder *School No. 6* von Ilya Kabakov in der Chinati-Foundation in Marfa / Texas (1993) beziehen sich ebenso auf die Tradition der Wunderkammer, wie sie für das »lebende Museum« vorbildlich sind.

Dem »erweiterten Kunstbegriff« ist das seit Anfang der 1990er Jahre entwickelte Sammlungs- und Ausstellungskonzept von Kolumba verpflichtet, das wir im Juni 1993 in den früheren Räumen am Roncalliplatz erstmals zur Diskussion stellten. Mit einem in diesem Rahmen vorgestellten Raum, in dem ein romanisches Kreuz, die unbetitelte Arbeit mit Munitionskiste und Fichtenstamm von Joseph Beuys und das Gemälde *Spuren auf weißem Grund* von Antoni Tàpies aufeinandertrafen, war der Grundstein für diese nun auch im Neubau praktizierte Art der

Präsentation gelegt. Unter dem programmatisch verstandenen Titel *Wiederbegegnung mit Unbekanntem* begann damals eine in vielen Teilen und über mehrere Jahre fortgeführte Ausstellungsreihe, die die Werke der wachsenden Sammlung in jährlich mehrfach wechselnden Konstellationen präsentierte. *Über die Farbe*, *Über die Ambivalenz* oder *Über die Wirklichkeit* waren die Ausstellungstitel, mit denen wir Erfahrungen zur Verfolgung eines »Themas« sammelten, ohne in einer »Themenausstellung« die gezeigten Werke zur Illustration von Ideen missbrauchen zu wollen. Die in den Ausstellungen der letzten drei Jahre gewählten Themen wurden von einem der jeweils präsentierten Werke bereitgestellt und im Zusammenspiel der ausgewählten Arbeiten weiträumig und phantasievoll umkreist. Ziel war es, eine Atmosphäre der Konzentration zu schaffen, die wir benötigen, um uns selbst zur Kunst in ein persönliches Verhältnis zu setzen und mit Hilfe der Kunst, unserer eigenen Wahrnehmung, Erfahrung und Erinnerung einen neuen Gedanken zu fassen, um zu uns selbst zu kommen.

Neben dem Prinzip von Hinzufügen und Weglassen ist die Frage des richtigen Abstandes der Werke zueinander für das Gelingen der Räume maßgeblich, denn die in den Ausstellungen entwickelten Kontexte wollen weder eine Ausschließlichkeit beanspruchen, noch eine inhaltliche Verengung bewirken. Der richtige Abstand soll die spannungsreiche Bezugnahme verschiedener Dinge erlauben und dennoch jedes dieser Werke in seiner Integrität und Eigenständigkeit bewahren. Es ist immer wieder interessant, dabei zu beobachten, wie minimale Unterschiede im Hinblick auf Höhe, Weite, Distanz, Licht, Sockel, Rahmen etc. die Wirkung und damit die Aussage von Kunstwerken grundlegend verändern können. In diesem Verständnis hat das Museum die Aufgabe, mit größter Sorgfalt darauf hinzuarbeiten, dass die Art der Präsentation dem Besucher nahelegt, den Raum zwischen den Werken mit eigenen Inhalten zu füllen.

Das Museum als ästhetisches Labor

Vermutlich besteht deshalb eine gelungene Ausstellung weniger aus der Versammlung von Werken, sondern weit mehr aus der Summe der gelungenen Zwischenräume. Als ästhetisches Labor möchte das Museum eine präzise Versuchsanordnung zur Verfügung stellen, deren eigentliche Auswertung der Betrachter selbst leisten kann und darf. Als »Labor« ist das Museum ein Gegenpol zur Informationsgesellschaft. Es ist ein Ort der ästhetischen Bildung, ein Ort des Wissens, dem Beobachten, Sehen und Staunen als Erkenntnisprozess vorausgehen. Die besten Ausstellungsräume entstehen dann, wenn wir bereit sind, der Intuition zu vertrauen und Dialoge von Werken zuzulassen, deren ästhetisches »Funktionieren« im ersten Augenblick gesehen wird, ohne dass wir in diesem frühen Moment sagen könnten, warum. Es scheint uns gut und sinnvoll zu sein, dann ein Jahr lang Zeit zu haben, gemeinsam mit den Besuchern über die Tragfähigkeit dieser Situationen nachzudenken, und im Gespräch den Versuch zu wagen, sich dessen, was man unmittelbar sieht, ein Stück weit sprachlich zu versichern.

Kolumba versteht sich weder im Detail noch im Ganzen als Rezept oder gar als Vorbild für andere Museen. Vielmehr möchten wir mit unserer Arbeit dazu beitragen, die Welt der Museen vielfältiger und lebendiger zu gestalten, denn Museumsarbeit ist nicht exemplarisch sondern spezifisch. Die jeweilige Sammlung, der Ort, der Träger und der Auftrag mit all den sich daraus ergebenden Möglichkeiten sind die Basis dieser Arbeit. Verbindliches Ziel sollte es sein, dem Besucher eine Selbstständigkeit im Umgang mit dem Gezeigten zu vermitteln und ihm die Chance zu bieten, das im Museum Bewahrte jenseits seines rein materiellen Wertes als etwas zu Bewahrendes erleben zu können. Denn nur durch seine Relevanz für die Menschen der Gegenwart wird Vergangenes als Teil dieser Gegenwart begreifbar und der mit hohem Aufwand betriebene Erhalt des Bewahrten legitimiert. Das große Potential des zwischen hochrangigen

Kunstwerken und Volkskunst, zwischen freien und angewandten Arbeiten sich aufspannenden »Sammelsuriums«, welches das 1853 als *Erzbischöfliches Diözesanmuseum* gegründete Haus auszeichnete, veranlasste uns seit 1990, die Sammlung in viele Bereiche hinein zu verzweigen. Ausgehend von dem vorgefundenen Bestand hat sich Kolumba zu einem Museum entwickelt, das im zeitlich begrenzten, wandelbaren und immer neu befragten Miteinander unterschiedlicher Dinge aus Gegenwart und Vergangenheit den Dreh- und Angelpunkt seiner Arbeit sieht: ein Museum, das die Universalität gestalterischer Arbeit durch keine scheinbar objektive Ordnung außerhalb der Kriterien der Ästhetik einengen möchte. »Alle sichtbaren Gegenstände«, schrieb der Mystiker Hugo von St. Victor im 12. Jahrhundert, »sind uns vor Augen gestellt zur Bezeichnung und Erklärung der unsichtbaren Dinge. ... Weil in der Form der sichtbaren Dinge ihre Schönheit besteht, ist die Schönheit der sichtbaren Dinge ein Bild für die Schönheit der unsichtbaren«. Als Kunstmuseum des Erzbistums Köln realisiert Kolumba einen Gedanken, den der Schriftsteller Orhan Pamuk in seinem Roman *Das Museum der Unschuld* in Worte gefasst hat, indem er schrieb, dass man »schlichtweg alles sammeln darf und muss, was man liebt und was mit Geliebtem zu tun hat, und dass selbst dann, wenn kein Haus und kein Museum zur Verfügung stehen, eben der Geist der Sammlung die Behausung darstellt.« Für ein Museum, in dessen Mittelpunkt der Mensch steht, bleibt dies auch in einem wunderbaren Gehäuse eine lohnende Herausforderung.

Stefan Kraus
Katharina Winnekes
Ulrike Surmann
Marc Steinmann

Architektur

Peter Zumthor / Mitarbeit Rainer Weitschies

Architektur

»Es war ein langer Weg von der Entscheidung für den Standort (1990) bis zum Architekturwettbewerb (1997); von der Vorstellung des baureifen Entwurfes von Peter Zumthor (2001) bis zur Vollendung des Gebäudes. Nun ist es fertig: Ein Museum, das sich ganz auf seinen historischen Ort bezieht, das seine Sammlung konsequent in den Mittelpunkt aller Aktivitäten stellt, das nach Gemeinsamkeiten und Wechselwirkungen der unterschiedlichsten Dinge unserer Kunst- und Kulturgeschichte fragt, um das Unsichtbare im Sichtbaren vorstellbar zu machen. Kolumba möchte in Erinnerung rufen: Das Museum ist ein Ort der Langsamkeit, der Konzentration, der spielerisch-kreativen Auseinandersetzung, des Neugierigmachens auf ein Universum des so noch nicht Gesehenen; ein Füllhorn unverbrauchter, staunenswerter, überraschend neuer und ebenso überraschend unvertrauter alter Sichtweisen menschlichen Weltverständnisses in individuellen Bildfindungen. Kolumba möchte ein Panorama für das ausbreiten, ›was unsere Augen denken‹ (Paul Cézanne), was unser Sehen fühlt, was unser Fühlen hört, was unser Lauschen spricht, was unsere Worte verschweigen. Seit 1992 wurde das ›Museum der Nachdenklichkeit‹ in vielen Ausstellungen erprobt, nun kann es sich im Neubau entfalten. Der größte Raum des Gebäudes bietet als Erinnerungslandschaft Einblick in die zweitausendjährige Geschichte der Stadt und birgt die Kapelle der *Madonna in den Trümmern*. Sechzehn Ausstellungsräume besitzen im Hinblick auf einfallendes Tageslicht, Größe und Proportionen unterschiedlichste Qualitäten. Gemeinsam ist ihnen die schlichte, aber sinnliche Materialität, vor der die Kunstwerke hervortreten. Als Licht- und Schattenmuseum entfaltet sich Kolumba mit den wechselnden Tages- und Jahreszeiten.«

Museumsprospekt zur Einweihung im September 2007

Nach mehrjähriger Vorbereitung wurde Ende 1996 ein Architekturwettbewerb ausgelobt, offen für Teilnehmer aus dem Gebiet des Erzbistums Köln. Sieben ausgewählte Architekten aus mehreren europäischen Ländern wurden zur Teilnahme an dem anonymen Verfahren eingeladen. Nach dreitägiger Sitzung und der Begutachtung von 166 eingereichten Entwürfen votierte die Jury am 12. Juni 1997 mit einem Stimmenverhältnis von 12:1 für den Entwurf, der sich nach Öffnen der Umschläge als Beitrag von Peter Zumthor herausstellte. Ihn hatten die Kuratoren erstmals im Frühjahr 1993 in der Schweiz besucht. Sein Entwurf war so radikal wie konsequent, indem er vorschlug, das neue Gebäude auf dem Grundriss und den Außenmauern der Kirchenruine zu errichten. Der große Baukörper – Ergebnis der überbauten Ausgrabungen, Kapelle und früheren Kolumbakirche – beansprucht, Mittelpunkt des Viertels zu sein. Zur Planung stand ein detailliertes Holzmodell der gesamten umgebenden Bebauung zur Verfügung, in das die Entwürfe des Neubaus in allen Entwicklungsstadien zur Überprüfung der stadträumlichen Wirkung hineingestellt wurden. Da sich der Neubau konsequent auf dem Grundriss der spätgotischen Kirche erhebt, erfolgte eine Wiederherstellung des durch den Krieg zerstörten Stadtraums. Die Gestaltung des Hofes erbrachte die Klärung der Parzellenstruktur. An der von heterogenem Baubestand geprägten Ostseite wurde die alte Passage wiederhergestellt und mit einer durchgehenden Pflasterung und durch die Pflanzung von Bäumen stadträumlich aufgewertet.

Architektur *Brückenstraße mit Kapelleneingang*

Architektur *Süd- und Westfassade*

Architektur   *Ostfassade / Außentreppe*

An allen Seiten des Gebäudes wurden die erhaltenen Ruinenwände integrativer Teil der Fassaden. Der eigens für das Gebäude entwickelte »Kolumbastein«, ein handgefertigter, warmgrau gebrannter Backstein, der mit breiten Mörtelfugen vermauert wurde, leistet eine selbstverständliche Verbindung der Bauteile, bei der Altes und Neues ablesbar bleiben und dennoch eine ästhetische Einheit bilden. Der Respekt des Neuen vor dem Vorhandenen zeigt sich auch in der Sorgfalt und Handwerklichkeit, mit der das in jeder Steinlage detaillierte Mauerwerk von einer polnischen Maurerkolonne ausgeführt wurde. Zeitgenössische Elemente, wie die großen »Broschenfenster« oder die außenliegende Stahltreppe – eine von drei Fluchttreppen –, setzen in den großen Backsteinflächen wesentliche Akzente.

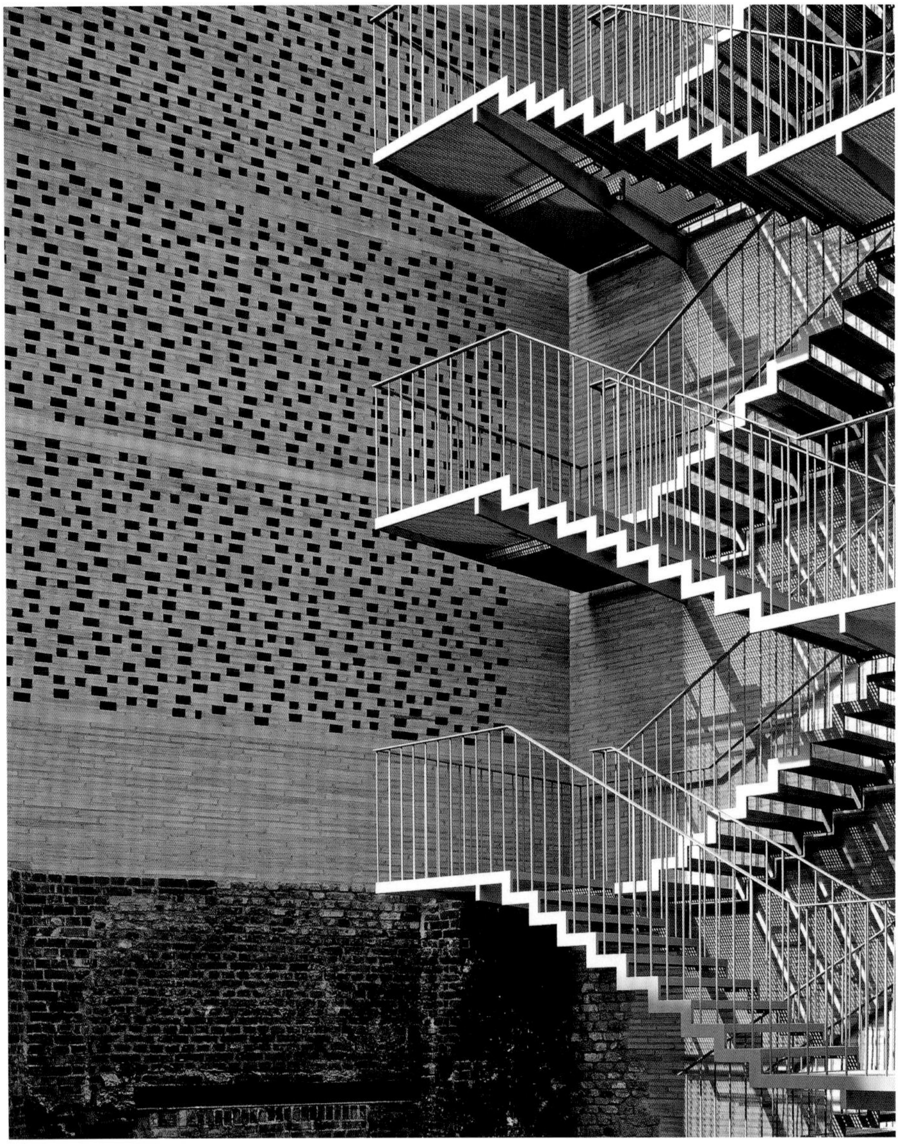

Architektur   *Ost- und Nordfassade*

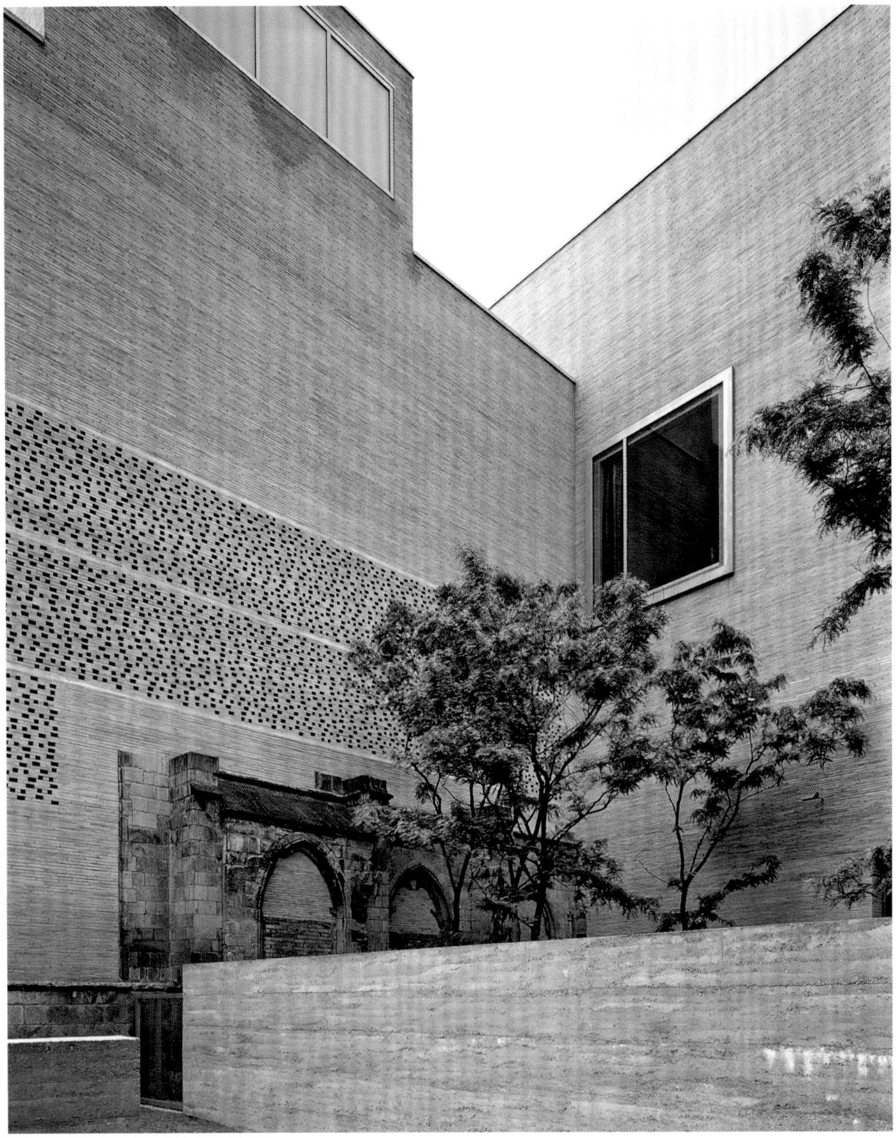

Architektur   *Kolumbastraße mit Museumseingang*

Zwei große Eingänge schneiden den geschlossenen Baukörper auf und leiten beim Abschreiten der Fassaden in das Gebäude hinein: An der Brückenstraße, dort wo sich ehedem das Seitenportal der Kolumbakirche befand, führt ein großer Durchgang in den offenen Vorraum der Kapelle, der diese von der Straße abschirmt, einen Ausblick auf die Ruinenlandschaft ermöglicht und den alten Eingang der Kapelle betont; der Zugang zum Museum erfolgt durch einen verglasten Windfang von der Kolumbastraße aus.

KOLUMBA

Architektur *Empfang*

Der Eingangsbereich musste verschiedene öffentliche Funktionen erfüllen. Dennoch sollte die gelassene Atmosphäre des Museums bereits beim Eintreten vermittelt werden. Garderobe, Toiletten, Aufzüge und Treppenhäuser sowie die Zugänge zu Ausgrabung und Hof waren zu integrieren. Auf einen Museumsshop wurde bereits in der Ausschreibung verzichtet; es sollten ausschließlich museumseigene Bücher und Postkarten so angeboten werden, dass sich der Besucher individuell damit beschäftigen kann. Nur eine außerordentlich detaillierte Planung ermöglichte die nahezu unsichtbare Zusammenführung zahlreicher technischer Funktionen in der Eingangstheke. Ausgewählte Furniere von Eukalyptus und Roseneiche schaffen die Atmosphäre einer fast privaten Möblierung.

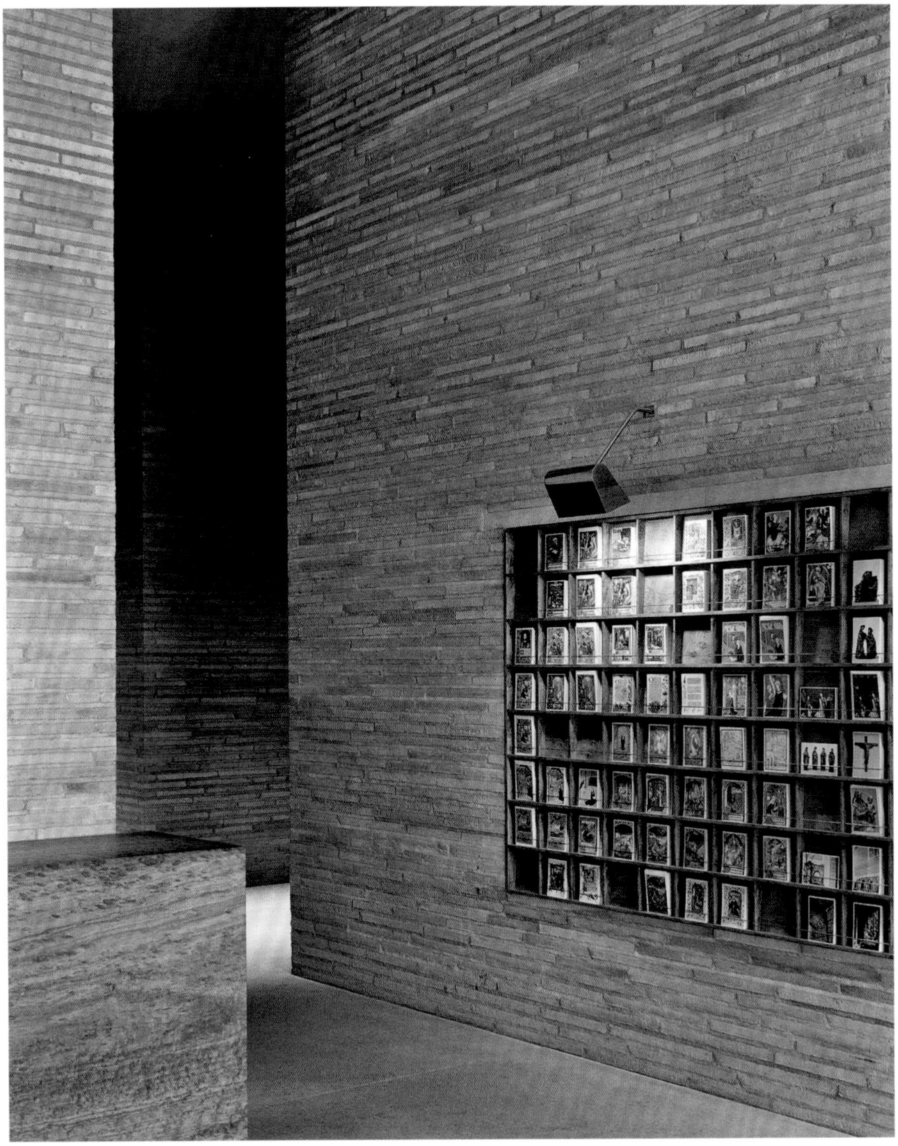

Architektur *Foyer*

Mit dem Betreten des Foyers, des ersten Ausstellungsraumes, hat der Besucher die Funktionsbereiche von Garderobe und Kasse hinter sich gelassen und kann sich ganz auf die Atmosphäre des Ortes einstimmen. Treppenaufgang und Aufzug, Grabungstüre und Innenhof stellen verschiedene Angebote, für die er sich an dieser Stelle entscheiden kann. Wegführung und Abfolge bleiben ihm überlassen. Mit Ausnahme des Foyers sind Temperatur und Luftfeuchtigkeit in allen Räumen sensibel zu klimatisieren (Planung Gerhard Kahlert, Haltern). Aufgrund von Bauteilaktivierung und Geothermie konnten die notwendigen technischen Installationen in den Ausstellungsräumen nicht sichtbar integriert werden. Die in Massivbauweise erstellten Ziegelwände und Betondecken sind von einem Leitungssystem durchzogen, durch das ganzjährig Wasser mit einer Temperatur zwischen 18 und 20 Grad zirkuliert. Die träge Masse wird dadurch gleichmäßig temperiert, so dass wegen gleicher Raum- und Bauteiltemperatur der Energiebedarf für Heizung und Kühlung minimiert werden kann. Zur Basisversorgung der Bauteilaktivierung greift der Neubau auf die Grundwassertemperatur zurück. In 16 Bohrungen wurde das Leitungssystem 70 Meter tief in die Erde geführt, um im Winter die Wärme des Erdreiches, im Sommer dessen Kühle nutzbar zu machen. Entgegen üblicher Konditionierung strömt die Zuluft in den Ausstellungsräumen von oben über die Leuchtenauslässe der Mörteldecke ein und wird über die Bodenrandfuge abgesaugt. Die Frischluft wird aus dem Großraum der archäologischen Zone gewonnen, in den sie aufgrund des Filtermauerwerks nachströmen kann.

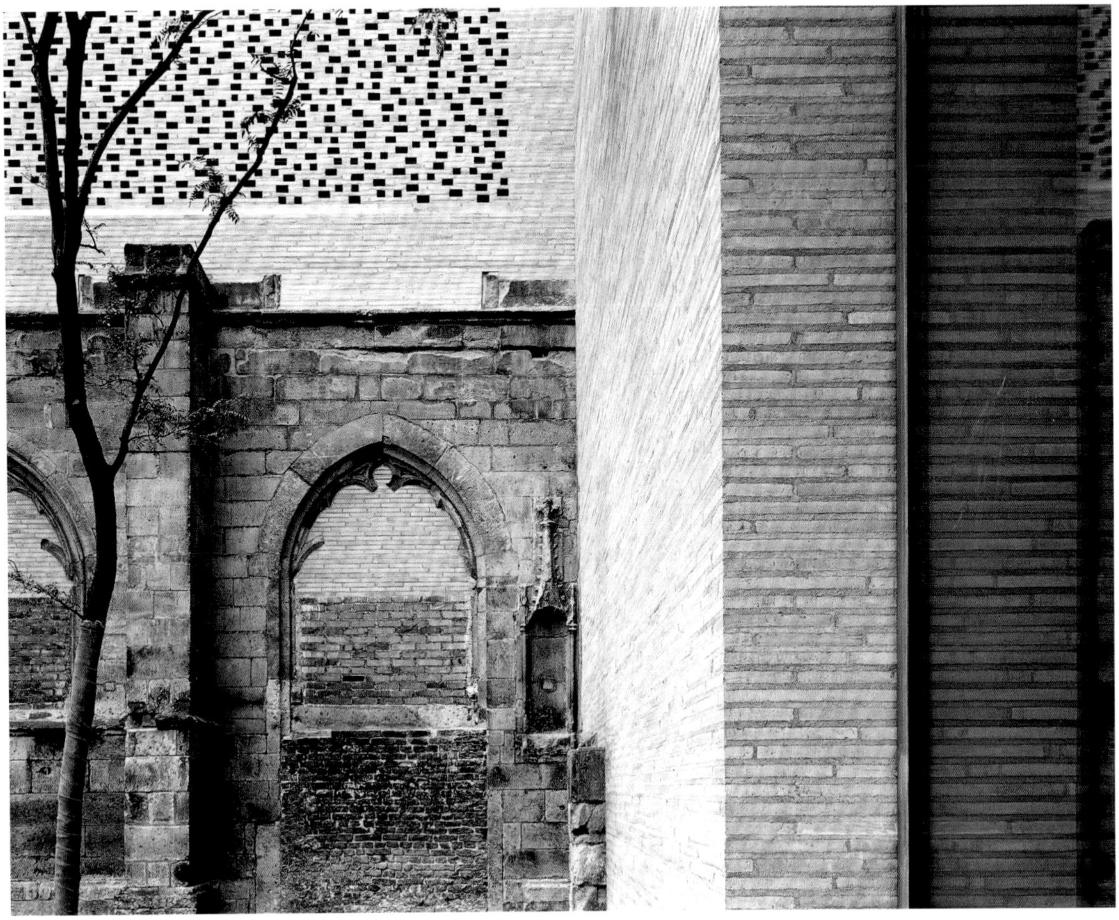

Architektur *Kolumbahof*

Ein Alleinstellungsmerkmal des Entwurfes von Peter Zumthor war die Planung für den ehemaligen Kolumba-Kirchhof, der nicht bebaut werden sollte, so dass dort ein Museumshof mit Blick auf die Nordwand der Ruine geschaffen werden konnte. Die *Große Liegende* des 1920 in Königsberg geborenen Schweizer Bildhauers Hans Josephsohn ist eines der permanent ausgestellten Werke der Sammlung. Ihre Anwesenheit in dem mit elf Bäumen bepflanzten Hof greift die verlorengegangene Tradition der Museumsgärten auf, die zum Verweilen, Ausruhen und Nachdenken einladen. Am Ende der Baumaßnahme wurden 17 Bäume gepflanzt, die das Stadtbild bereichern: 12 Gleditschien (Falscher Christusdorn oder Lederhülsenbaum), davon 11 im Hof; je eine Linde, Eiche, Zelkovia, Ginkgo und Kirsche auf privatem und öffentlichem Gelände östlich des Neubaus. Die Bäume sind 20 bis 30 Jahre alt, wurden in einer niederländischen Baumschule einzeln ausgewählt und vor Ort gezielt platziert.

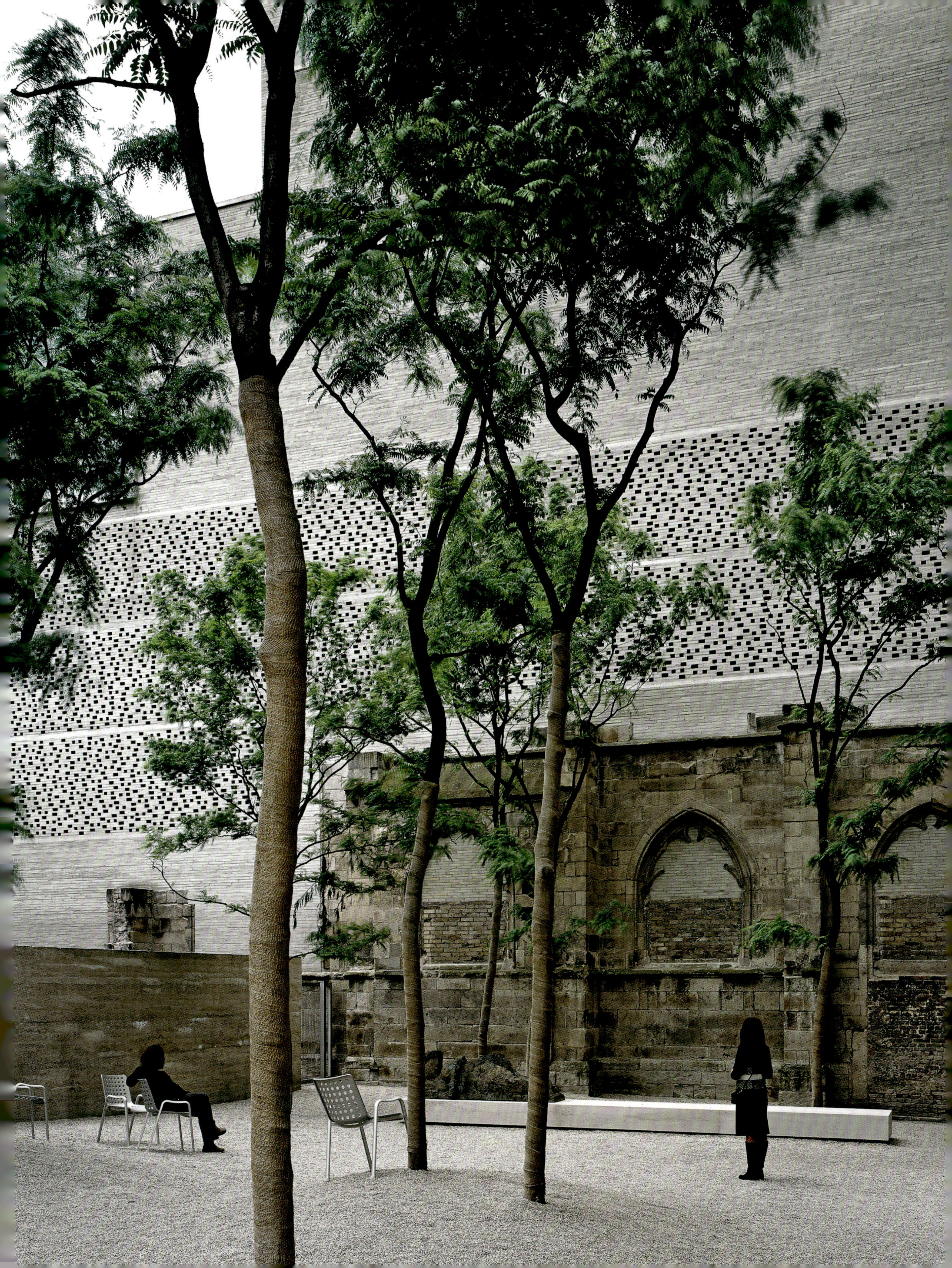

Sorgfalt

Natur

Begegnung

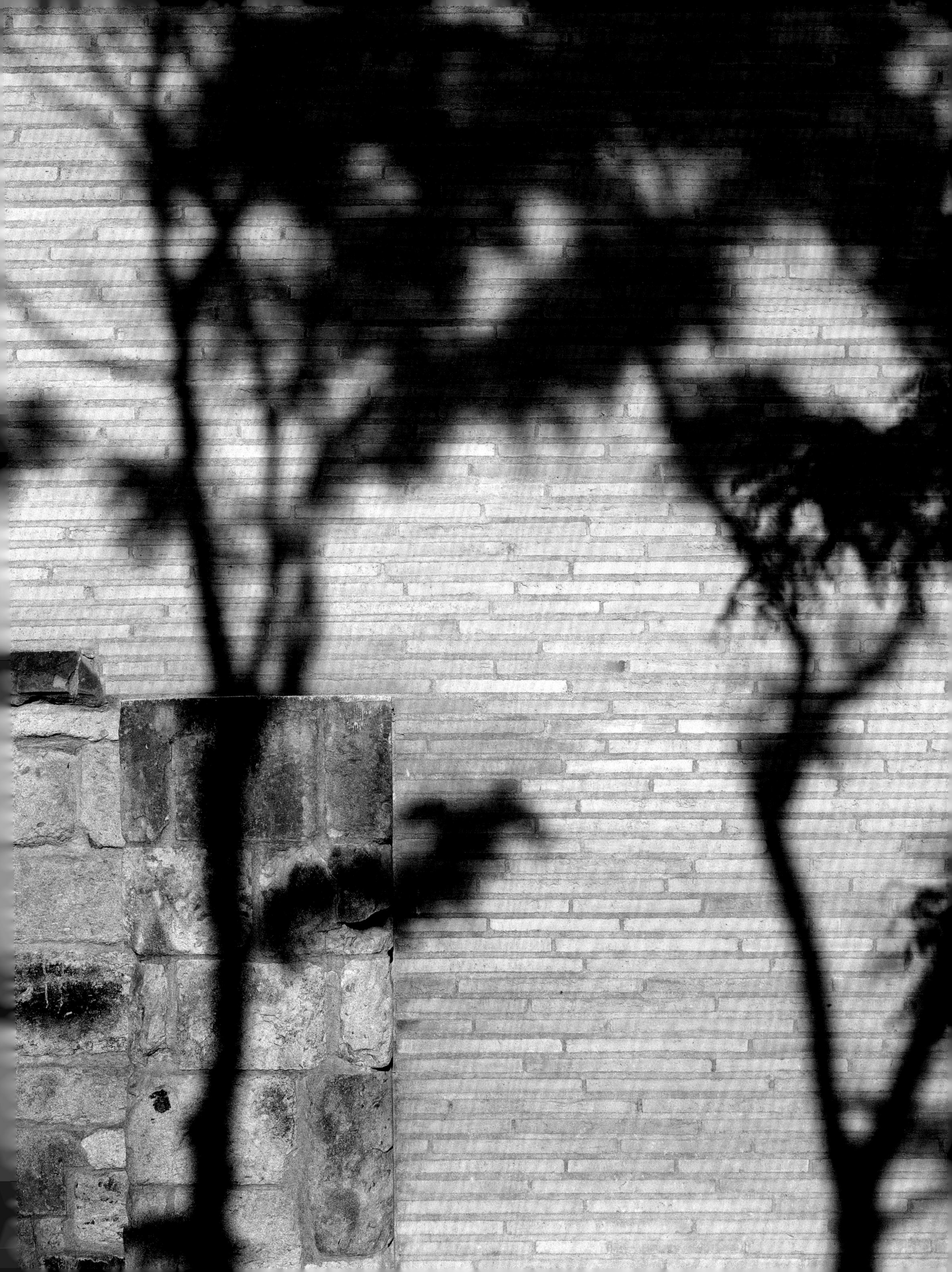

Architektur *Ausgrabung, Ruine und Kapelle*

Der größte Raum des Gebäudes, der die Ausgrabung, die Kirchenruine und die Kapelle *Madonna in den Trümmern* umfasst, ist das konstituierende Element des Neubaus an diesem Ort; die Bewahrung aller dort erhaltenen Fragmente einer zweitausendjährigen Baugeschichte war eine der zwingenden Vorgaben für das Museum. Denn einer der Hauptgründe für den Neubau an dieser Stelle war der Erhalt dieser archäologischen Zone, die aufgrund ihrer Befunddichte von herausragender Bedeutung ist. In Ausgrabungen hat man von 1974 bis 1976 die romanischen Fundamente von drei Vorgängerbauten (9. bis 13. Jahrhundert) der spätgotischen St. Kolumba-Kirche freigelegt. Früheste Mauerreste stammen aus der römischen Gründungszeit Kölns (Mitte 1. Jahrhundert). Aus fränkischer Zeit (um 700) hat sich der Anbau einer Apsis an ein spätrömisches Haus erhalten, vermutlich der Beginn der Verehrung der heiligen Kolumba an diesem Ort. Nur mit einem Holzdach geschützt, drohten die Fragmente langfristig zu verfallen. Vieler Planungsarbeit bedurfte die Entwicklung der Statik (Jürg Buchli, Haldenstein, in Zusammenarbeit mit Otmar Schwab und Reiner Lemke, Köln). Ohne stärker als unbedingt notwendig in den archäologischen Befund einzugreifen, ruht der Neubau auf schlanken Stützen. In die Außenwände der gotischen Ruine wurden bis auf den gewachsenen Boden reichende Stützen implantiert, die das aufgehende Mauerwerk tragen. Zuvor war die Ruinenwand nach einer ersten Bohrung von innen verfestigt worden. Dieses Verfahren war vor Beginn der Baumaßnahme an zwei ehemaligen gotischen Stützen der Ruinenwände erprobt worden. – Da die Komplexität des Kolumba-Projektes in Publikationen und Vorträgen kaum zu vermitteln war, wurde dieser Raum nach kontroverser Diskussion in den Vorjahren zu dem in Köln stattfindenden »Weltjugendtag« im Oktober 2005 erstmals der Öffentlichkeit vorgestellt und begründete die hohen Erwartungen, die mit der Fertigstellung des Gebäudes verbunden waren. Die zweischalige Außenwand, das sogenannte »Filtermauerwerk«, lässt Licht und Luft einströmen und schafft ein optimales Klima für den Erhalt der Ausgrabung. Das perforierte Mauerwerk greift den fragilen Charakter der Ruinenwände auf und bewirkt eine Ambivalenz von Innen und Außen. Zu allen Tages- und Jahreszeiten ergeben sich aufgrund des wechselnden Tageslichtes und der sich verändernden Raumtemperatur andere Eindrücke. Diese Wechsel bestimmen die Gesamtwirkung, in die die Kapelle einbezogen ist, ohne dass ihre eigenständige Nutzung beeinträchtigt ist. Der aus dem rötlich schimmernden, in Afrika angebauten Padouk-Holz gebaute Steg, der die Ausgrabung überspannt und den Besucher an die sensibelsten Punkte der Archäologie heranführt, entstand erst unmittelbar vor Fertigstellung des Gebäudes und berücksichtigte Erfahrungen der Besucher des »Weltjugendtages«. In seiner handwerklichen Feinheit erinnert er an die verlorene Möblierung des Kircheninnenraumes. Am Ende des Steges gelangt man in die ehemalige Sakristei von St. Kolumba, die als ruinöser Außenraum erhalten blieb.

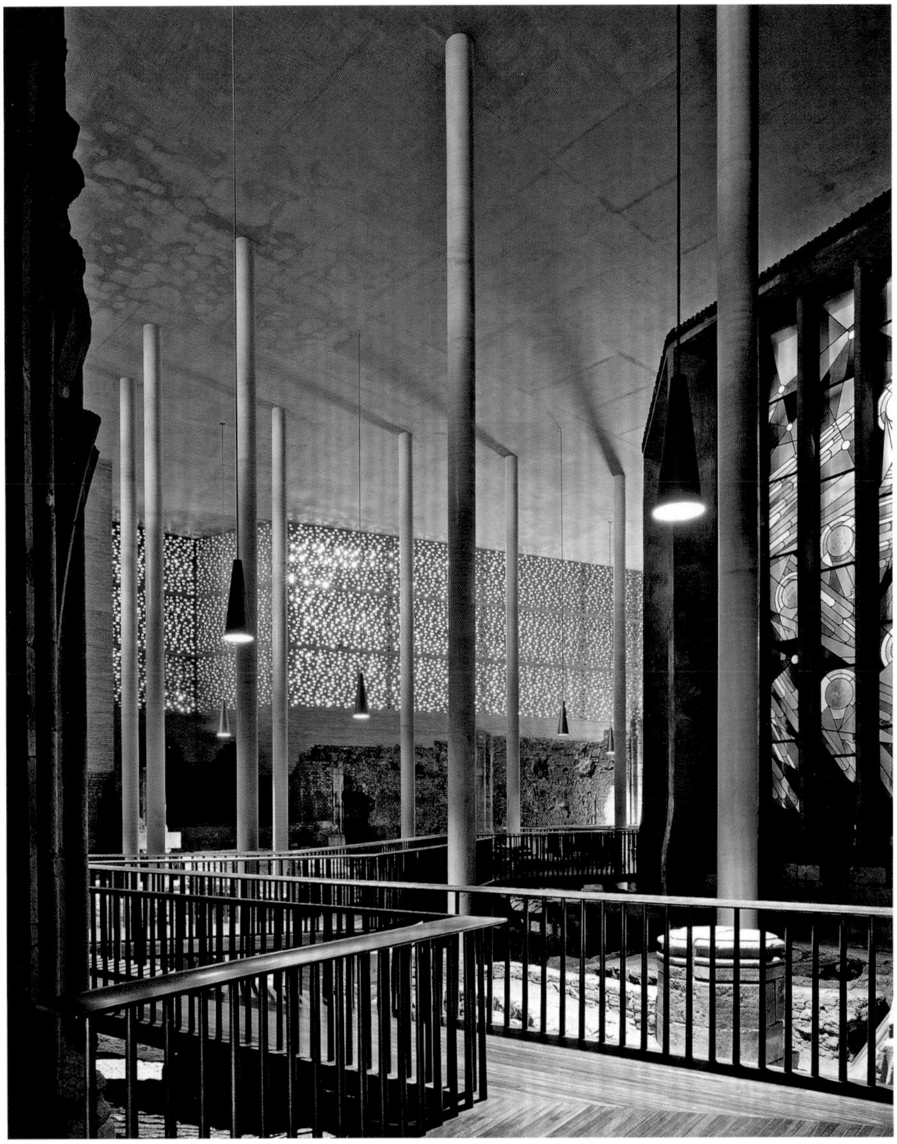

klingen

atmen

fließen

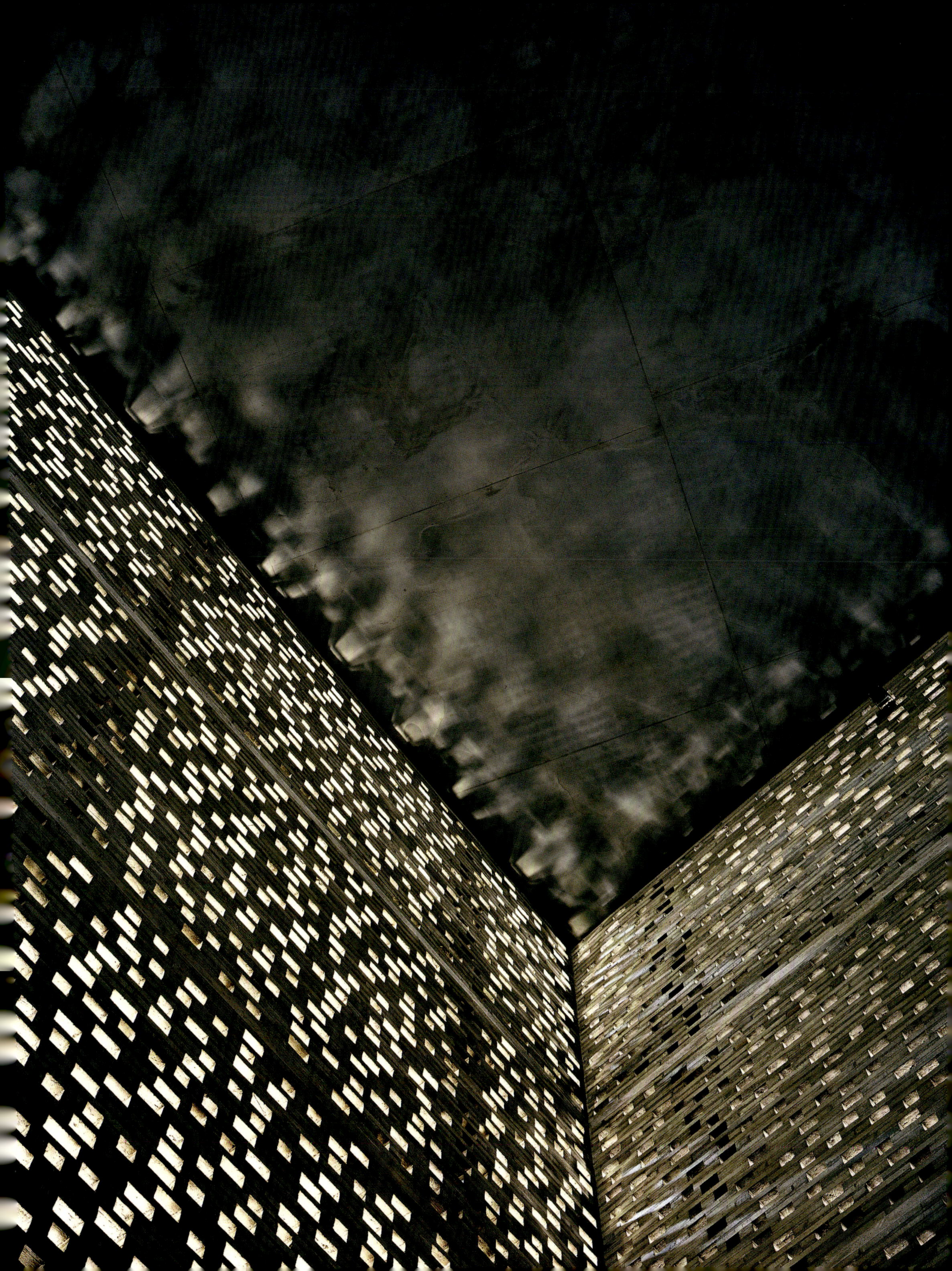

Architektur *Filtermauerwerk*

Eines der zentralen Themen schon in der Planungsphase des Neubaus war die Belichtung der von Ludwig Gies gestalteten Oktogonfenster in der Kapelle *Madonna in den Trümmern*. Bereits bei Errichtung der Kapelle, die am 6. Januar 1950 geweiht wurde, war deren spätere Einhausung als Möglichkeit von Oberpfarrer Joseph Geller, dem damaligen Bauherrn, in Betracht gezogen worden. Ihr Architekt Gottfried Böhm hat mehrfach für unterschiedliche Projekte Pläne in diesem Sinne entwickelt, die jedoch nicht zur Ausführung kamen. 1976 wurden nach Abschluss der Ausgrabungen im Bereich der zerstörten spätgotischen Kirche Ruine und Grabungsfunde mit einem Notdach gesichert, das sich wie ein Kragen um die Kapelle legte und das untere Drittel der Fenster verdunkelte. – Mit der grundsätzlichen Entscheidung, an dieser Stelle zu bauen, war dem Bauherrn, dem Architekten und den Kuratoren bewusst, dass sich die tageslichthelle Situation der Kapelle nicht würde bewahren lassen. Deshalb bestand die erste Aufgabe des Architekten nach dem Gewinn des Wettbewerbs darin, den Nachweis zu führen, dass mit der Umbauung und dem vorgeschlagenen »Filtermauerwerk« eine gute Lichtsituation für die Kapelle entstehen würde. Dazu wurde 1998 – zu Beginn der Planungszeit – ein großes Modell im Maßstab 1:10 gefertigt, das Ruine, Ausgrabung, Kapelle und aufgehendes Mauerwerk sehr detailliert wiedergab. Bei der Begutachtung der späteren Situation am raumgroßen Modell war nicht der Erhalt der vorhandenen Situation maßgeblich, sondern vielmehr das Erreichen einer Belichtungssituation der Kapelle, die einem harmonischen und lebendigen Sakralraum angemessen ist. Peter Zumthor entwarf einen großen und unverstellten Raum, in dem die Kapelle eingehaust ist und dessen mildes Licht durch die vielen kleinen Öffnungen der durchbrochen gemauerten Wände einfällt. Die fast transparent gehaltene Verglasung der Kapelle gewährt einen Einblick in diesen Raum und erhält von dort mosaikartige Lichtimpulse. Für die bedeckten Tage wurden Ende 2008 speziell gefertige Leuchten installiert, die das Licht des Filtermauerwerkes behutsam ergänzen, ohne es jedoch zu überstrahlen. Gleichzeitig wurde mit der im Rahmen der Neubaumaßnahme durchgeführten Gesamtsanierung der Kapelle auch deren Beleuchtung im Innern der neuen Situation angepasst. In der mystischeren Atmosphäre des Kapellenraumes erfahren sowohl das Heilig-Geist-Fenster von Jan Thorn-Prikker als auch das Katharinenfenster von Georg Meistermann eine Aufwertung. Am Ende eines langen Prozesses aber wird sich jeder entscheiden müssen, ob er die verlorene Situation des hellen Tageslichtes in der früheren Ruinensituation höher bewerten mag als die neu hinzu gewonnenen Qualitäten des Ortes. Vor allem in den Monaten März und September wiederholt sich bei klarem Wetter in den Morgenstunden und auch am Abend das lebendige Spiel des unmittelbar oder durch Reflexion einfallenden Sonnenlichtes. Dann kann man zusehen, wie die Zeit vergeht: Zu Strahlen gebündelt erscheinen hunderte Lichtpunkte in dem großen Raum der Ausgrabung und wandern langsam über die Ruinenwände, die Fenster der Kapelle, den hölzernen Steg und die geschichteten Steinfragmente, bis sie schließlich verlöschen…

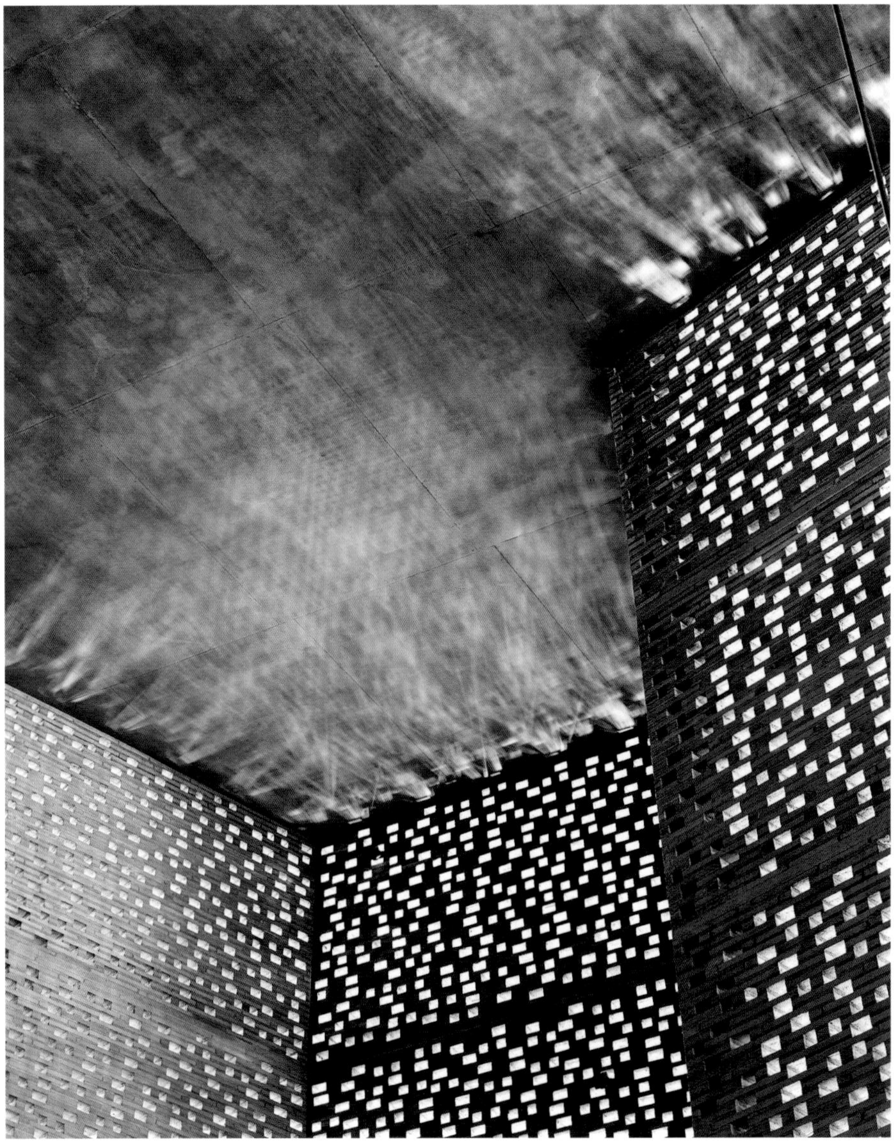

Architektur   *Filtermauerwerk, Ausgrabung, Ruine und Kapelle*

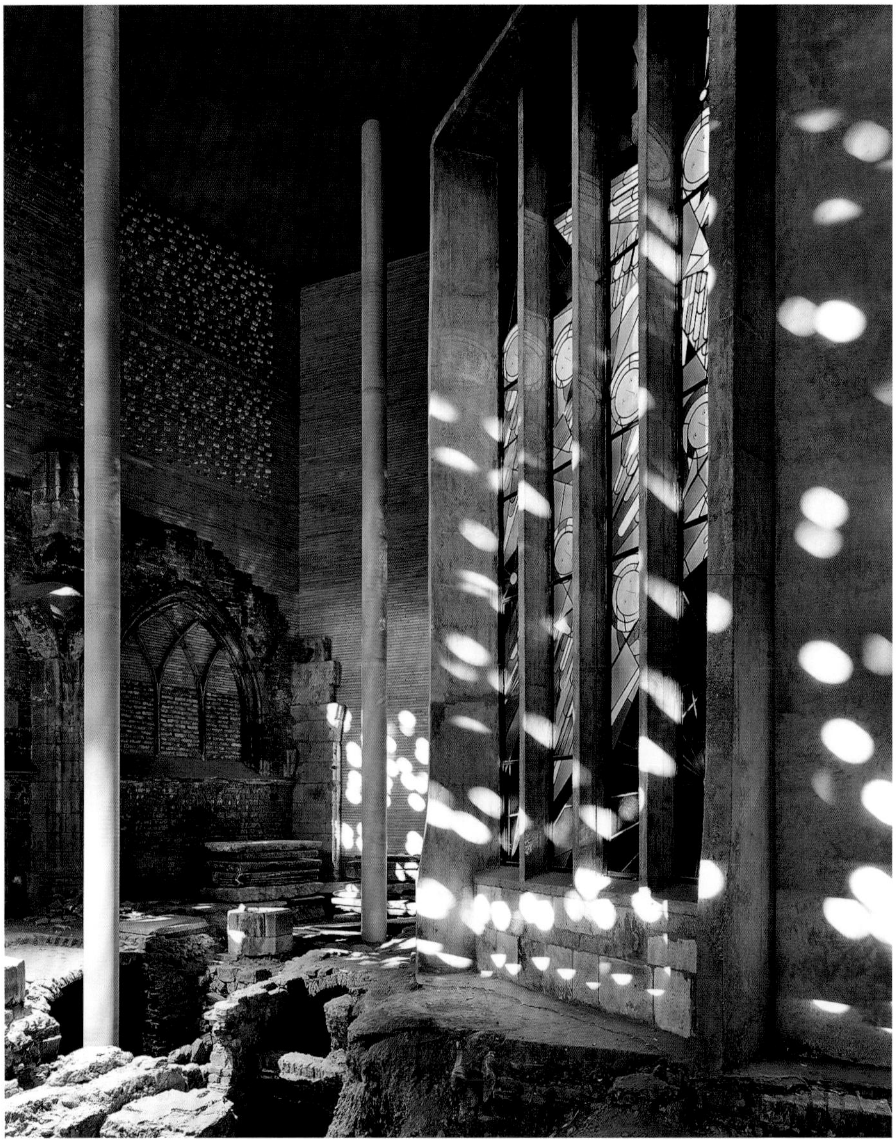

Architektur *Ausgrabung und Kapelle*

Dichte Grabesnacht wohnte noch in den beiden kurzen niedriger gewölbten Seitenflügeln neben dem Hochaltar, durch welche Sankt Columba die Gestalt eines langgestreckten Kreuzes erhielt. Der Mond blickte durch die Fenster hinter dem Hochaltar, sein bleicher Strahl brach sich in den mit Wappen alter kölnischer Geschlechter prangenden Scheiben, und brachte seltsam in einander verschwebende Lichteffekte hervor.

Johanna Schopenhauer

Architektur   *Türen und Treppen*

Gleich einer Tresortüre, die man gespannt öffnen möchte, bezeichnet das mächtige Stahlportal im Foyer den Zugang zur Ausgrabung. Lautlos dreht sich beim Öffnen ihre schwere Masse zur Wand, wo ein Puffer ihre Bewegung sanft abfedert. Ein Ledervorhang verhindert starken Luftzug und sorgt für eine erste Trennung von Innen- und Außenklima. – Ein in die Masse des Baukörpers eingeschnittener Treppenaufgang führt über zwei Wendepodeste und eine daran anschließende, durch einen Absatz unterteilte Treppenflucht in das erste Ausstellungsgeschoss. Dessen Decke überspannt auch das Treppenhaus, das dadurch eine enorme Raumhöhe erhält. Über viele Bemusterungen wurde der filigrane Handlauf entwickelt, ein Detail der taktilen Sinnlichkeit des Gebäudes.

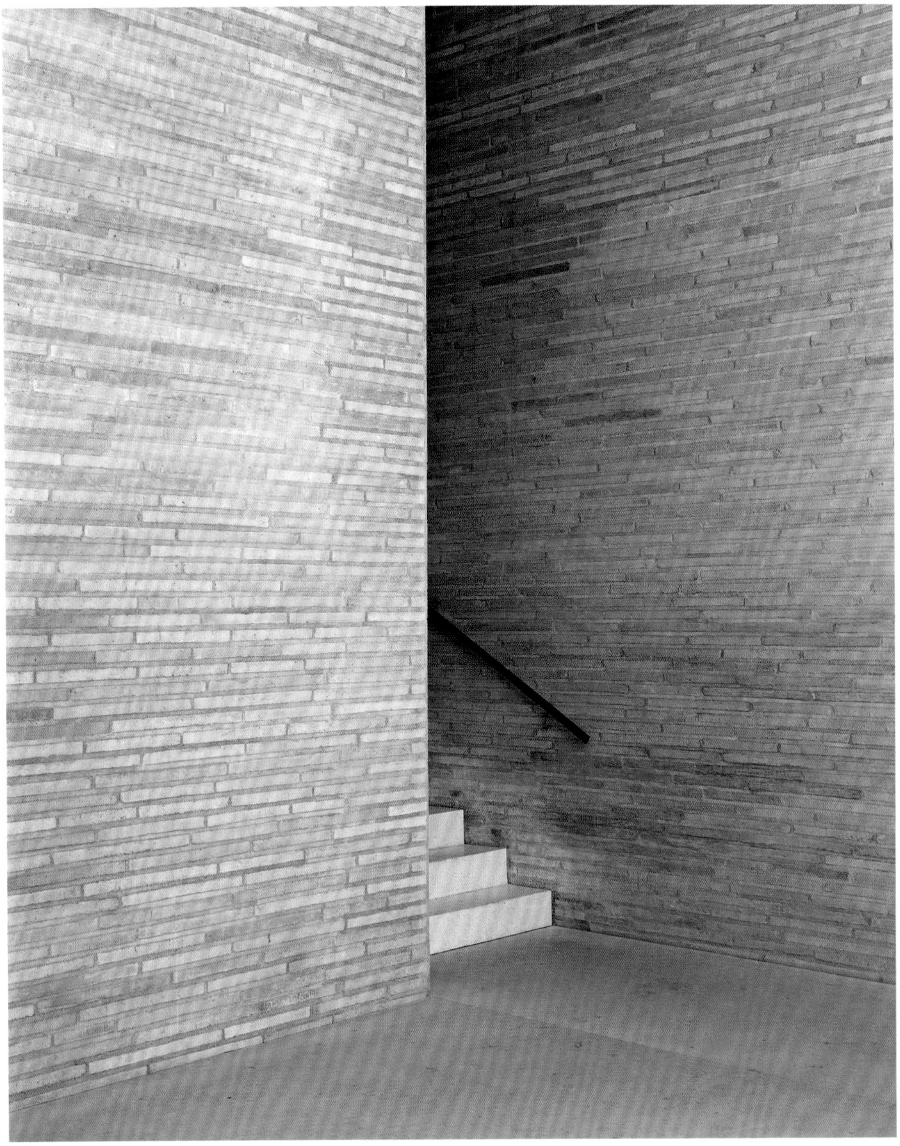

Architektur *Treppenhäuser*

Die hohen Treppenhäuser sind Erlebnisräume der Architektur. Ziel war es, eine eindeutige Wegführung im Gebäude zu erreichen, die den Besucher um einen zentralen Baukörper herum durch drei Geschosse führt. Der Übergang vom Foyer in die wesentlich höher gelegenen Ausstellungsräume entwickelt sich als türloses Kontinuum. Auf das helle Tageslicht-Foyer folgt das ausschließlich mit Kunstlicht beleuchtete erste Museumsgeschoss, das besondere Ausstellungssituationen ermöglicht. Durch das *Armarium*, das exakt über der Kolumba-Kapelle liegt und den bedeutenden Kirchenschatz von St. Kolumba beherbergt, schließt dieses erste Museumsgeschoss mit einem Höhepunkt ab (S. 324f.). Die Treppenhäuser laufen auf beiden Seiten in unterschiedlich langen Passagen aus, die als Übergänge zwischen Treppenfluchten und Ausstellungsräume geschaltet sind und die Raumqualitäten hervorheben.

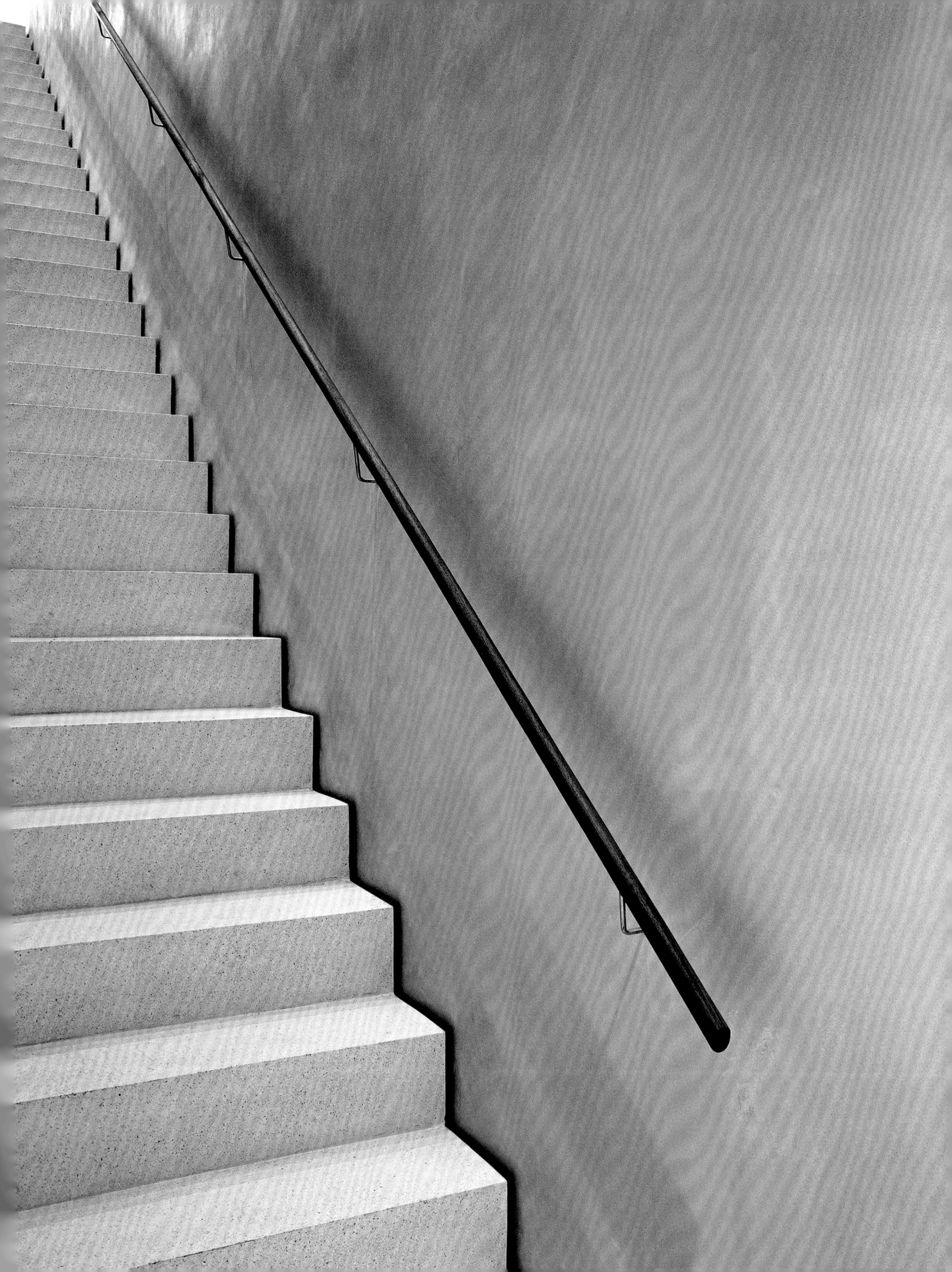

Architektur *Durchgang und Schwelle*

Wenige Baudetails sind schon während der Planungsphase und in den Wochen nach der Einweihung so leidenschaftlich diskutiert worden, wie die nur vier Zentimeter hohen Schwellen, die in die Kunstlichtkabinette hineinführen. Die konsequent skulpturale Dimension der gesamten Architektur, die sich bereits an der stadträumlichen Qualität des Gebäudes und seinen Türmen ablesen lässt, führte zu diesem seit dem Beginn der Moderne unüblichen Detail. Die Schwellen definieren die Kabinette als eigene Baukörper, die ohne jede Fuge aus der Masse herausgeschnitten scheinen. Sie verleihen dem zentralen Raum eine Fassung, ermöglichen einen Materialwechsel von Terrazzo- zu Mörtelböden und betonen den Übergang in andere Raumsphären. Schon während der Planungsphase wurde durch Tests sichergestellt, dass die Schwellen keine gravierende Einschränkung der Barrierefreiheit darstellen.

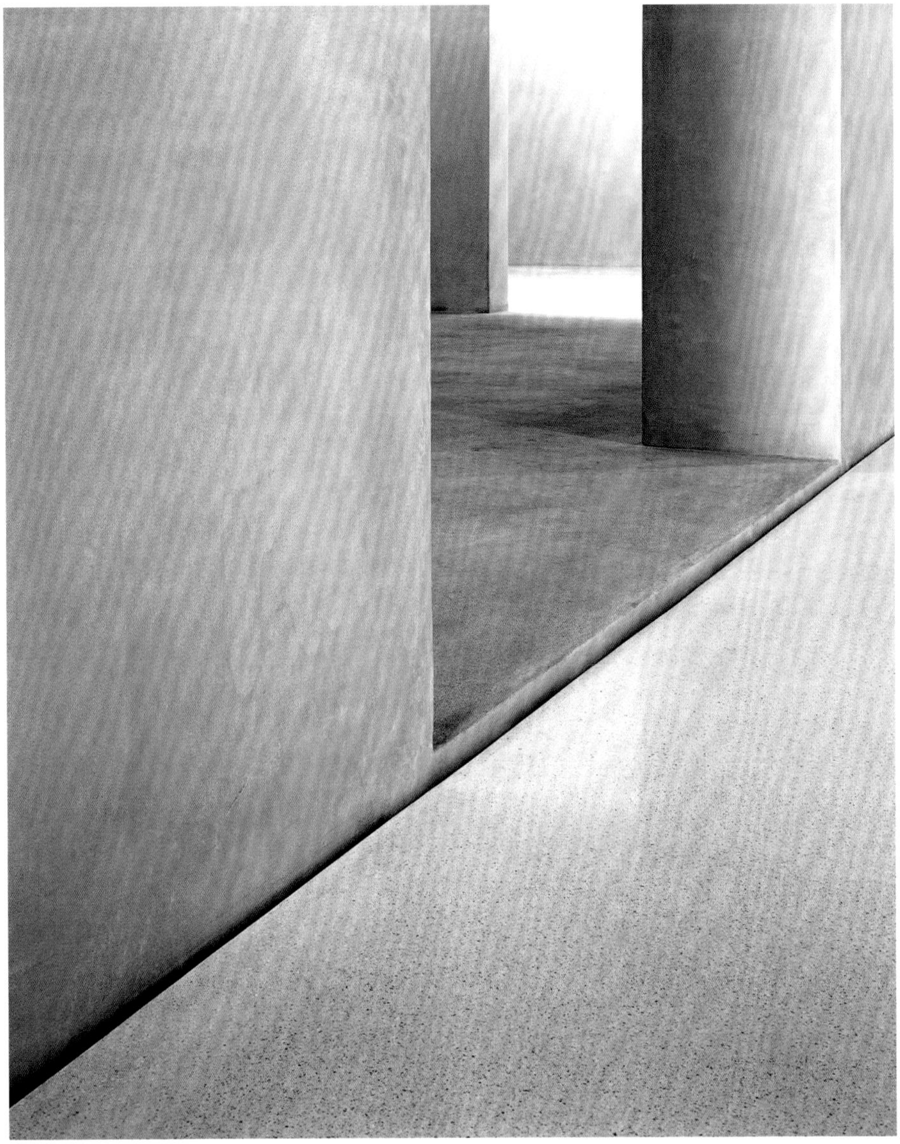

Architektur *Tageslicht*

Im zweiten Museumsgeschoss, das sich auch über das Areal der Ausgrabung erstreckt, bestimmt das wechselnde Tageslicht den Raumeindruck. Schon am Ende des Treppenaufgangs empfängt es den Besucher in Raum 10. In den vielen Überlegungen und Gesprächen, die der Bauphase vorangingen, wurde über eine lebendige Atmosphäre nachgedacht, bei der Tageslicht in veränderlichen Qualitäten ebenso wichtig sein sollte wie Schatten. Die wandgroßen »Broschenfenster« erfüllen diese Aufgabe hervorragend, indem sie an wenigen Stellen das Licht von allen Himmelsrichtungen in die Ausstellungsräume hineinfließen lassen und dadurch helle und dunkle Zonen definieren. So ist es möglich, in ein und demselben Raum z.B. eine zeitgenössische Bronzeskulptur neben mittelalterlicher Buchmalerei zu präsentieren. Aufgrund der Lichtsituation hinterlässt der Besuch des Museums zu jeder Tages- und Jahreszeit einen anderen Eindruck. Bei der Abfolge der Räume spielte der Wunsch nach offenen Durchblicken, die raumübergreifende Inszenierungen ermöglichen, eine große Rolle. Aufgrund der Überschneidung der Durchgangswände entstanden Ausstellungsräume, die sich ebenso öffnen, wie sie in sich ruhen und gefasst sind. Die Wände übernehmen überdies eine Leitfunktion, indem sie den Besucher in die Räume hineinführen.

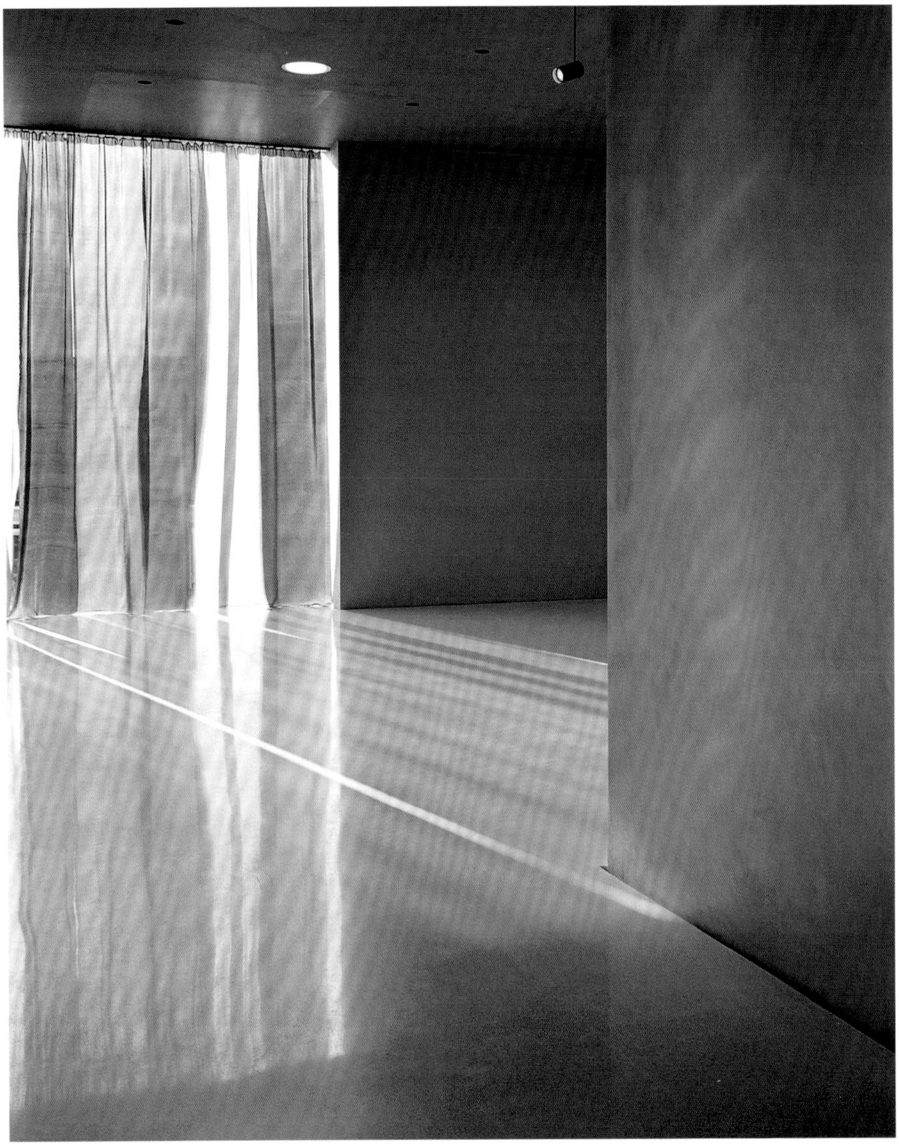

Architektur *Seitenlicht und Seitenoberlicht*

Räume mit Seitenlicht oder mit Seitenoberlicht ergänzen einander und ermöglichen optimale Ausstellungsbedingungen, ob im kontrastreichen Streiflicht oder im milden Oberlicht. Auf die Gestaltung klassischer Museums-Lichtdecken wurde verzichtet, weil in vielen Fällen – vor allem bei jüngeren Museumsbauten – damit eine gleichbleibende und daher meist weniger spannungsvolle Lichtsituation einhergeht. Gleichzeitig erlauben die seitlichen Broschenfenster den ungehinderten Ausblick und inszenieren die Stadt in ihrer baulichen Qualität ebenso wie in ihrer Belanglosigkeit. Besonders schöne Ausblicke ergeben sich im Norden auf die Südflanke der langgestreckten Minoritenkirche und die Westfassade des Domes, sowie im Süden auf das gegenüberliegende Dischhaus mit seinen horizontalen Fensterbändern und im Westen auf die großstädtische Nord-Süd-Fahrt und den in wenigen Jahren hoffentlich ansehnlicher gestalteten Offenbachplatz und das bis dahin sanierte Opernhaus von Wilhelm Riphahn.

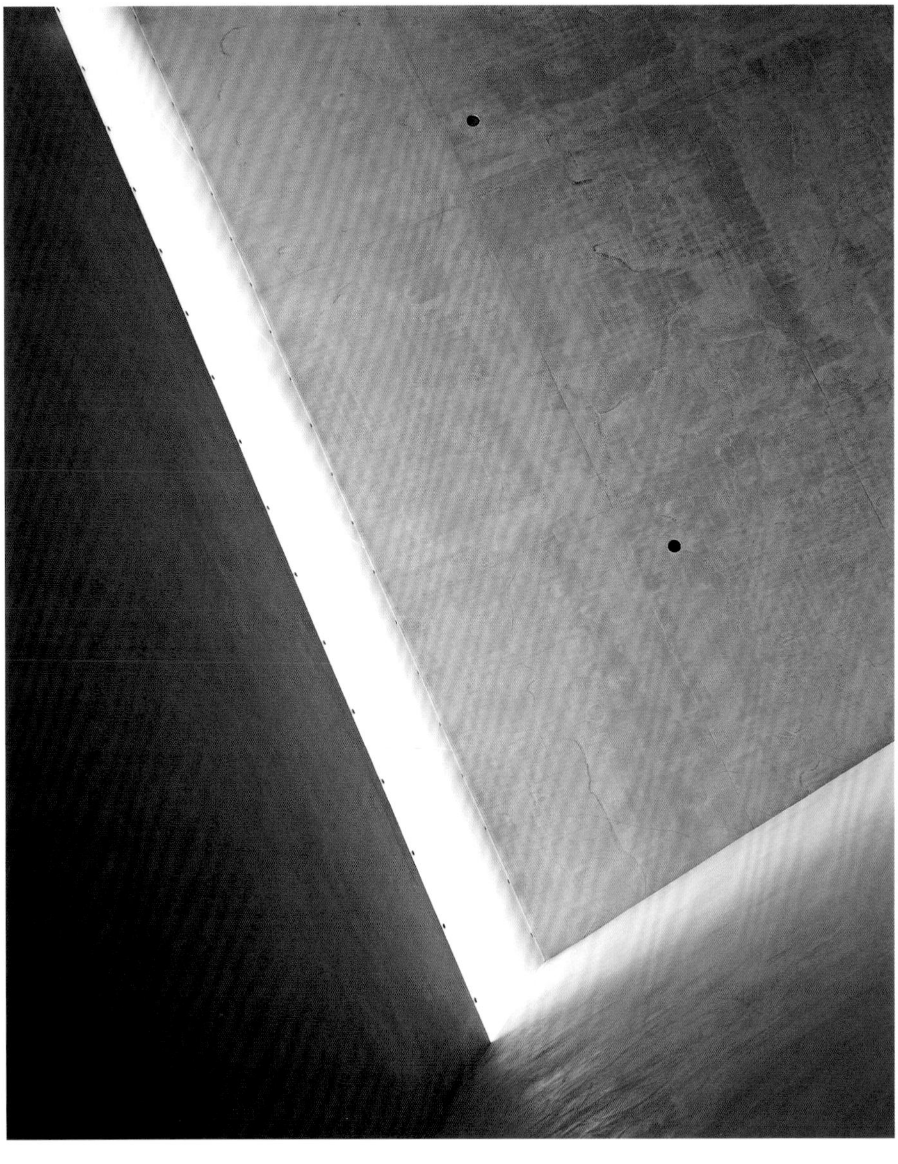

Architektur *Materialien*

Für ein Kunstmuseum ist die Frage der in seiner Architektur verwendeten Materialien und der von ihnen ausgehenden Stimmungen ein wesentliches Thema. Von Materialien geht eine wortlose Sinnlichkeit aus, die unsere Erinnerung und Phantasie beflügeln kann. Welche Farbwerte und welche Oberflächen sind sinnvoll? Welche Gebrauchsspuren werden sich bilden und wo verläuft die Grenze des architektonischen Materials zum Material des Kunstwerks? Alle schließlich verwendeten Materialien wurden auf Musterflächen erprobt und im unmittelbaren Kontakt mit den verschiedenen Werken der Sammlung auf ihre Eignung überprüft. Auch physikalische Eigenschaften, etwa die für die Klimatisierung günstige Speicherfähigkeit, wurden dabei beachtet. Diese Vorgehensweise führte zu folgenden Entscheidungen: lichtgraue Wände aus Backstein (außen und innen) und Lehmputz (innen), Böden aus hellem Jurakalk (Foyer), fugenlosem Terrazzo und Mörtel, die Fensterrahmen, Türen, Zargen und Beschläge aus Stahl, Wandvertäfelungen und Möbel aus Holz, Textil und Leder, Vorhänge aus Leder und Seide. Ein eigenes Thema bildete die Arbeit an geeigneten Museumsvitrinen, die sich unter Berücksichtigung aller konservatorischen und sicherheitstechnischen Notwendigkeiten wie schöne Möbel in diesen fast privaten Kontext einfügen sollten. Im *Lesezimmer* fällt die angestrebte Privatheit dieser öffentlichen Räume besonders auf. Seine Wandvertäfelung ist nach einem präzisen Plan aus einem einzigen Mahagoni-Stamm gearbeitet, dessen Furnier fächerförmig aufgeschnitten wurde.

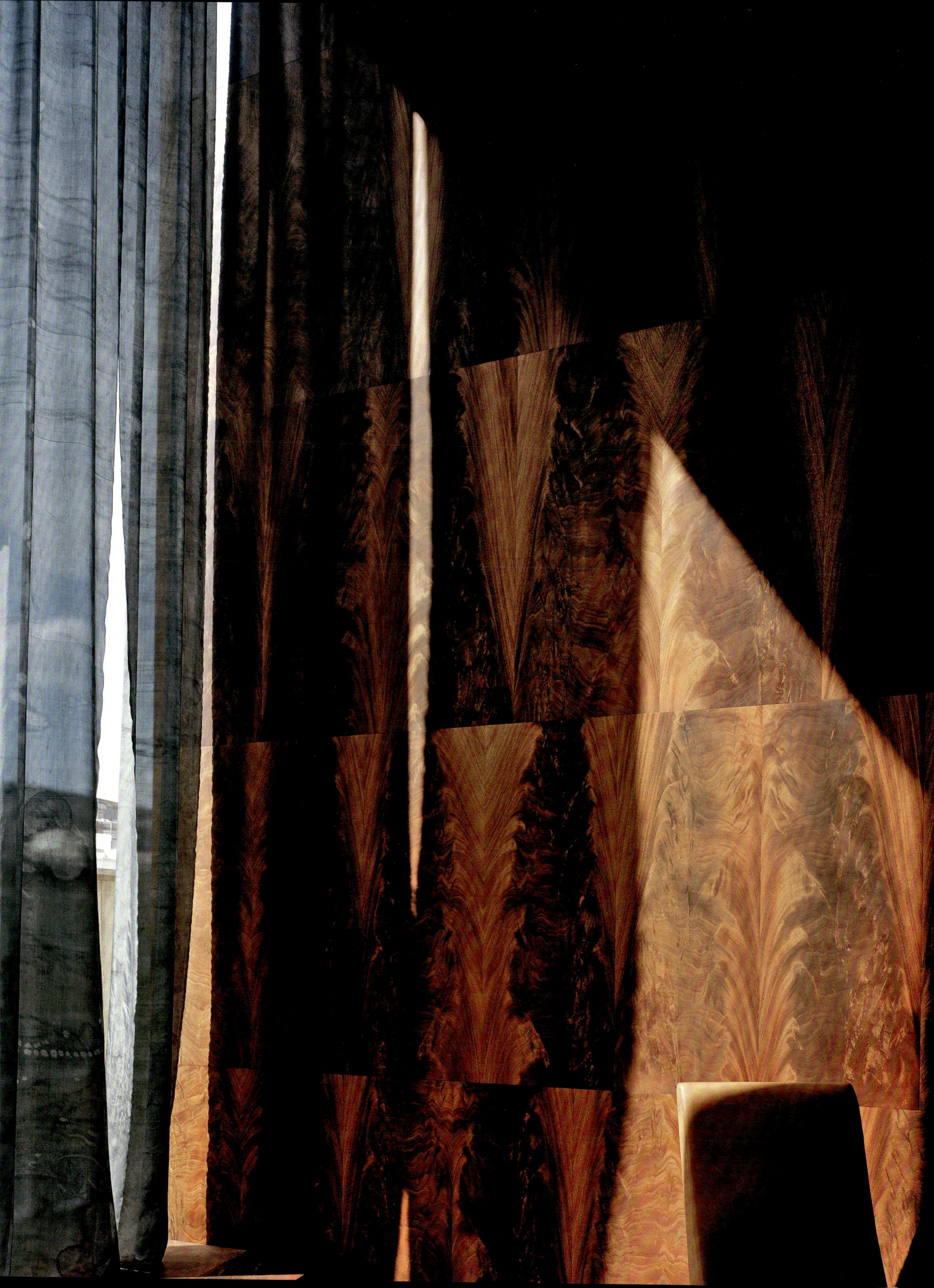

Architektur *Verwaltungsräume*

Zum umfangreichen Raumprogramm gehören neben dem Museumsdepot in den Untergeschossen, dem Lastenaufzug mit Zugang zur Kolumbastraße, einem Zwischengeschoss für die Haustechnik und den drei Fluchttreppenhäusern auch die Verwaltungsräume für das Museumsteam. Sie wurden – für den Besucher nicht einsehbar – in zwei flachen Geschossen auf dem Dach realisiert, neben der über beide Geschosshöhen geführten Restaurierungswerkstatt mit ihrem großen Nordfenster. Bei der Gestaltung der Verwaltungsräume spielte neben einer Anzahl kleinerer Arbeits- und Archivräume die Schaffung von fast 1000 Regalmetern für die Bücher der Museumsbibliothek eine zentrale Rolle. Der Anblick der umlaufenden Bücherregale lässt die Verwaltungsräume wie eine private Bibliothek erscheinen. Im 3. Geschoss bildet ein großer Tisch aus geseiftem Ahorn den Ort für größere Besprechungen. Über eine eingehangene Treppe, den ebenfalls aus Ahorn geschreinerten Blickfang der Verwaltungseinheit, gelangt man in das 4. Obergeschoss mit sechs nach Westen ausgerichteten Büroräumen und einer fensterlosen Teeküche.

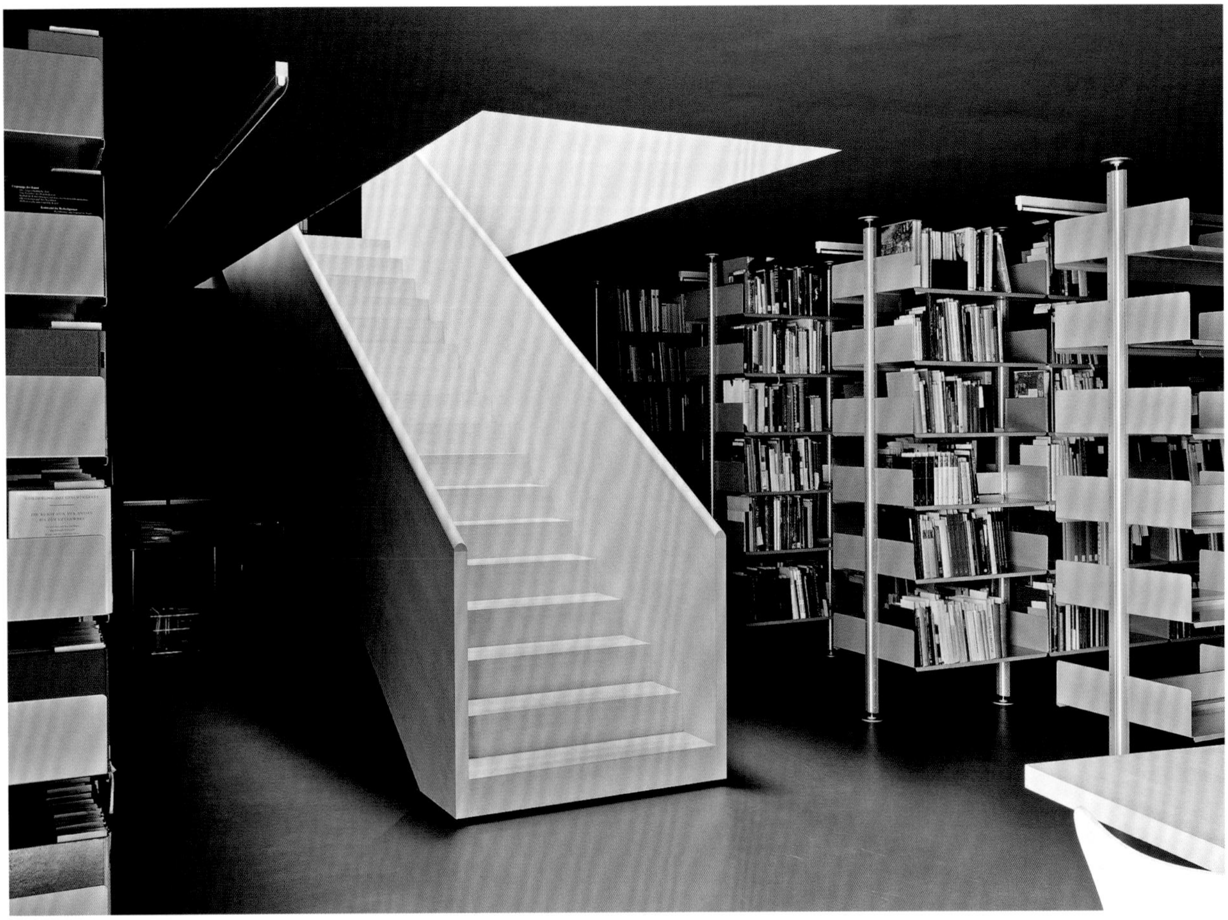

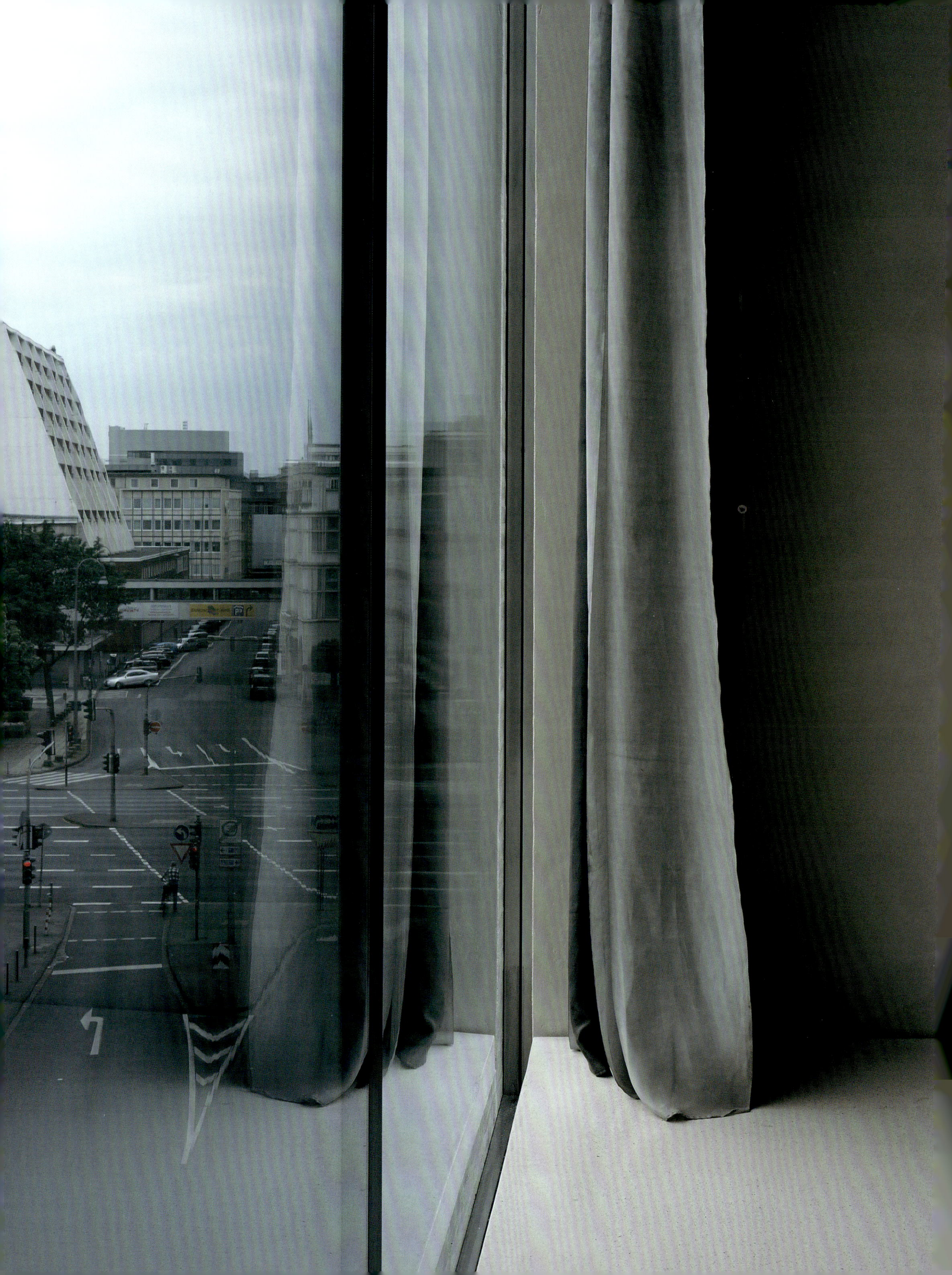

Lassen Sie
Lassen Sie unfinished
Lassen Sie es durch
Lassen Sie es zu dass es
durchkommt Lassen Sie
zu dass es durchlässig
ist nicht so fertig
nicht zu fertig
nicht so fertig
bisschen unfertig
bisschen unfertig schön,
schön
und schon vorbei
das ist doch besser
das ist besser
besser das
Unfertige durchlassen das
Selber durchlässig sein
und nicht diese völlig
fertige abgepackte überall
gegenwärtige Undurchlässigkeit
das abgesicherte wasserdichte
völlig fertige gefinishte und Schluss?

Schluss mit dem Ende der
Durchlässigkeit Unfertigkeit
: Alle Fertigkeit daran gesetzt
getan gelassen getan
dass ein bisschen ein klein wenig unfertiges
Getriebe weset im Gewerke wirken alle
Meisterhaftigkeiten lächerlich und blöde fertig
angesichts des Werdens

angesichts des Werdens deines Mundes
angesichts des Werdens deines Geistes
angesichts des Werdens deines Herzens
angesichts des Werdens deiner vorläufigen
Vollendung vorläufigen Vollkommenheit

die unfertig ist, unfertig, unfinished.
Nicht zu finished bitte.
alles wird.
Die Himmlische Reise
Die Himmlische Reise
Die Himmlische Reise
Das Ziel ist kein Weg.
Der Weg ist kein Ende.
Das Ende kein Ziel.
Utopia kein Retro.

Das himmlische Reich ist
mitten unter uns unfinished ist
die himmlische Stadt ins Universum
fortgeflogen Feiert! Fliegt da fliegt sie noch
unfinished ist die himmlische Stadt
die himmlische Stadt inmitten, unfinished.
mitten im Munde teilt das Wort die Zeit
Zwei Lippen berühren einander In der Mitte des
Mundes teilt das Wort die Zeit

Lassen Sie
Lassen Sie unfinished
Lassen Sie es durch
Lassen Sie es zu dass es
durchkommt Lassen Sie
zu dass es durchlässig
ist nicht so fertig
nicht zu
nicht so fertig
bisschen unfertig
bisschen unfertig

schön

und schon vorbei

Manos Tsangaris

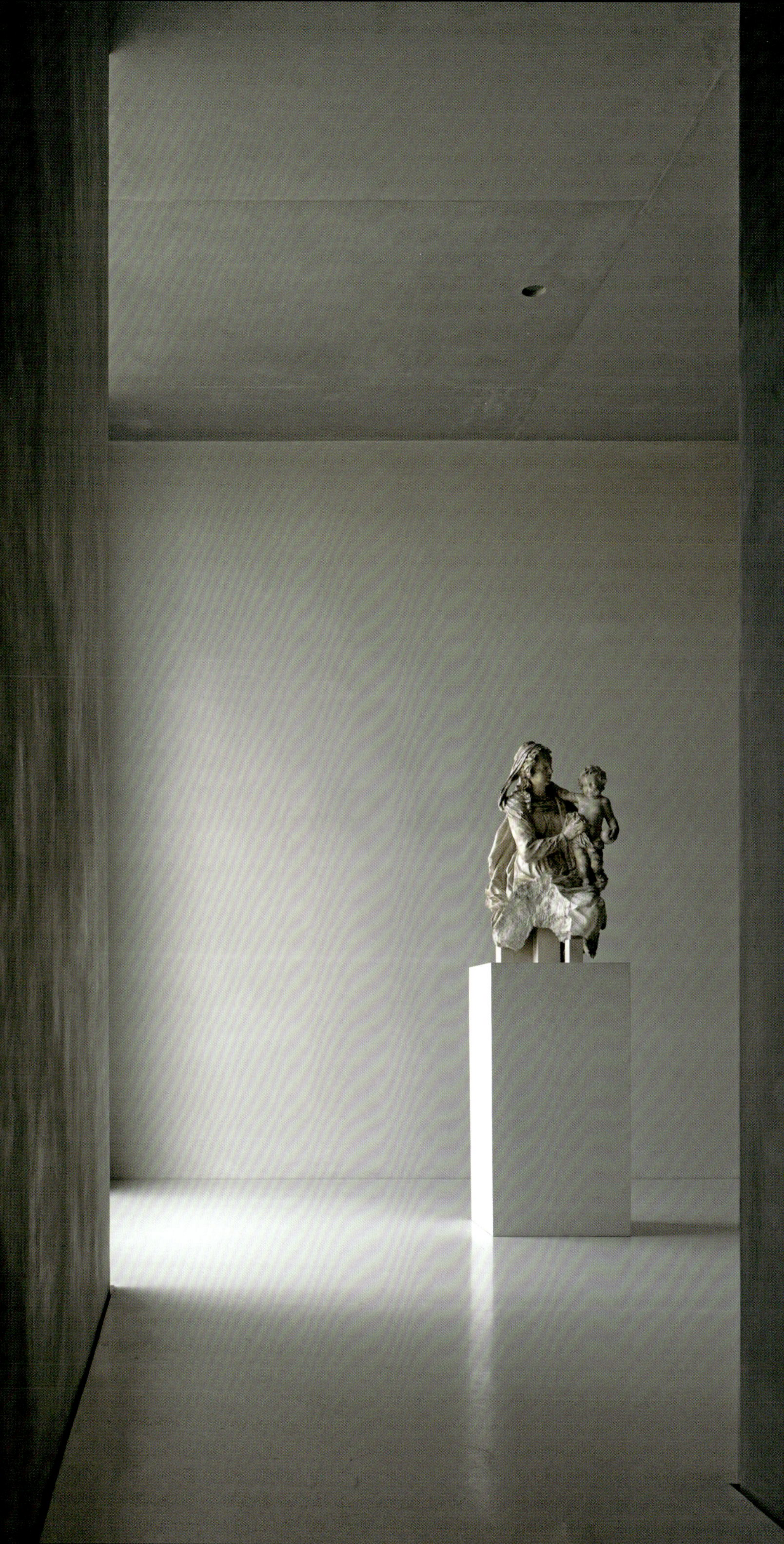

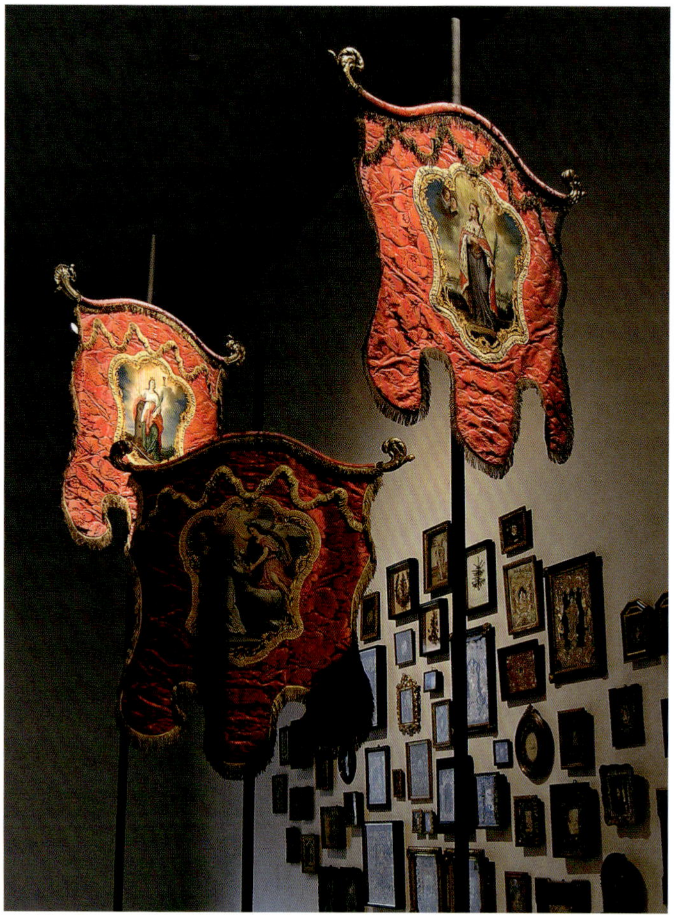

Der unendliche Raum dehnt sich aus

14. September 2007 bis 31. August 2008

Der unendliche Raum dehnt sich aus

Mit der ersten Präsentation der Sammlung im Neubau verbanden sich hohe Erwartungen. Das seit Anfang der 1990er Jahre entwickelte und in vielen Ausstellungen erprobte Museumskonzept sollte sich nun in den neuen Räumen bewähren. Der Titel der Ausstellung *Der unendliche Raum dehnt sich aus* bezog sich auf eine Arbeit der Künstlerin Rune Mields, die Joachim Plotzek als Leiter von Kolumba 1996 in einem Vortrag *Von der Dialogfähigkeit der Kunst* zum Gegenstand seiner Überlegungen gemacht hatte: »Die Arbeit, 1970 in der Auseinandersetzung mit Albert Einsteins *Allgemeiner Relativitätstheorie* entstanden, besteht lediglich aus einer kleinen Metalltafel mit der Aufschrift: ›Der unendliche Raum – dehnt sich aus.‹. In der Reduzierung der künstlerischen Mittel entspricht sie den Vorstellungen der konzeptuellen Kunst jener Jahre, die mehr verschweigt, unausgesprochen lässt, als preisgibt, mehr Anregungen bieten als Resultate mitteilen, mehr Irritation verursachen als Bestätigung wissenschaftlicher Erkenntnis liefern will. In der Befragung der Stimmigkeit dieses Satzes ›Der unendliche Raum dehnt sich aus‹ hält man inne und stockt: Wie kann sich ein Raum, der bereits als ein unendlicher definiert ist, weiter ausdehnen? Wie kann es bei der Vorstellung eines grenzenlosen Raumes noch ein Davor oder Dahinter in irgendeine Richtung geben? Offensichtlich geht es hier um den (sprachkonzeptuellen) Versuch, sich Unendlichkeit vorzustellen und – damit assoziiert – sich ein Bild des Universums zu machen – ein den astrophysikalischen Wissenschaften, aber auch der Philosophie und Theologie von alters her mit immer neuen Überlegungen motiviertes Anliegen. Die Irritation des Satzes führt zurück zu Aristoteles, in dessen Weltbild die Himmelssphären, also das Ewige und Unendliche des Kosmos, die Erde als Zentrum umschließen, und der daraus resultierenden epikureischen Kritik, dass das Unendliche kein Zentrum besitzen kann und dass ein solches aristotelisches Weltbild eben auf einem konzentrischen Denken mit darin implizierten Grenzen beruht. – Wenn das Universum keinen Mittelpunkt hat, hat es dann einen Anfang und ein Ende? Woher kommt das Universum und wohin entwickelt es sich? Es dehnt sich aus, aber was ist da, wohin es sich ausdehnt? Die so gestellten Fragen nach dem Raum implizieren die Fragen nach der Zeit. Wenn sich etwas ausdehnt, dann hatte es auch einen zeitlichen Anfang. Die Expansion birgt zwingende Gründe eines Anfangs und grenzt damit auch den Schöpfungsakt zeitlich berechenbar ein. Aber kann das Unendliche/ Ewige einen Anfang haben? Was war vor dem Anfang? Wie wirklich ist Zeit? Wird sie jemals enden? Ist sie vielleicht sogar an das Bewusstsein des Menschen gebunden, mit seiner Fähigkeit des Erinnerns, seinem Wissen von Geschichte, dem Erfahren von Gegenwart und seinen Entwürfen der Zukunft?« Der Satz des Metallschildes von Rune Mields erschien »als eine Metapher für ein uns modellhaft ins Verstehen bringendes Denken, welches dem Unendlichen das ständige Sich-weiter-Ausdehnen als Wesenheit zuerkennt, es also nicht als etwas statisch-festgelegtes Unendliches, sondern als etwas sich in alle Ewigkeit dynamisch Erweiterndes und damit als etwas in seiner Größe zu keinem Zeitpunkt Feststellbares definiert.« In ihrer gedanklich kaum fassbaren Komplexität bilden derart dynamische Weltmodelle eine Analogie zu dem biblischen Schöpfungsbericht, in dem Gott die Welt durch seinen Willen aus dem Nichts hervorruft und im Sein erhält.

Der Titel der ersten Ausstellung im Neubau sollte programmatischen Charakter für das Selbstverständnis von Kolumba als Ort eines vielfachen Dialoges erhalten, an dem der Wahrnehmung die nötige Zeit eingeräumt wird. Unter demselben Titel

Der unendliche Raum dehnt sich aus

stand bereits 1998 eine Sammlungspräsentation, die auf Einladung und in den Räumen der Staatlichen Kunsthalle Baden-Baden vom Diözesanmuseum, dem Vorläufer von Kolumba, verantwortet wurde. Die Ausstellung erzähle »vom Selbstbewusstsein und der fragenden Gewissheit künstlerischer Weltentwürfe, vom Wesen der Kunst an sich«, hatte Dirk Teuber als mitverantwortlicher Kurator der Kunsthalle im Ausstellungskatalog geschrieben. Mit der Wiederholung des Titels wollten wir die Kontinuität bewusst machen, die das Konzept und den Neubau in allen Teilen geprägt hat. Trotz der langen Planungszeit war die Einrichtung der Ausstellung schließlich ein Wettlauf gegen die Zeit, denn zahlreiche Fertigstellungsarbeiten hatten sich bis zuletzt verzögert. In nur zwei Wochen, die im fast fertigen Gebäude vor der Einweihung zur Verfügung standen, wurde die Ausstellung aus dem Bestand heraus entwickelt. Beginnend mit dem Verlust des Paradieses, mit dem Moment, in dem sich Adam und Eva nach dem Sündenfall vor Gott verstecken, breitete sie ein vielfältiges Bild des Menschen aus, seiner Möglichkeiten und Grenzen, seiner Freiheit und Verantwortung, seiner Träume und Hoffnungen, seines Verlustes und Schmerzes, seiner Selbsterkenntnis und seiner Erkenntnis Gottes.

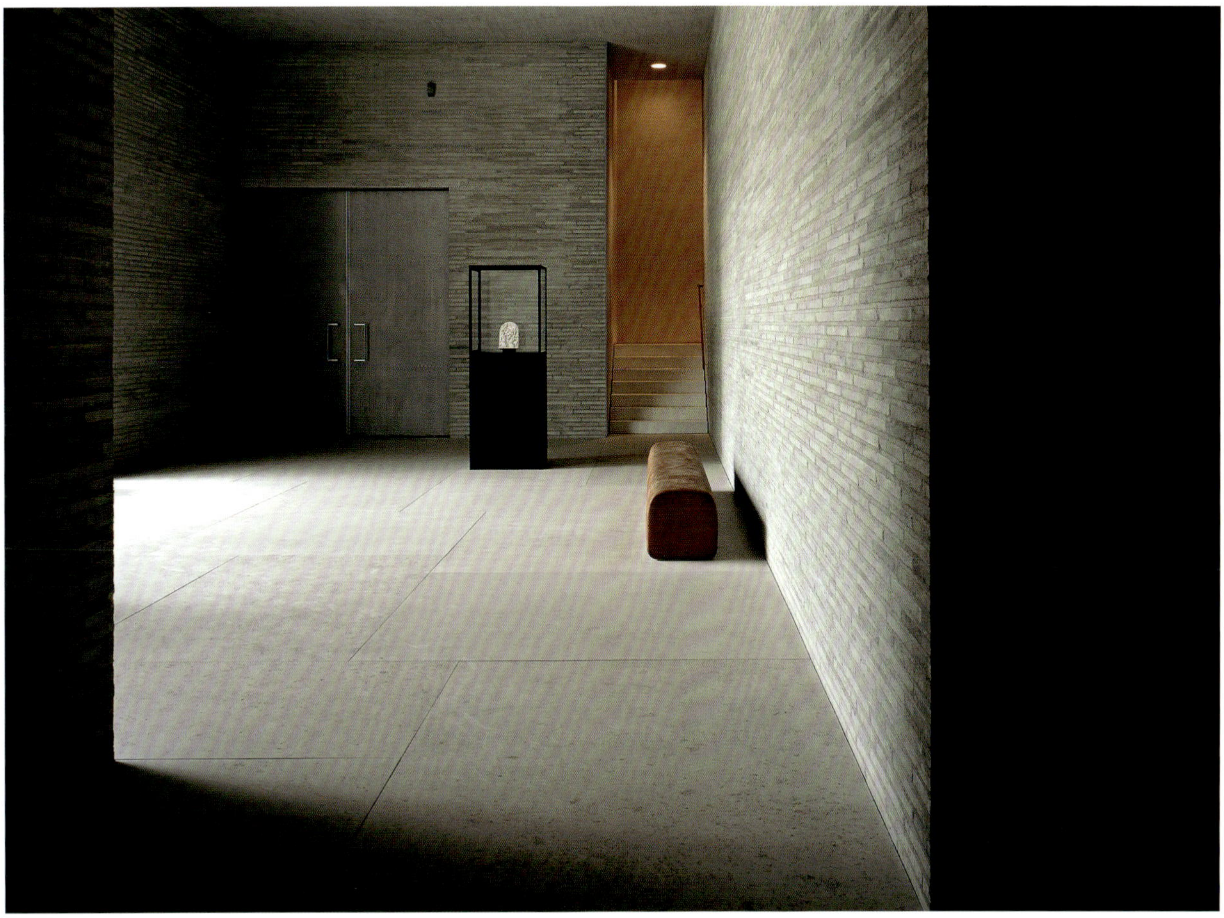

Der unendliche Raum dehnt sich aus   Raum 1 (Foyer)

»Als sie Gott, den Herrn, im Garten gegen den Tagwind einherschreiten hörten, versteckten sich Adam und seine Frau vor Gott, dem Herrn, unter den Bäumen des Gartens. Gott, der Herr, rief Adam zu und sprach: Wo bist du? Er antwortete: Ich habe dich im Garten kommen hören; da geriet ich in Furcht, weil ich nackt bin, und versteckte mich. Darauf fragte er: Wer hat dir gesagt, dass du nackt bist? Hast du von dem Baum gegessen, von dem zu essen ich dir verboten habe? Adam antwortete: Die Frau, die du mir beigesellt hast, sie hat mir von dem Baum gegeben, und so habe ich gegessen. Gott, der Herr, sprach zu der Frau: Was hast du da getan? Die Frau antwortete: Die Schlange hat mich verführt, und so habe ich gegessen.« (Gen 3,8-13) Genau diesen Moment des Dialoges zwischen Gott und dem ersten Menschenpaar, der Bewusstwerdung von Schuld, hat der Bildhauer Leonhard Kern hier zum Thema gewählt. Damit entschied er sich für ein ungewöhnliches Sujet, denn wesentlich häufiger wurde entweder der vorangegangene Sündenfall oder die nachfolgende Vertreibung aus dem Paradies dargestellt. Doch auch das für unser Relief gewählte Motiv ist in zwei weiteren Ausführungen Kerns bekannt (Stift Göttweig/ Niederösterreich und Ca' Rezzonico, Venedig). Nicht nur das Thema des sündhaften Menschen entsprach der Frömmigkeit des Barock, auch die Virtuosität des Künstlers – seine Fähigkeit zur Differenzierung von männlichem und weiblichem nacktem Körper, von Evas Haarpracht und üppigem Blattwerk – kommt den Anforderungen der damaligen Käufer entgegen. Sie machte seine Werke zu begehrten Sammlerstücken, die auch heute noch zu den Spitzenwerken des Kunstmarktes gehören. Leonhard Kern erhielt seine Ausbildung in der Werkstatt seines Bruders Michael, nachdem er zuvor ein Gymnasium besucht hatte. Bevor er als Bildhauer an den kurpfälzischen Hof nach Heidelberg berufen wurde, unternahm er von 1609 bis 1614 eine Studienreise durch Italien und das heutige Marokko. 1620 ließ er sich in Schwäbisch Hall nieder und gründete dort eine Werkstatt für Kleinplastik, in der hauptsächlich Objekte für Kunstkammern entstanden. Während zahlreicher Geschäftsreisen und in engem Kontakt zu Sammlern und Händlern bot er seine Werke mit großem Erfolg auf dem Kunstmarkt an. 1648 wurde er schließlich zum kurfürstlich-brandenburgischen Hofbildhauer ernannt. Seine Arbeiten spiegeln die Kenntnis der italienischen Kunst vor allem des 16. Jahrhunderts wider, doch brachte er die an italienischen Vorbildern geschulten Figuren in ungewöhnliche Ikonographien ein, die möglicherweise auf protestantische Bedürfnisse Rücksicht nahmen. So entwickelte er eine markante künstlerische Sprache, die seine Arbeiten bis heute unverwechselbar macht.

• LEONHARD KERN *Adam und Eva verbergen sich vor Gott*, Schwäbisch Hall, um 1630, Alabaster (erworben mit Mitteln der Renate König-Stiftung)

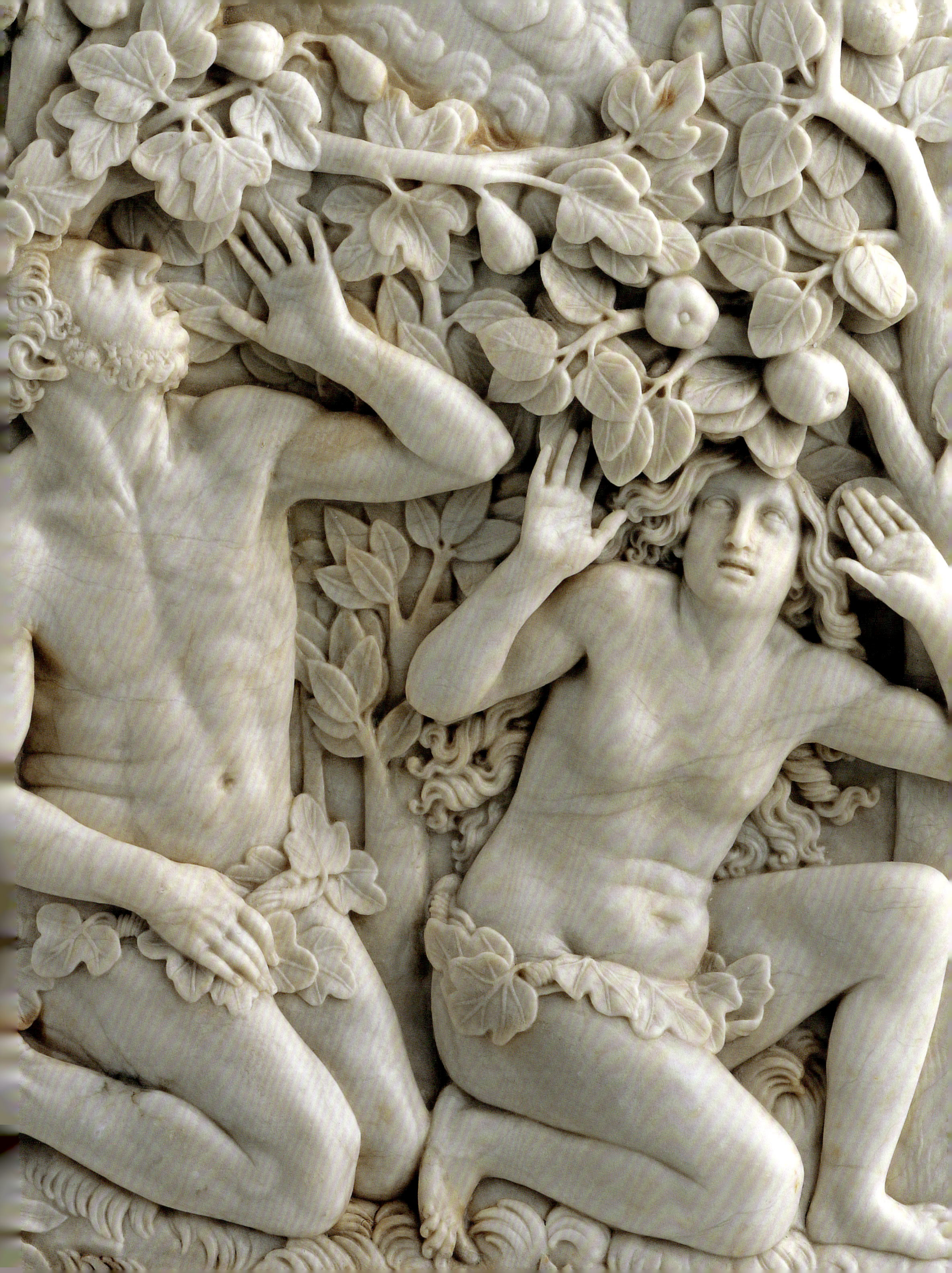

Der unendliche Raum dehnt sich aus   Raum 1 (Foyer)

Ein blau lackierter Wagen voller Bauklötze wird von einem Schweifstern gezogen. Diesen *Portable Ocean* des Amerikaners Paul Thek wählten wir zum Leitmotiv des Architekturwettbewerbs für Kolumba, den Neubau des Diözesanmuseums in Köln. Damit sollte mehr ausgesagt sein, als es der Auslobungstext je gekonnt hätte. Denn die Aufgabe für den Wettbewerb bestand darin, der Kunst auf einem geschichtlich bedeutenden Bauplatz eine Heimat zu geben. Das setzt zum einen voraus, dass man den charakteristischen Ort entgegen der fortschreitenden Vereinheitlichung und Typisierung für wesentlich hält, und zum anderen, dass man der Auseinandersetzung mit Kunst mehr zutraut als nur das faktische Begreifen ihrer materiellen Existenz. – Der *Portable Ocean* besteht aus einem einfachen Kinderspielzeug. Er bezieht sich ebenso auf das Bauen wie das Spielen, und vermutlich gehört beides deshalb zusammen, weil man im Spiel dem Material am nächsten ist, sich aus ihm die Form wie von selbst entwickeln kann. Der Wagen mit den Bauklötzen ist ein Lager voller Einzelteile, die der Gestaltungskraft als Material zur Verfügung stehen. Ihn zu leeren, bedeutet sich niederzulassen, um im Aufeinanderschichten der Steine etwas zu bauen und eine Form zu finden. – Es bliebe dabei, wäre da nicht der Schweifstern, der mit einer Kordel vor den Wagen gespannt ist, und jene blau-weiße Lackierung, die Wagen, Bauklötze und Stern miteinander zu dem Element verbindet, das aufgrund seiner fließenden Eigenschaft ganz im Widerspruch zum ruhenden Bau steht. Ein Widerspruch der hier mit Leichtigkeit aufgelöst wird. Einen Ozean bewegen: Würde dies auf Kolumba auch möglich sein? Würde man die bestehenden Merkmale des Ortes aufgreifen und ihn zukünftig dadurch definieren können, dass man seine Geschichte in der Auseinandersetzung mit Kunst präzisiert und als »lebendes Museum« im Fluss hält? Würde man etwas Bestehendes und die Reste von ehemals Bestehendem integrieren und gleichzeitig etwas Neues errichten können, das als Ganzes erfahrbar wäre und nicht die Verschiedenheit seiner Teile gegeneinander ausspielt? Würde man von der Architektur Selbstverständlichkeit erwarten und gleichzeitig Freiräume für Kunst von ihr einfordern können? – Im *Portable Ocean* überbrückt die Kunst derartige Widersprüche zwischen der Realität und dem ideellen Anspruch auf einfachste Weise und mit einfachsten Mitteln. Ihre Poesie, mit der sie der Phantasie den nötigen Freiraum verschafft, beruht auf der Präzision und der Einfachheit ihrer Mittel, deren Gesamtheit zur künstlerischen Sprache wird. Dieses Kriterium sollte für die Architektur, wenn sie im Anspruch steht Kunstwerk zu sein, ebenso gelten.

• PAUL THEK *Portable Ocean*, 1969, Wagen mit Bauklötzen, Holz, blau-weiß lackiert

87

Der unendliche Raum dehnt sich aus Raum 3 (Ausgrabung)

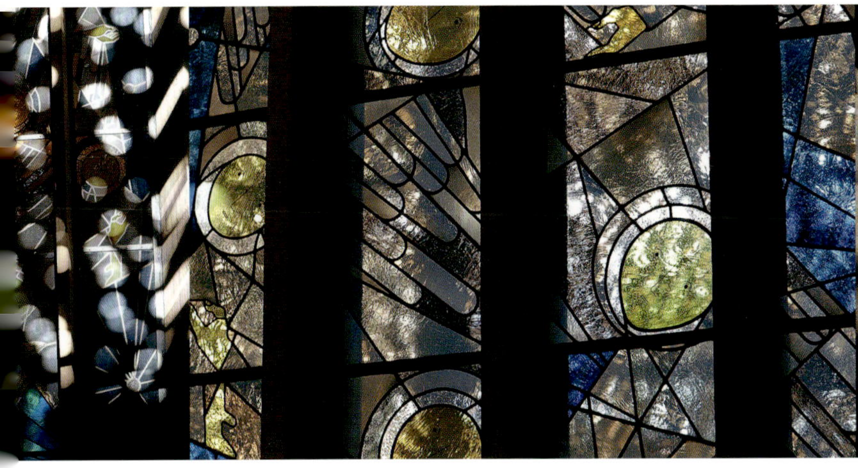

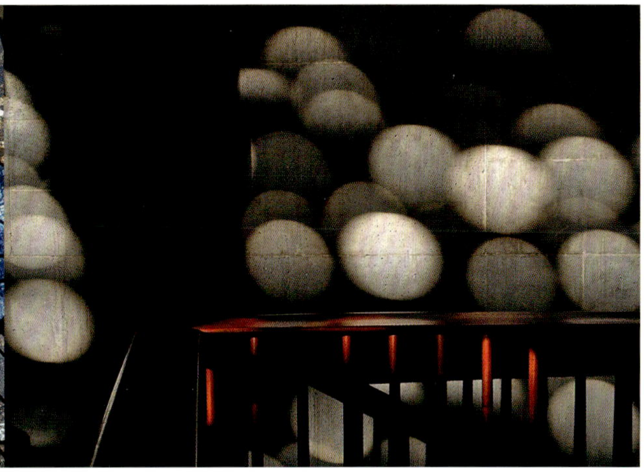

Der unendliche Raum dehnt sich aus   Raum 4 (Ehemalige Sakristei)

• RICHARD SERRA *The Drowned and the Saved* (Die Untergegangenen und die Geretteten), 1992/1997, Schmiedestahl, zwei Winkel; am 24. Februar 1997 als symbolische Grundsteinlegung für den Neubau vom Künstler vor Ort installiert

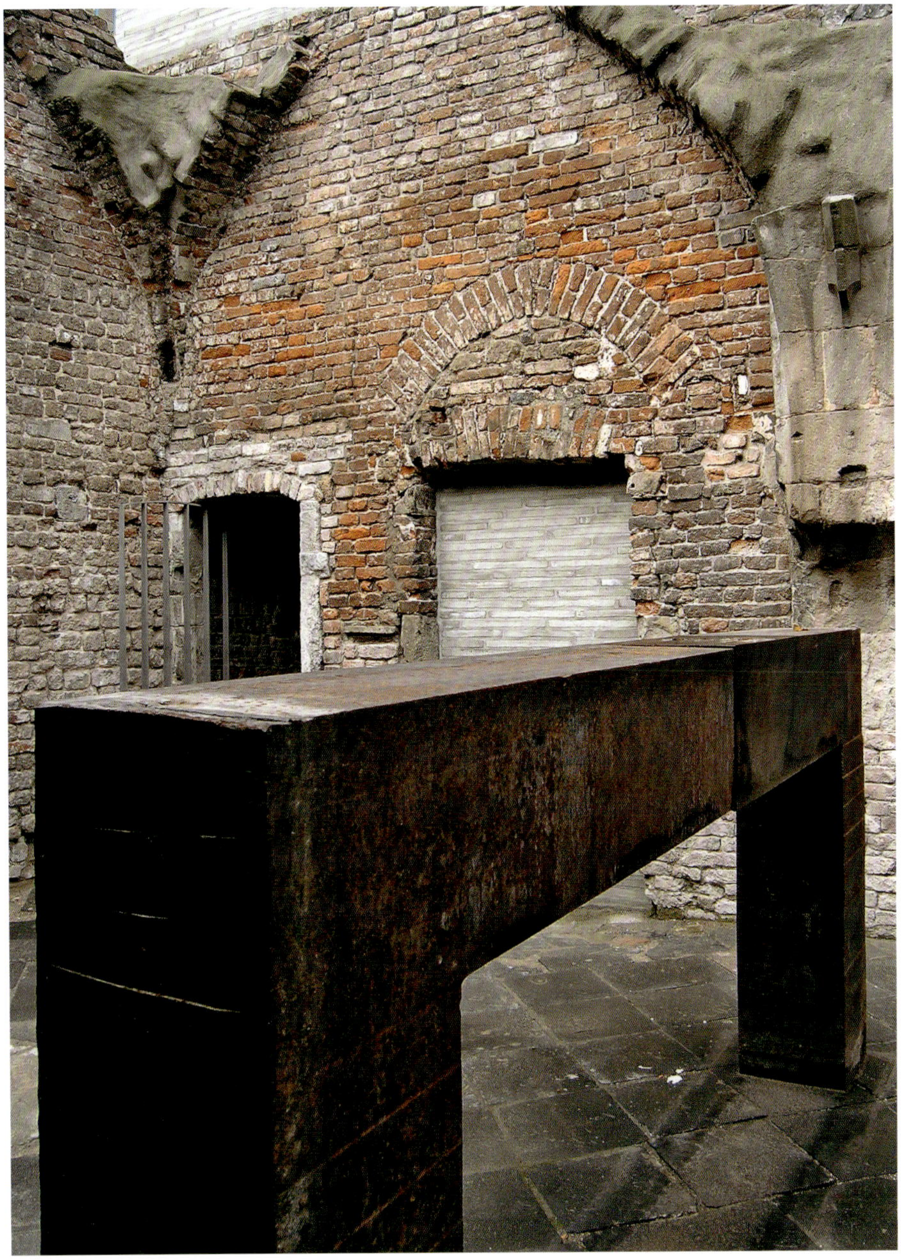

Der unendliche Raum dehnt sich aus   Raum 5

Stille – dann plötzlich erfüllt ein Klackern den Raum. Der suchende Blick fällt auf einen Blindenstab, der tastend durch die Luft und über den Boden fährt. Seine Bewegungen erscheinen unkoordiniert und wirr. In unregelmäßigen Abständen schlägt die Metallspitze des Stabes auf die beiden Metallplatten, die den Boden quadratisch abdecken; dann wieder fährt sie deutlich vernehmbar schleifend über den Grund und hinterlässt schließlich eine sichtbare Spur. Abrupt endet die Bewegung, der Stab zittert noch, und es ist wieder still. Minuten später, wenn man es am wenigsten erwartet, beginnt der Stab erneut, in den Raum auszugreifen. – Rebecca Horns mechanisierte Skulptur ist ein Bild eingeschränkter Möglichkeiten und immer wieder aufs Neue einsetzenden tastenden Suchens. Sie spart den Menschen als Akteur aus, inszeniert nur sein Requisit, den Stab, der den begrenzten Tastraum erweitert und die suchende Bewegung zum weithin hörbaren Störfaktor werden lässt. Irritiert von den fahrigen Bewegungen und dem unangenehmen Klackern, sucht das Auge einen Ruhepunkt im Raum und fällt auf Herbert Falkens kleine Zeichnung *Totentanz* vom 29.1.1976. Das Skelett eines Bischofs, ausgestattet mit der Mitra, scheint sich schnell im Kreis zu drehen, so dass die gefältelte Pelerine fast waagerecht im Raum rotiert. Es verwundert nicht, dass diese Zeichnung in einer Zeit entstanden ist, in der geistige und politische Positionen aufeinanderprallten und mit Waffen ausgetragen wurden: nach Raub- und Terrorakten von RAF-Mitgliedern war der Stammheim-Prozess eröffnet worden, die IRA terrorisierte London mit Bomben, während im nordirischen Belfast immer wieder Katholiken den Anschlägen durch paramilitärische Gruppen zum Opfer fielen. Vor einem solchen Hintergrund gerät das metallische Klackern des Blindenstabs zur aggressiven Geräuschkulisse, die an einschlagende Kugeln erinnern mag. So beginnen sich die Besucher selbst in diesem und im Nachbarraum um die eigene Achse zu drehen, weil sie immer wieder aus der Betrachtung eines Bildes aufgestört und abgelenkt werden. Diesmal bleibt der Blick an Gerhard Altenbourgs *Ecce homo* aus dem Jahr 1949 hängen: mit Bleistift und Kohle auf zerknittertes Packpapier gezeichnet, windet sich eine überlebensgroße, zerfasernde Figur, deren Körper wie mit taktischen Karten für Geschützstellungen und Truppenbewegungen tätowiert erscheint. Sie krümmt und windet sich, gepeinigt von einem in Worte nicht fassbaren Schmerz, in sich selbst gefangen wie in den Schlingen einer Würgeschlange. Der Titel *Ecce homo* bindet dieses durch die Schrecken des Zweiten Weltkrieges ausgelöste Bild in die jahrhundertealte Tradition des Bildes vom leidenden Christus ein, in dem auch Totentanz und Blindenstab aufgehoben sind.

• REBECCA HORN   *Blindenstab*, 1993, mechanisierte Skulptur, Höhe raumbezogen
• GERHARD ALTENBOURG   *Ecce Homo*, 1949, Graphit und Kohle auf Papier, aufgezogen auf Leinwand • HERBERT FALKEN   *Totentanz*, 29.1.1976, Bleistift auf Papier

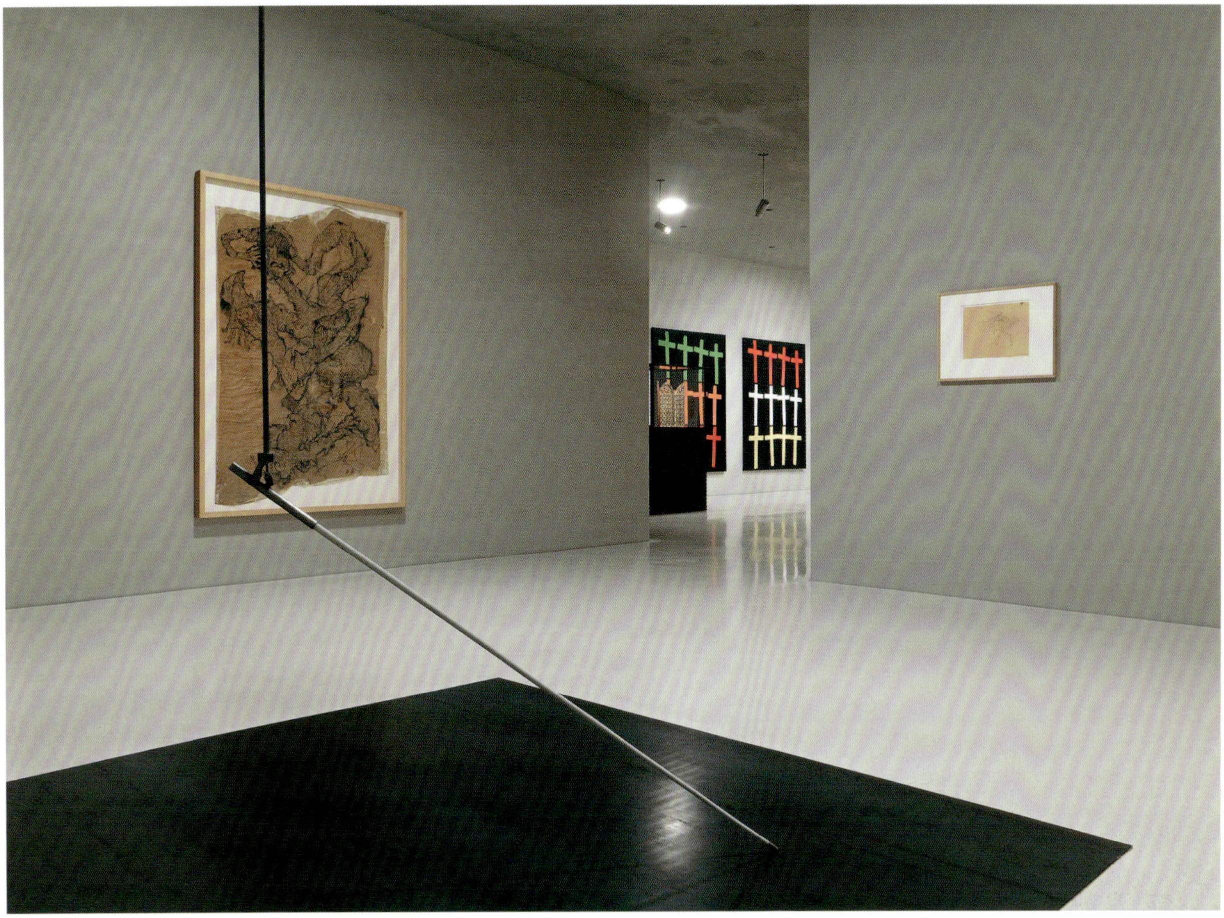

Der unendliche Raum dehnt sich aus   Raum 5

• Herbert Falken *Totentanz*, 29.1.1976, Bleistift auf Papier • Abbildung auf der folgenden Doppelseite: Andy Warhol *Cross* und drei *Crosses*, 1981–1982, mehrfarbiger Siebdruck auf Leinwand • *Ecce homo* Köln, Anfang 16. Jh., Birnbaumholz mit mehreren Fassungen • In der Vitrine: *Reliquienklappaltar* Köln, 1. Hälfte 14. Jh., Eichenholz mit alter Fassung, ursprünglich mit einer Vielzahl von Reliquien gefüllt

Die Decke abzuwerfen war ganz einfach; er brauchte sich nur ein wenig aufzublasen und sie fiel von selbst. Aber weiterhin wurde es schwierig, besonders weil er so ungemein breit war. Er hätte Arme und Hände gebraucht, um sich aufzurichten; statt dessen aber hatte er nur die vielen Beinchen, die ununterbrochen in der verschiedensten Bewegung waren und die er überdies nicht beherrschen konnte.

Franz Kafka

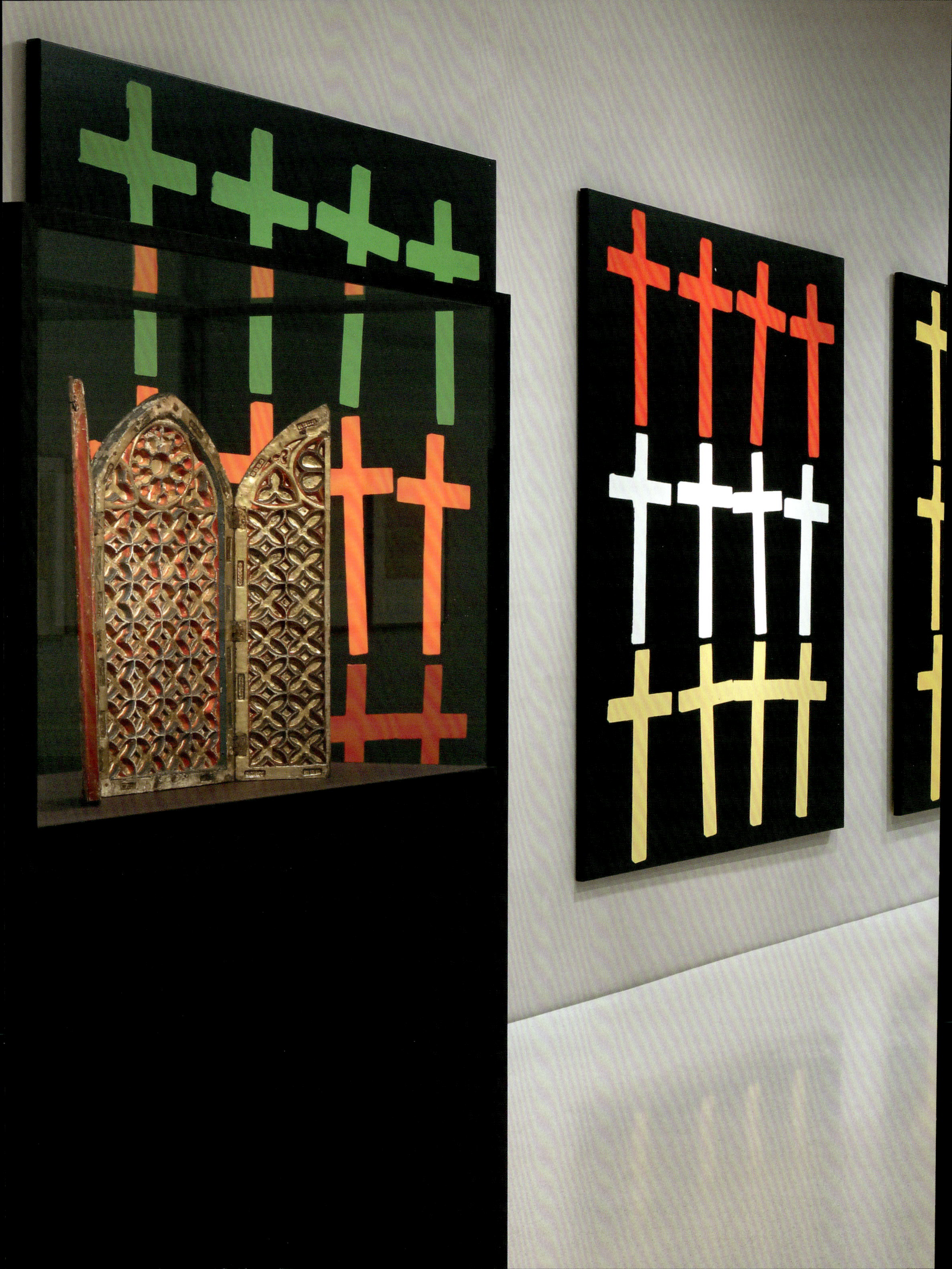

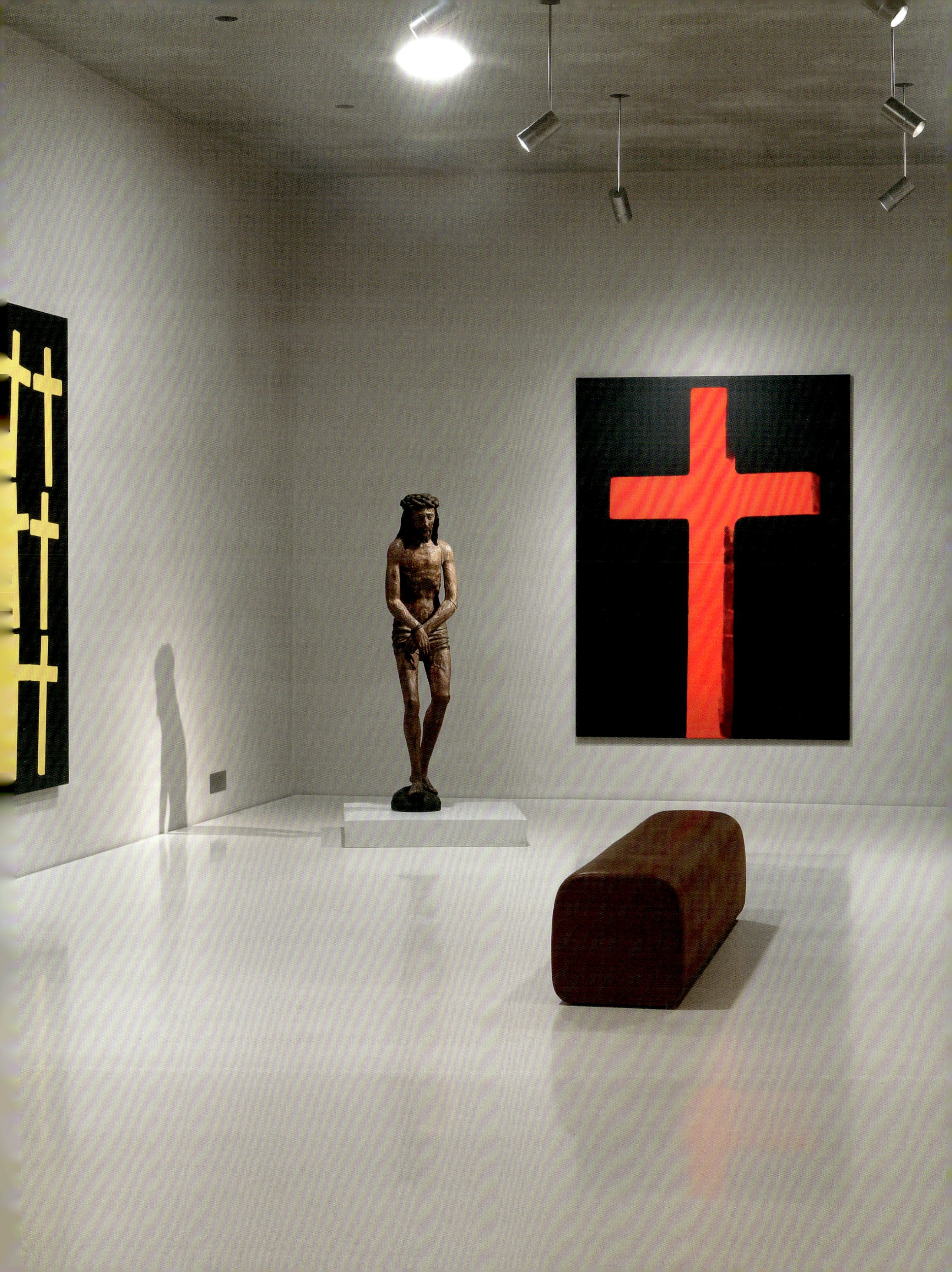

Der unendliche Raum dehnt sich aus   Raum 6

• ANDY WARHOL *Cross*, 1981–1982, mehrfarbiger Siebdruck auf Leinwand • *Ecce homo* Köln, Anfang 16. Jh., Birnbaumholz mit mehreren Fassungen • An der Wand in Raum 8: GEORGES ROUAULT *Die Richter*, 1914, Mischtechnik auf Papier (erworben mit Hilfe der Renate König-Stiftung) • HERBERT FALKEN *Tagebuchartige Zeichnungen*, 1976/1977, Mischtechnik auf Papier

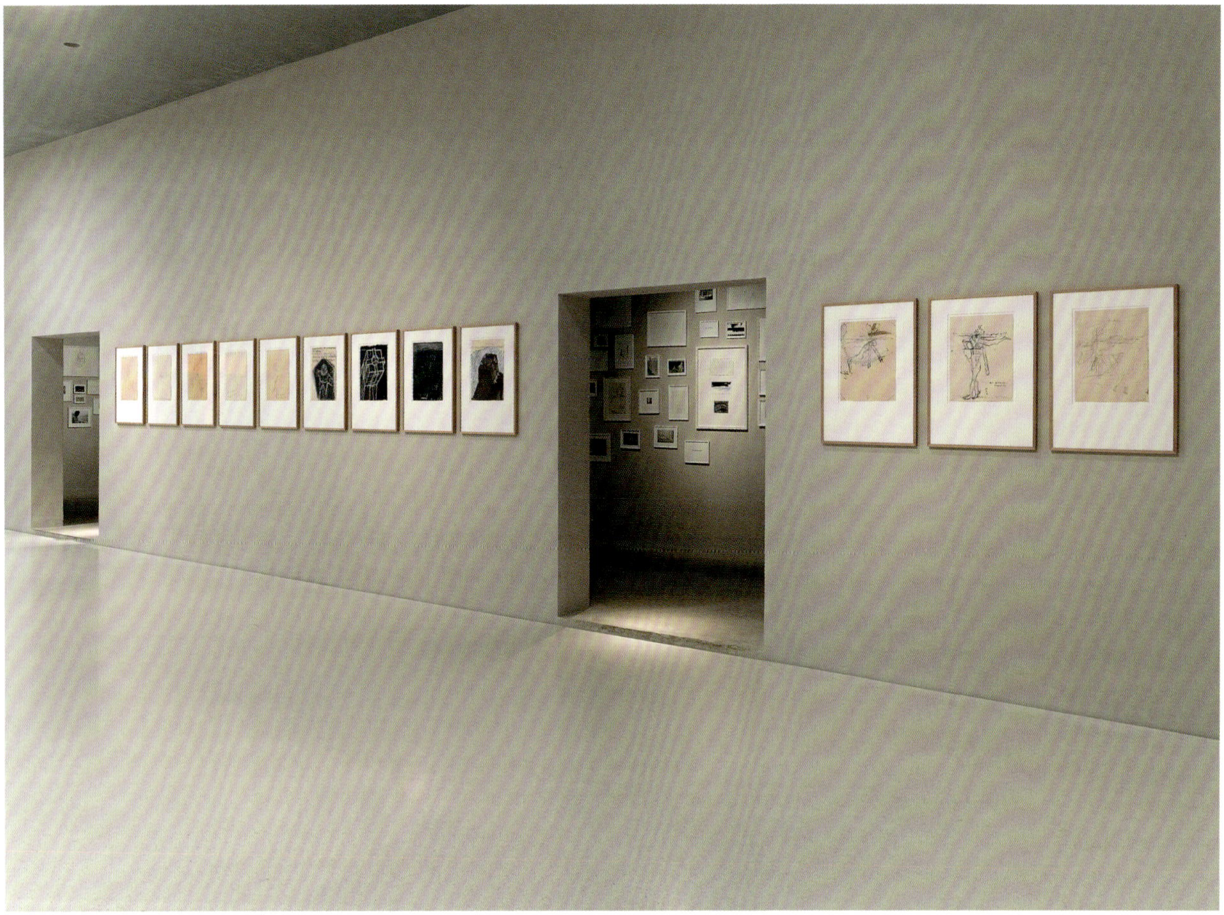

Der unendliche Raum dehnt sich aus   Raum 6

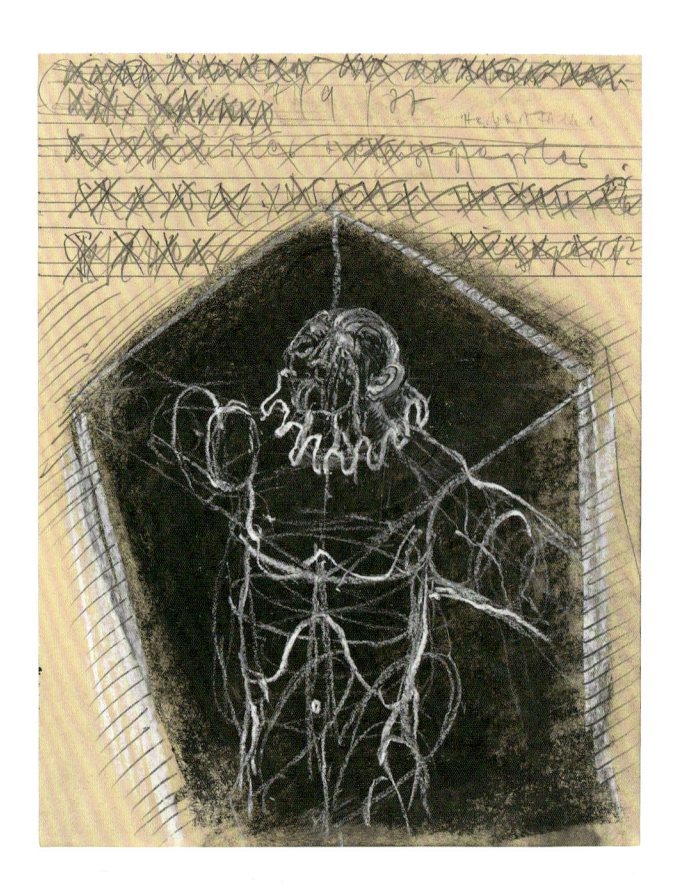

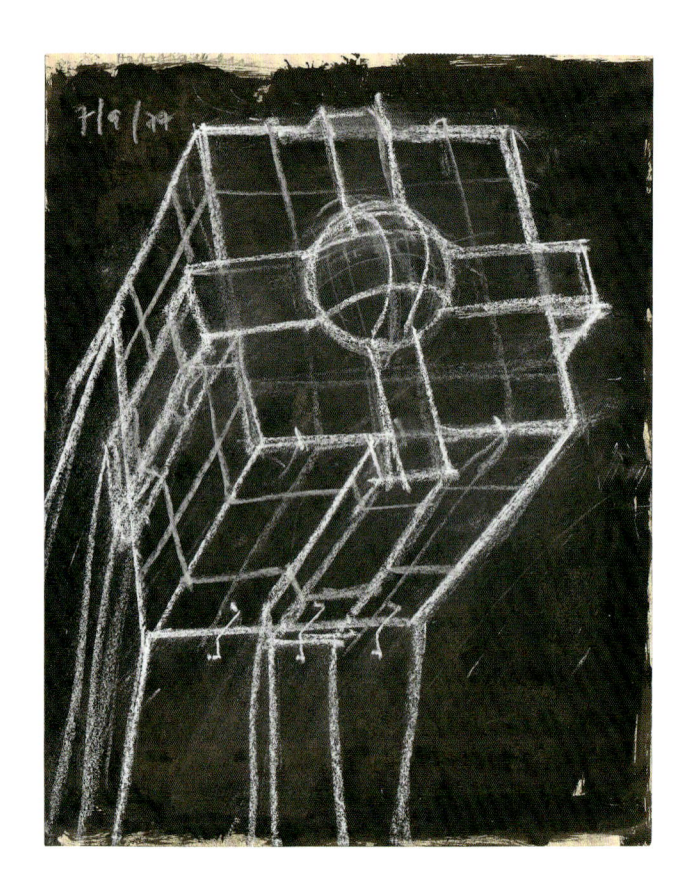

• HERBERT FALKEN *Clown / Kreuzkiste / Tannenbaum / Gefängnis (Hans Martin Schleier ist entführt)*, alle datiert: 7. September 1977, Mischtechnik auf Papier

101

Der unendliche Raum dehnt sich aus   Raum 7 (Kabinett)

Mit großem Miko auf linkem Arm, so hat die seit 1972 in Europa lebende Japanerin Leiko Ikemura ihre Terrakotta benannt. Der Titel erläutert nicht, er beschreibt ansatzweise. Sähe man die Skulptur nicht, könnte man bestenfalls eine Figur erschließen, die eine Miko auf dem linken Arm hält. Aber was wüssten wir dann? – Auch das Betrachten der Figur führt nicht unbedingt zur eindeutigen Benennbarkeit: Wie ein Gefäß als Hohlkörper aus Ton aufgebaut, mit der Hand geformt, farbig lasiert, entwickelt sich eine mädchenhafte Halbfigur mit weißem Rock und blauem Oberteil als Torso. Teile des Körpers, insbesondere der Kopf, fehlen. Mit ihr nahezu verwachsen ist die »Miko auf dem linken Arm«, wiederum weiblich, der Kopf mit Zügen einer Katze verwoben. – Solche merkwürdigen Wesen zwischen den Welten sind auch der Kopffüßler, die Sitzende in Grau und das hockende Wesen mit den trichterförmigen Gebilden am Kopf. Als ambivalente Gestalten treten sie in Erscheinung, die weder der Sphäre des Menschen noch jener idolhafter Puppen oder dem Reich der Tiere eindeutig zuzuordnen sind. In der Mehrdeutigkeit scheint immer etwas Weibliches auf. Aber schön im landläufigen Sinne sind diese Gestalten nicht, nicht anmutig, nicht fröhlich. Pastos, geradezu ruppig auf unterschiedlichen Bildträgern gemalt, entwickeln sie eine enorme Präsenz, eine Ausstrahlung, der man sich als Betrachter kaum entziehen kann, auch wenn man diesen Wesen eher fragend als erkennend gegenübersteht. Vielleicht liegt es daran, dass sie nicht als Personen in Erscheinung treten, sondern vielmehr in einer inneren Bewegung innezuhalten scheinen und einen Zustand schmerzhaften Empfindens oder der Traumverlorenheit verkörpern. Die Begegnung mit Leiko Ikemuras Kunst ist die Begegnung mit einem fremdartigen Kosmos; ihre Bildwerke spiegeln ein ganzheitliches Verständnis von Welt, in dem sich scheinbar Unvereinbares in – durchaus auch schmerzlicher – Harmonie vereint. So wird die im abendländischen Denken beheimatete Kluft zwischen Konflikt und Harmonie, zwischen Realität und Traum, zwischen Wissen und Nicht-Wissen in Frage gestellt, wenn nicht gar aufgehoben.

• Leiko Ikemura *Mit großem Miko auf linkem Arm*, 1996, Terrakotta, farbig glasiert / *Kopffüßler / Sitzende in Grau / Ohne Titel*, 1991, Tempera auf Leinwand und Holz

103

Der unendliche Raum dehnt sich aus   Raum 7 (Kabinett)

Jedes Mal, wenn ich den Raum des *Kosmos Personalis* betrat, blieb mein Blick an diesem einen Foto hängen, das wohl einer Zeitung entnommen ist: In einem großen kargen Saal mit geschlossener Flügeltür stehen vier mit Gehrock bekleidete Männer auf dem spiegelblanken Fußboden und wenden sich in zeremoniell angespannter Haltung einander zu. Keiner kommt dem anderen nahe genug, um ihn berühren zu können – fast wie taktisch platzierte Spielfiguren auf einem Schachbrett. Es scheint sich um einen Vorgang am japanischen Kaiserhof zu handeln, bei dem ein leicht vorgebeugter Herr auf der rechten Seite dem links sehr aufrecht stehenden Tenno etwas präsentiert, vielleicht ein Schriftstück, aus dem er vorliest. Die anderen beiden Herren sind nicht direkt an dem Vorgang beteiligt, möglicherweise handelt es sich um einen Protokollanten (hinter seinem Schreibtisch) und eine Art Zeremonienmeister – auch er ist leicht vorgebeugt. Dieses Foto kommt mir immer wieder in den Sinn, wenn ich die Figurenzeichnungen von Monika Bartholomé betrachte. Mit Hilfe der Linie des Zeichenstiftes oder des Pinsels entsteht aus der Fläche ein Raum, in den die Silhouetten von Gestalten fast szenisch eingebunden sind. Auch wenn die Plastizität der Figuren nur auf der Suggestion durch ihre Anordnung im Raum beruht, scheint diese mehr gefühlte als faktische Räumlichkeit immens wichtig zu sein. Sie ist auch Thema bei den Fotos von der Tänzerin Nadia Kevan, die sich auf immer wieder wechselnden Bühnen bewegt und damit den Raum gestaltet. Scharfe Gegensätze von Schwarz und Weiß spielen dort plötzlich eine Rolle, Schatten materialisieren sich zu realen Gegenständen oder Personen, Gegenstände oder Situationen geraten von den Fotos ins gemalte oder gezeichnete Bild und erleben die seltsamsten, teilweise wirklich komischen Transformationen. So scheinen zwei der Teilnehmer aus der anfangs beschriebenen Zeremonie einige Rahmen weiter rechts zu kleinen Gipsfiguren erstarrt zu sein, die in leicht gebeugter Haltung in ein schwarzes quadratisches Loch starren. Inmitten der überbordenden Fülle von Motiven, mit der Monika Bartholomé im *Kosmos Personalis* ihre Bilderwelt erläutert, hängt ein Rahmen mit dem Schriftzug »Außen ist innen ist außen«. Verweist er auf den unauflösbaren Zusammenhang von Wirklichkeit und deren Anverwandlung in Wahrnehmung und Wiedergabe, der im Werk Monika Bartholomés ein grundlegender Leitfaden zu sein scheint?

• MONIKA BARTHOLOMÉ *Kosmos Personalis*, 1957–2002, 185 Arbeiten verschiedener Größe in räumlicher Anordnung, Stift- und Pinselzeichnungen, Fotografien, Kopien (teils übermalt), Zeitungsausschnitte, Texte

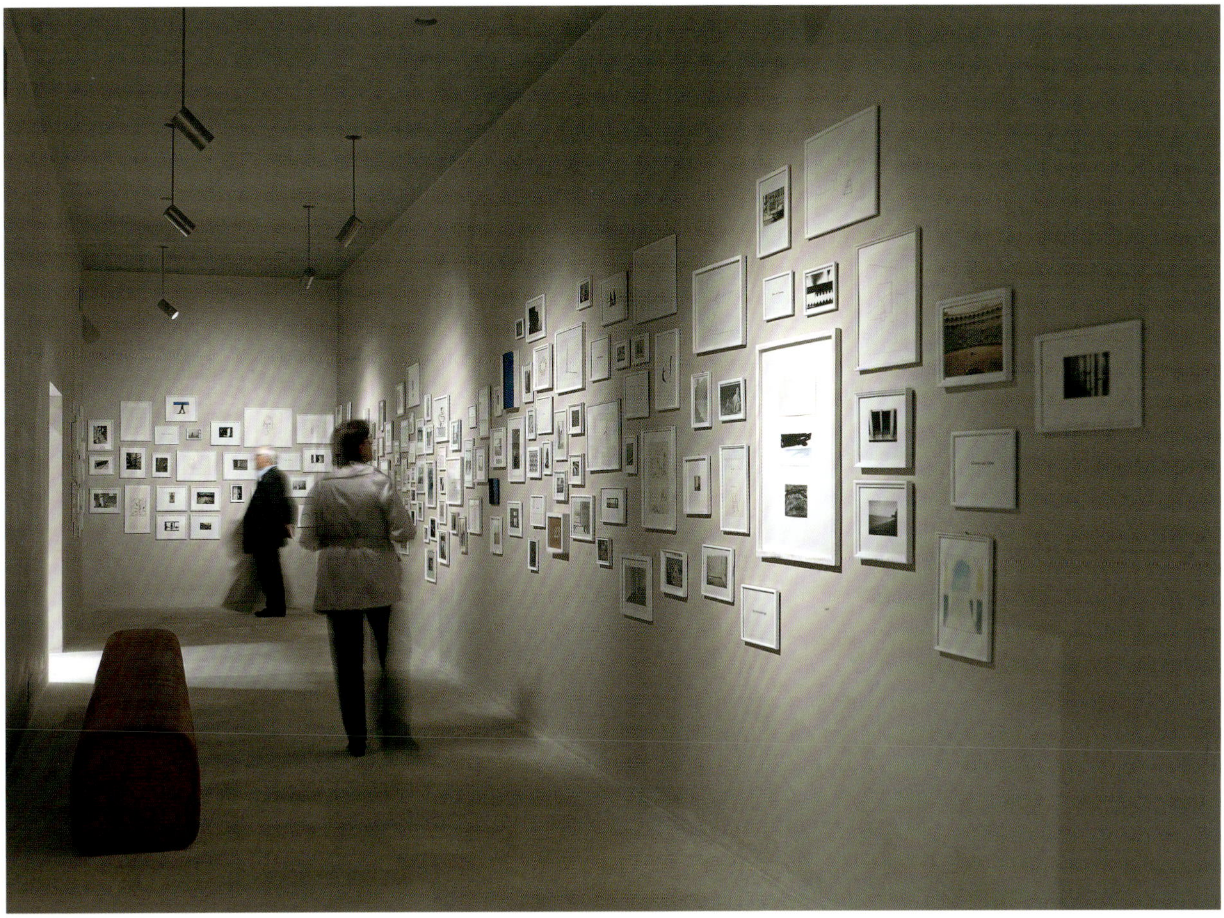

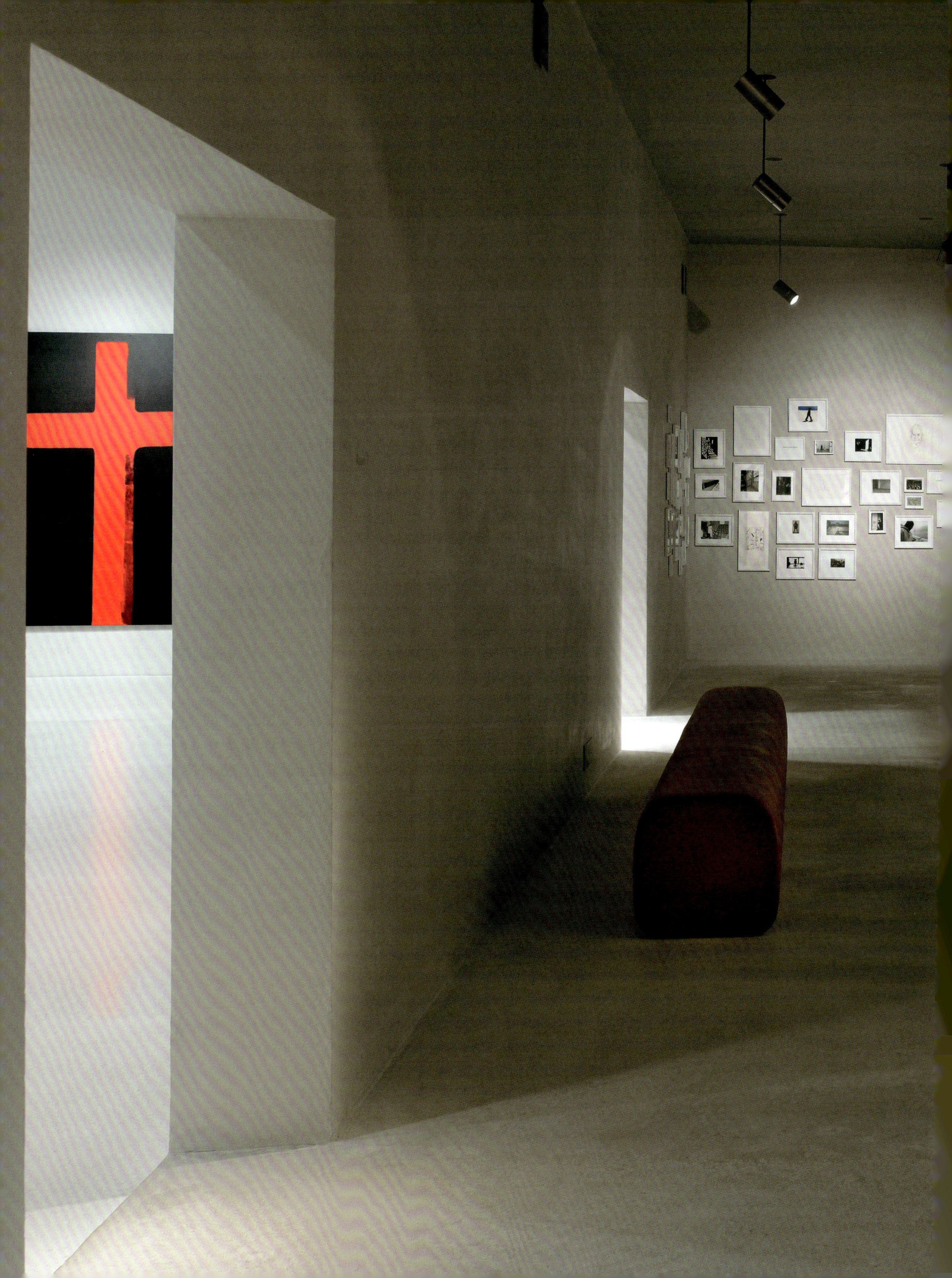

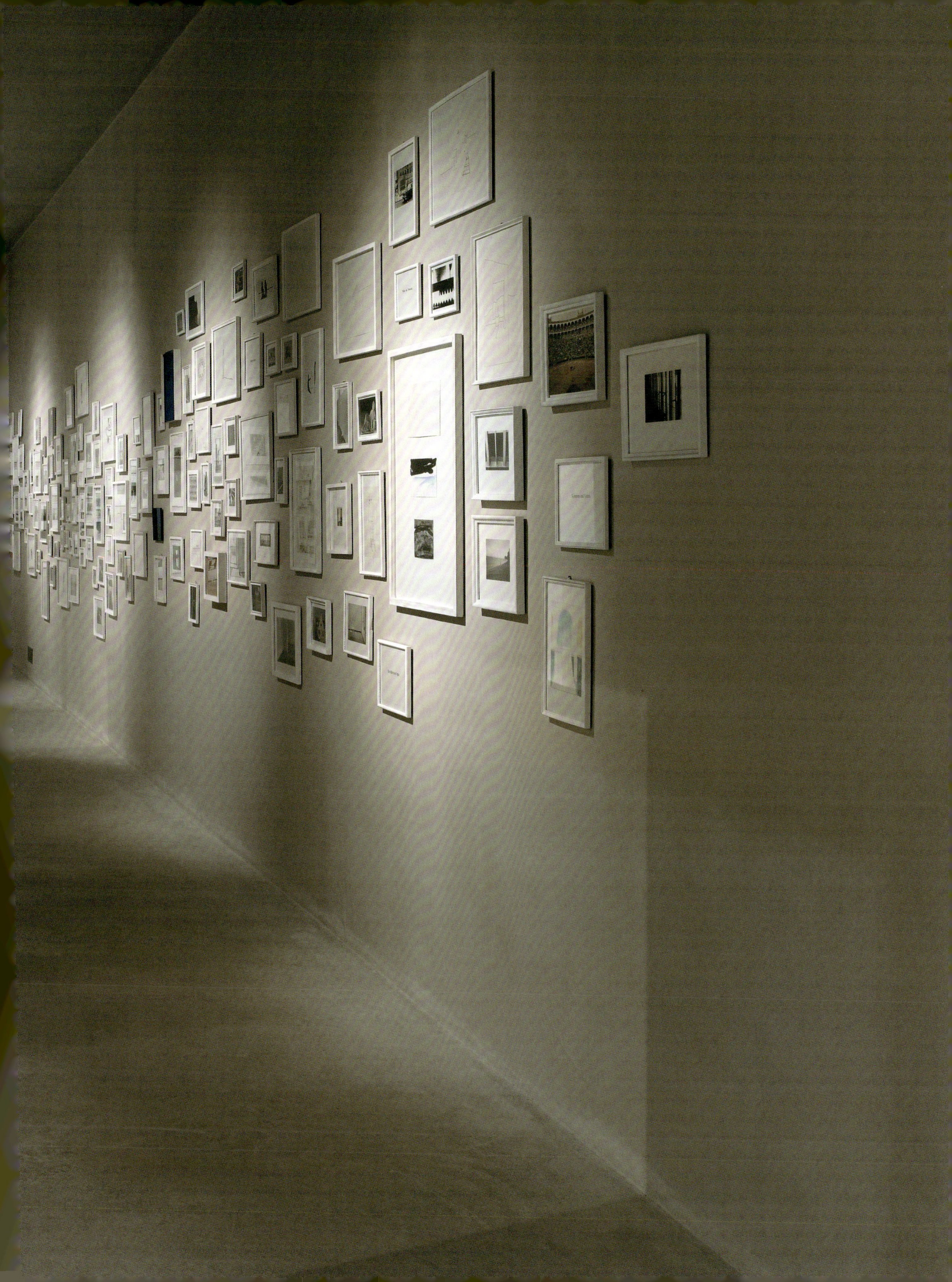

Der unendliche Raum dehnt sich aus   Raum 8

• *Marientod* Werkstatt Jörg Lederers, Kaufbeuren, um 1520, Lindenholz mit alter Fassung (Schenkung Maria und Regina Härle) • ARNT VAN TRICHT *Beweinung Christi*, Kalkar, um 1540, Eichenholz (erworben mit Hilfe der Renate König-Stiftung) • *Muttergottes einer Pietà* Mittelrhein, 2. Viertel 15. Jh., Ton mit Resten alter Fassung (Schenkung Maria und Regina Härle) • *Kruzifix aus Erp* Rheinland, 2. Hälfte 12. Jh., Nussbaumholz mit erneuerter Fassung • Im Durchgang zur Treppe: DUANE MICHALS *The Journey of the Spirit After Death* (Die Reise des Geistes nach dem Tod), 1970, Fotosequenz, 27-teilig

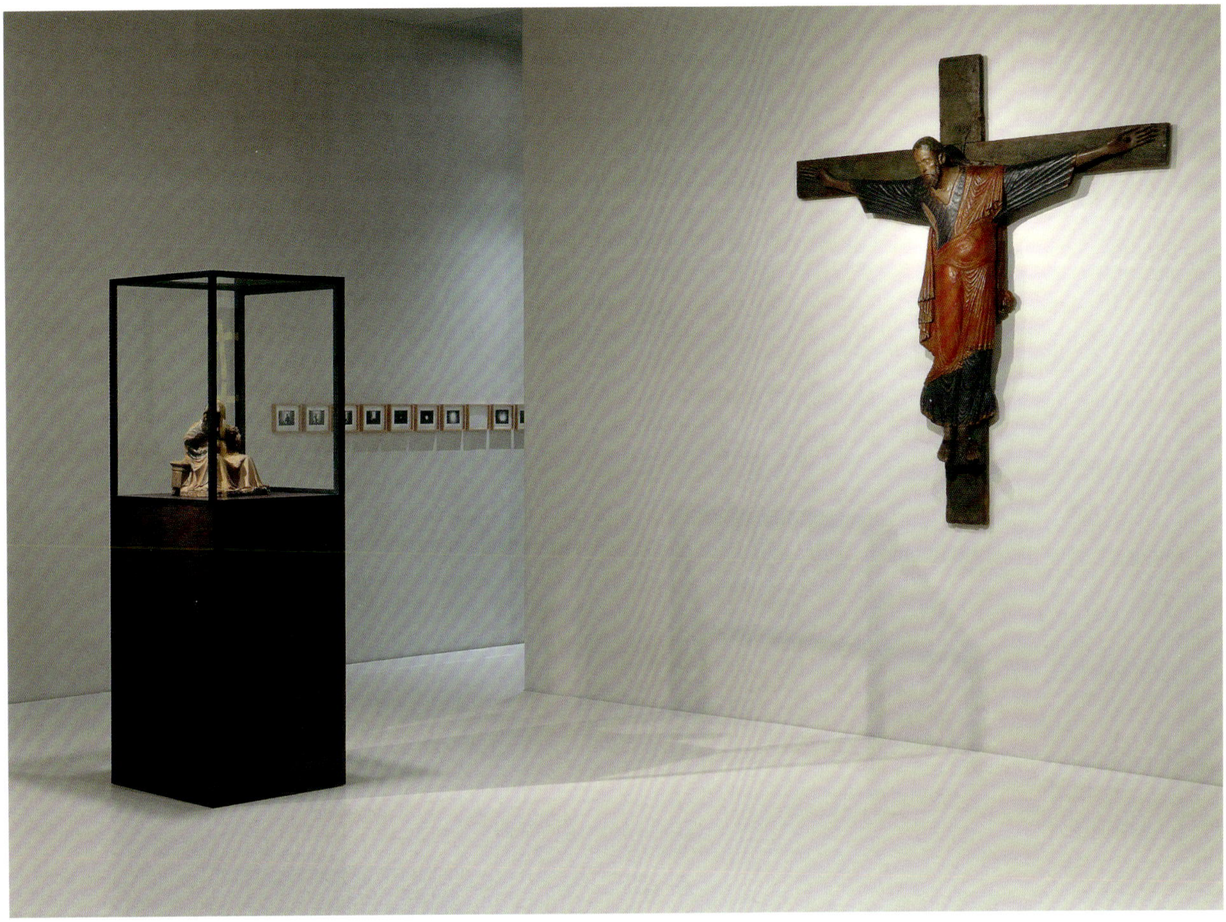

Der unendliche Raum dehnt sich aus   Raum 10

• JEREMIAS GEISSELBRUNN *Muttergottes mit Kind* vom Marienaltar in St. Kolumba, Köln, um 1650, Alabaster, aus 70 Fragmenten 1991/92 wiederhergestellt • GEORG BAUMGARTEN *Embryonenapotheose*, 1923, Öl auf Leinwand • GEORG BAUMGARTEN *Erdwölbung (Familienbild)*, 1924, Öl auf Leinwand • An der Wand in Raum 11: KARL BURGEFF *14 Kohlezeichnungen* (Stillleben, Landschaften, Tiere), 1990–2003 (Schenkung Irmgard Lauscher-Koch) • An der Wand in Raum 12: RAIMUND GIRKE *Mit Horizont*, 1957, Mischtechnik auf Nessel (Schenkung Karin Girke)

• Abbildung auf der folgenden Doppelseite: KARL BURGEFF *14 Kohlezeichnungen* (Stillleben, Landschaften, Tiere), 1990–2003 (Schenkung Irmgard Lauscher-Koch)

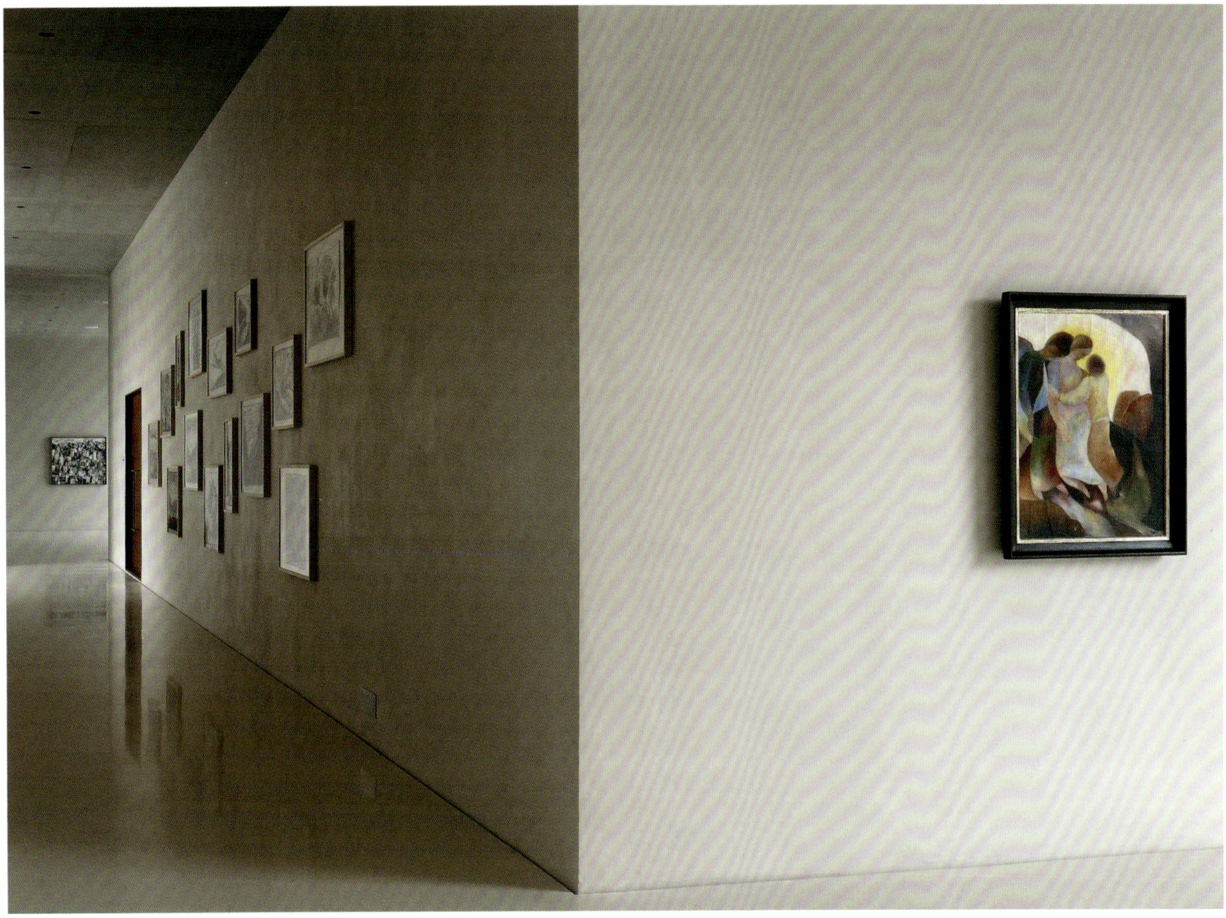

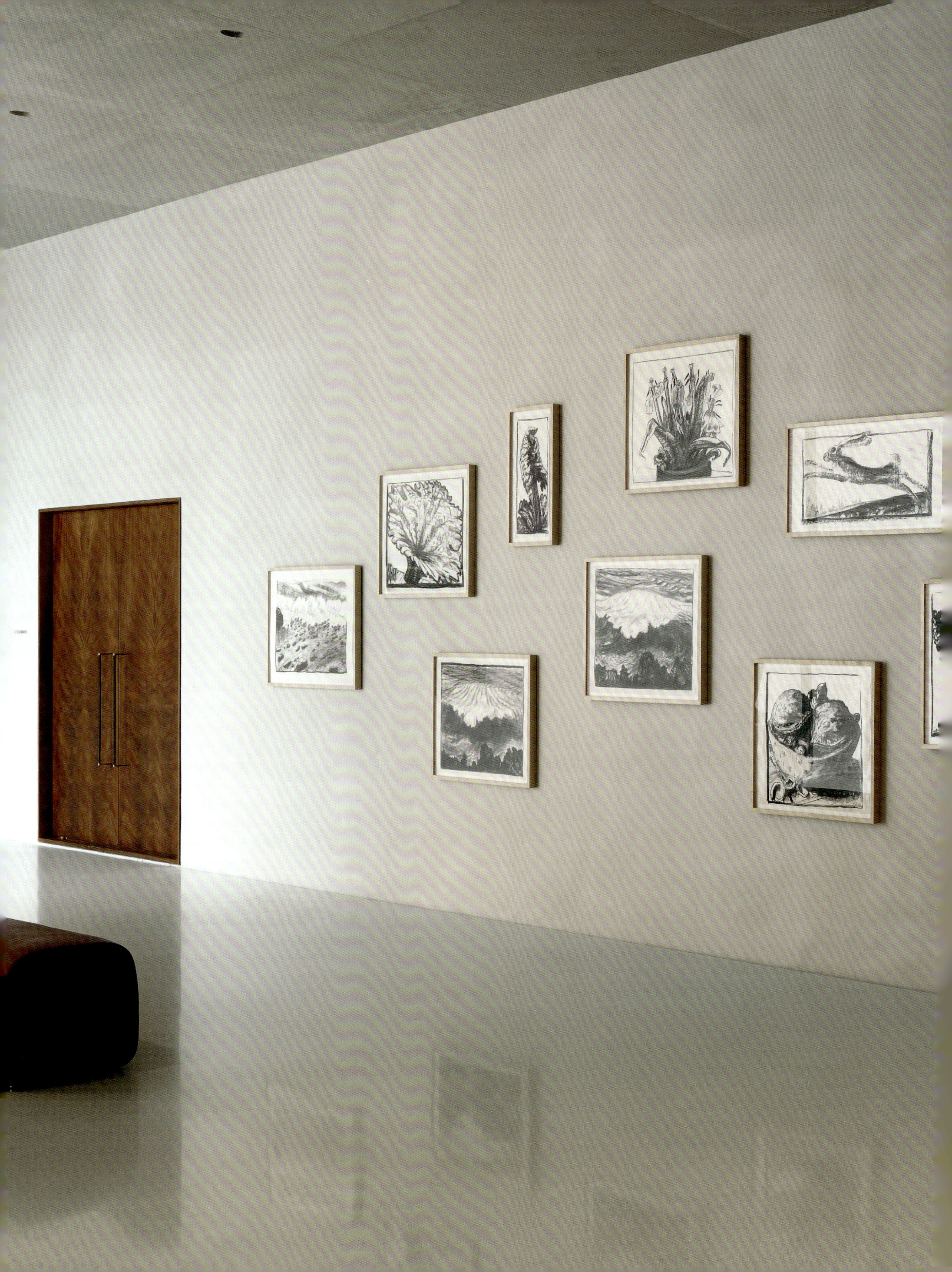

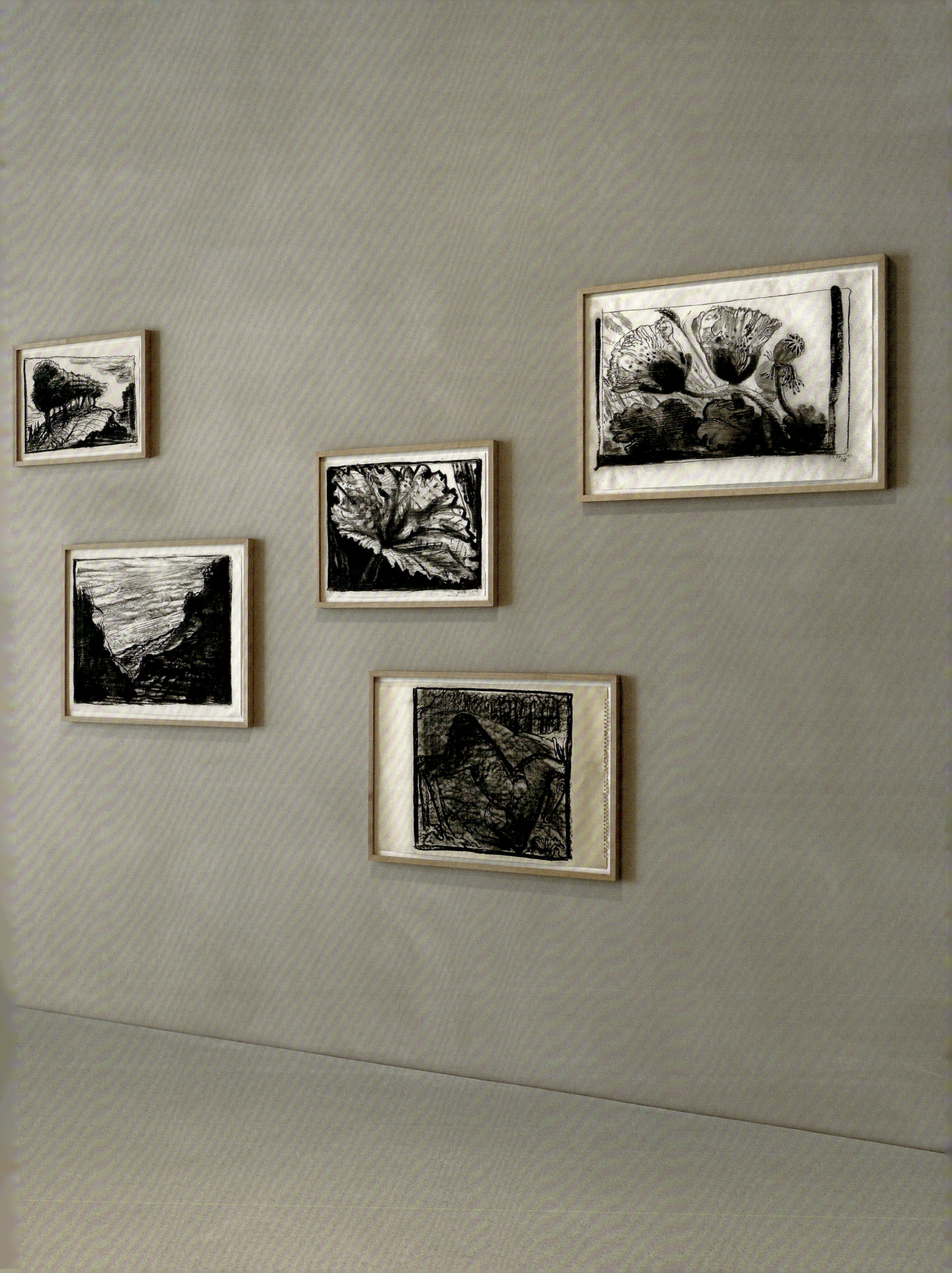

Der unendliche Raum dehnt sich aus   Raum 11

Zeichen einer Welt im Werden: Heinrich Campendonks Gemälde *Landschaft mit zwei Tieren* und die Begegnung von *Maria und Joseph* in der Skulptur von Gerhard Marcks; hier das Erstaunen der Kreaturen über den Schöpfungsakt, dort die tastende Annäherung an das Geheimnis werdenden Lebens. In beiden Werken weist das Kompositionsprinzip der Kreisbewegung auf den Prozess des Werdens hin. Campendonk bindet durch sie die vielstimmige Struktur seines an Formen und Farben überreichen Gemäldes, Marcks lässt seine beiden Figuren fragend umeinander kreisen, wobei er Maria als ruhendes Zentrum dieser Bewegung auffasst.

• GERHARD MARCKS *Maria und Joseph*, 1926, Birnbaumholz mit leichter Vergoldung • HEINRICH CAMPENDONK *Landschaft mit zwei Tieren*, 1914, Öl auf Leinwand

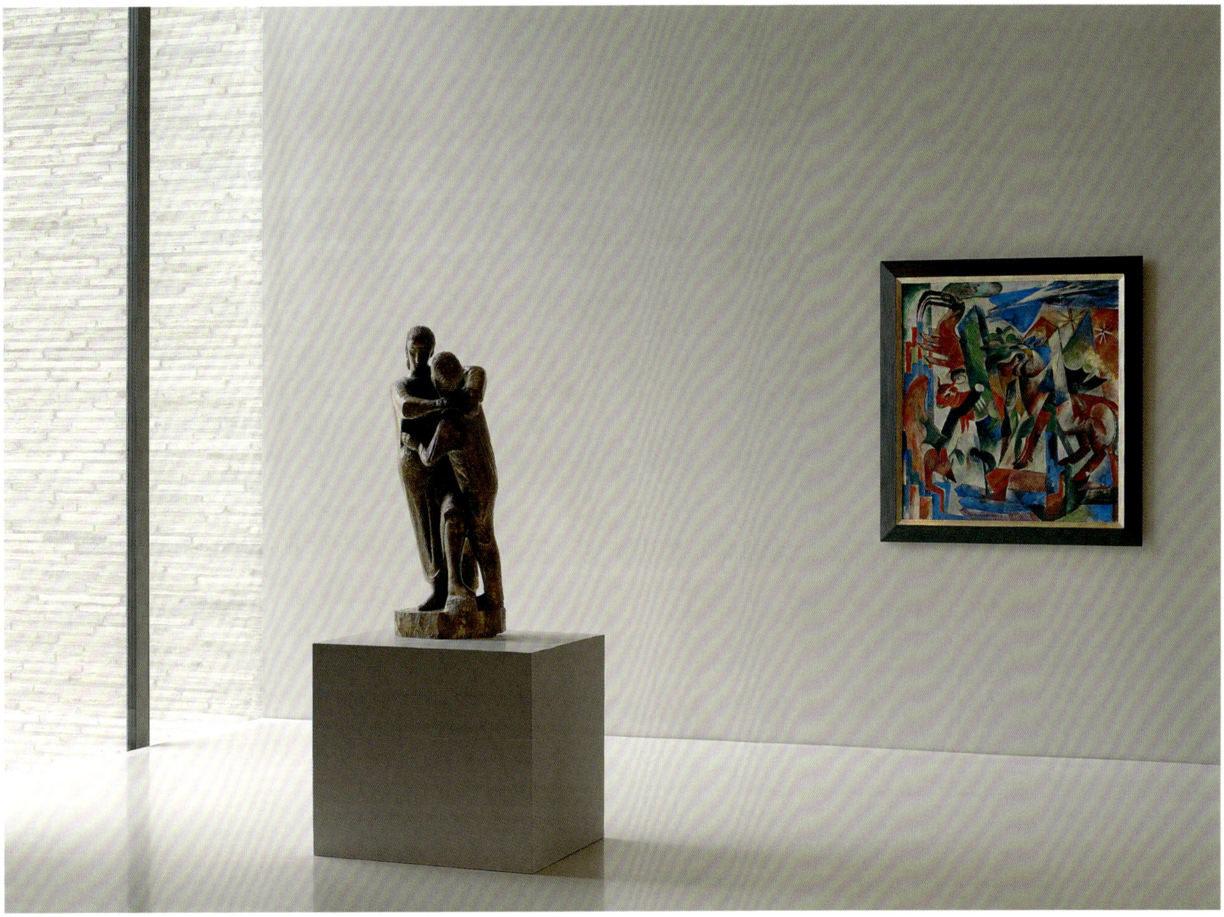

Der unendliche Raum dehnt sich aus

• Jennifer Frank liest PABLO NERUDA *Melancholie in den Familien*

Nichts ist als der Schritt eines Tages zum anderen,
eine einsame Flasche, die durch die Meere wandert,
und ein Eßzimmer, wohin Rosen gelangen…

Pablo Neruda

Der unendliche Raum dehnt sich aus   Raum 11

Schön sind diese beiden Bilder mit den roten Spiralnebeln, die auch Knäuel oder Rosenblüten sein könnten. *Were 9* ist ein Diptychon und besteht aus zwei großformatigen gerahmten Zeichnungen, die mit einem Abstand von 45 cm zueinander aufgehängt werden sollen. Je näher man herangeht, desto weniger lässt sich die Frage nach dem Motiv beantworten. Stattdessen zerfällt das literarische Bild einer Wicklung oder Blüte in eine Vielzahl von Einzelteilen. Irritierend sind die fragmentierten roten Bänder, kaum zählbar die herausgeschnittenen, an der gleichen Stelle gedreht oder an anderer Stelle wieder eingesetzten kleinen Quadrate. Manche weisen nur ordnende Bleistift-Notierungen auf, andere tragen Abschnitte des sich mehrfach verzweigenden, ursprünglich wohl nicht unterbrochenen roten Bandes. Wie es sich zuvor über das Blatt wand, wo es sich verzweigte, lässt sich allein durch Schauen nicht rekonstruieren. Ob einige der in *Part 1* eingesetzten Quadrate nicht vielleicht auch der Urzeichnung von *Part 2* entnommen sind, lässt sich kaum sagen. Sicher ist, dass es zwei Urzeichnungen mit sich verzweigenden roten Bändern gab, bestehend aus einer schwarzen Unterzeichnung mit darauf getupften, mit Firnis fixierten roten Pigmenten. Sicher ist auch, dass die Bahn der Bänder durch Schnitte unterbrochen und ihre Richtung durch Drehen der Quadrate teils geändert wurde. Deutlich erhöht sich die Anzahl der Fragmente zum Zentrum hin. Spuren von Graphit und rotem Pigment haben im Kern der beiden neuen Zeichnungen Spuren einer offenbar längere Zeit währenden, immer wieder variierenden und suchenden Bearbeitung hinterlassen. Schnittübergreifende Markierungen zeugen von der nachfolgenden endgültigen Positionierung der einzelnen Papierausschnitte zueinander. Zum Rand des endgültigen Bildformates hin vergrößern sich die Papierstücke und erscheinen nahezu unberührt in ihrem Weiß. – Es war die Schönheit der einander zugewandten, im Bildraum schwebenden Rosenblüten, die mich angezogen hatte. Ihr nachgehend habe ich mich in den Bildern verstrickt, habe versucht, den Prozess der Bildwerdung zu rekonstruieren, dem Ursprung der Bilder in einer Art Urzeichnung auf die Spur zu kommen oder vielmehr der allmählichen Festlegung verbindlicher Positionen der Teile zueinander, damit aber auch der Veränderbarkeit eben dieser Positionen. Verloren in diesen immer weiter fort führenden Details, ziehen mich die flüchtig und zart – aber mit Sicherheit bewusst nahe den Bildecken positionierten – mit dem Bleistift geschriebenen Worte »me« in *Part 1* und »itself« in *Part 2* unweigerlich in ihren Bann. Ihre Marginalität täuscht nicht darüber hinweg, dass sie eine entscheidende Frage in den Raum stellen, die sich auch im beschriebenen Prozess der Annäherung an *Were 9* auf vielfältige Weise nahelegt: Wo endet das Ich und wo beginnt das Es? Oder beinhaltet das Ich das Es und das Es und das Es…

• RONI HORN *Were 9 (Part 1 and 2)*, 2003, Pigmente und Firnis auf Papier, geschnitten

119

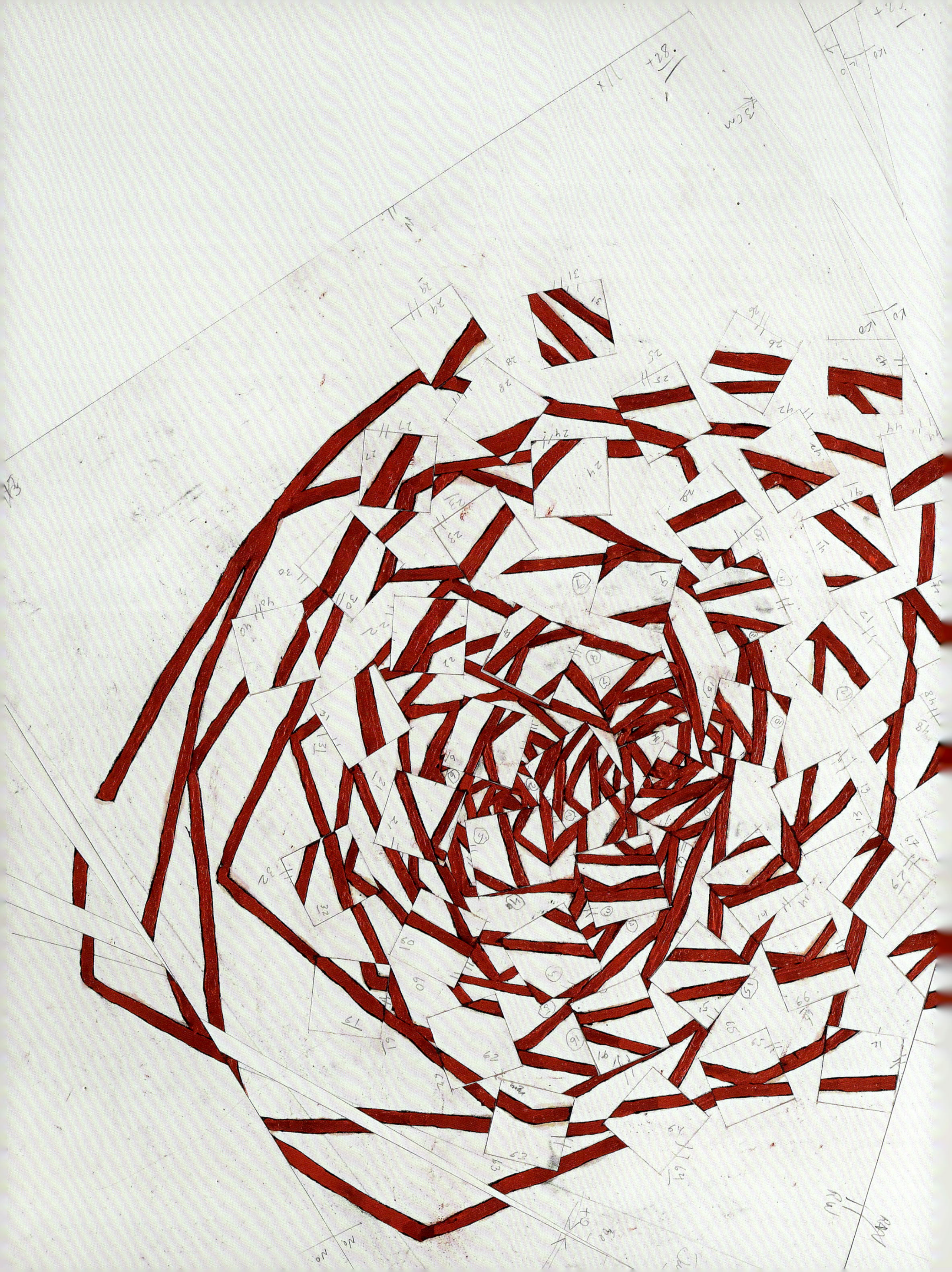

Leidenschaft

Absicht

Rätsel

Der unendliche Raum dehnt sich aus Raum 12

Drei kleine Naturstudien der Düsseldorfer Spätnazarener bildeten einen Schlüssel zum Verständnis der ausgestellten Bildhorizonte von Raimund Girke und Agnes Martin. Auf die Natur bezieht sich auch der Titel der Arbeit von Roni Horn. »Eine Landschaft sehen, wie sie ist, wenn ich nicht da bin« ist darüber hinaus eine unmittelbare Aufforderung zur Aktivierung von Erinnerung und Phantasie. Beim Betreten des Raumes glänzte die Metallfläche der Bodenskulptur im Gegenlicht, wie eine völlig unbezeichnete Leerfläche. Erst beim Umschreiten gibt sie ihren auf zwei Seiten eingeschriebenen Inhalt preis.

• RONI HORN *Thicket No. 1* (Dickicht Nr. 1) – *To see a landscape as it is, when I am not there* (Eine Landschaft sehen, wie sie ist, wenn ich nicht da bin), 1989, Aluminium, blauer Kunststoff • FRANZ ITTENBACH *Kleines Felsenstück*, um 1835, Öl auf Leinwand • HEINRICH COMMANS *Himmelsstudien*, um 1860, Öl auf Leinwand • AGNES MARTIN *Untitled No. 9*, 1988, Acryl und Bleistift auf Leinwand

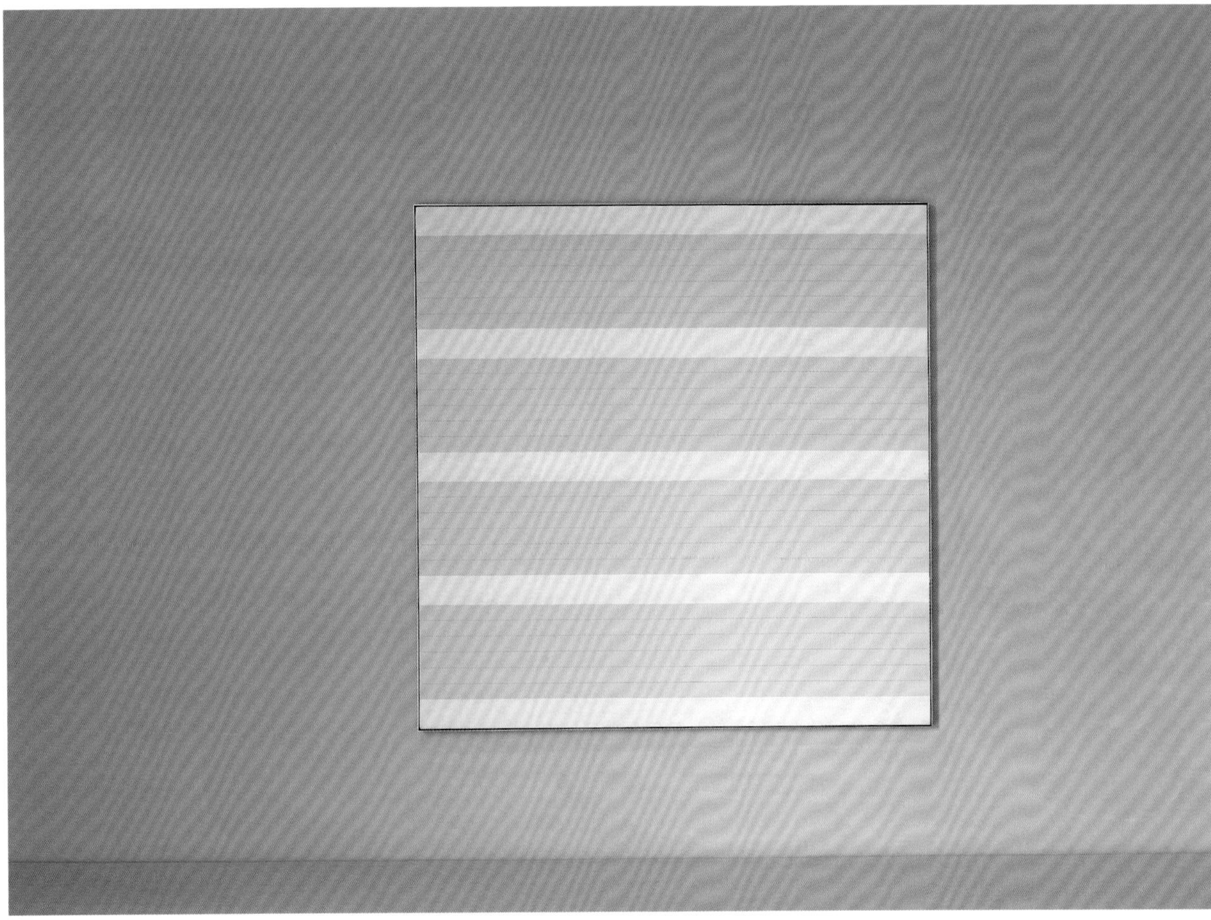

Der unendliche Raum dehnt sich aus   Raum 13 und Raum 14

Der zentrale Raum im zweiten Obergeschoss bietet aufgrund seines unregelmäßigen Grundrisses, seiner Durchblicke und Öffnungen vielfältige Ausstellungsdialoge an und ist deshalb eine große Herausforderung beim Einrichten der Ausstellung. Die nicht parallel laufenden Wände zeichnen in kleinerem Maßstab den Grundriss der ehemaligen Kolumba-Kirche nach. Zudem öffnet sich der Raum in fließenden Übergängen nach Norden, Süden und Westen zum Tageslicht hin, das als seitliches Streiflicht auf den Terrazzo-Boden und die lehmgeputzten Wände fällt. Zusätzlich ergeben sich im Norden, Osten und Süden Einblicke in drei Kunstlichtkabinette zu den dort ausgestellten Werken. Die so entstehenden Nachbarschaften sind reizvoll und bieten Anlass zu vielfältigen ästhetischen Erfahrungen: Welche Verbindung besteht zwischen den manierierten Tonwürsten der *Badenden Bildhauer* und der üppigen Dornenkrone des *Ecce homo*? Wie verhält sich der entastete Fichtenstamm der unbetitelten Beuys-Skulptur dazu, den man im Durchblick zu Raum 20 wahrnehmen kann? Greift das stechend gelbe Gemälde von Joseph Marioni in Farbigkeit und Malweise den Schmerz der in der amorphen Materie verlorenen Bildhauer und des gefolterten Christus auf, oder korrespondiert es noch eindrucksvoller mit dem schemenhaften hl. Sebastian, den Hermann Stenner vor Ausbruch des Ersten Weltkriegs in schwefeligem Gelb malte? Ist der hl. Michael aus der Schenkung Härle aufgrund seiner barocken Plastizität und raumgreifenden Bewegung in der Lage, die Achse des um ihn herum kreisenden Raumes zu bilden, vielleicht unterstützt durch die Leiblichkeit der »badenden« Breloh-Skulpturen? Und wie verhält sich der hl. Georg des rheinischen Expressionisten August Macke in seiner visionären und hoffnungsvollen Skizzenhaftigkeit zu der Schwere der anderen Werke? Bereits mit der ersten Ausstellung in Raum 13 wurde der im Tageslicht hängende romanische Elfenbeinkruzifix zum ruhenden Pol dieser Möglichkeiten. Über alle Expressivität der anderen Werke hinweg korrespondierte er mit den in unmittelbarer Nachbarschaft befindlichen schreinartigen *Reishäusern* von Wolfgang Laib, wie mit dem an der Westwand des Raumes hängenden Gemälde mit *Spuren auf weißem Grund* von Antoni Tàpies. Laute Expressivität und meditative Innerlichkeit sollten sich im Raum die Waage halten, ein lebendiger Ausgleich, aber keine Nivellierung der verschiedenen Temperamente. Hier waren Wesensunterschiede des vermeintlich Gleichen und Nachbarschaften des vermeintlich Verschiedenen erfahrbar. Mit dem Blick auf Marionis *Yellow Painting* konnte man auch die zwanzig Jahre zuvor entstandene *Homage to the Square – Yellow* von Josef Albers sehen: gefasst von den Wänden des Durchgangs und im Gegenüber mit der *Muttergottes mit dem Veilchen* von Stefan Lochner repräsentierte sie in Raum 15 eine Welt der Harmonie und Ordnung.

• *Hl. Michael* Bayern oder Schwaben, um 1620–1630, Lindenholz mit alter Fassung (Schenkung Maria und Regina Härle) • JOSEPH MARIONI *Yellow Painting*, 1982, Acryl auf Leinwand • *Kruzifix* Rheinland(?), 2. Hälfte 12. Jh., Elfenbein • *Ecce Homo* Köln, Anfang 16. Jh., Eichenholzrelief mit alter Fassung • HEINZ BRELOH *Die badenden Bildhauer*, 1991, weiß glasierte Terrakotten, 5-teilig • Rechts auf dem Boden in Raum 20: JOSEPH BEUYS *Ohne Titel*, 1971

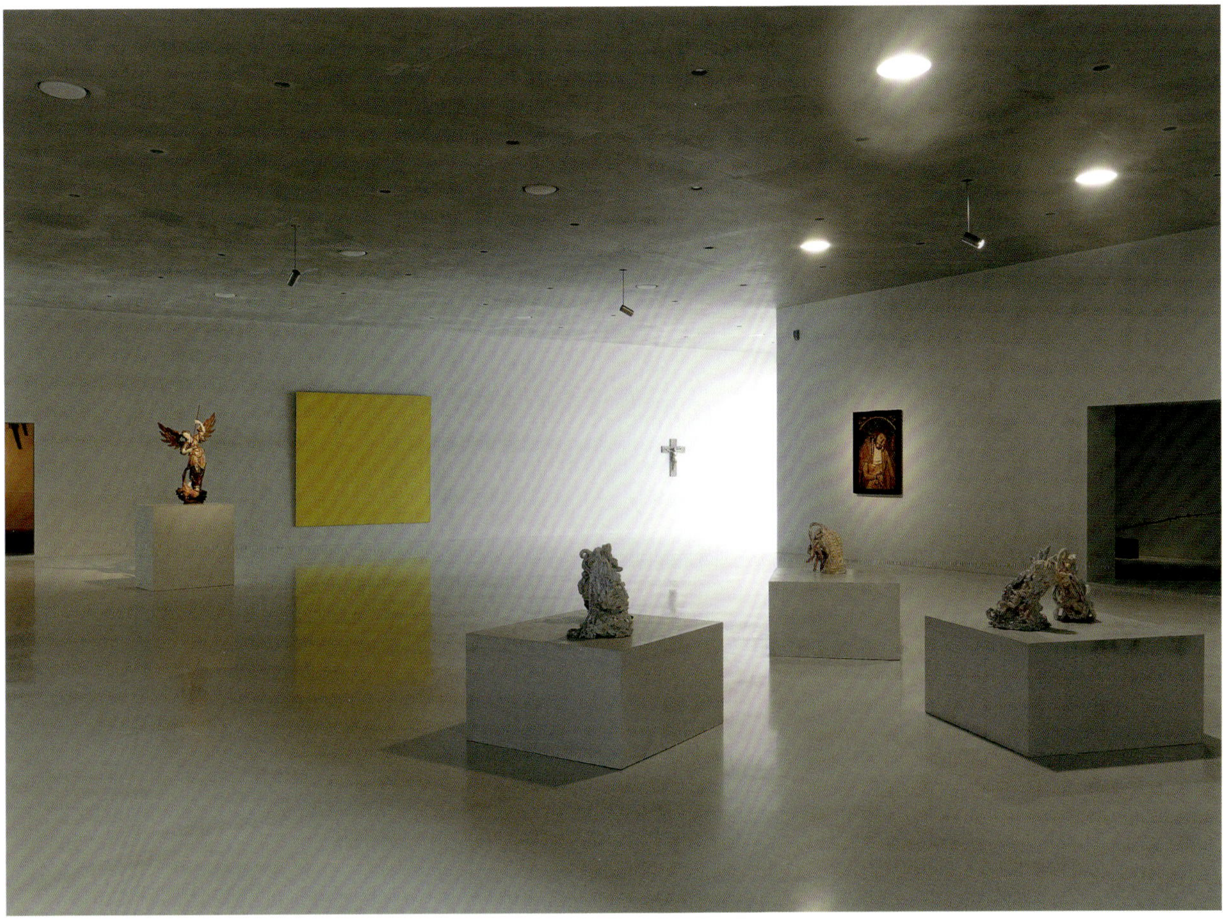

Der unendliche Raum dehnt sich aus

• KARLHEINZ STOCKHAUSEN *Kontakte* für elektronische Klänge, Schlagzeug, Klavier

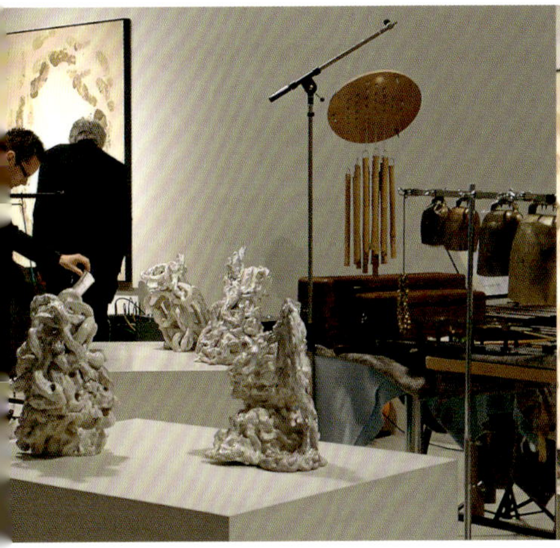
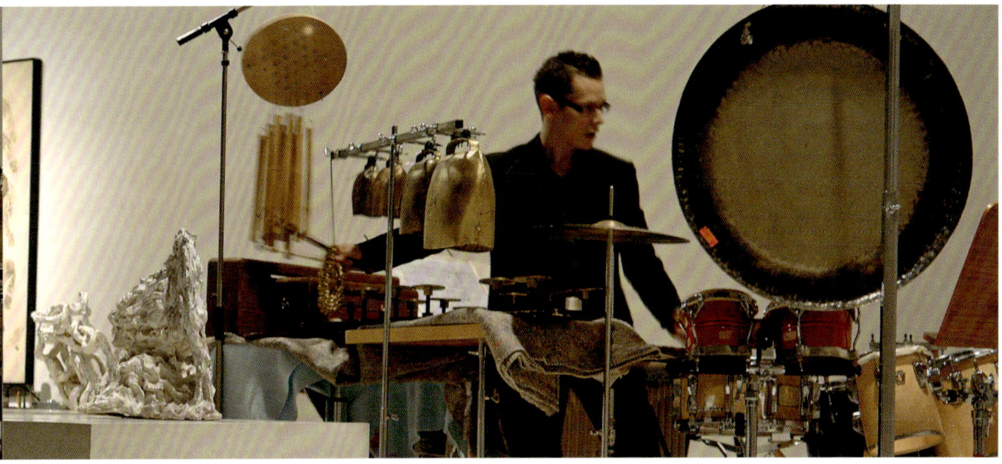

Der unendliche Raum dehnt sich aus Raum 13

• Heinz Breloh *Die badenden Bildhauer*, 1991, fünf weiß glasierte Terrakotten, v.l.: *Der badende Ignaz Günther, Der badende Medardo Rosso, Der badende Bruce Nauman, Der badende Otto Freundlich, Der badende Jean-Baptiste Carpeaux* • Joseph Marioni *Yellow Painting*, 1982, Acryl auf Leinwand (Detail)

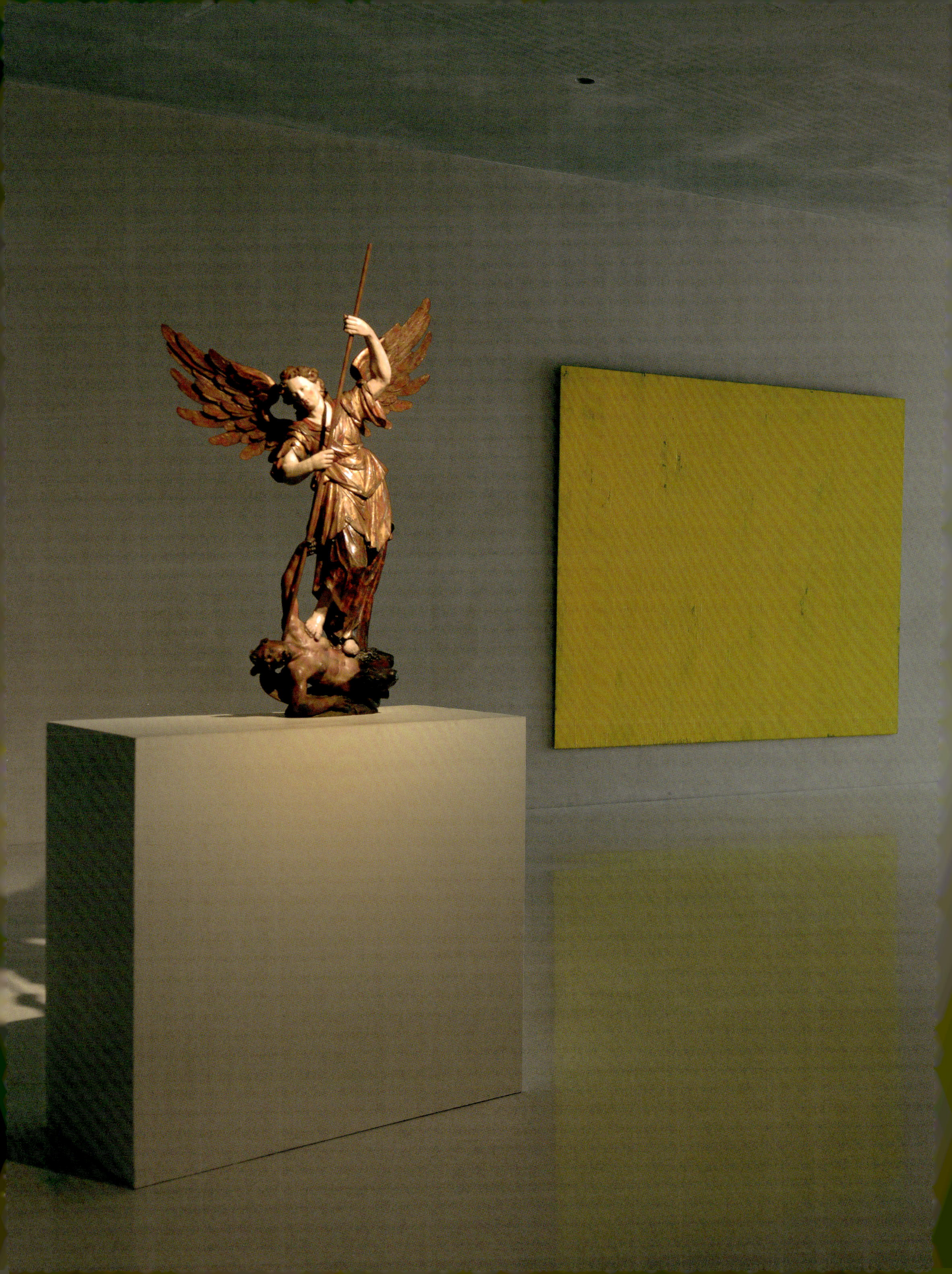

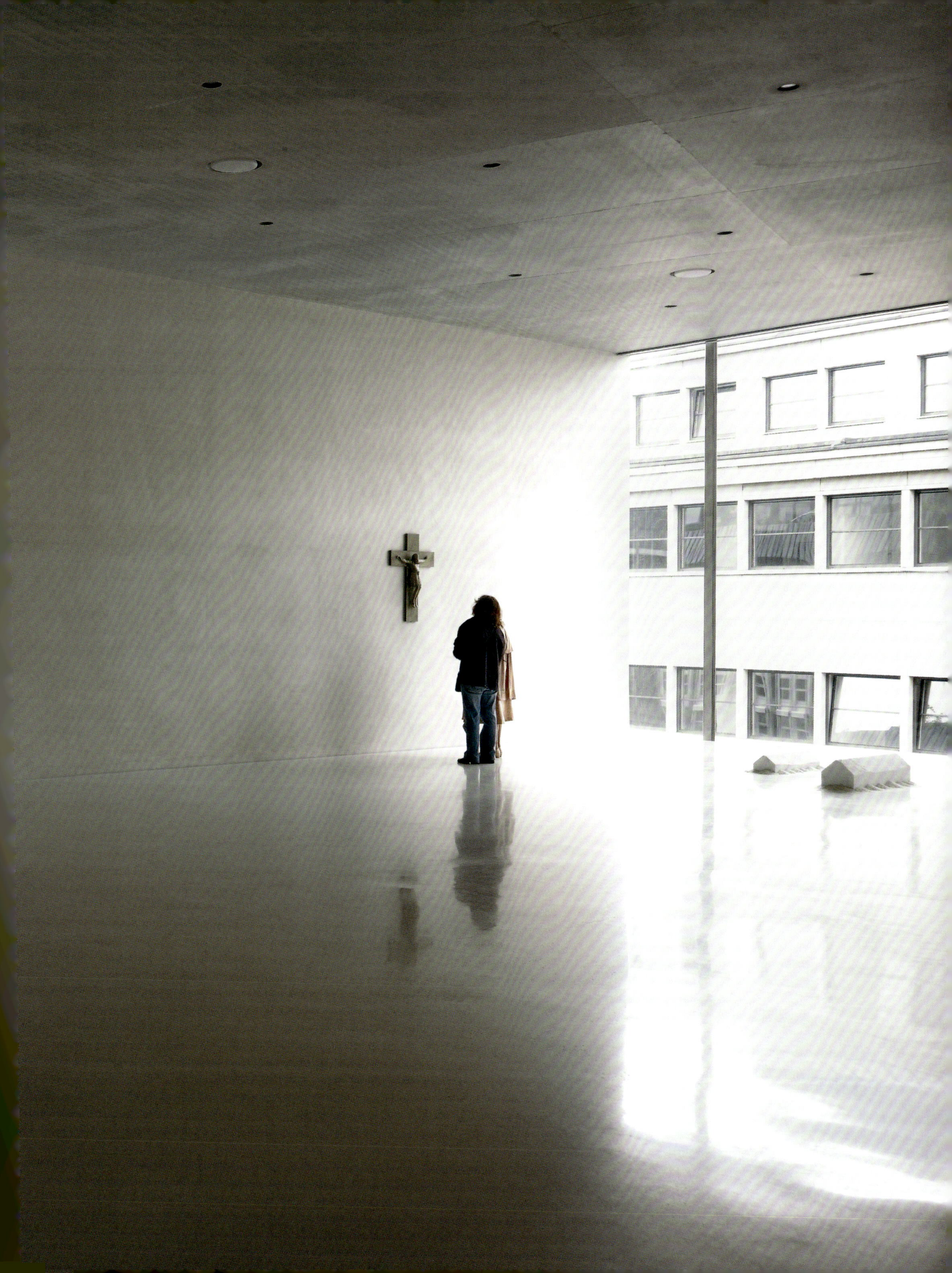

Der unendliche Raum dehnt sich aus   Raum 14

Christus ist nicht tot. Seine waagerecht ausgestreckten Arme vermitteln eher ein Schweben, und wie ein verhallendes Echo dieser sensiblen Balance des Horizontalen variieren die Wachstumslinien des Elfenbeins den vorgegebenen Eindruck und verleihen der Wölbung des Brustkorbs höchste Vitalität. Die fast senkrechte Aufsicht der parallel gesetzten Füße unterstützt mit den diagonal nach oben geführten, feingliedrigen Beinen die Leichtigkeit des Körpers und suggeriert eine die ganze Erscheinung bestimmende Schwerelosigkeit. – Der Gekreuzigte schwebt vor dem Kreuz. Kein Herabhängen des sterbenden Körpers, auch kein Emporsteigen, vielmehr eine andauernde Präsenz als Balance gegenteiliger Kräfte. Losgelöst vom Kreuz, befreit von den irdischen Bedingungen, wie ohne Gewicht den Vorgaben der Schwerkraft enthoben, ereignet sich in diesem Kruzifix Heilsgeschehen als eine ins Bild geholte Erscheinung. Befreit von aller Gebundenheit vergeistigt sich die Bilderfahrung zu einer Glaubensvorstellung. Christus ist nicht tot. Der Gekreuzigte ist entschlafen. Der in diesem Wort enthaltene Gegensatz entspricht dem Wesentlichen des Gekreuzigten, der die gegensätzlichen Extreme seines menschlichen Sterbens und bleibenden göttlichen Seins in sich vereint und bewahrt. Entschlafen: dem Schlaf entrissen, nicht in den Tod hinein, sondern in ein neues, anderes Leben. – Der geöffnete Mund schweigt. Die geschlossenen Augen lenken den Blick nach innen. Die minutiös gekämmten Haare ordnen sich zu einer makellosen Frisur von großer Harmonie. Locken und Barthaar umspielen das Gesicht, das eine unendliche meditative Ruhe ausstrahlt. Es ist geradezu überströmt, wie von innen her, von einem Lächeln, das menschliche Nähe und Ferne zugleich fühlbar macht. Woher kommt dieses Lächeln, das dem Gesicht einen solchen Glanz verleiht? Jegliches Mienenspiel geht in ihm auf. Das Lächeln Gottes ist die Botschaft des ganzen Bildwerks. Es strahlt von Güte und Milde, von Weisheit und Seligkeit, Beglücktheit und Verklärtheit, von Absichtslosigkeit und Entrücktheit, ein Bild von Schönheit und Freiheit – und von beseelender Nähe. Ein künstlerischer Blick auf das Heilsgeschehen, bei dem der Körper des Gekreuzigten als Topographie der Erlösung und des Transitorischen gestaltet ist. In solcher Bildsprache des Körpers liegt die Metaphysik des romanischen Elfenbeinkruzifixes. Es wird als Bild der Andacht zum Spiegel einer nicht auslotbaren Vorstellung des Jenseits.

• *Kruzifix*   Rheinland (?), 2. Hälfte 12. Jh., Elfenbein (1999 erworben mit Unterstützung der Kulturstiftung der Länder, des Beauftragten der Bundesregierung für Angelegenheiten der Kultur und der Medien, der Kunststiftung NRW, der Alfried Krupp von Bohlen und Halbach-Stiftung und privater Mäzene)

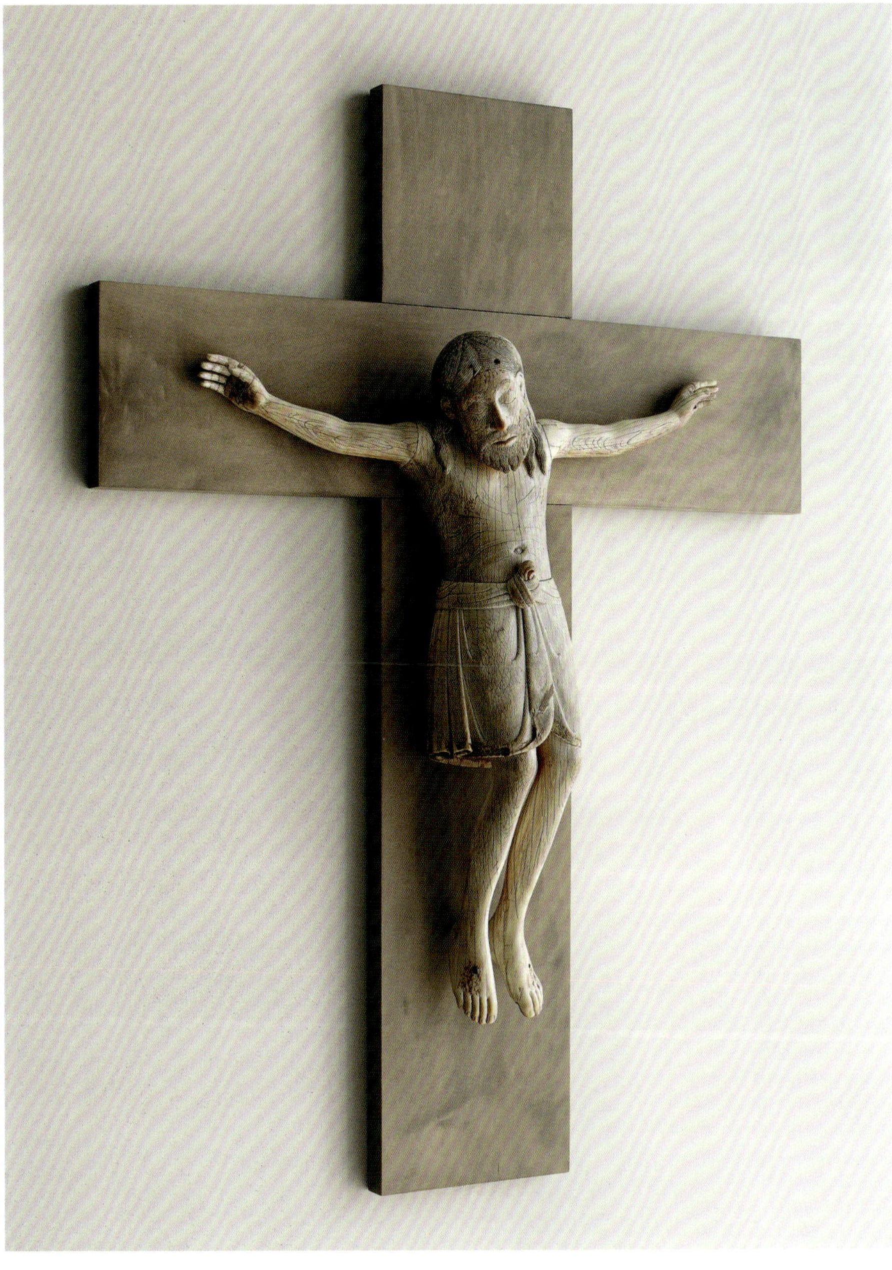

Der unendliche Raum dehnt sich aus Raum 14

• WOLFGANG LAIB *Reishäuser*, 1991/1992, Marmor, Reis

Wie abstoßend wirken die Worte
Harmonie, Gleichmaß, Vollkommenheit, Edel!
Wir haben sie gemästet, sie stehen wie
dicke Frauen auf winzigen Füßen da
und können sich nicht rühren.

ROBERT MUSIL

Der unendliche Raum dehnt sich aus Raum 13 und Raum 15

• *Hl. Michael* Bayern oder Schwaben, um 1620–1630, Lindenholz mit alter Fassung (Schenkung Maria und Regina Härle) • AUGUST MACKE *Hl. Georg*, 1912, Öl auf Leinwand • JOSEF ALBERS *Homage to the Square – Yellow* (Huldigung an das Quadrat – Gelb), 1962, Öl auf Hartfaserplatte • *Dattenfelder Muttergottes* Köln, 1. Hälfte 14. Jh., Nussbaumholz mit alter Fassung (Leihgabe der Pfarrgemeinde St. Laurentius, Dattenfeld/Sieg)

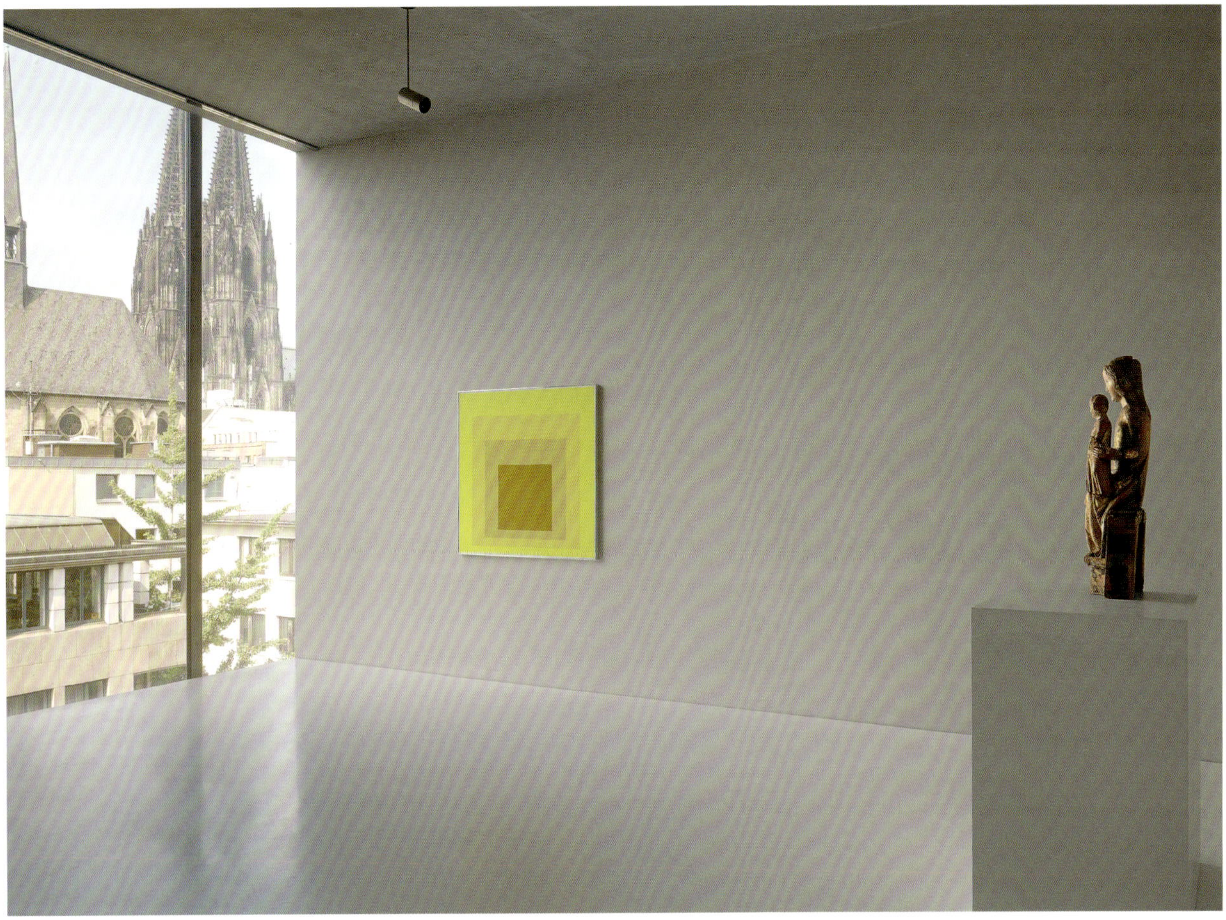

Zuwendung

Erfüllung

Anspruch

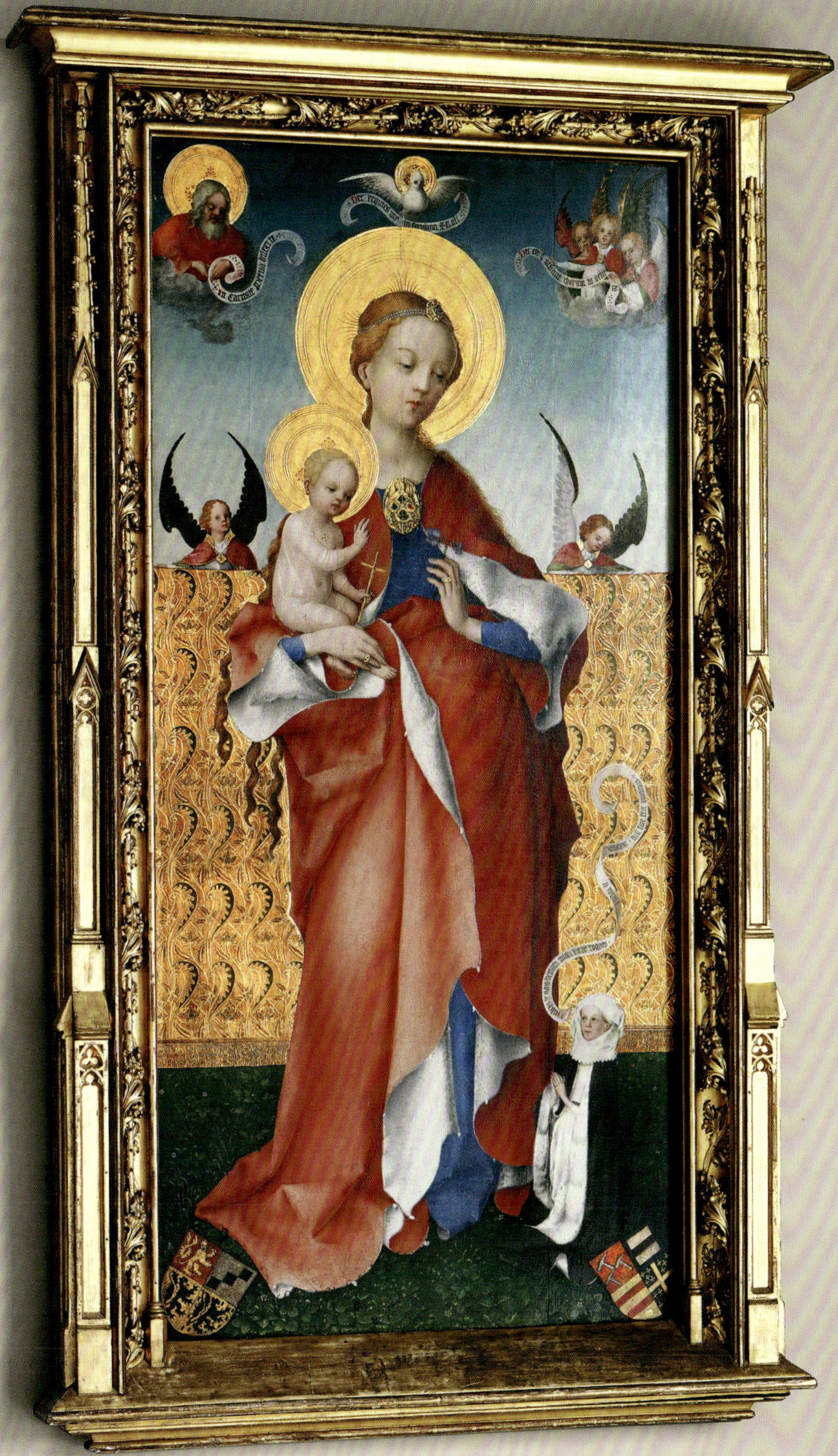

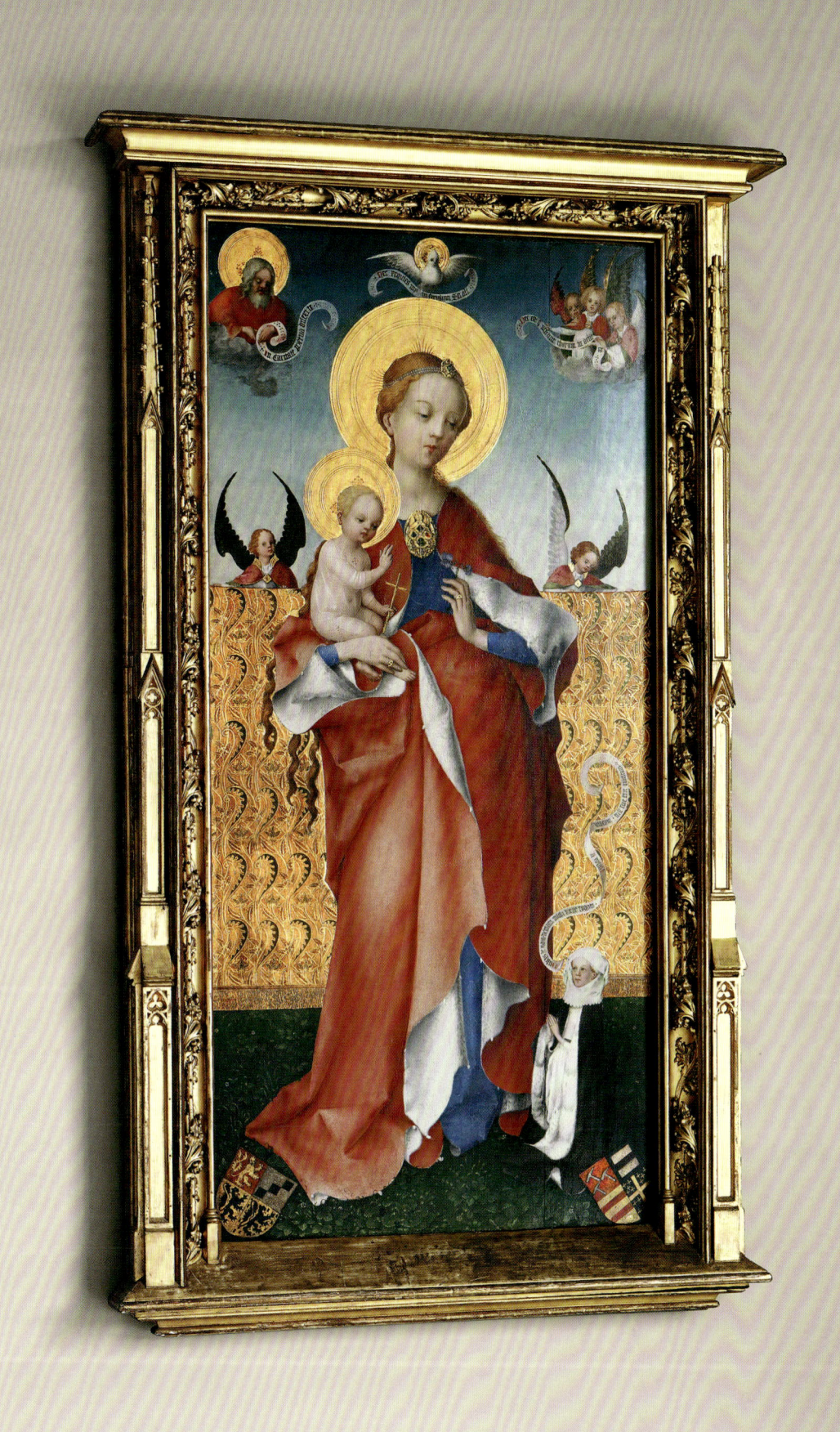

Der unendliche Raum dehnt sich aus   Raum 15

• *Dattenfelder Muttergottes* Köln, 1. Hälfte 14. Jh., Nussbaumholz mit alter Fassung (Leihgabe der Pfarrgemeinde St. Laurentius, Dattenfeld/Sieg) • STEFAN LOCHNER *Muttergottes mit dem Veilchen*, Köln, kurz vor 1450, Mischtechnik auf Holz (Leihgabe des Erzbischöflichen Priesterseminars, Köln) • *Muttergottes im Erker* Oberrhein, 2. Hälfte 15. Jh., Tempera auf Holz

• Abbildung folgende Doppelseite, Raum 16: JANNIS KOUNELLIS *Tragedia Civile*, 1975 blattgoldbelegte Wand, Garderobenständer, Hut, Mantel, Öllampe

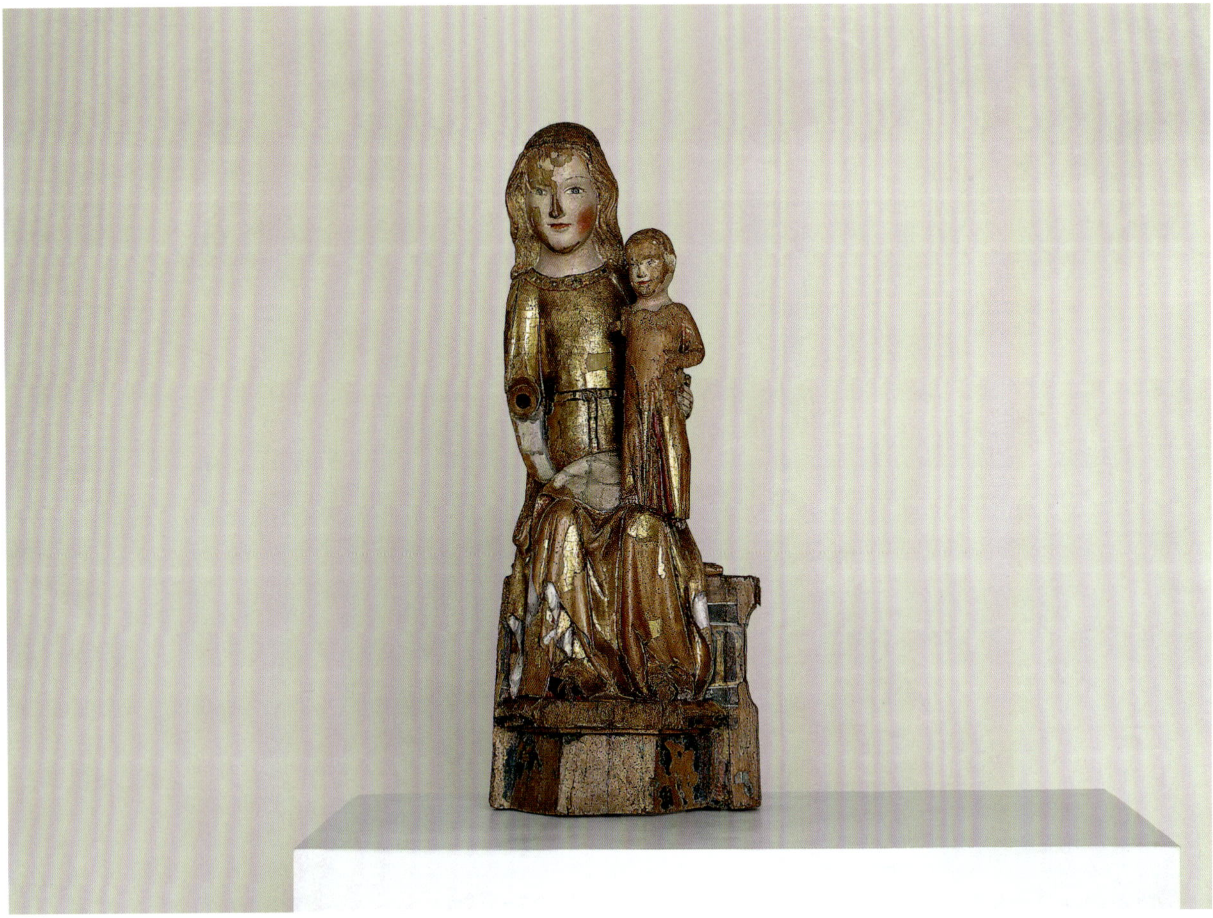

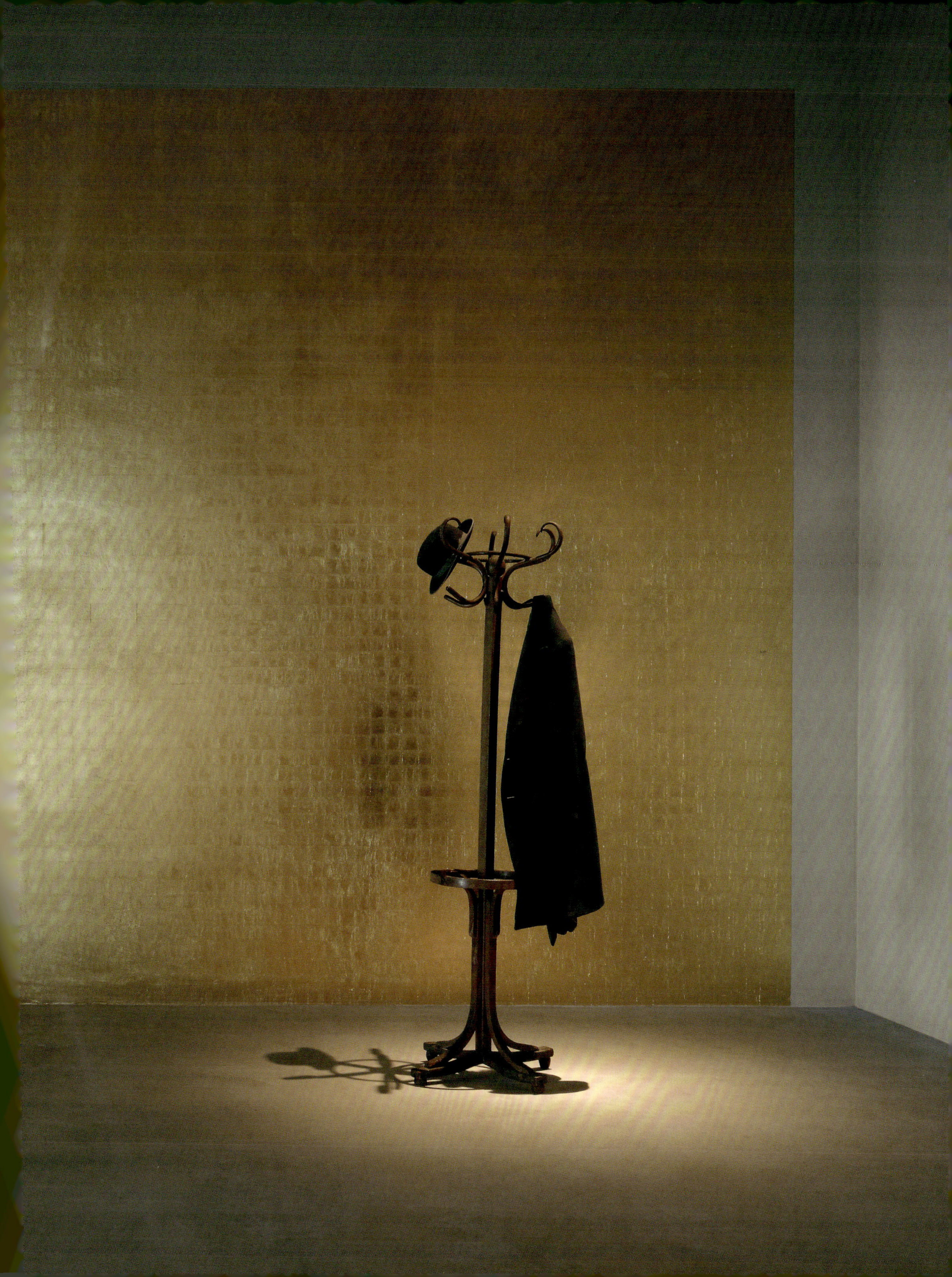

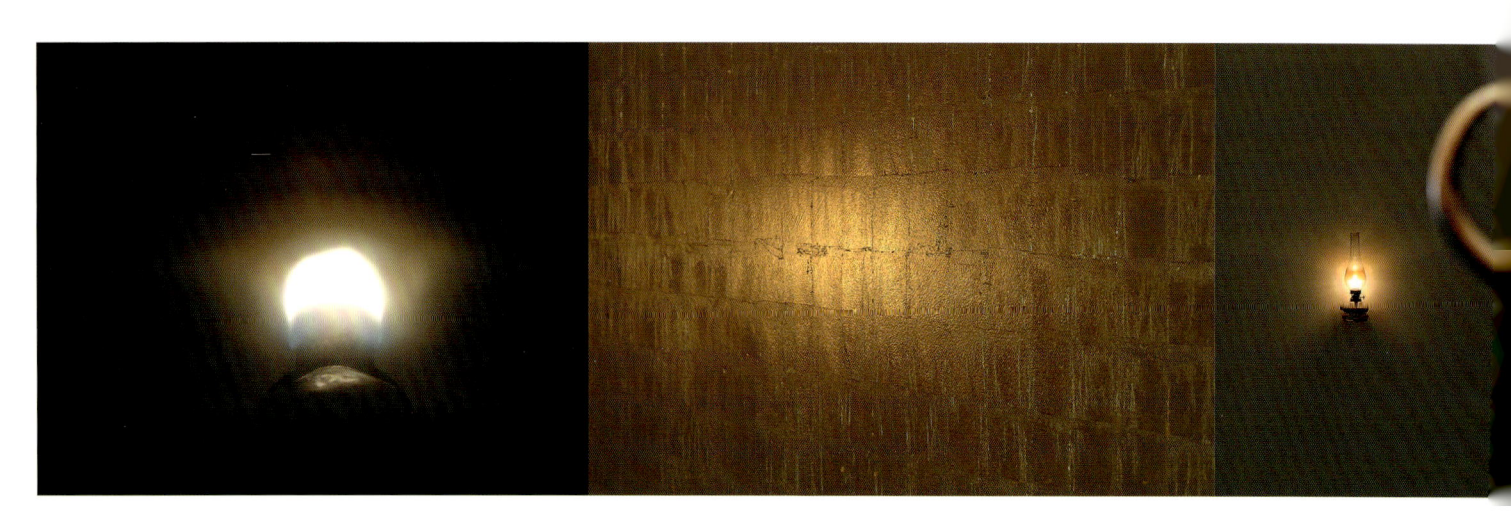

Der unendliche Raum dehnt sich aus   Raum 16 (Nordkabinett)

• JANNIS KOUNELLIS   *Tragedia Civile* (Bürgerliches Trauerspiel), 1975 (Details)

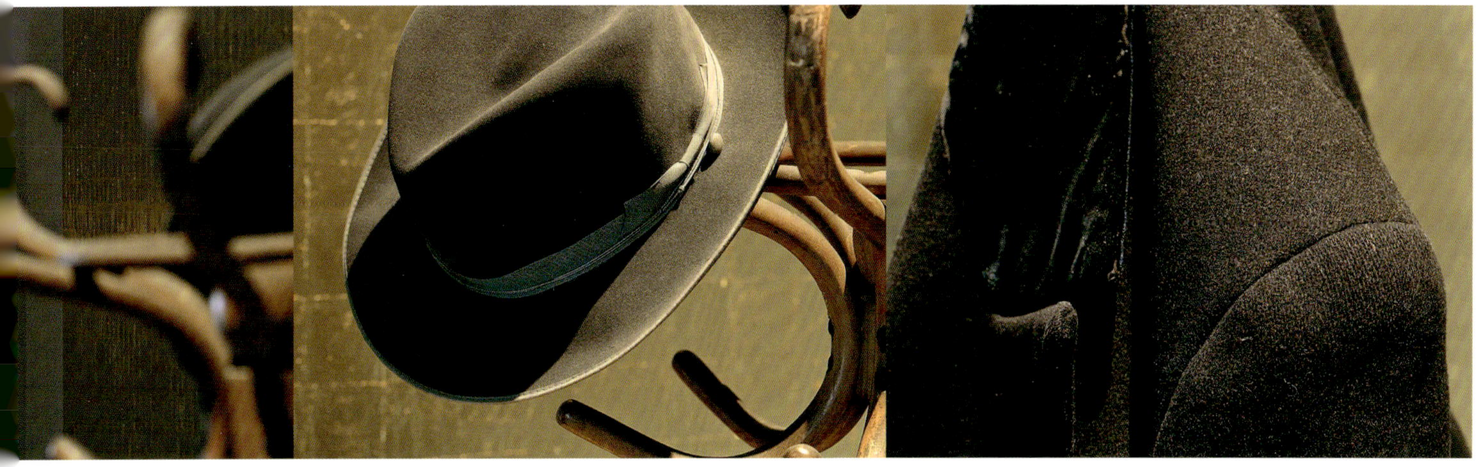

Ich bewahre eine blaue Flasche auf
und darin ein Ohr und ein Bildnis:
wenn die Nacht das Gefieder
der Eule treibt,
wenn der heisere Kirschbaum
die Lippen sich zerfetzt und mit Rinden
droht, die der Seewind oft durchlöchert,
weiß ich, daß es große versunkene Erstreckungen gibt,
Barren von Quarz,
Schlamm,
blaue Wasser für eine Schlacht,
viel Schweigen, viele
Flöze von Rückgang und Kampfer,
hinabgefallene Dinge, Medaillen, Zärtlichkeiten,
Fallschirme, Küsse.

Nichts ist als der Schritt eines Tages zum andern,
eine einsame Flasche, die durch die Meere wandert,
und ein Eßzimmer, wohin Rosen gelangen,
ein Eßzimmer, übriggelassen
wie eine Gräte; ich rede
von einem zersprungenen Trinkglas, von einer Gardine,
von der Tiefe
eines verödeten Zimmers, durch das ein Fluß strömt
und die Steine mit sich reißt. Es ist ein Haus,
das auf den Grundfesten des Regens steht,
ein zweistöckiges Haus mit unumgänglichen Fenstern
und Schlinggewächsen von unbedingter Treue.

Ich gehe durch die Abende, ich trete ein,
voll Schmutz und Tod,
das Erdreich mit mir schleifend und seine Wurzeln,
seinen nichtbegrenzten Bauch, in dem Leichen
beim Weizen schlafen,
Metalle, abgestürzte Elefanten.

Aber vor allem ist da ein schreckliches,
ein schrecklich verödetes Eßzimmer
mit zersprungenen Ölkrügen,
und der Essig rinnt unter den Stühlen hin,
einem zurückgehaltenen Mondstrahl,
etwas Dunklem, und ich suche
in mir nach einem Vergleich:
vielleicht ist es ein Laden, ganz von Meer umringt,
und Salzlake trieft aus zerschlissenen Tüchern.
Es ist nur ein verödetes Eßzimmer
und ringsherum sind endlos Weiten,
untergetauchte Fabrikhallen, Hölzer,
die allein ich kenne,
weil ich traurig bin und unterwegs
und die Erde kenne und ich traurig bin.

Pablo Neruda

Der unendliche Raum dehnt sich aus   Raum 16 (Nordkabinett)

Es sind immer die Dinge, die zurückbleiben. Sie repräsentieren und überdauern uns. Zu wem also gehören Hut und Mantel in der Installation *Tragedia Civile* von Jannis Kounellis? Wohin ist der Mensch gegangen, und wird er je zurückkehren? Herrenlose Dinge werfen Fragen auf. Sie sind in der Kunst keineswegs ungewöhnlich, denn das Dasein der Dinge ist darin vielfältig. Auch in zahlreichen Werken unserer Sammlung spielen Gebrauchsgegenstände – gemalt, nachgebildet oder als Objet trouvé – eine nicht unwesentliche Rolle: etwa Mobiliar, Textilien und Spanschachteln in dem gegenüber der *Tragedia Civile* ausgestellten Hausaltärchen, die Munitionskiste aus dem Zweiten Weltkrieg in der 1971 entstandenen Arbeit von Joseph Beuys (S.167) oder der Kleiderständer mit Hut und Mantel im *Bürgerlichen Trauerspiel* von Jannis Kounellis. Ungeachtet ihrer symbolischen oder metaphorischen Bedeutung, mit der sie den Sinnzusammenhang des Werkes stützen, bieten die Dinge dem Betrachter die Möglichkeit, das Dargestellte oder Vorhandene als Teil seiner eigenen Wirklichkeit und damit Kunst als wahrhaftig zu erleben. Bewusst kontrastiert Kounellis alltägliche Gegenstände mit einer blattgoldbelegten Wand, dem spirituellen Raum in der abendländischen Kunst, und wählt damit ein in der Kunst bewährtes Verfahren: umgekehrt findet im Hausaltar aus der Mitte des 15. Jahrhunderts die Verkündigung von der Geburt des Gottessohnes in einem zeitgenössisch möblierten Wohnraum statt, der dem heilsgeschichtlichen Ereignis Gegenwart verleiht. Die Präzision der Raumausstattung offenbart eine Liebe zu den Gegenständen und eine Sorgfalt im Umgang mit ihnen, die als Teil der Existenz Mariens – mithin als Teil des rechten Lebens – betrachtet werden kann. Nicht erst in der Moderne, schon in der Spätgotik ist die gesamte Erscheinungswelt bildwürdig geworden. »Das Wesen des Schönen ganz allgemein besteht im Widerschein der Form auf den proportionierten Teilen der Materie oder auf den verschiedenen Kräften oder Wirkungen.« schrieb Albertus Magnus in seiner Abhandlung über *Die göttlichen Namen*. Malerei und Skulptur zählten zu den mechanischen und nicht zu den freien Künsten. Dem Fehlen des autonomen (weil nicht zweckgebundenen) Kunstwerkes und der an ihm zu machenden Erfahrungen steht im Mittelalter eine universelle Sichtweise der Wirklichkeit gegenüber. Weil alles Erscheinende als Teil eines göttlichen Plans aufgefasst wurde, konnte die Wahrnehmung sich weitaus offener mit dem Miteinander der Dinge beschäftigen, als uns dies heute möglich erscheint. Für den Schönheitsbegriff des Mittelalters ist die unauflösliche Einheit des Schönen mit dem Guten verbindlich, Begriffe, die zum Teil synonyme Verwendung fanden. Ganz im Sinne des Produktdesigns (»form follows function«) bestand eine unmittelbare Abhängigkeit von Schönheit und Nützlichkeit. Gerade im Bestehen auf der Zweckgebundenheit und Nützlichkeit der Dinge konnte das Mittelalter deren metaphysische Qualität anschaulich erleben.

• KONRAD KLAPHECK *Die Mütter*, 1960, Öl auf Leinwand • *Hausaltärchen mit der Verkündigung an Maria* Köln, um 1440, Holzschrein und Tonfiguren mit originaler Fassung • In den Vitrinen: *Liturgische Geräte / Ölgefäße* aus Zinn, 16.–18. Jh. / *Gießgefäße* (Taube und Löwen) aus Bronze und Messing, 12.–13. Jh. / *Keramik* (Schenkung Adolf Egner) / *Gebrauchsgegenstände* Bügeleisen, Glasvasen, Kaffee- und Teekannen, 20. Jh. (Werk- und Formensammlung / Schenkung Werner Schriefers)

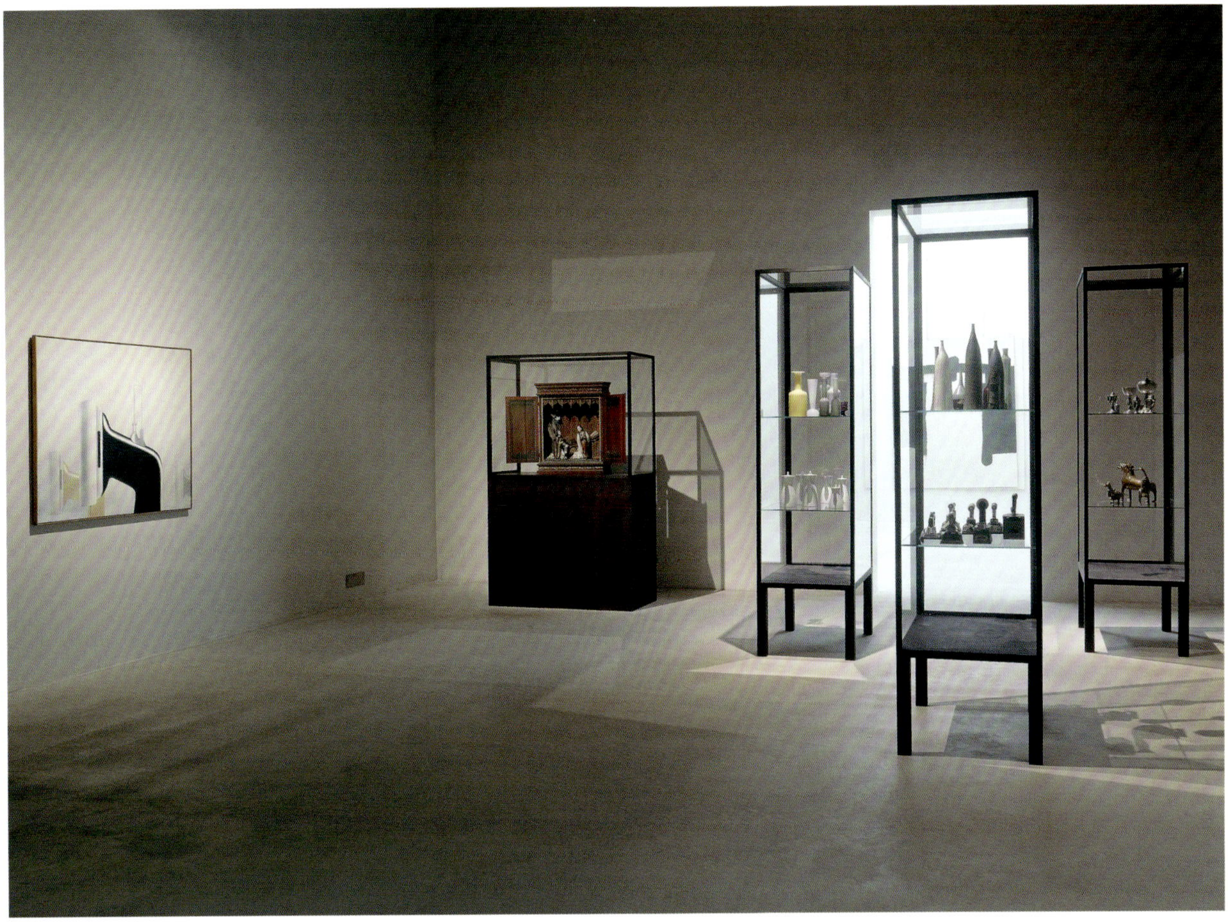

Der unendliche Raum dehnt sich aus   Raum 17 (Nordturm)

• *Thronende Muttergottes aus Pingsdorf* Köln (?), um 1170, Weidenholz mit farbiger Fassung (Leihgabe der Pfarrgemeinde St. Pantaleon, Brühl-Pingsdorf) • EDUARDO CHILLIDA *Gravitaciónes – Homenaje a Juan de la Cruz* (Hommage an Johannes vom Kreuz), 1993, Druckfarbe auf Filz, 3-teilig

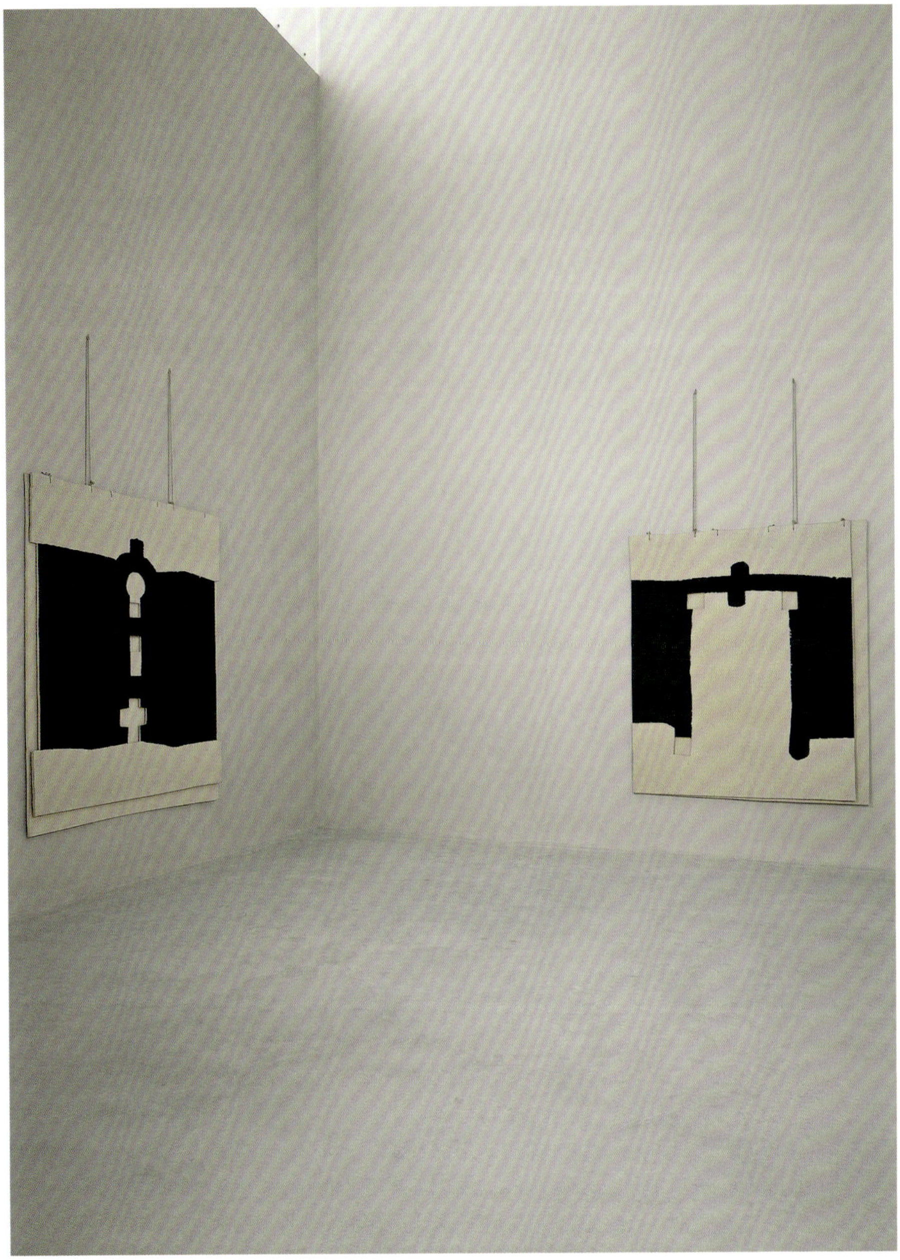

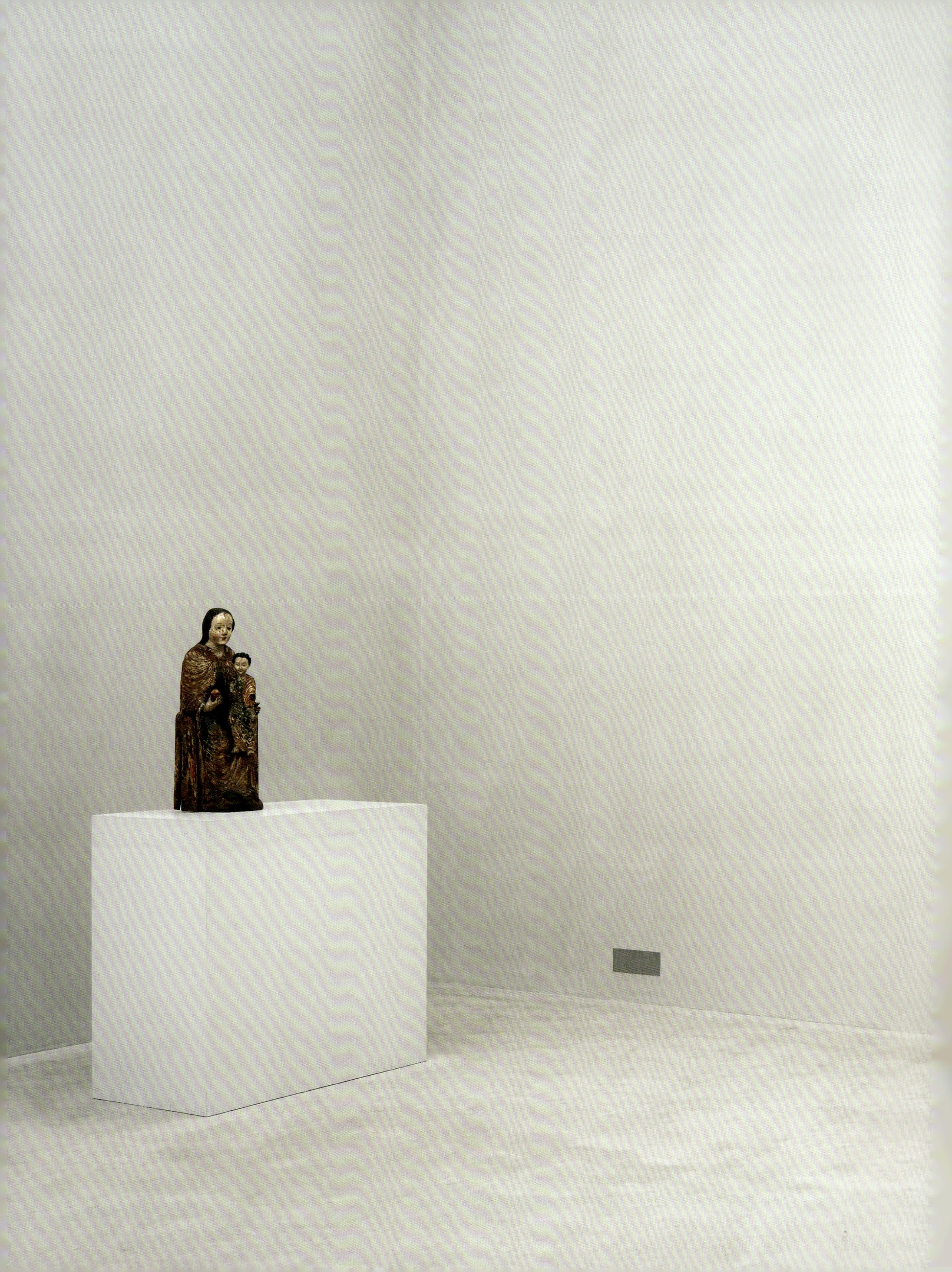

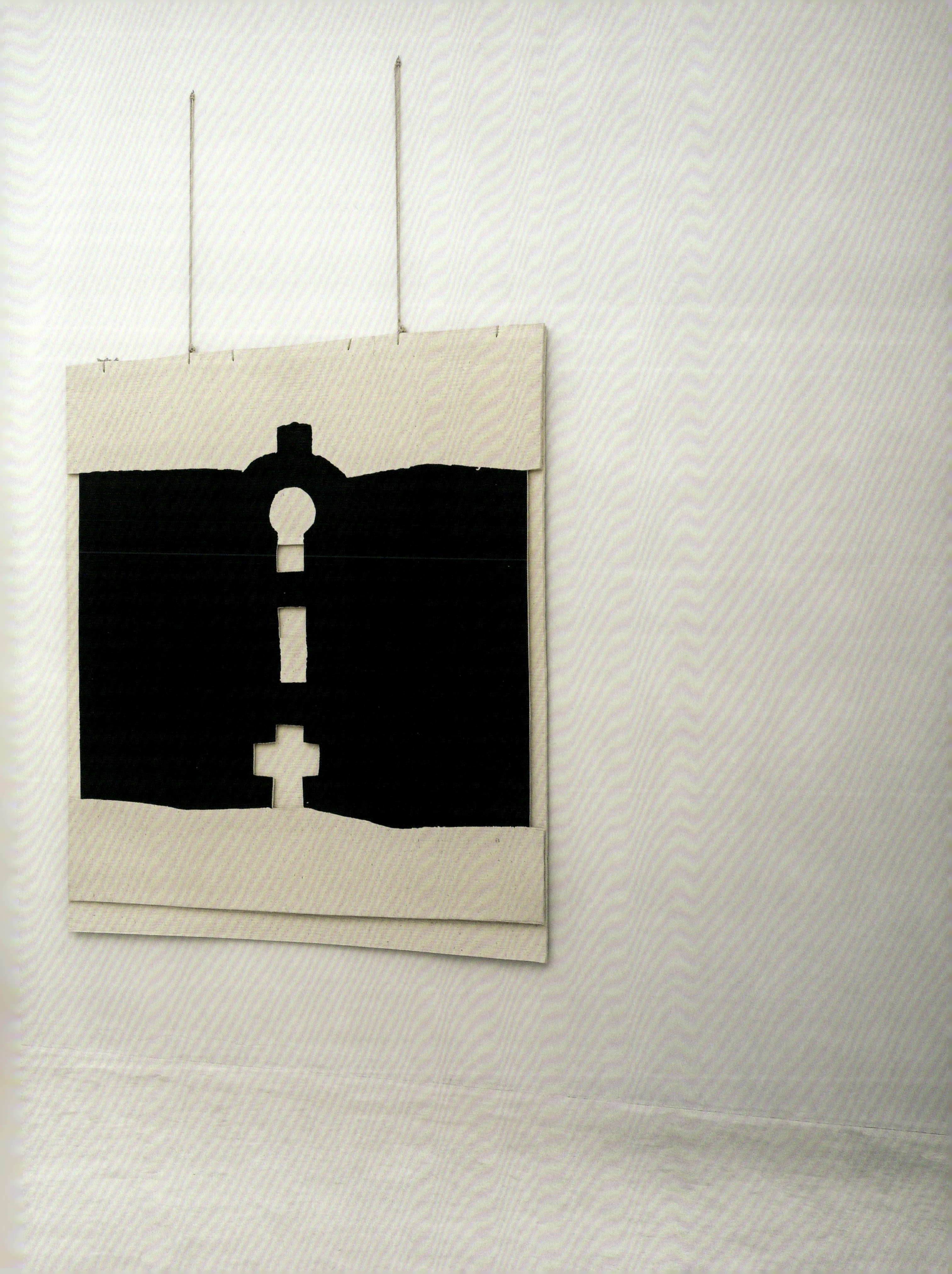

Der unendliche Raum dehnt sich aus   Raum 18 (Ostkabinett)

Eigentlich handelt es sich bei Raum 18 um zwei unterschiedlich ausgerichtete Raumkuben, die sich ineinander verschränken. Wir wählten als Angelpunkt Paul Theks *Fishman in Excelsis Table* und hängten ihn von der Decke ab, vor jener Raumnische, deren Wände auf der Apsis des gotischen Kirchenbaus aufsetzen. Der in Latex abgegossene Körper Theks – von künstlichen Fischen umspielt und mit täuschend echt nachgeahmten Fleischstücken, Maschendraht und Kabeln besetzt – hing, gehalten von Seilen, unter einem großen Tisch. Seitlich löste sich ein weißes Laken aus der Montage und hing herab. Entsprechend seiner früheren Installation war der Tisch am Kopfende ein wenig höher gehängt, so dass sich ein dynamischer Eindruck einstellte. Als Dialogpartner wählten wir die barocken Prozessionsfahnen von St. Kolumba und Objekte aus Schenkungen mehrerer Devotionalien-Sammlungen: Andachtsgrafik, Gnadenbilder, Reliquien – alle eingefasst von barocken Klosterarbeiten –, Porzellanmadonnen, Eingerichte und schließlich eine gotische Figur des volkstümlichen Heiligen Nikolaus aus dem historischen Bestand des ehemaligen Diözesanmuseums. Die Assoziationen, die uns zu dieser Nachbarschaft unter anderem anregten, hängen mit der Biografie Paul Theks zusammen. Ann Wilson schildert die Begegnung zwischen dem nach Südeuropa umgesiedelten amerikanischen Künstler und dem italienischen Katholizismus folgendermaßen: »Als katholische Kinder hatten Paul und ich beide die Allegorien des Martyriums gehört und die billigen Gipsbildnisse mit ihrem Blut, ihren Ketten, Dornenkronen und Schwertern gesehen. Tod und Zerstückelung waren akzeptierte Übergangsriten des Sieges der Ewigkeit, in der man inmitten von Engeln und Heiligen zur rechten Hand Christi sitzen würde. [...] Ein Besuch der Kapuziner-Katakombe bei Palermo Anfang der 60er Jahre hinterließ bei Paul und Peter [Hujar] eine Palette unauslöschlicher Eindrücke, die beider gesamte Laufbahn hindurch nachklingen sollte. In ihren Augen waren die Katakomben eine skulpturale Installation aus den körperlichen Relikten des Todes, der in seiner Metapher den Glauben verkörpert, dass der sterbliche Artefakt des Körpers ein sichtbares Relikt ist, das auf die Auferstehung verweist.« Die Theatralik der emotional aufgeladenen Prozessionen Süditaliens inspirierte die Bildsprache Theks, mit der er seinem Lebensgefühl in raumgreifenden Installationen eine Gestalt zu verleihen suchte. Der *Fishman in Excelsis Table* ist das Relikt eines solchen Environments, das als Bild eines von Fischen getragenen, in den Himmel auffahrenden Menschen in unterschiedlichsten Zusammenhängen eingesetzt wurde. Dabei ging es Thek nicht um eine Änderung der Inhalte, vielmehr war ihm die Wiederbelebung der Tradition wichtig, wie er 1973 in einem Interview mit Harald Szeemann betonte: »Ich kann ihnen keine komplette, neue Kultur erzählen. Die, die sie haben, ist absolut großartig.« Die Bilder, die er dafür fand, sind sehr persönliche und daher authentische Reflexionen über die europäische christliche Kultur und ihre Ausdrucksformen.

• *Ars Moriendi* (Das Buch über die Kunst des guten Sterbens), Neapel, 1480 (Sammlung Renate König) • CHRIS NEWMAN *6 Gemälde (Bedroom Jesus / Bathroom Jesus / Selfportraits / Studio Jesus)*, 1996, Acryl auf Leinwand • PAUL THEK *Fishman in Excelsis Table*, 1970/71, Latex, Holz, Wachs und andere Materialien

155

Triumph

Fest

Weg

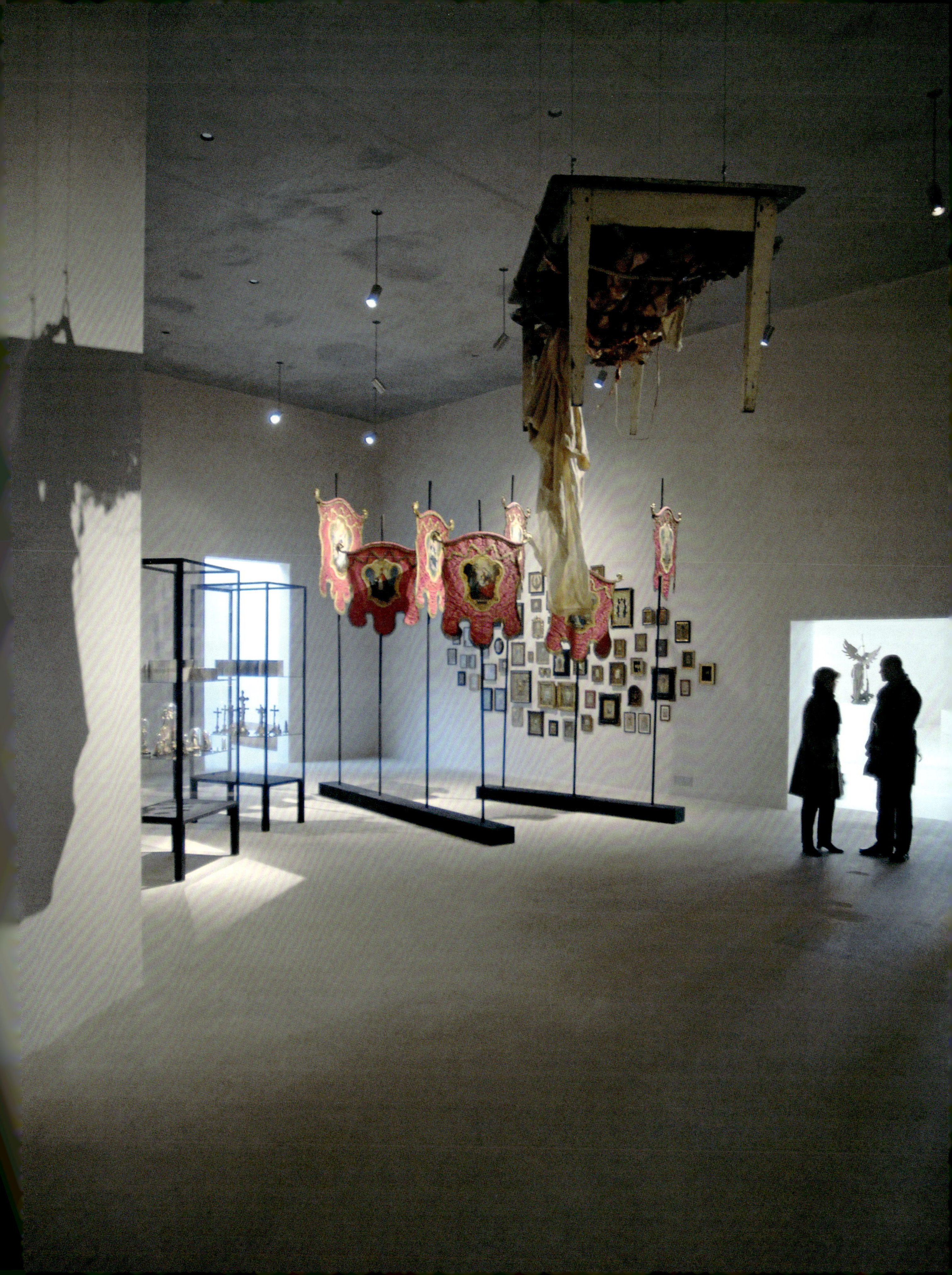

Der unendliche Raum dehnt sich aus Raum 18 (Ostkabinett)

• *Religiöse Volkskunst* Spitzenbilder, Haarbilder, Kulissenbilder, Klosterarbeiten, 18.–19. Jh. (Schenkung Axel Rodert / Hedwig Rodert-Rutt) • *Prozessionsfahnen von St. Kolumba* (auf der Hauptfahne die Darstellung der hl. Kolumba, daneben die hll. Ursula, Petrus, Drei Könige, die Verkündigung, der hl. Josef, Christus Salvator, die Himmelskönigin Maria, die hll. Anna, Katharina und Barbara, sowie eine hl. Äbtissin und ein hl. Bischof), Köln, 1764, Öl auf Leinwand, Seidendamast (umfangreich restauriert mit Hilfe der Renate König-Stiftung) • In Vitrinen: *Devotionalien* (Schenkung Heinrich und Elisabeth Küpper) • HEINRICH KÜPPER *Leporellos*, Bleistift, Farbkreide auf Papier • *Hl. Nikolaus* Köln, um 1320, Nussbaumholz mit originaler Fassung

• Abbildung auf der folgenden Doppelseite, Raum 19: PAUL THEK *Meatsculpture with Butterflies* (Fleischskulptur mit Schmetterlingen), 1966, Wachs, Plexiglas, Metall • GERT H. WOLLHEIM *Friesische Landschaft*, 1919, Öl auf Leinwand • REBECCA HORN *Berlin Earthbound* (Berlin erdgebunden), 1994, mechanisierte Skulptur

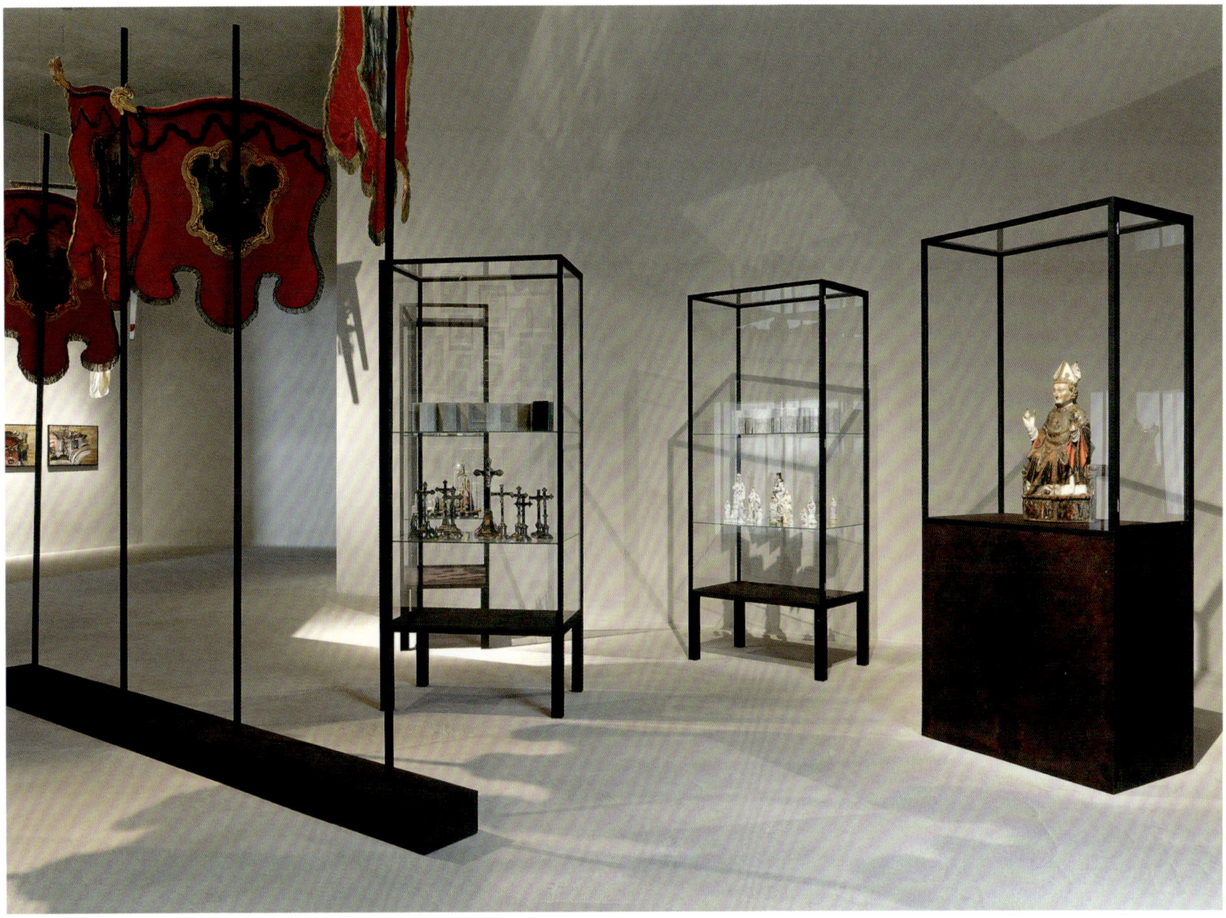

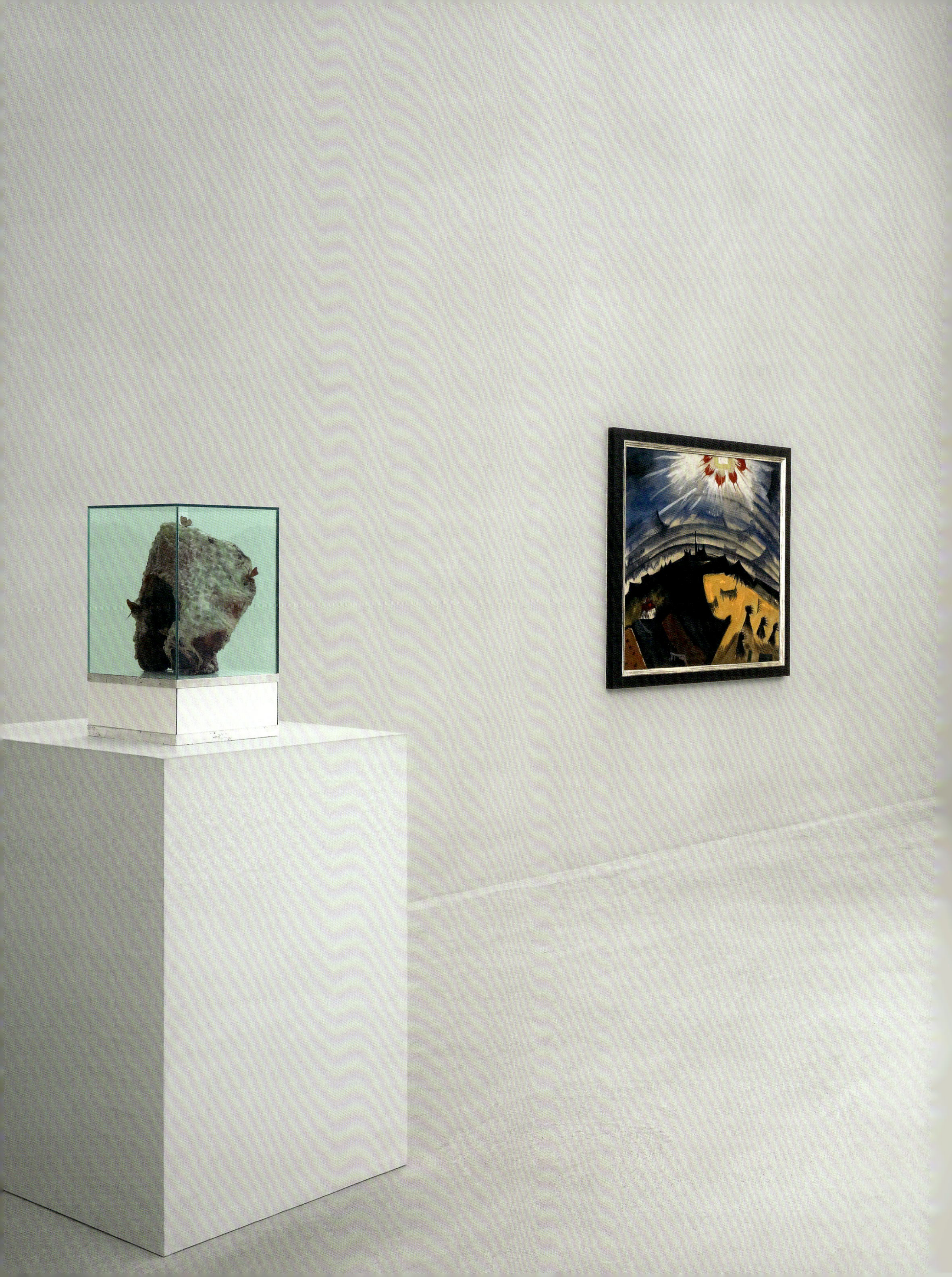

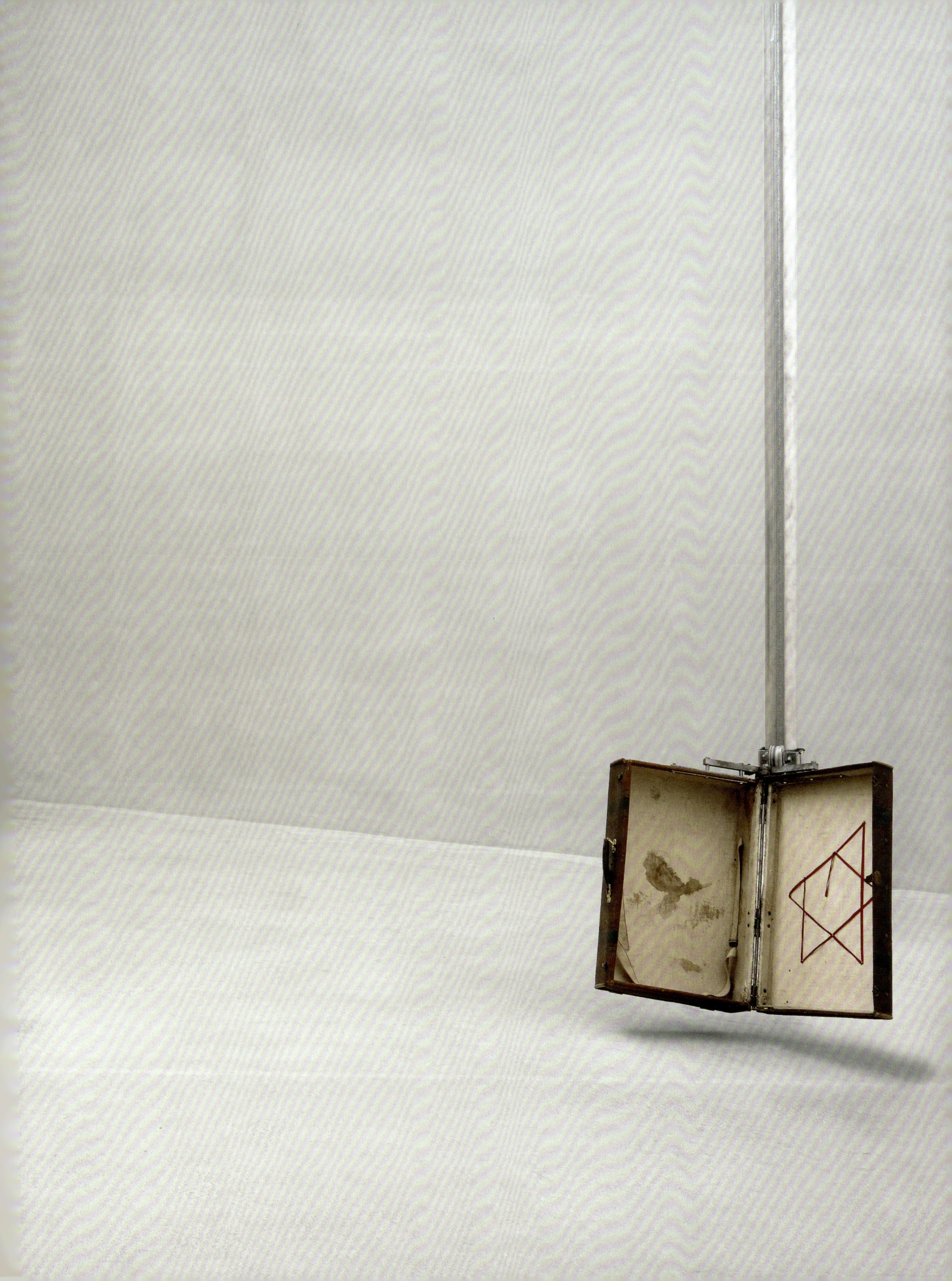

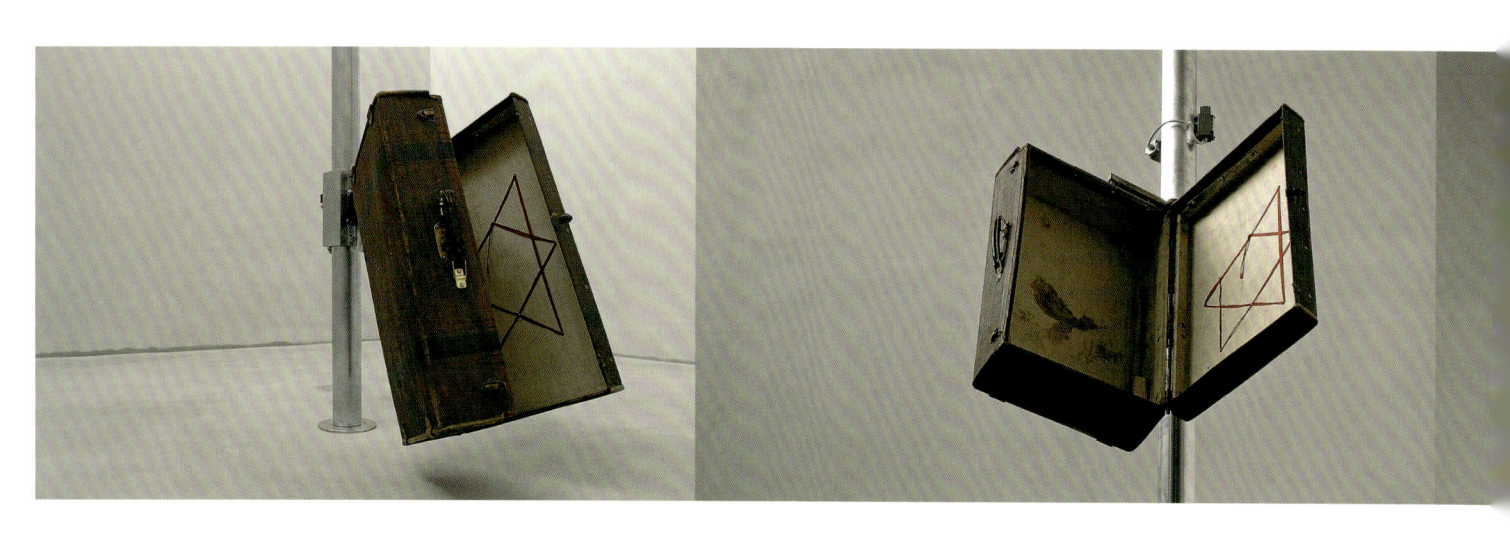

Der unendliche Raum dehnt sich aus   Raum 19 (Ostturm)

• REBECCA HORN *Berlin Earthbound*, 1994, mechanisierte Skulptur

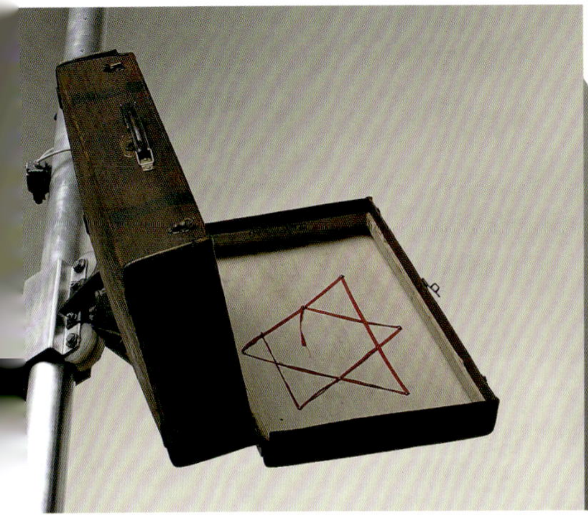

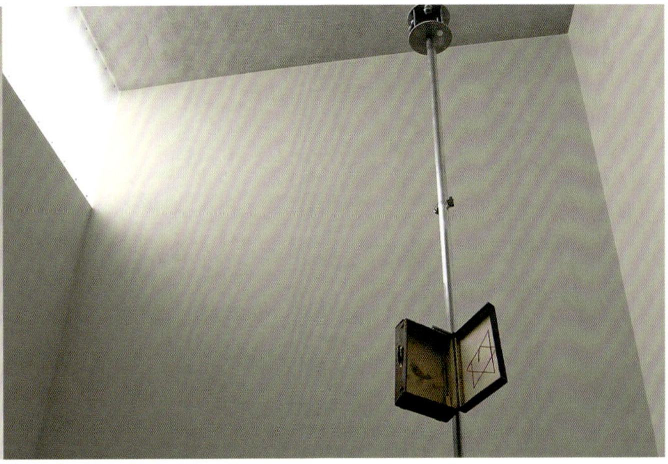

Der unendliche Raum dehnt sich aus Raum 19 (Ostturm)

• GERT H. WOLLHEIM *Friesische Landschaft*, 1919, Öl auf Leinwand

Schwere Wolken
Brechen aus Angeln
Polternd fallen.
Von gestoßener Luft getrieben
Peitscht gestreiftes Naß
Durch Nebellicht.
Zackig gelbe Streifen
Teilen Perlenvorhang.
Tausend Farben zeigt ein Bogen
Auf der großen Bühne Grau.

Georg Baumgarten

Der unendliche Raum dehnt sich aus Raum 20 (Südkabinett)

• Louis Soutter *Le drame incompréhensible* (Die unfassbare Tragödie), 1937, Öl auf Karton (erworben mit Hilfe der Renate König-Stiftung) • Joseph Beuys *Ohne Titel*, 1971, Munitionskiste mit *Kreuz mit Sonne* (1947/48), Fichtenstamm und *Berglampe* (1953), Holz, Bronze, Eisenbeschläge (erworben mit Hilfe der Kunststiftung NRW)
• Jürgen Paatz *Ohne Titel*, 1972, Dispersionsfarbe auf Leinwand

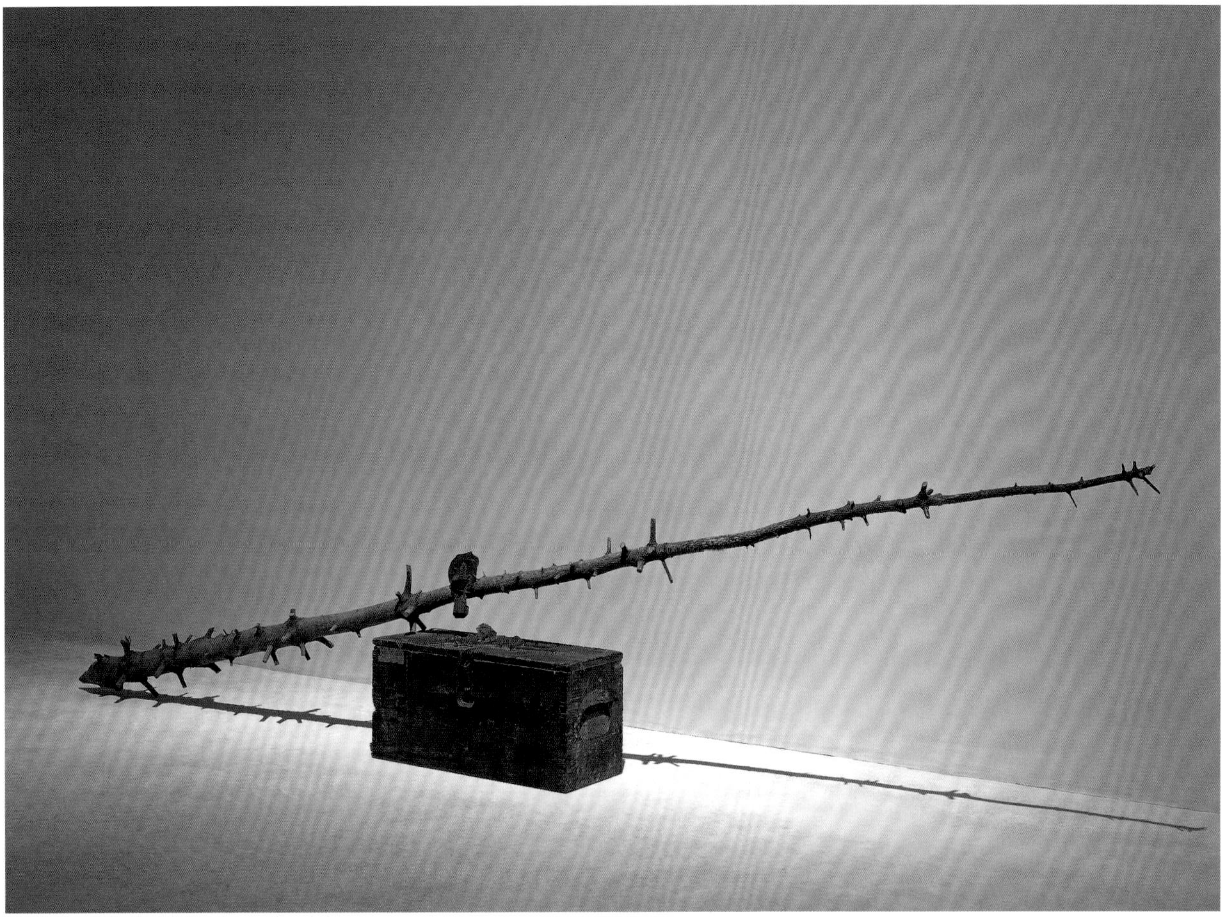

Der unendliche Raum dehnt sich aus Raum 20 (Südkabinett)

Weil sie geübt ist, jede Bewegung immer auch gegenläufig zu vollziehen, erfaßt die Reflexion sogleich, daß das, was Wirklichkeit zur Wirklichkeit macht: ihre radikale Unverfügbarkeit, in einer Welt der Totalverfügung, nur wiederhergestellt oder doch wenigstens wiedererhofft werden kann, wenn über die totalverfügte Wirklichkeit im Gegen-Sinn verfügt wird, also absurd, also sinnlos und in dieser Sinnlosigkeit sinneröffnend für das, was Wirklichkeit wirklich *ist*: unverfügbar.

WALTER WARNACH

Der unendliche Raum dehnt sich aus   Raum 21 (Südturm)

• *Reliquienkreuz* mit Dorn der Dornenkrone Christi, Silber, vergoldet; Reliquienbehältnis: Bergkristall, Paris, 1267; rahmendes Scheibenreliquiar mit gravierten Evangelistensymbolen: Maasland, Ende 13. Jh.; Kreuz mit Maßwerk und rückseitigem Email: Maasland, Mitte 14. Jh.; Kreuzfuß: Maasland, 4. Viertel 13. Jh. (erworben und restauriert mit Mitteln der Renate König-Stiftung) • RUDOLF DE CRIGNIS *Paintings # 05/07/08-05 (Dark Gray, Gray, Light Gray)*, 2005, Öl auf Leinwand

• *Kreuz Herimanns und Idas* Werden oder Köln, 2. Viertel 11. Jh., Korpus: Bronze, gegossen, vergoldet; Köpfchen: 1. Jh., Lapislazuli; Filigran: Köln, ca. 1220–1230; Rückseite: Kupfer, vergoldet • ALEXEJ VON JAWLENSKY *Der Mensch ist dunkler als die Nacht*, 1937, Ölfarbe auf Leinwand • *Kelchschale* Köln, um 1165–1170, Silber, vergoldet, Niello • *Reliquienkreuz* mit Partikeln des Kreuzes Christi, Maasland (?), 4. Viertel 13. Jh., Silber (Kreuz), Kupfer (Kreuzfuß) und Bronze (Figürchen), vergoldet (erworben, restauriert mit Mitteln der Renate König-Stiftung)

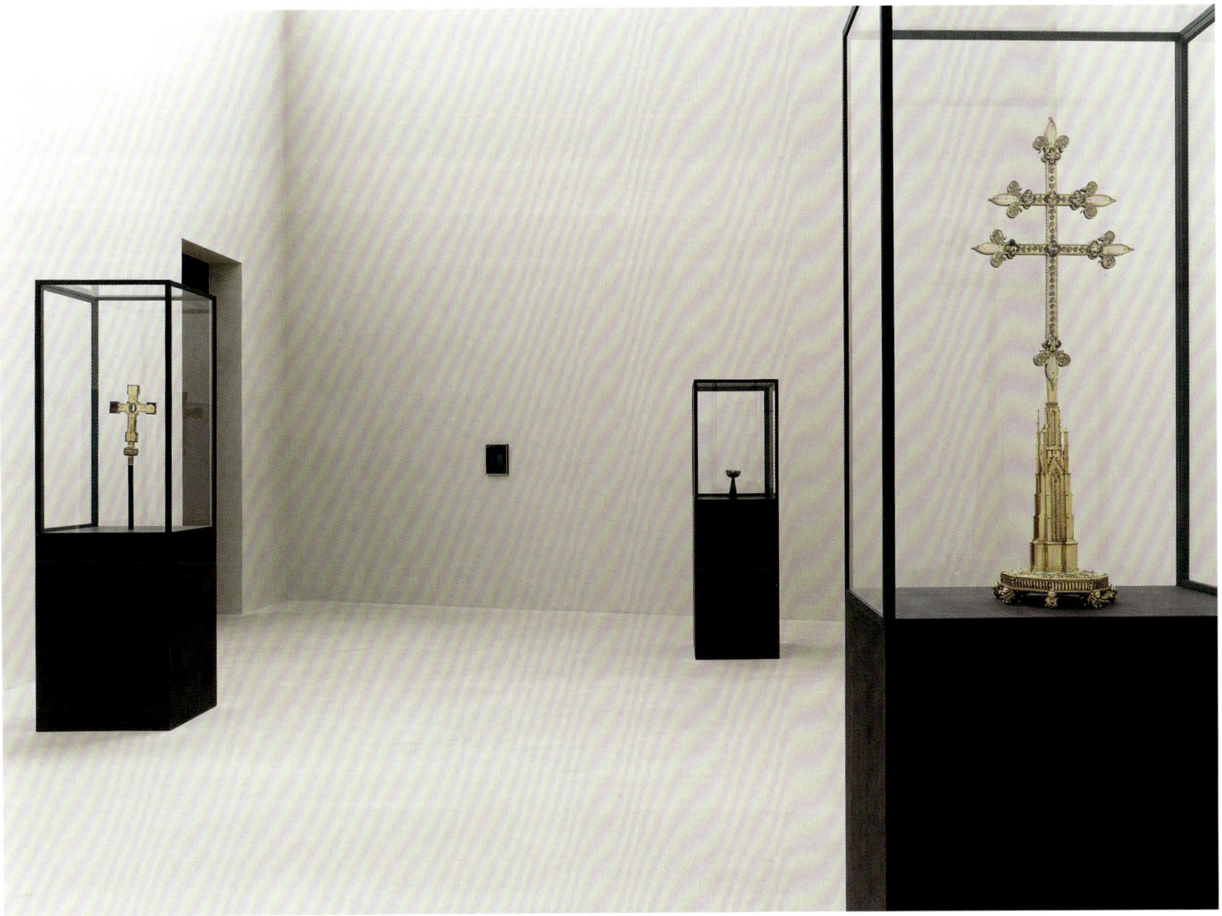

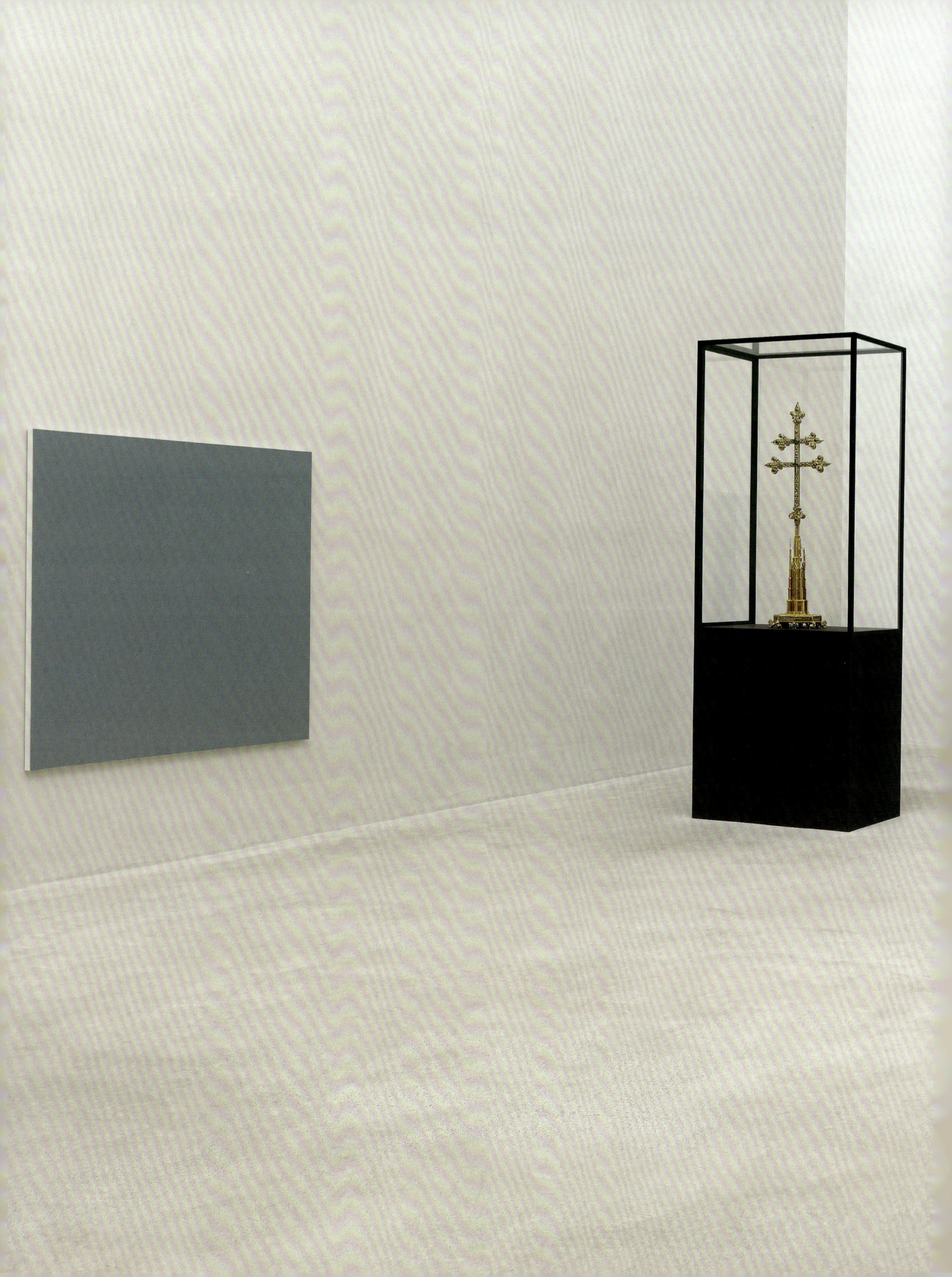

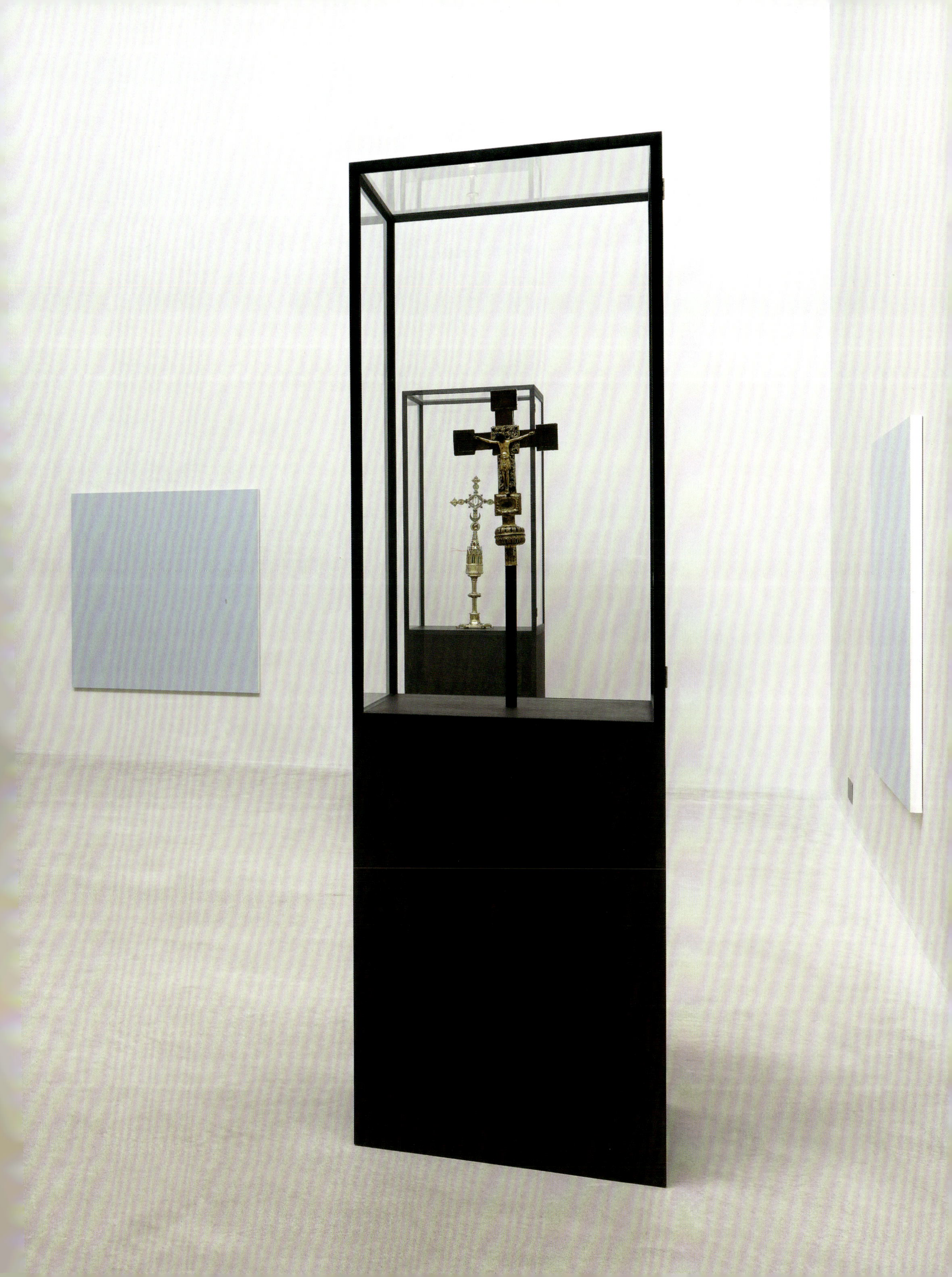

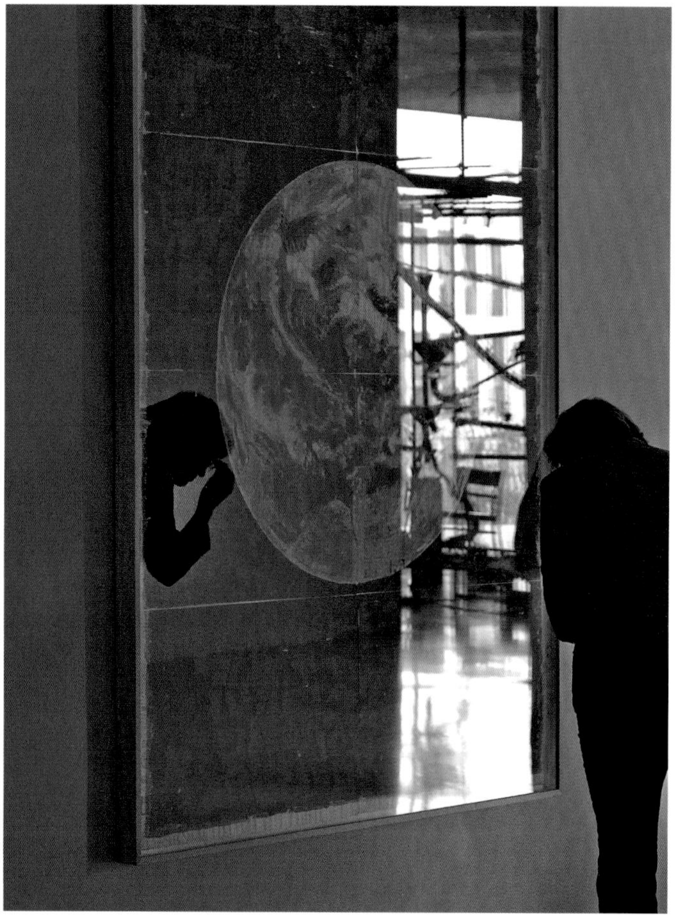

Der Mensch verlässt die Erde

14. September 2008 bis 31. August 2009

Nach dem erfolgreichen ersten Jahr im Neubau war die Entwicklung eigener Rituale für die Museumsarbeit eine vordringliche Aufgabe. Während im Hintergrund der öffentlichen Aufmerksamkeit die Fertigstellung der Verwaltungs- und Depotgeschosse abgeschlossen und der Umzug der Sammlung betrieben wurde, beschäftigte uns vor allem die Frage, wie sich die Ausstellungsarbeit in einem »lebenden Museum« nun weiter gestalten sollte. Im alten Gebäude hatten wir mehrfach jährlich neue Präsentationen aus den eigenen Sammlungsbeständen zusammengestellt, um deren Entwicklung bewusst zu machen und verschiedene Ausstellungsformate zu erproben. Im Unterschied dazu war nun ein kontinuierlicher Wechsel einzelner Räume denkbar. Wir entschieden uns jedoch für den jährlichen Ausstellungswechsel, in dem das Haus als Ganzes verändert werden sollte, und dafür, den 14. September – den Tag der Einweihung – als Eröffnungstermin beizubehalten. Nach einer zweiwöchigen Schließzeit sollte Kolumba als Museum auf Zeit jeweils für ein Jahr neu vorgestellt werden. Eine Reihe von Hauptwerken sollte – wie ehedem geplant – davon ausgenommen bleiben, um mit ihren festen Standorten dem Museum auch bei wechselnder Bespielung eine vertraute Identität zu verleihen. Uns war bewusst, dass die Stärke der Architektur und die eindrucksvolle Vielfalt der Raumcharaktere eine entschiedene Haltung des Ausstellens erfordern würde. Im besten Fall sollten »Bilder« entstehen, an die man sich noch nach Jahren erinnern könnte.

Unter dem Titel *Der Mensch verlässt die Erde*, den eine Gemälde-Trilogie von Felix Droese nahelegte, knüpfte die zweite Ausstellung nahtlos an die erste an und vertiefte einen schon dort vorhandenen Gedanken. Im Spannungsbogen der verschiedenen Medien und im Lauf der Jahrhunderte kreiste die neue Ausstellung um den Menschen in der Welt, um seine Verantwortung am Erhalt der Schöpfung, seine Kreativität, vor allem aber um sein Leiden, seinen Tod und seine Erlösung. Die nahezu zyklische Auffassung aufeinander folgender Ausstellungen war nicht geplant, doch sprach einiges dafür, den jährlichen Wechsel wie eine in vielen Kapiteln erzählte Geschichte anzulegen, bei der sich das eine aus dem anderen ergibt. Gegenüber der ersten Präsentation war das mediale Spektrum der gezeigten Werke weiter aufgefächert. Es reichte von mittelalterlichen Stundenbüchern über Skulpturen und Gemälde bis zu zeitgenössischen Video- und Rauminstallationen. Bereits im Foyer waren mit dem Motiv der Barke das Verlassen der Welt und der Übergang vom Leben zum Tod angesprochen. Das erste Ausstellungsgeschoss wurde visuell und akustisch von der panoramaartigen Videoprojektion Marcel Odenbachs *In stillen Teichen lauern Krokodile* dominiert, die den Genozid in Ruanda zum Thema hat und eine Bereitschaft zur Auseinandersetzung mit den Ursachen und Nachwirkungen der todbringenden Gewalt von Menschen an Menschen einfordert. Im zweiten Ausstellungsgeschoss stand der Mensch als handelndes Individuum im Zentrum der Dialoge. Die eindrucksvolle *Lebensgröße* des Kölner Bildhauers Heinz Breloh schuf einen auf den Menschen bezogenen, durch ihn Form gewordenen Ausstellungsmittelpunkt. Sie korrespondierte mit anderen »Lebensgrößen«, etwa dem monumental wirkenden romanischen Elfenbeinkruzifix, einem »lebensgroßen« Gemälde von Peter Tollens und Stefan Lochners *Muttergottes mit dem Veilchen*. Der Sicht auf die Welt – wie in Paul Theks großer Gouache mit der Darstellung des »blauen Planeten« – entsprachen Modelle von Welt, die Kunst und Wissenschaft einander näherbringen. Als ein auf antiker Tradition beruhendes Weltkonstrukt, in dem Mikro- und

Makrokosmos miteinander verwoben sind, bildete der romanische Schmuckfußboden aus der Kirche St. Pankratius in Oberpleis einen der Höhepunkte der Ausstellung. Er war unterhalb von Paul Theks *Fishman in Excelsis Table* ausgestellt, dessen Hängung aus dem ersten Jahr beibehalten wurde. Im gleichen Raum feierte eine »Prozession zu Ehren des ästhetischen Fortschritts« das verbindende Anliegen von Kunst und Religion, jenseits des Faktischen zu den spirituellen Dimensionen vorzudringen. Die geometrische Anlage des mittelalterlichen Kosmosbildes korrespondierte mit der aufwändig installierten *Kugelbahn* des Kölner Komponisten Manos Tsangaris, in der die Gegenwart und deren Flüchtigkeit sinnlich erfahrbar werden. Diese Klangmaschine »für eine Person im Zentrum« war 1997 am alten Standort des Museums erstmals realisiert worden. Über das spielerische Moment, dem sich kaum jemand entziehen konnte, war es einfach, den Ausstellungstitel *Der Mensch verlässt die Erde* auch als ein Plädoyer für die Kraft der Phantasie zu verstehen, als Aufforderung, sich in andere Räume hineinzuträumen. Das Versenken in eigene Welten kennzeichnet vor allem Kinderzeichnungen, deren ästhetische Qualität seit dem Beginn der Moderne unstrittig ist und die deshalb selbstverständlicher Bestandteil der Ausstellung waren. Der spielerische Ansatz ermöglichte es, dass sich das romanische Kreuz aus Erp und die archaischen Werke des ehemaligen Bergmanns Erich Bödeker als eindrucksvolle Skulpturen eines im Zustand der Naivität erlösten Zeitalters auf Augenhöhe begegnen konnten.

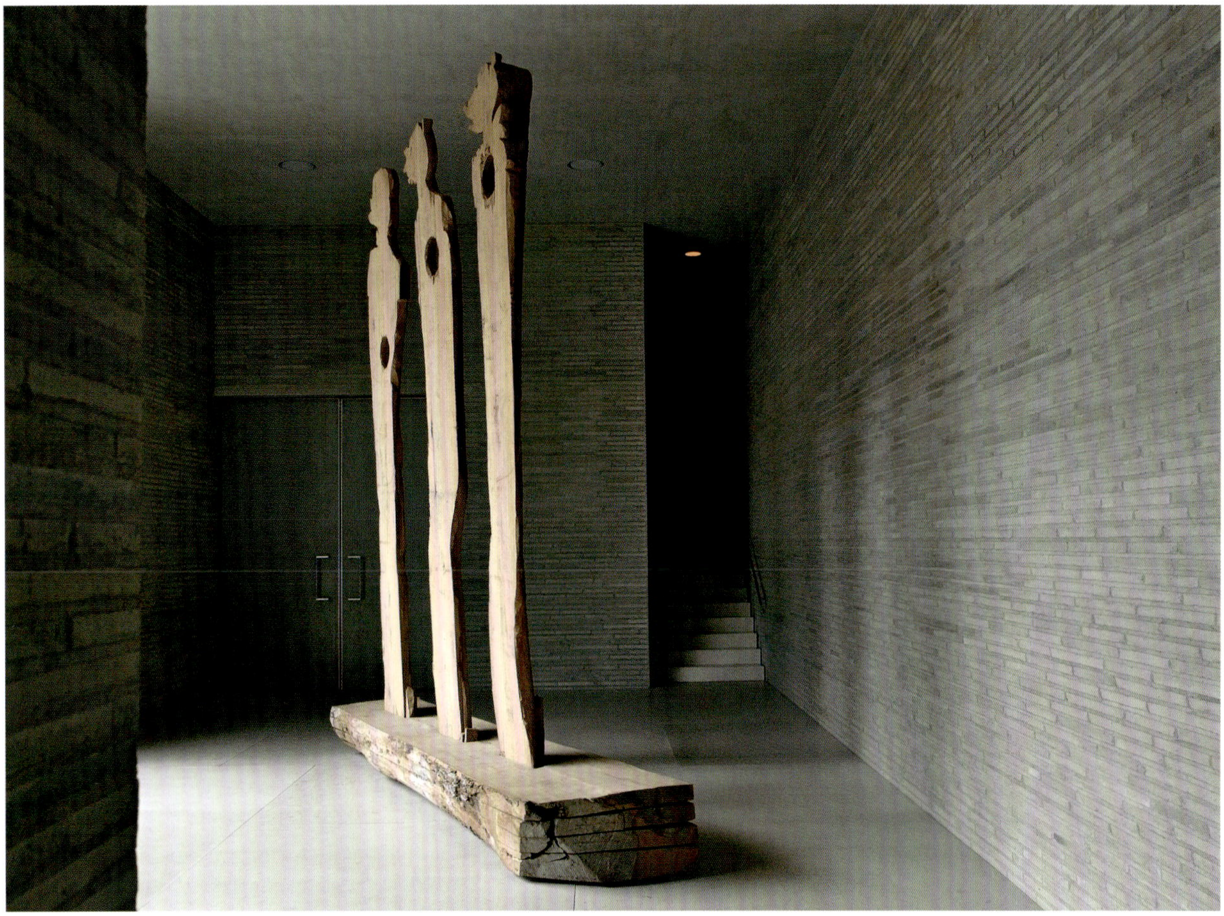

Der Mensch verlässt die Erde Raum 1 (Foyer)

Drei riesige Bohlen mit unregelmäßiger Gestalt ragen im Foyer auf. Grob verkeilt stecken sie senkrecht in vier mit Abstand übereinandergeschichteten Bohlen, die als Sockel dienen. Alle sieben sind offenbar aus dem gleichen mächtigen Ulmenstamm geschnitten. Die Rinde wurde nur teilweise entfernt; vorhandene Farbspuren stammen von Markierungen zum Fällen oder Bearbeiten des Stammes. Absplitterungen, abstehende Holzfasern und Sägespuren zeugen von der Verwendung grober Werkzeuge. Die Oberfläche hat keine verschönernde Bearbeitung erfahren. Grob und ungeschlacht, aber auch unglaublich schmal, erscheinen die Bretter als menschliche Silhouetten mit Köpfen, auf denen man wehende Haare ausmachen kann, mit Hälsen und Schultern; der Rest bleibt einfach dicke Holzbohle. Volumen bekommen die Figurensilhouetten durch die ausgesägten Löcher, die eine auf- bzw. absteigende Linie bilden. – Sind dort die Herzen herausgeschnitten, oder markieren diese runden Durchlässe den Ort der Seelen dieser aus Brettern geschaffenen Schattengestalten? Beim Betrachten spürt man, dass diese Löcher, durch die der Wind pfeifen könnte, gerade durch ihre durchlässige Leere ganz wichtig für die Figuren sind. Wie gern würde man sie und die mit ihnen aufgerissenen Freiräume mit Inhalt füllen... Wie gern möchte man den inneren Widerspruch zwischen rohem, klobigem Material und silhouettenhaft flüchtiger Erscheinung der Gestalten in einer plausiblen Bedeutung auflösen... Auf der Suche nach Antworten fällt der Blick nach unten auf den Sockel, der auch ein kleines, schmales Boot sein könnte. Weder Antrieb noch Steuer sind sichtbar. Und die Figuren – sind sie vielleicht nur Segel an drei Masten? Andererseits: Felix Droese hat seine Arbeit im Untertitel *De drie naakte vrouwen* genannt. Sie haben nur wenig Platz im Boot, sind Wind und Strömung ausgesetzt, könnten im unruhigen Wasser leicht kentern, wenn sie nicht gemeinsam die Balance hielten. Wohin treiben sie? Unwillkürlich steht das Bild vom Schiff des Lebens vor Augen oder die mythische Vorstellung von der Überfahrt ins Reich des Todes. Die Gedanken wandern zur Dreiheit: Zeus, Poseidon und Hades beherrschten nach antiker Vorstellung Himmel und Erde; die kapitolinische Trias aus Jupiter, Juno und Minerva bildete das religiöse Zentrum des römischen Gemeinwesens. Es waren drei Schwestern, die als Rachegöttinnen aber auch als Schutzgöttinnen für die sittliche Ordnung standen. Wachsen, Frucht bringen und Vergehen spiegelten sich in den drei Lebensaltern des Menschen – Kind, Erwachsener und Greis. Die Weisen aus dem Morgenland, die nach langer Pilgerreise dem neugeboren Christus an der Krippe huldigten, waren zu dritt. Und das monotheistische Christentum denkt Gott in drei Wesenheiten, als Vater, Sohn und Heiliger Geist. – So labil wie die Bohlen in dem kaum ausreichend groß und stabil wirkenden Unterbau aufragen, so prekär erscheint die Situation insgesamt. Nichts ist eindeutig. Da hilft auch nicht Felix Droeses spöttischer Hinweis, dass die Bewohner des friesischen Entstehungsortes der Skulptur geglaubt hätten, Künstler wie er würden sich in ihren Arbeiten immer mit nackten Frauen beschäftigen. Auch der Titel *Friesischer Gruß* beantwortet weder die Fragen, noch löst er die Widersprüche auf. Eher setzt er das Spiel erneut in Gang...

• FELIX DROESE *Friesischer Gruß (De drie naakte vrouwen)*, 1983–1985, Ulmenholz (Schenkung aus Privatbesitz)

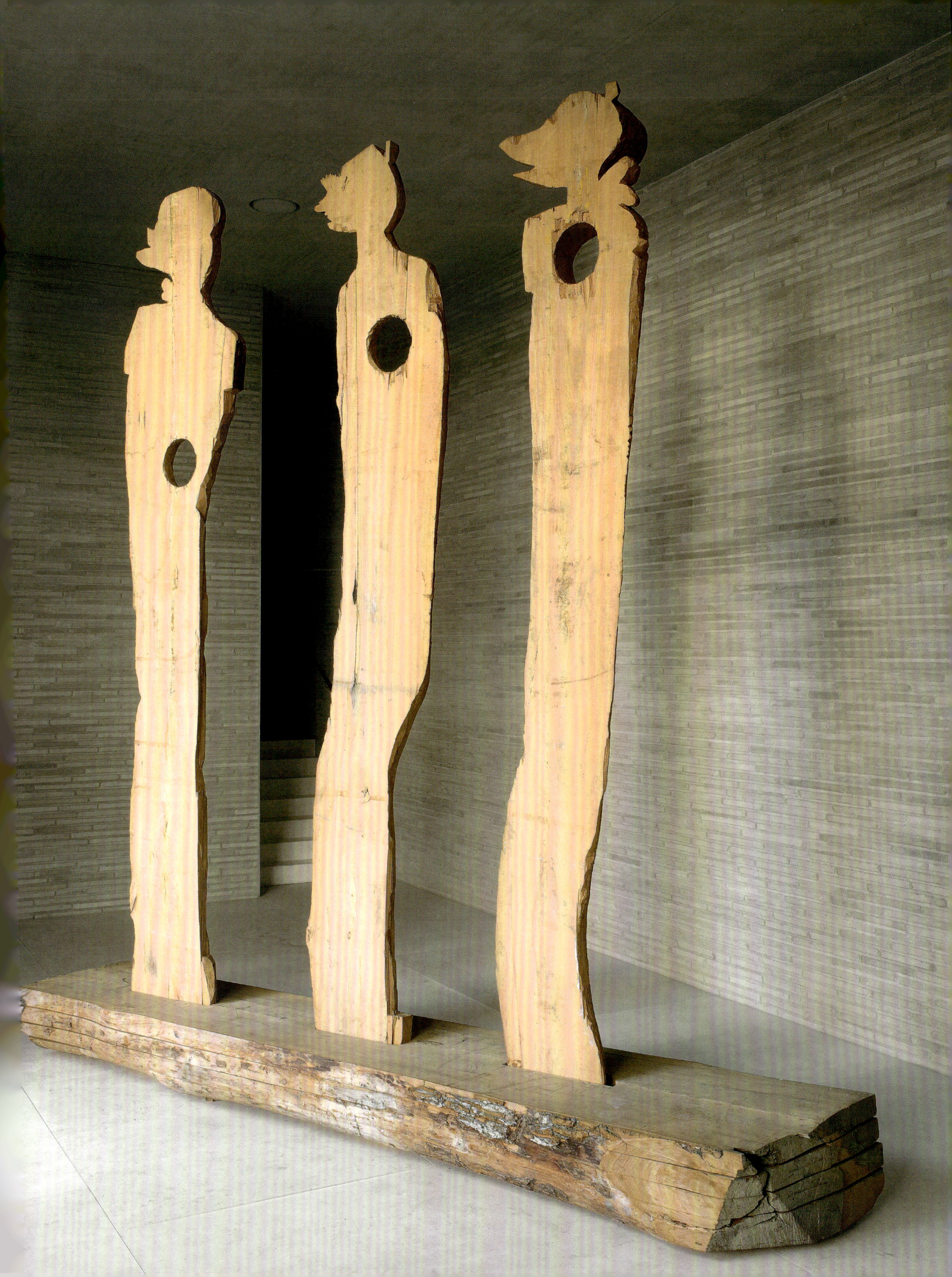

Der Mensch verlässt die Erde   Raum 1 und Raum 2 (Foyer und Hof)

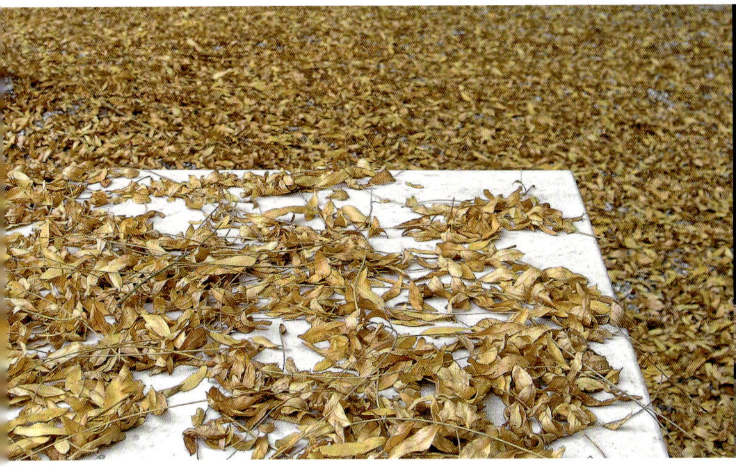
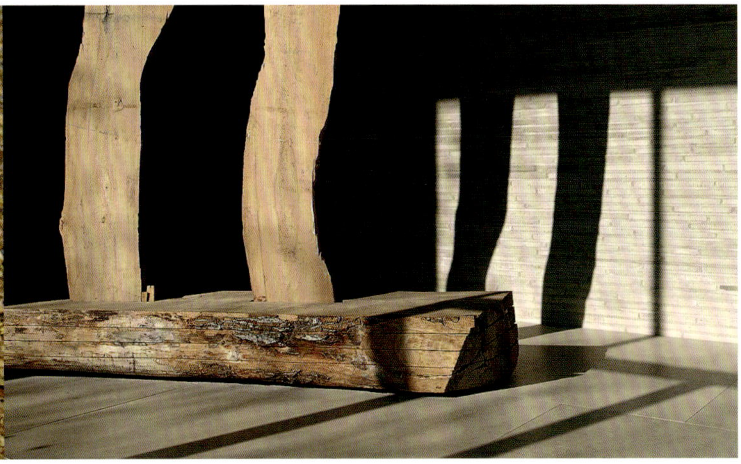

Der Mensch verlässt die Erde Raum 5

Was sind das für Köpfe? ... Sind das Porträts? ... Die sehen aber ziemlich debil aus. ... Richtig hässlich sind die. ... Was macht denn der Hund da in der Mitte? ... Die Füße gehören auch nicht dahin. ... Irgendwie sehen sich die Gesichter alle ähnlich, als würden sie alle zu einer Familie gehören. – So unterschiedlich die Reaktionen der Betrachter auch sein mögen, niemand kommt an dem aus 91 unterschiedlich großen Einzelbildnissen komponierten Tableau aus Kopf- und Brustbildern vorbei. Männer im mittleren Alter schauen die Betrachter an. Kein einziger Kopf ist ins kühl distanzierte Profil gedreht. Alle Gesichter ähneln einander. Weit aufgerissene Glubschaugen, abstehende Ohren, kräftig gerötete Nasen, rote Wangen, ausladendes Kinn und kräftige Falten zwischen Nasenflügeln und Mundwinkeln könnten markante Hinweise auf die Zugehörigkeit zu einer großen Familie sein. Allerdings sind die Gesichtszüge so übersteigert, dass sie fast zur Karikatur geraten. Seltsam ist auch, dass nur wenige Personen bekleidet sind, keine soziale oder zeitliche Einordnung über die Kleidung erfolgt. Wenn die Bildnisse also nicht als Ahnengalerie funktionieren, was zeigen sie dann? – Einige der Männerköpfe haben weibliche Züge! Die einzige Ganzfigur besteht aus einem Männerkopf und einem Frauenkörper, der auch noch in einer Art Schwimmreifen steht. Zu wem die nackten Füße gehören, ist völlig offen. Viele der Gesichter zeigen ein schalkhaftes Lachen, oder ist es ein diabolisches Grinsen? Einige scheinen geistig beschränkt zu sein, erinnern an physiognomische Studien der Renaissance und die prallen Typen bei Frans Hals; sie lassen auch an Johann Caspar Lavaters Versuch denken, Gesichter zu systematisieren, um so Charaktere anhand der Gesichtszüge und Körperformen zu erkennen. Woran immer wir erinnert werden – den Hund bei William Hogarth oder Francisco de Goya, der realistische Blick Adolph Menzels auf seine gealterten Füße –, was immer uns vertraut erscheint, nie ist das Vorbild eindeutig benennbar. Hin und her springt der Blick des Betrachters, von einem zum andern, irritiert von den unauflösbaren Widersprüchen und umgetrieben von den eigenen Fragen. Wie mit den Close-ups im Film rücken wir diesen Gesichtern, deren manchmal unangenehme Nähe durch die schwarzen Hintergründe noch gesteigert wird, regelrecht auf die Pelle. Und damit rücken sie uns nahe, schauen oder starren uns an. Was bleibt, als sich angesichts dieser Köpfe zu fragen: Wie sehe ich aus? Wie sehen mich die anderen? Wer bin ich? Und schon sind wir dem Reiz dieser puren Menschenbilder erlegen, die einerseits eine intime Nähe zum Dargestellten suggerieren und andererseits die Selbstspiegelung des Betrachters in den Dargestellten in Gang setzen. Das Ich spiegelt sich im Du und im Ihr, setzt sich ins Verhältnis zum Individuum und zum Kollektiv. Vielleicht hat genau das Bénédicte Peyrat dazu veranlasst, das Tableau mit »Simul et singulis«, »gleichzeitig und einzigartig«, zu bezeichnen, mit dem Motto der Pariser *Comédie française*, das erstmals 1682 auf den Einlassjetons erschien und als Umschrift einen von Bienen umschwärmten Bienenkorb rahmte.

• BÉNÉDICTE PEYRAT *Simul et singulis (Kopfwand)*, 2006, Acryl auf Leinwand

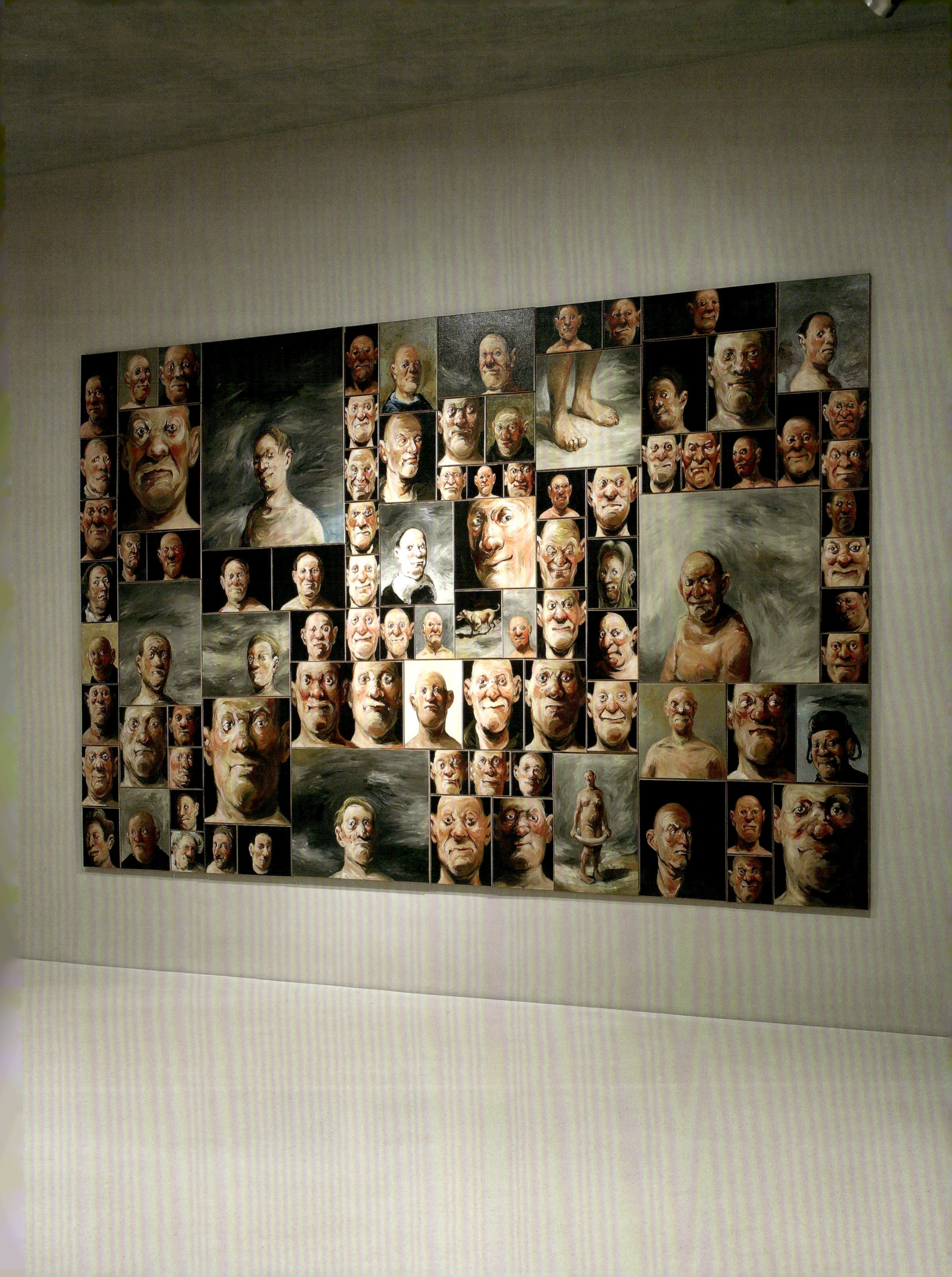

Der Mensch verlässt die Erde Raum 5

- Bénédicte Peyrat *Simul et singulis (Kopfwand)*, 2006, Acryl auf Leinwand
- Umkreis des Meisters H.L. *Jesse* oder *Schlafender Petrus*, Oberrhein, um 1510–1520, Lindenholz (Schenkung Maria und Regina Härle)

187

Der Mensch verlässt die Erde Raum 6

»Wenn Gott sich schlafen legt, dann legt er seinen Kopf nach Ruanda« lautet – ein altes Sprichwort zitierend – der Beginn dieser »subjektiven Dokumentation über ein Drama in sieben Kapiteln«. Im Jahr 1994 töteten Angehörige der Hutu-Volksgruppe in nur einhundert Tagen etwa fünfundsiebzig Prozent der in Ruanda lebenden Tutsi-Minderheit sowie moderate Hutu, die sich an diesem Genozid nicht beteiligen wollten. Die Videoarbeit von Marcel Odenbach folgt den Nachwirkungen des Völkermordes und findet Bilder für das fragile Zusammenleben von Tätern und Opfern. Erinnerungen an unfassbare Gewalttätigkeiten sickern stetig durch die biblische Schönheit der Bilder hindurch. – Die Beschaffenheit des tageslichtlosen ersten Ausstellungsgeschosses erlaubte die Präsentation des Videos im Kontext der Sammlung. Aufgrund der offenen Raumsituation ergaben sich Bezüge zu anderen Medien und deren Inhalten: Malerei, Skulptur und Grafik sowie zu den in der Vitrine gezeigten Radiogeräten, die im Video konkret als Instrumente der Massenmanipulation angesprochen werden.

• MARCEL ODENBACH *In stillen Teichen lauern Krokodile*, 2002–2004, DVD-Doppelprojektion, 31:20 Min. • In der Vitrine: *Radio- und Fernsehgeräte* der Werk- und Formensammlung/Schenkung Werner Schriefers, u.a.: WALTER M. KERSTING *Volksempfänger*, ab 1933, G. Schaub, Pforzheim / DIETMAR PALLOKS *Kofferradio Stern Dynamik II*, 1971, VEB Sternradio, Berlin / *Fernseher Nivico*, 1970, JVC, Japan (in der Vitrine)

189

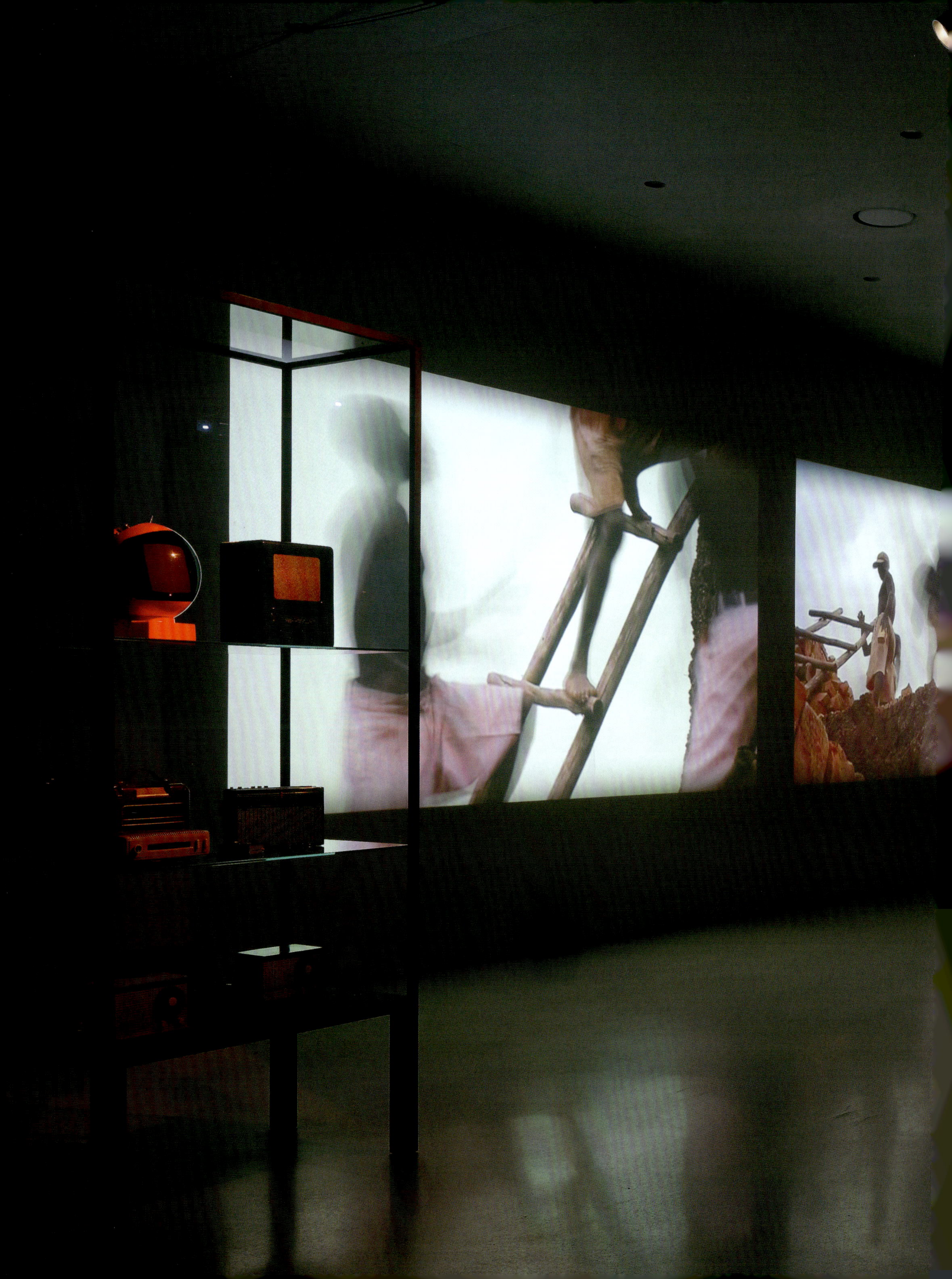

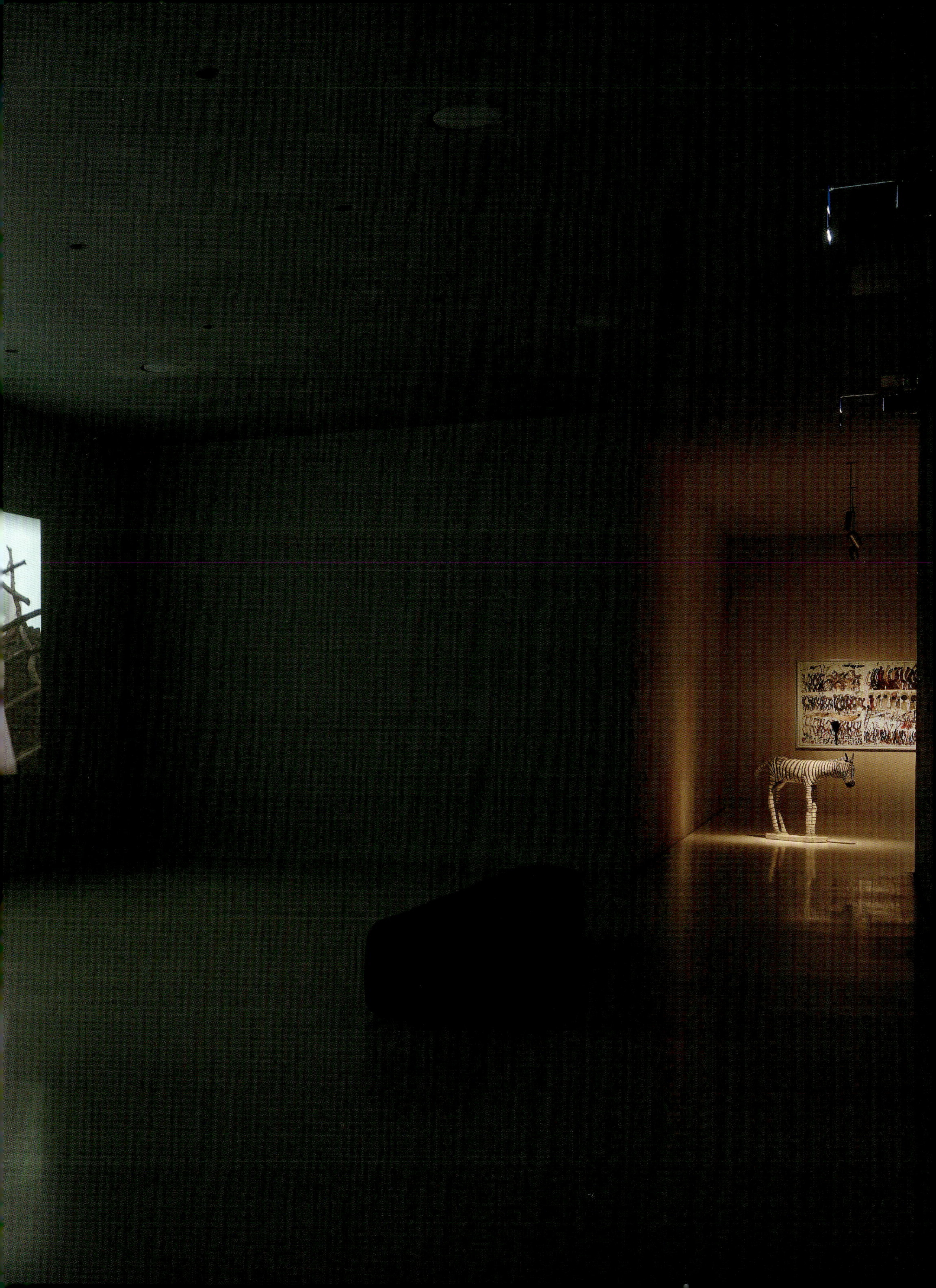

Der Mensch verlässt die Erde   Raum 7 (Kabinett)

In ihrem Bestreben, anhand einer Extremsituation Archetypen des menschlichen Handelns aufzudecken, fanden Marcel Odenbach und Martin Frommelt bei völlig unterschiedlichen Gegenständen zu überraschend vergleichbaren Bildern, die auf verwandte Gesten und Gebräuche im Umgang mit Menschen, Tieren und Dingen zurückgehen. Marcel Odenbach sucht mit der streng komponierten Doppelprojektion nach Antworten für die Grausamkeiten eines Genozids und zeigt die offenen Wunden einer traumatisierten Gesellschaft; Martin Frommelt erinnert sich an seine entbehrungsreichen Aufenthalte auf der Alp und an die gegenseitige Abhängigkeit von Mensch und Tier, die er als jugendlicher Viehhirte selbst erlebt hat.

• MARTIN FROMMELT *Vähtreb* (Viehtrieb), 1975–1986, Mappenwerk mit 135 farbigen Kupferdrucken auf Doppelblättern (Auswahl) • In der Vitrine: *Karfreitagsratschen* Mitte 18. Jh. und 19. Jh., Weichholz

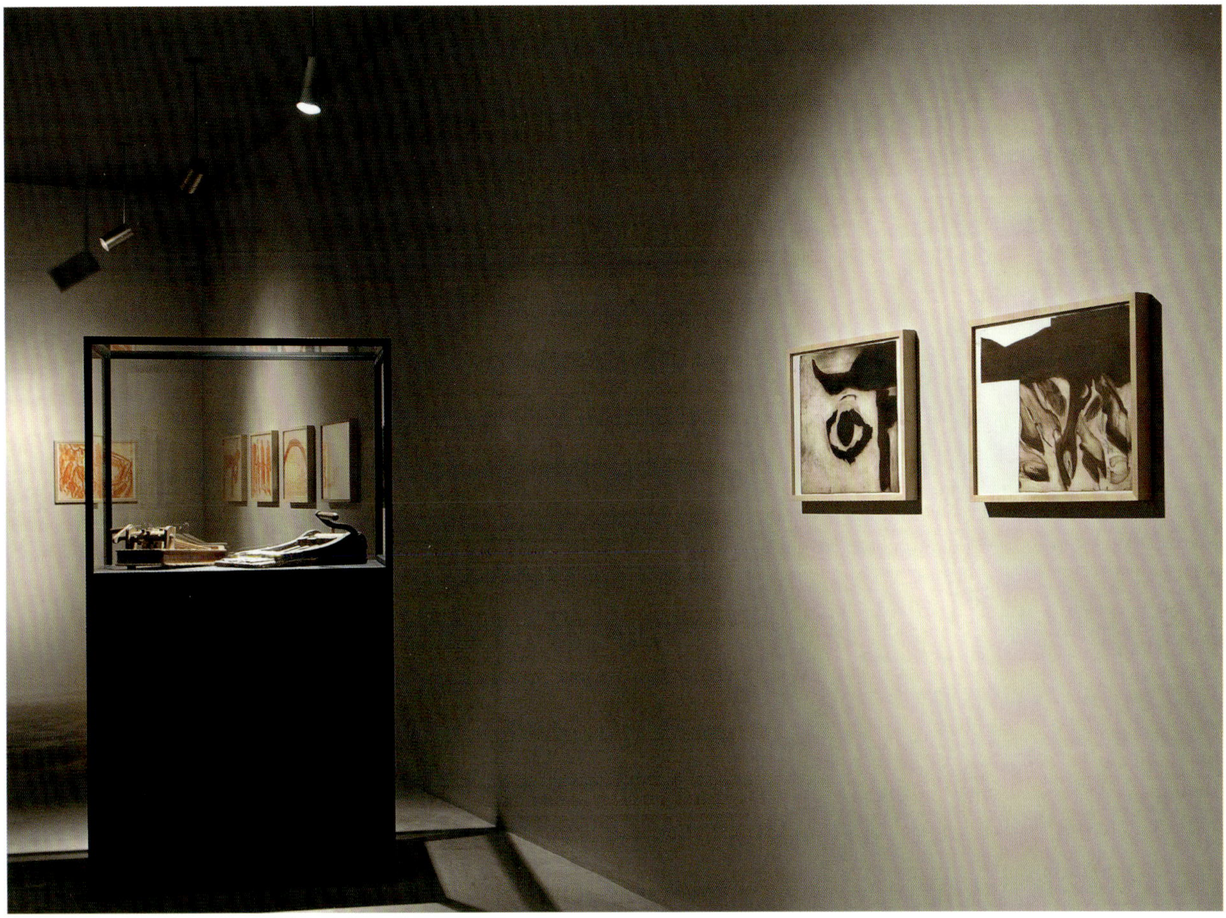

Der Mensch verlässt die Erde   Raum 7 (Kabinett)

• MARTIN FROMMELT   *Vähtreb* (Viehtrieb), 1975–1986, Blatt 39: *Zeichen (Das Messer)*
• *Stundenbuch* (aufgeschlagene Seite mit der Auferweckung des Lazarus), Hennegau, um 1480 (Sammlung Renate König)

• Abbildung auf der folgenden Doppelseite, Raum 8: PURVIS YOUNG *Good Peoples*, 1988–1990, Tusche, Wasserfarbe, Farbkreide, Kugelschreiber auf montierten Papierblättern • ERICH BÖDEKER *Zebra / Löwe mit Jungem / Basset / Pudelpaar / Hirsch*, 1965–1970, Beton, Holz, Eisen, Glas, bemalt • *Antependium* mit der mystischen Jagd im verschlossenen Garten, Köln, 15./16. Jh., Applikationsstickerei auf Samt

Der große Stier hat eine breite Stirn. Er wird mit Stöcken und Stößen vor den Schlächter getrieben. Der gibt ihm, damit er besser steht, mit dem flachen Beil noch einen leichten Schlag gegen ein Hinterbein. Jetzt greift der eine Stiertreiber von unten um den Hals. Das Tier steht, gibt nach, sonderbar leicht gibt es nach, als wäre es einverstanden und willige nun ein, nachdem es alles gesehen hat und weiß: das ist sein Schicksal, und es kann doch nichts machen. Vielleicht hält es die Bewegung des Viehtreibers auch für eine Liebkosung, denn es sieht so freundlich aus.

Alfred Döblin

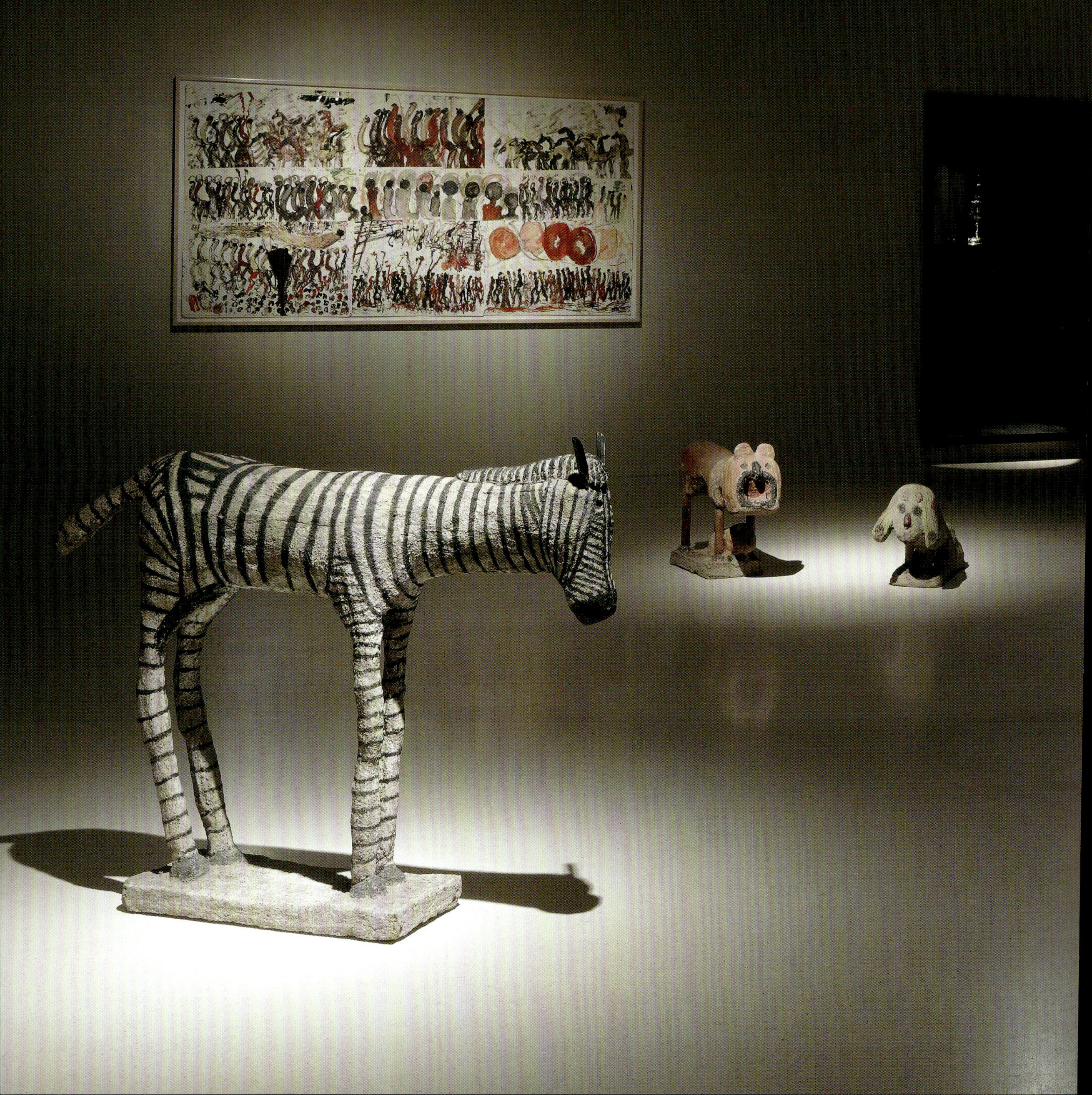

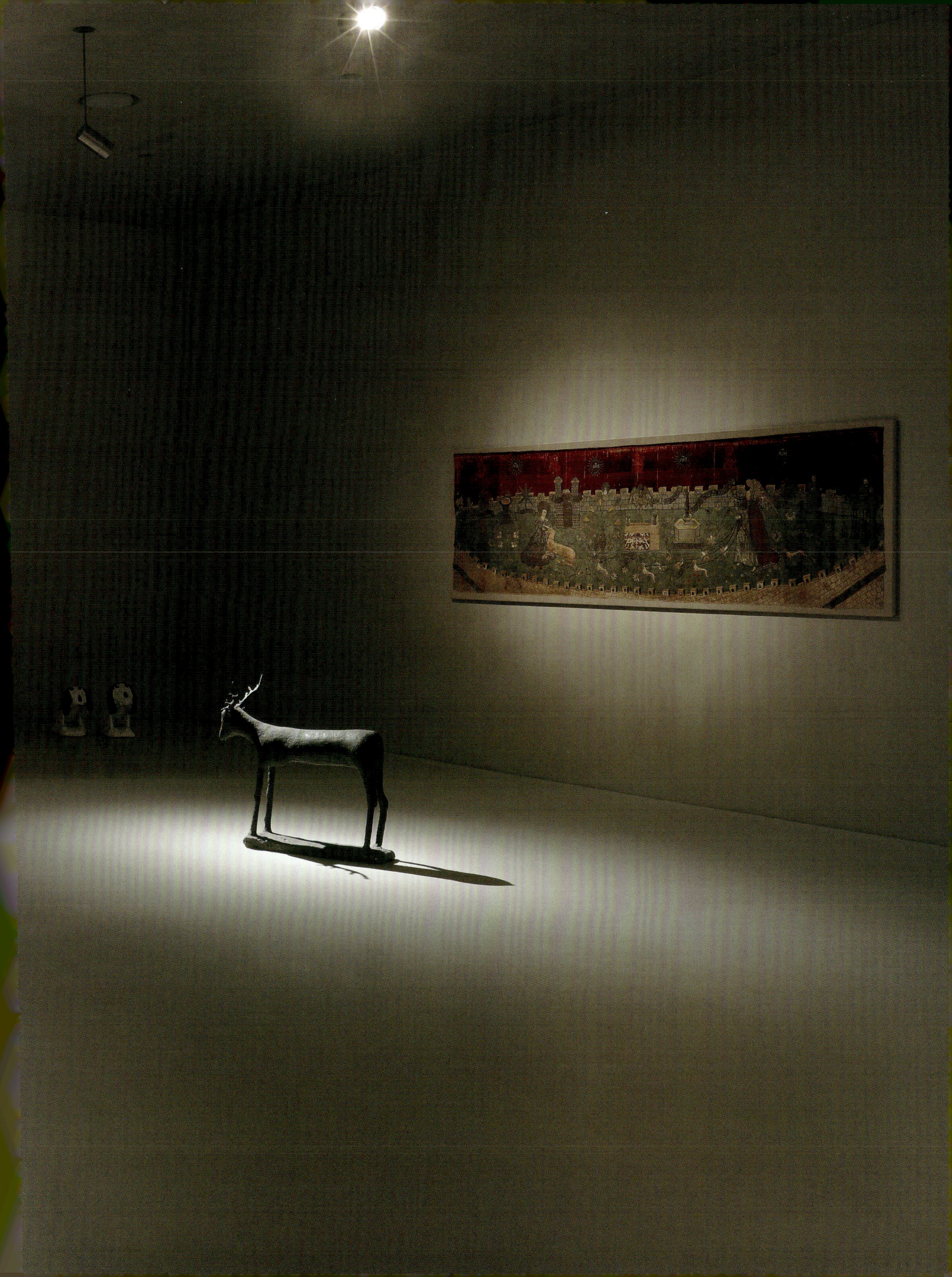

Der Mensch verlässt die Erde   Raum 8

Die Darstellung auf dem spätmittelalterlichen Antependium, das im Hintergrund zu sehen ist, schildert in der geordneten Welt eines umfriedeten Gartens die Jagd auf ein mythisches Einhorn, das laut literarischer Überlieferung nur im Schoß einer Jungfrau gefangen werden kann. Im Vordergrund behauptet sich der Hirsch des naiven Bildhauers Erich Bödeker als eigenwilliges und rätselhaftes Lebewesen einer ungezähmten Natur. Dem komplizierten Geflecht von Symbolen, Metaphern und Legenden, mit dem das spätgotische Bild die jungfräuliche Geburt des Gottessohnes umschreibt, steht die naive Gestalt des Hirschen gegenüber, mit der nicht nur die Welt der Mythologie, sondern vor allem die Atmosphäre kindlicher Wahrnehmung angesprochen wird. Das Bildmotiv wurde 2008 zur Weihnachtskarte von Kolumba.

• ERICH BÖDEKER *Hirsch*, um 1965, Beton, Holz, Glasaugen • *Antependium* mit der mystischen Jagd im verschlossenen Garten, Köln, 15./16. Jh., Applikationsstickerei auf Samt

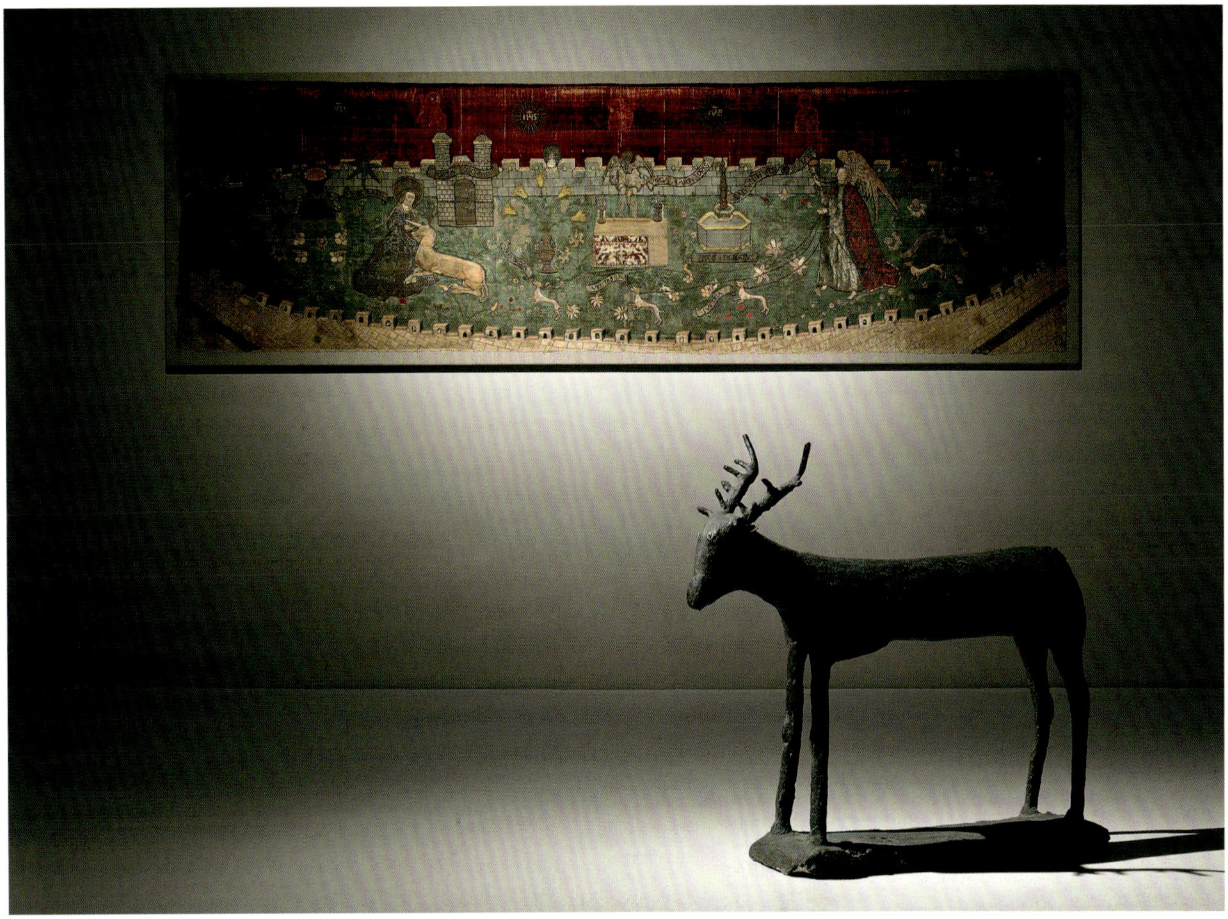

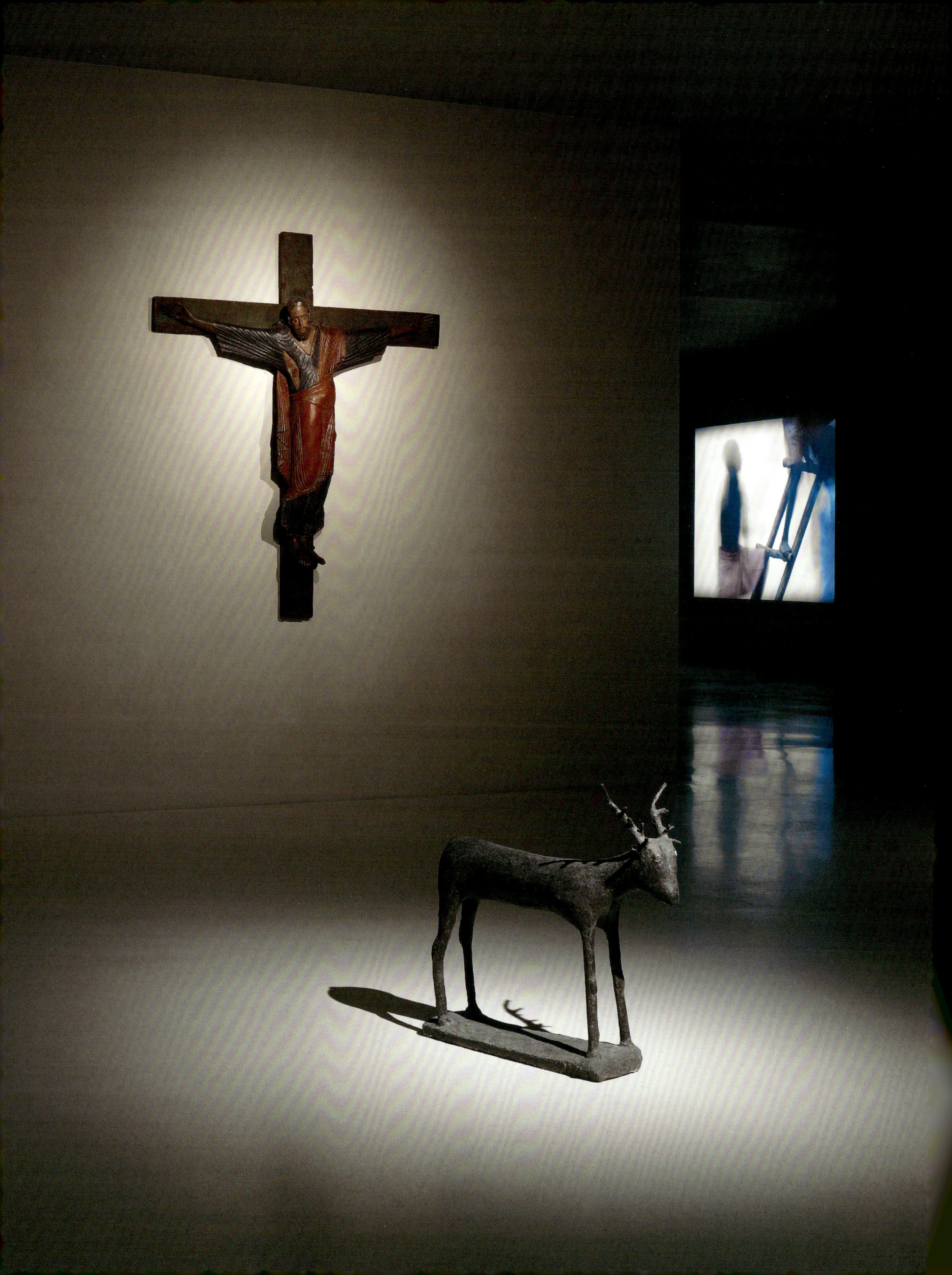

Verantwortung

Mythos

Spiel

Der Mensch verlässt die Erde (Treppenaufgang)

Mit spielerischer Leichtigkeit gelingt es Kindern, die Erde zu verlassen, denn die Phantasie trägt uns überall hin. An Kinderzeichnungen lernen wir, dass Kunst eine Aneignung von Wirklichkeit ist, die die Wirklichkeit nicht abbildet oder repräsentiert, sondern die zur eigenen, neu gefundenen Wirklichkeit wird. Meist entstehen solche Wunderwerke im Alter zwischen zwei und sechs Jahren, sofern Eltern, Erzieher oder Lehrer nicht meinen, korrigierend eingreifen zu müssen. Sollten Sie sich von solchen Zeichnungen Ihrer Kinder trennen wollen: Kolumba möchte eine Sammlung mit Kinderzeichnungen in dieser Qualität aufbauen.

• *Kinderzeichnungen* von Friedo Wolff und Paul Wontorra, links: *Baum / Wohnwagen mit Gewitter / Ich an einem Riesenloch mit Schmetterlingen*, rechts: *Im Weltall / Rücken einer Kuh mit Zaun / Esel / Schäfchen auf der Wiese*, Wasserfarben auf Papier, 2000–2004

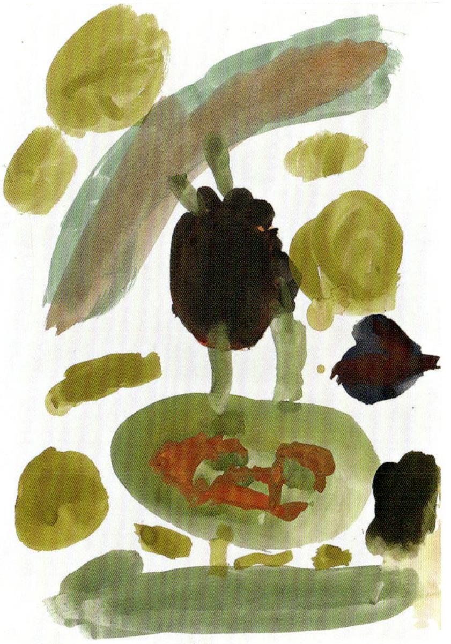

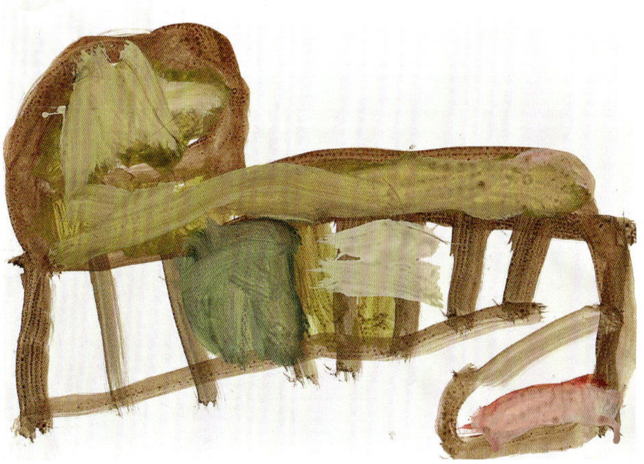

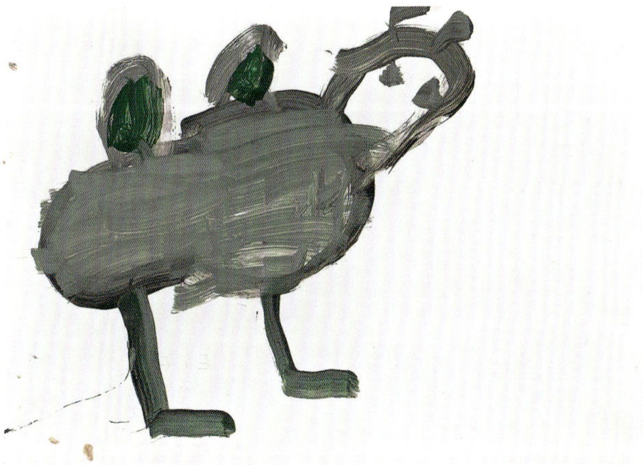

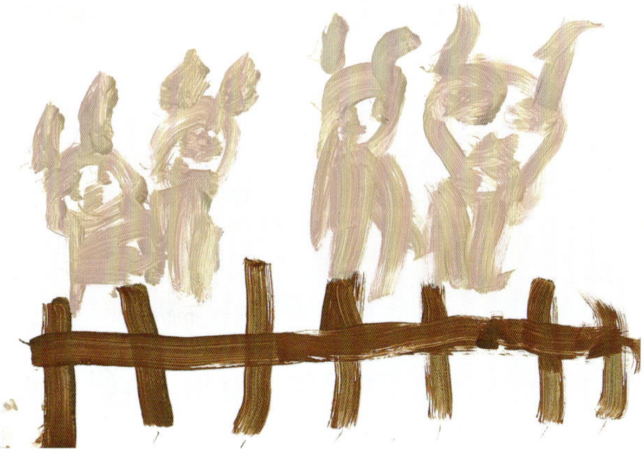

Der Mensch verlässt die Erde Raum 10

Mit dem Kölner Maler Heiner Binding begann in Raum 10 eine neue Reihe mit Einzelausstellungen, in denen im Abstand einiger Monate wechselnde Künstler vorgestellt werden. Sie setzt die Reihe zeitgenössischer Positionen fort, die seit 1994 unter dem Titel *…im Fenster* im alten Gebäude am Roncalliplatz begonnen hatte. Die zu diesen Ausstellungen erscheinenden Hefte stehen den Künstlern zur freien Gestaltung zur Verfügung. Heiner Binding überraschte darin mit einer Referenz auf alltägliche Erfahrungen und auf Vorbilder in der Fotografie, Musik und Literatur. Seine Gemälde leben von der inszenierten Geschichtlichkeit seiner Bildträger mit ihrem spröden und nur scheinbar beiläufigen Farbauftrag. Dem stehen eine Vielzahl malerischer Details entgegen, die als Fingerabdruck oder als Pinselstrich den ersten Eindruck des Zerstörten oder Unfertigen aufheben. Gerade darin korrespondierten seine Werke auf ideale Weise mit der in Raum 10 »wohnenden« *Madonna mit Kind* des Jeremias Geisselbrunn, jener lebhaften Barockskulptur vom Marienaltar aus St. Kolumba, die nach ihrer Kriegszerstörung erst Anfang der 1990er Jahre aus siebzig erhaltenen Fragmenten neu zusammengefügt wurde.

• Ausstellung: HEINER BINDING *Gemälde*, September bis Dezember 2008 • Abbildungen auf der folgenden Doppelseite: Heiner Binding beim Ausstellungsaufbau im Gespräch mit Joachim M. Plotzek

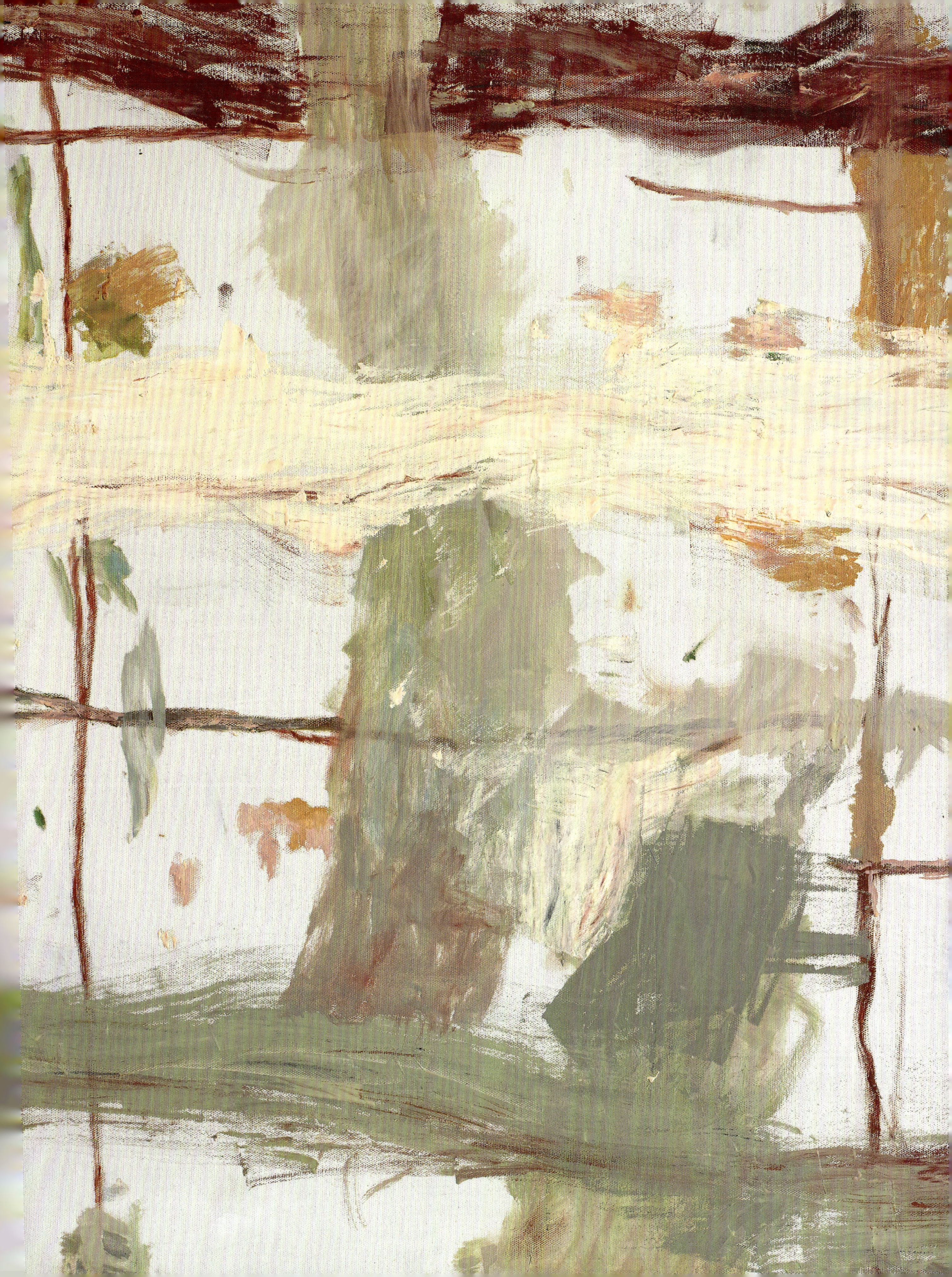

Der Mensch verlässt die Erde Raum 10

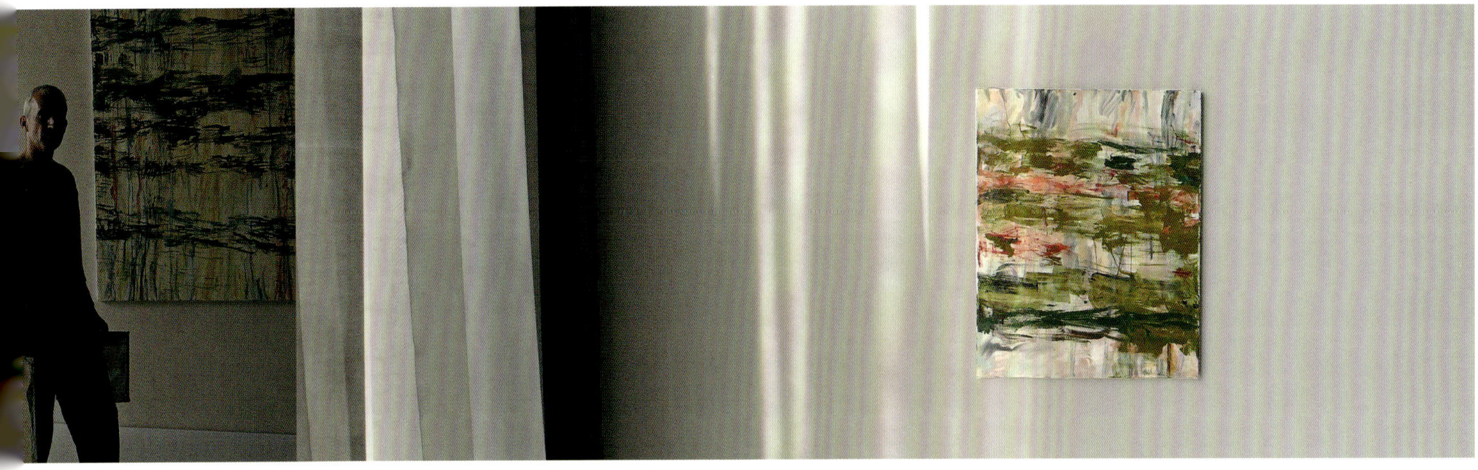

Der Mensch verlässt die Erde   Raum 10

Die von der Linie ausgehende Malerei des 1932 in Dreis/Eifel geborenen und seit vielen Jahren in Köln lebenden Künstlers Hermann Abrell schafft in vielfacher Wiederholung und Überdeckung Bildräume geschichteter Zeit. In ihnen kann eine zwischen Ruhe und Bewegung, zwischen meditativer Versenkung und individueller Setzung sich spannungsvoll aufbauende Vertikalität als Lebensprinzip erkannt werden. Die erste Museumsausstellung Abrells zeigte im Mittelpunkt ein großes Gemälde von 1978 auf ungrundierter Leinwand sowie weitere, bis in die Gegenwart hinein entstandene Werke. Die Abbildung zeigt Hermann Abrell in Raum 10, aufgenommen nach dem Künstlergespräch, das am 21. März 2009 im Lesezimmer stattfand.

• Ausstellung: HERMANN ABRELL *Gemälde seit 1978*, Januar bis April 2009

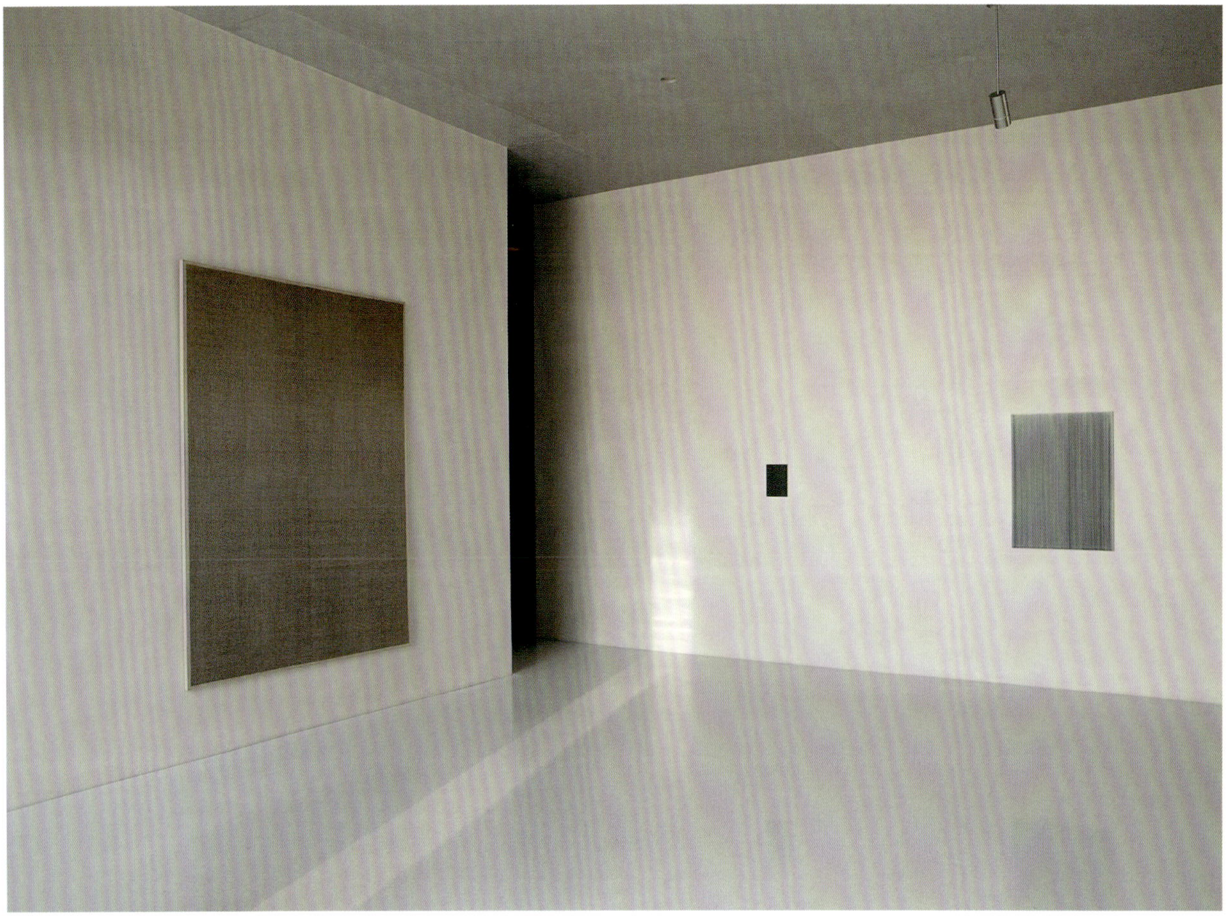

Der Mensch verlässt die Erde   Raum 10

Der Mensch verlässt die Erde

Die Natur hat ihre Notwendigkeit, ihre Richtung, ihren Zwang. Die Blume kann nicht plötzlich innehalten und sich dazu entschließen, nicht zu blühen. Das Kind kann nicht an seiner Geburt zweifeln und sich dafür entscheiden, in seiner warmen Mutter bleiben zu wollen. Wie auch die Erde nicht ihren Reiseweg ändern und eine Runde um den Jupiter drehen kann, oder ganz aus dem Sonnensystem hinaus. Was aber ist mit der Kunst? Gibt es auf dieselbe Art und Weise etwas, das Notwendigkeit, Richtung oder Zwang der Kunst heißt?

Inger Christensen

Der Mensch verlässt die Erde Raum 10

Koho Mori-Newton ist der Maler der seidenen Vorhänge von Kolumba, die funktional wie ästhetisch eine hauchdünne Membran zwischen Kunst und Architektur bilden. Er ist ein Gratwanderer, der im Sehen ihm Zugefallenes zum formalen Ausgangspunkt seiner künstlerischen Arbeit macht. Von der Linie ausgehend, die übersetzt, nachgezeichnet, wiederholt und umkopiert wird, entstehen Werke, die alles offen lassen wollen und deren Schönheit zufällig und fragil erscheint.

• Ausstellung: KOHO MORI-NEWTON *Room of Columns*, Mai bis August 2009

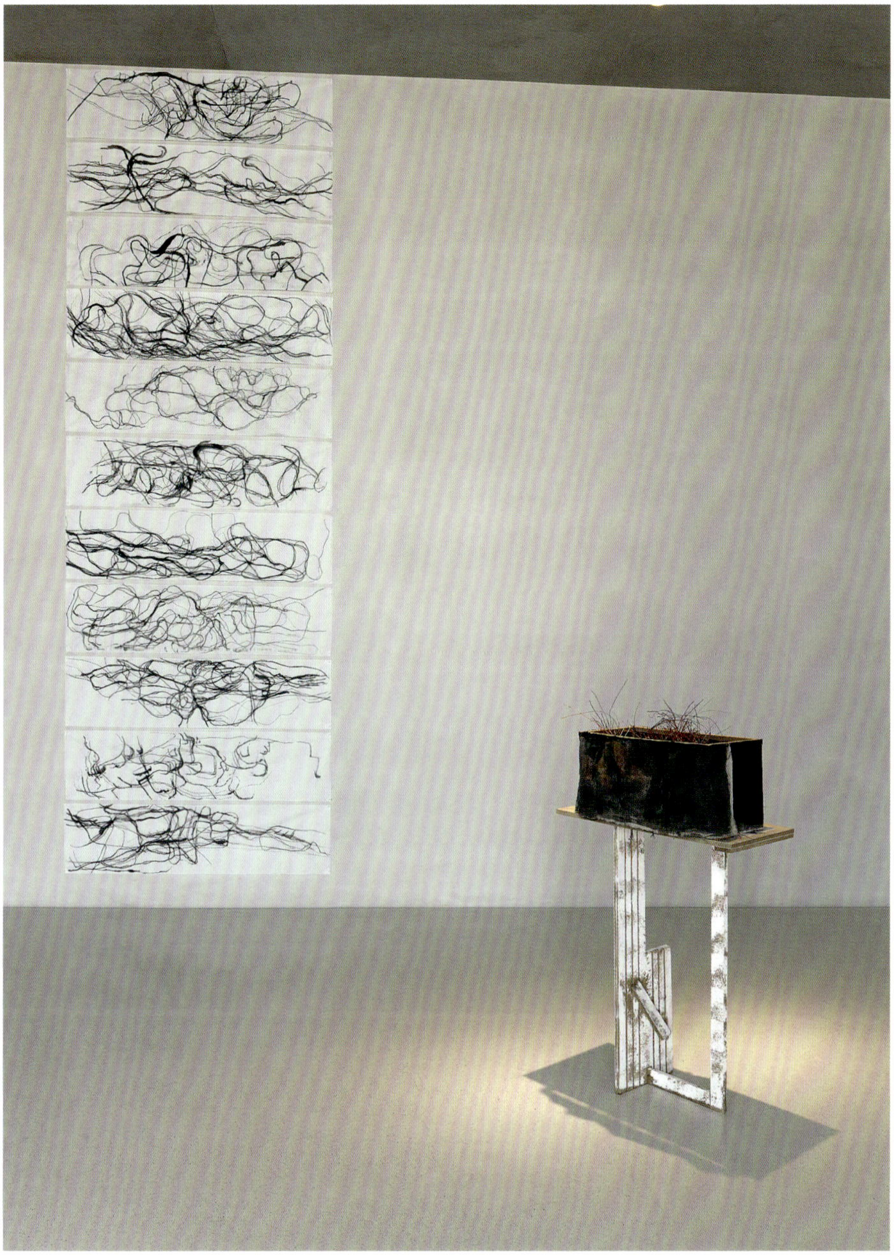

Der Mensch verlässt die Erde Raum 10

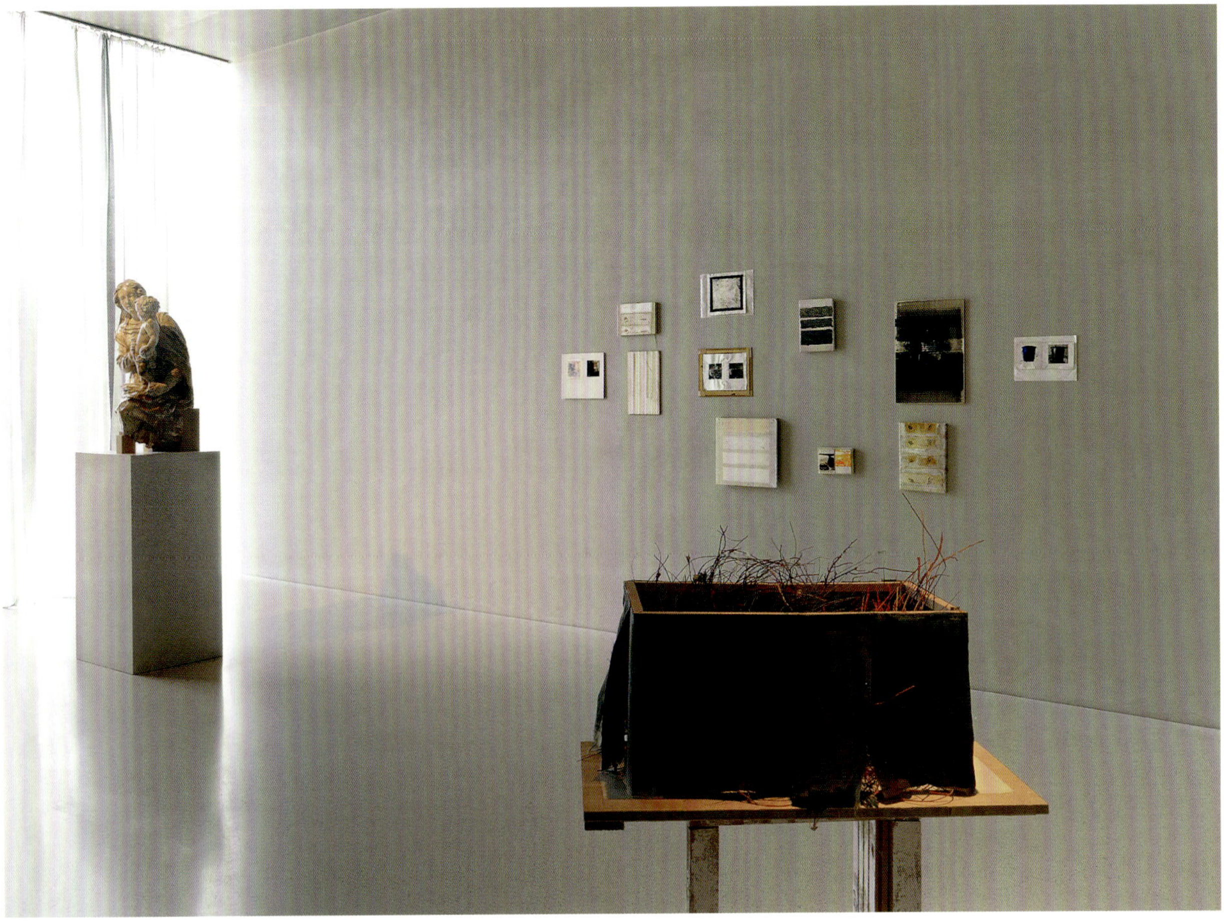

Der Mensch verlässt die Erde   Raum 11

• PHIL SIMS *Tea Bowls* (Teeschalen), 2007/2008, gebrannter Ton mit Red Shino- und Ascheglasuren • WALTER HEUFELDER *Doppelhalsvase*, 1979, Steinzeug (Schenkung Egner) • HORST KERSTAN *Objekt*, 1969, Steinzeug (Schenkung Egner) • FLORENCE GONIN/WULF ROHLAND *Große Schale und Kugelvase*, 1995, Steinzeug mit verschiedenen Glasuren (Schenkung Egner) • PAUL THEK *Ohne Titel* (Weltkugel), 1974, Gouache auf Zeitungspapier • *Hl. Dreifaltigkeit* Süddeutschland(?), 17. Jh., Lindenholz mit Resten alter Fassung • HEINER BINDING *Ohne Titel*, 2008, Öl auf Leinwand

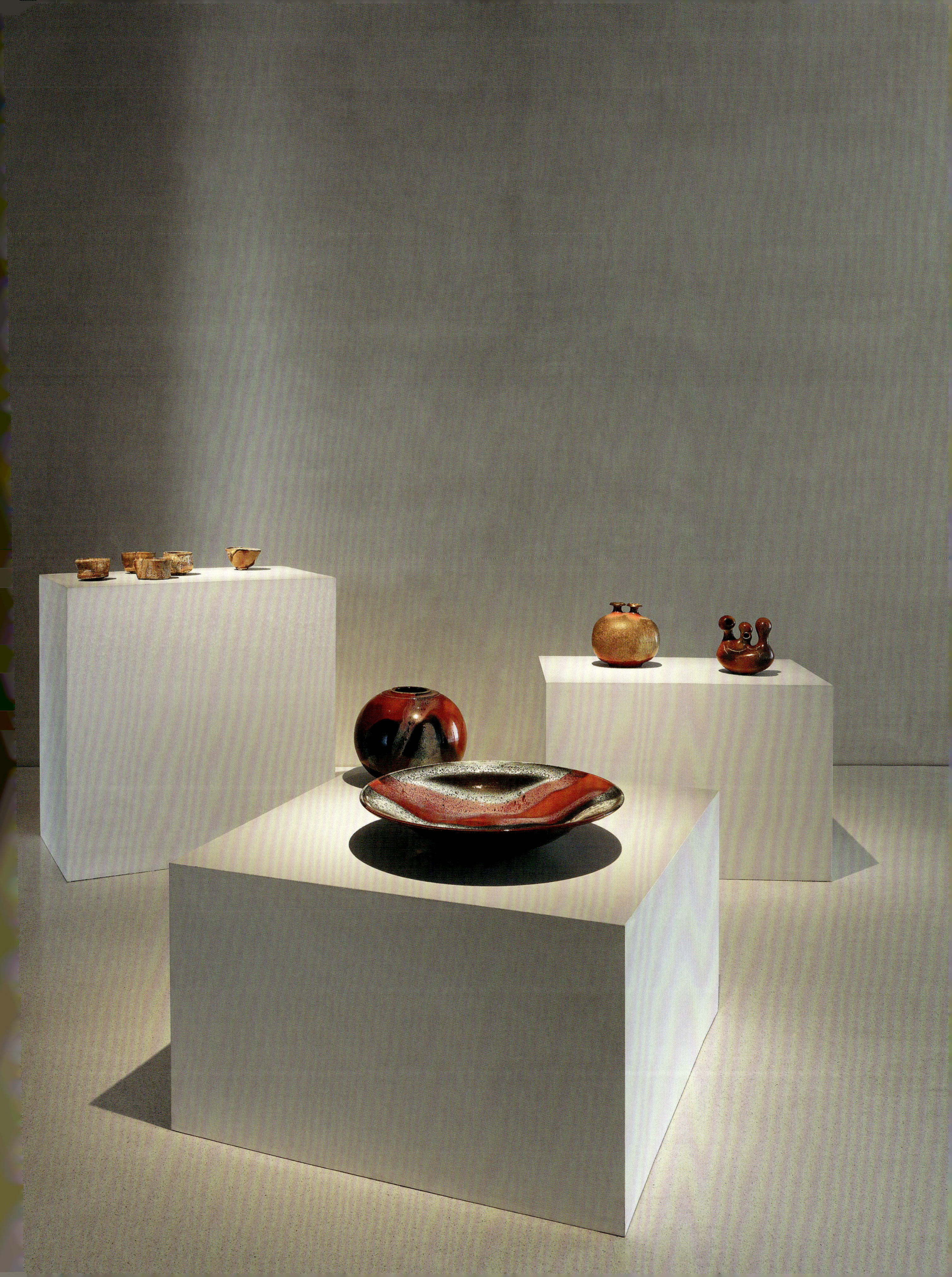

Der Mensch verlässt die Erde   Raum 11

• PAUL THEK *Life is like a bowl of cherries* (Das Leben ist wie eine Schale Kirschen), 1971, Acryl auf Zeitungspapier, 4-teilig / *Ohne Titel*, 1969, Gouache auf Zeitungspapier, 3-teilig / *Ohne Titel* (Weltkugel), 1974, Gouache auf Zeitungspapier, 8-teilig
• *Hl. Dreifaltigkeit* Süddeutschland(?), 17. Jh., Lindenholz mit Resten alter Fassung

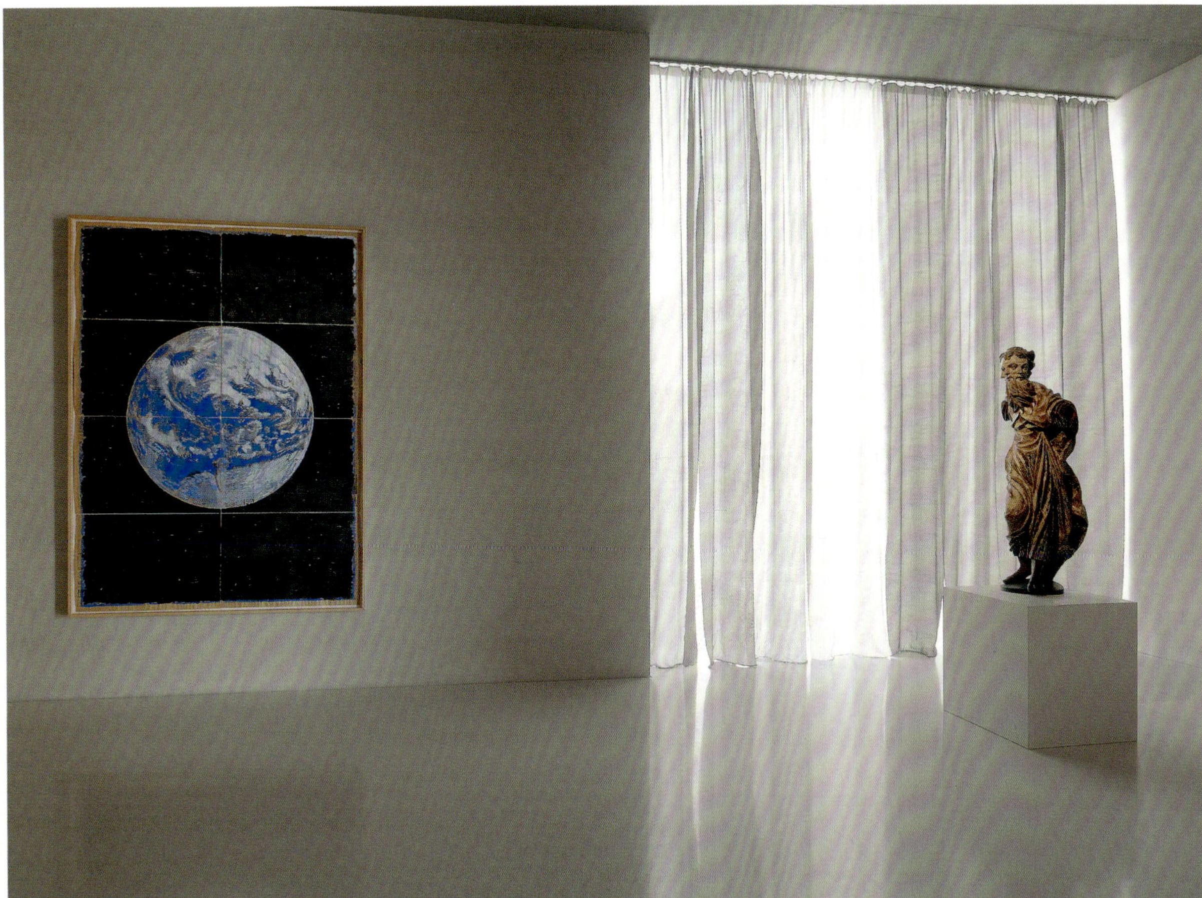

Der Mensch verlässt die Erde Raum 11

Thema der Darstellung ist das zentrale Mysterium des christlichen Glaubens, die drei unterschiedlichen Personen des einen göttlichen Wesens, der einen göttlichen Natur, die in der Taufformel des Matthäus-Evangeliums von dem auferstandenen Christus selbst benannt werden (Mt 28,19). Die Nähe dieses Sinnbildes zu einem realen Bild mag dafür verantwortlich sein, dass es einerseits schon früh auf offizieller Seite Widerstand provozierte (solche Bilder wurden als »monstra« bezeichnet), andererseits im Volksbrauch bis in das 19. Jahrhundert Verbreitung fand.

• *Hl. Dreifaltigkeit* Süddeutschland, 17. Jh., Lindenholz mit Resten alter Fassung
• HEINER BINDING *Ohne Titel*, 2008, Öl auf Leinwand

223

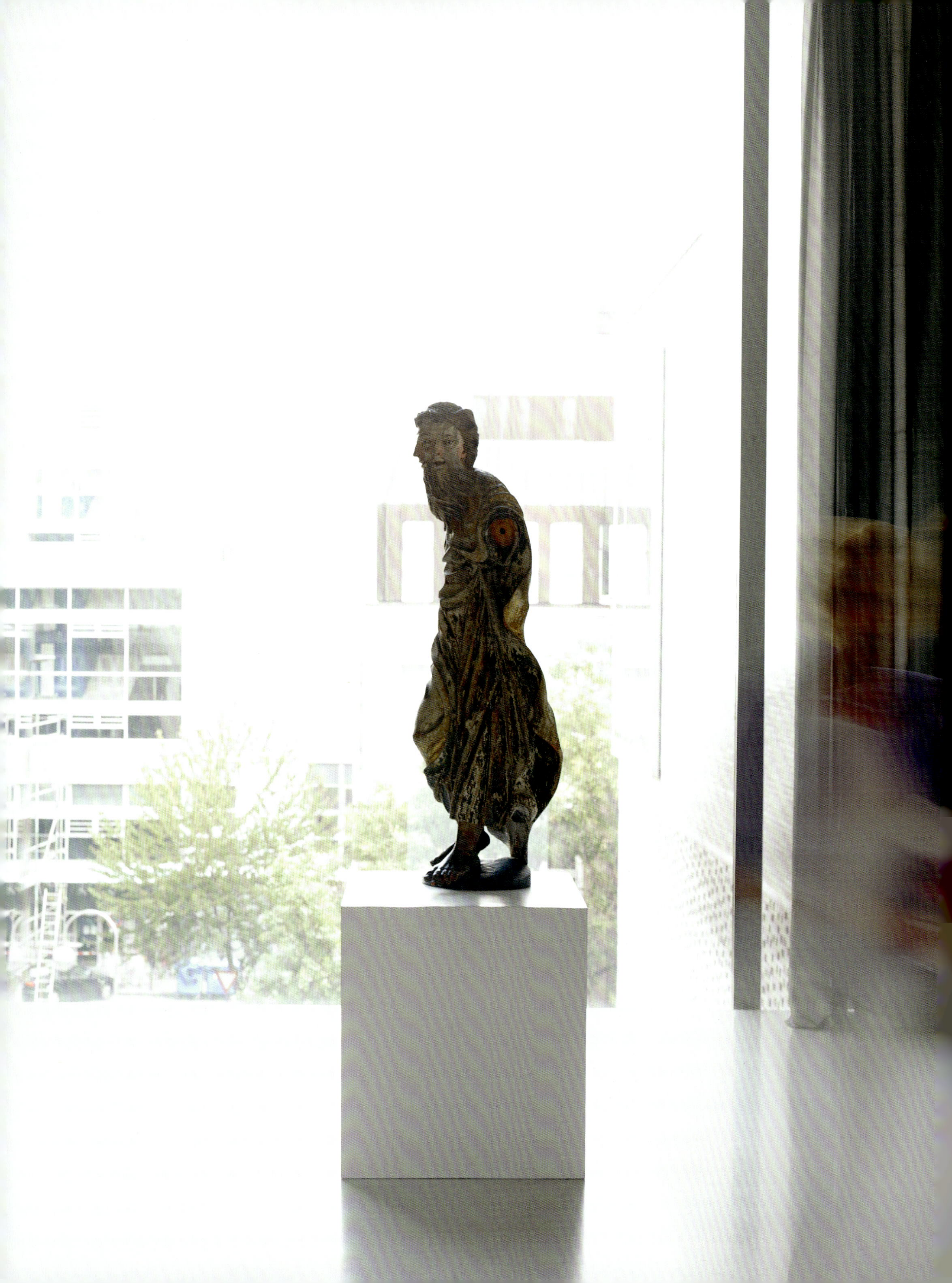

Augenblick

Weite

Der Mensch verlässt die Erde Raum 12

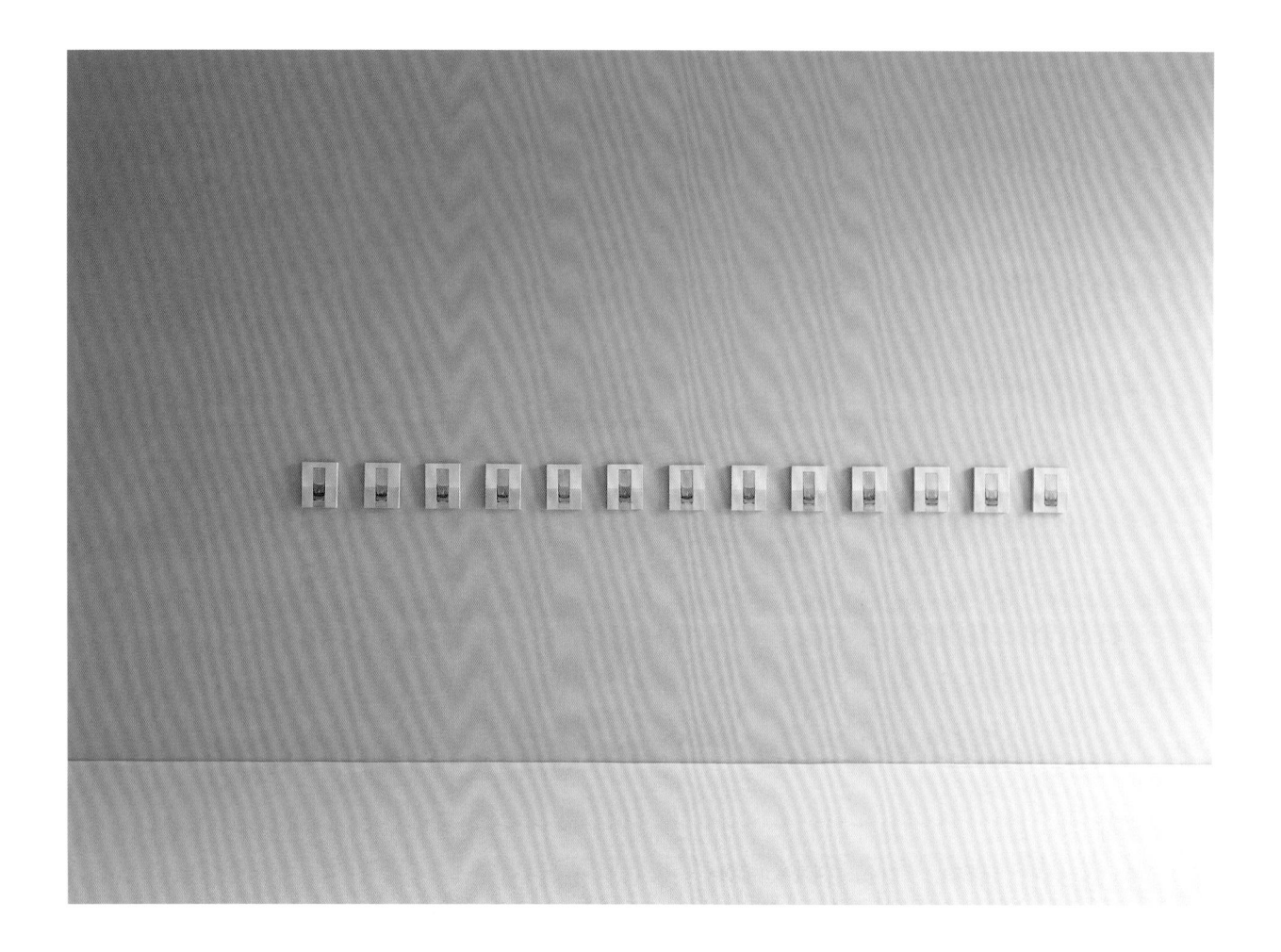

Zwei Wahrnehmungsmodelle standen sich kontrastreich und doch ergänzend in Raum 12 gegenüber: Peter Dreher beobachtet im Atelier die sich verändernde Welt als Spiegelung auf dem als Tagwerk immer wieder neu von ihm gemalten Trinkglas; Manos Tsangaris komponiert ein Klangstück, das von den drei Kugeln einer *Kugelbahn* »für eine Person im Zentrum« immer wieder neu aufgeführt wird. Beide Werkentwürfe lassen das Einzigartige im scheinbar Gleichen erleben; das Streben nach höchster Authentizität des Kunstwerks wird sichtbar – und hörbar.

• PETER DREHER Gemälde aus der Reihe *Tag um Tag ist guter Tag*, 1996–2007, Öl auf Leinwand • MANOS TSANGARIS *Kugelbahn, räumlich-installative Komposition für eine Person im Zentrum*, 1997

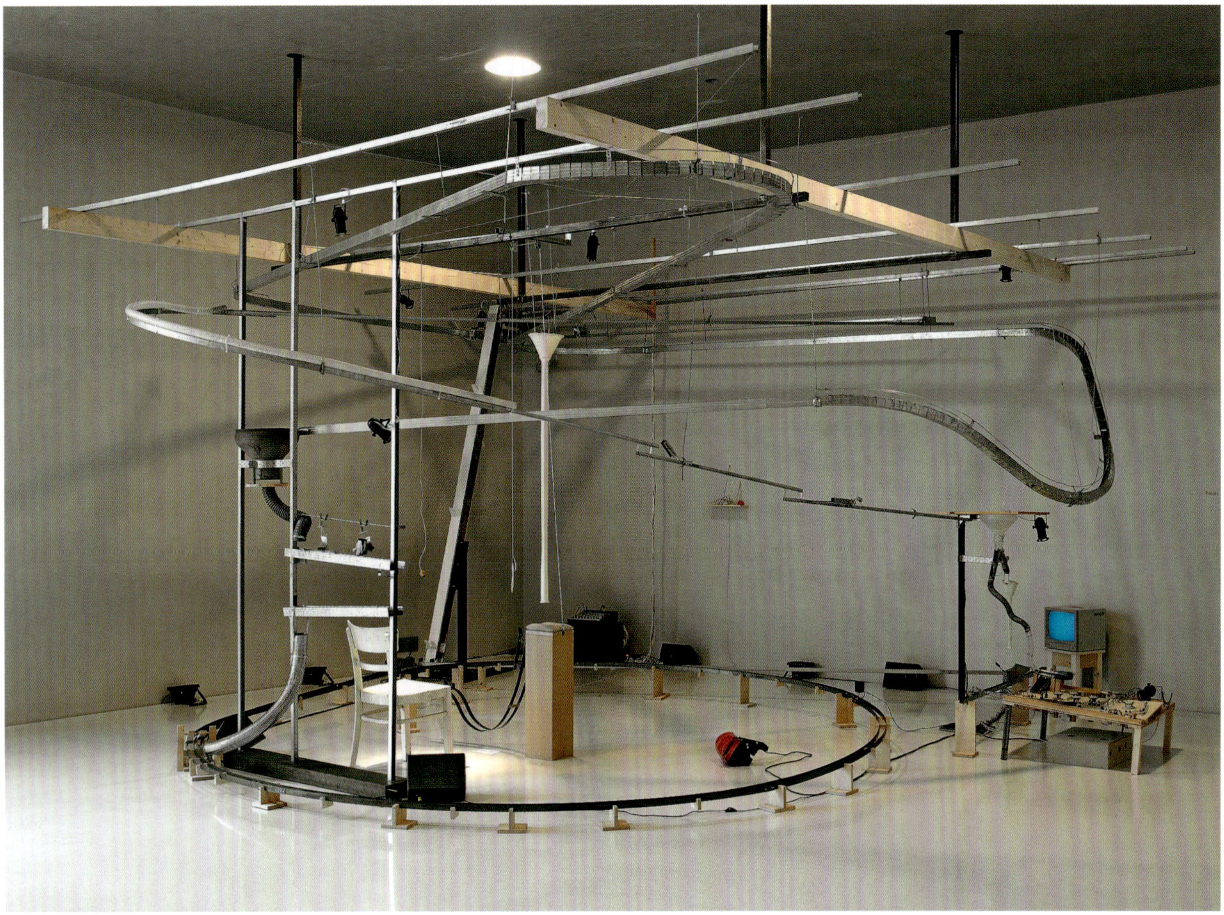

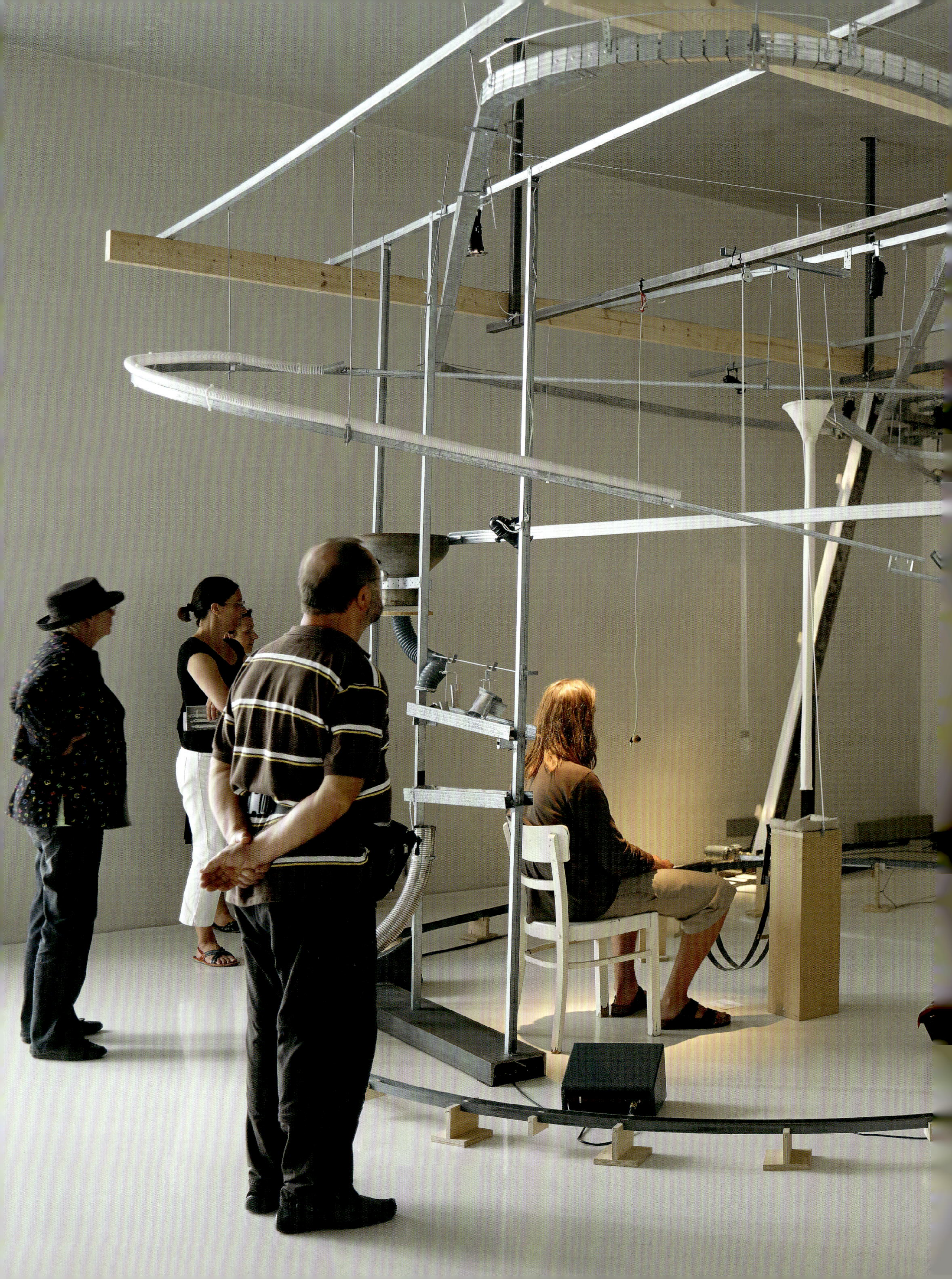

Raum 12

Der Mensch verlässt die Erde Raum 12

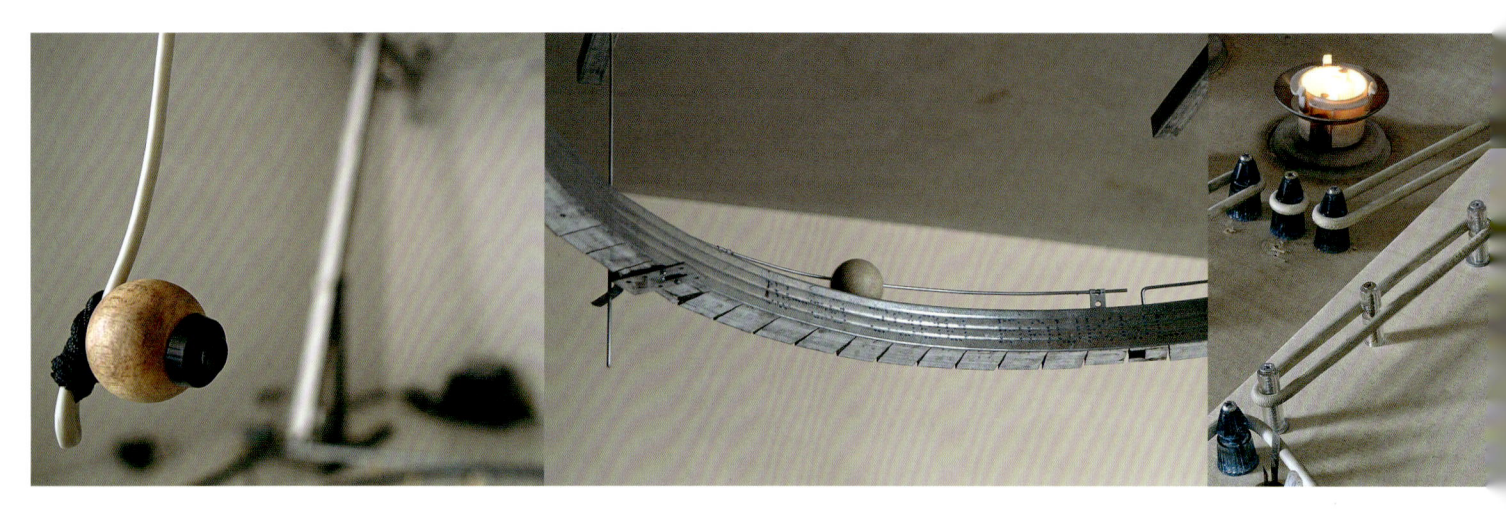

231

Der Mensch verlässt die Erde   Raum 12

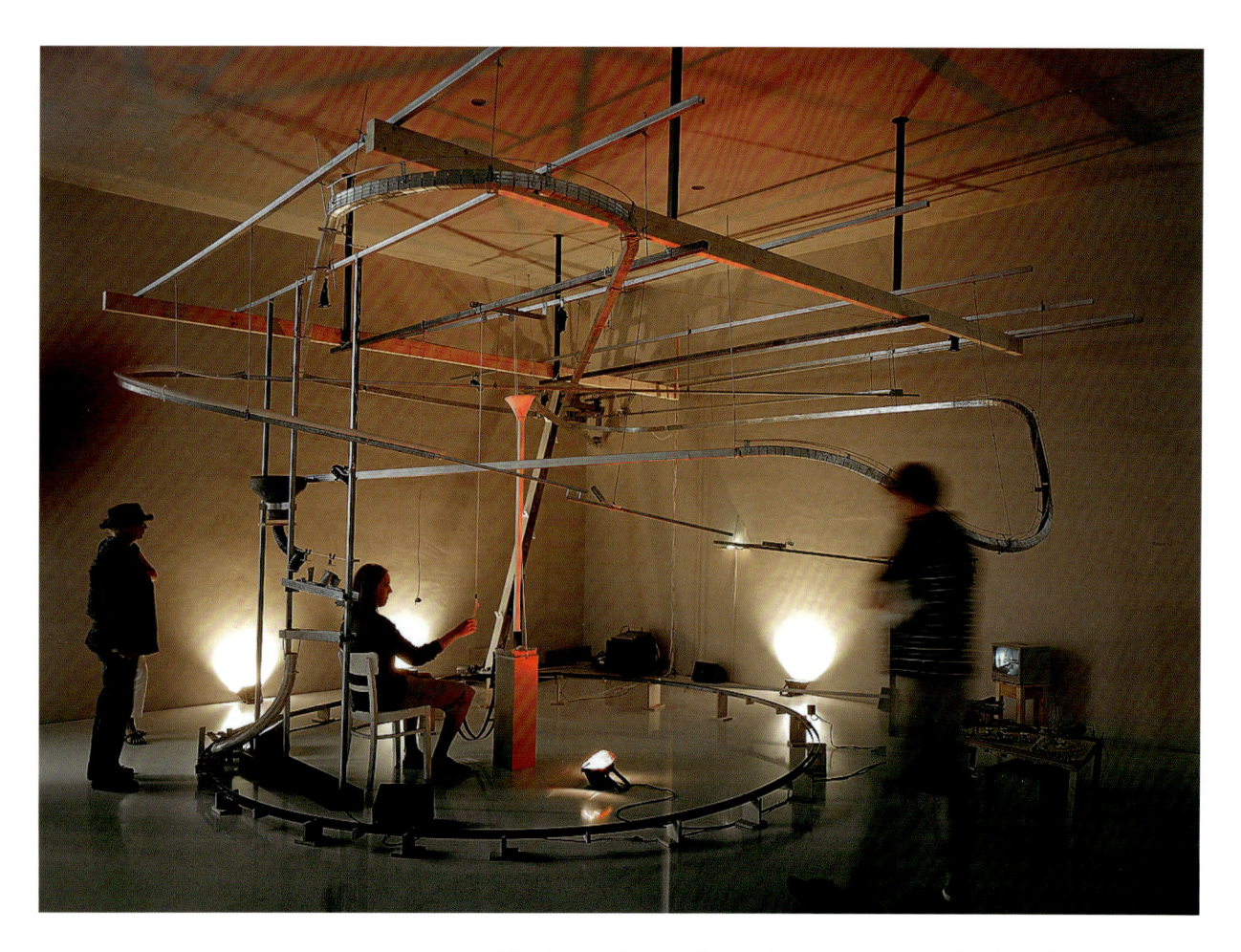

Die Geräusche der *Kugelbahn* irritierten manche Besucher, die Kolumba nach dem ersten Ausstellungsjahr als einen Ort der reinen Meditation auf eine bestimmte Atmosphäre festlegen wollten. Ihre Klänge schufen bei den heftigeren Passagen in den benachbarten Räumen eine unaufdringliche, doch nicht zu überhörende Folie, die das Schauen – auch unbewusst – begleitete. Da Geräusche im Kontext eines Museumsbesuches unerwartet sind, kommt ihnen eine höhere Beachtung zu. Vor allem das Rattern der großen Kugeln in den aufgeschnittenen Stahlprofilen der Kurven war zu hören sowie das scharfe Geräusch beim schnellen Lauf der kleineren Stahlkugel. Eine wirkliche Zäsur bildete der harte Aufprall der großen Kugel im metallenen Trichter, dessen plötzliche Härte sich in endlos schleifendes Kreisen, im darauffolgenden Fallen und kurzzeitigen Scheppern wieder auflöste. Die Dinge erhielten eine akustische Ergänzung, die den ästhetischen Genuss der stillen Bilderwelt um den »lauten« Störfaktor einer irritierenden Gegenwart bereicherte.

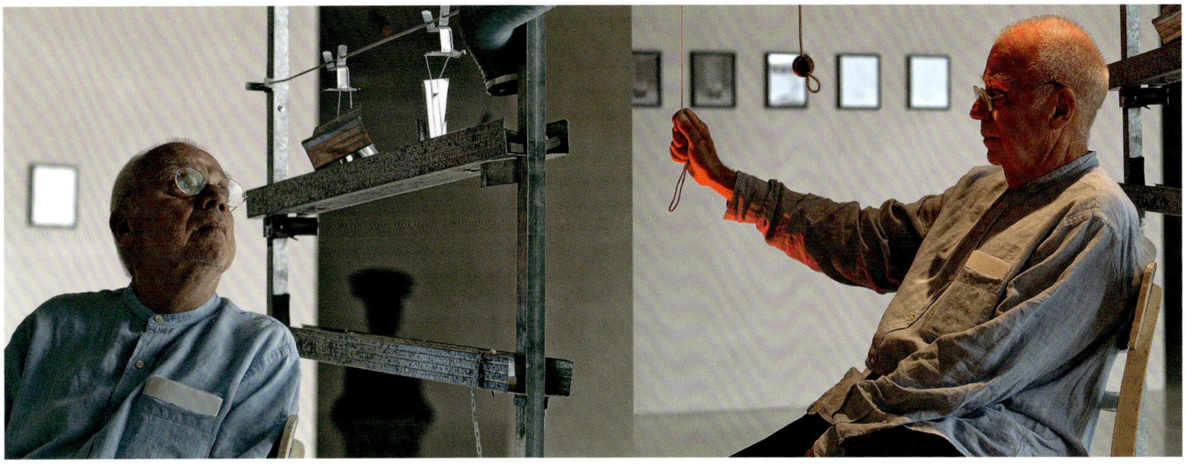

Der Mensch verlässt die Erde Raum 12

Der Maler Peter Dreher als »Person im Zentrum« der Kugelbahn (vorherige Seite) und beim Betrachten seiner eigenen Werke. • PETER DREHER Gemälde aus der Reihe *Tag um Tag ist guter Tag*, 1980, Öl auf Leinwand

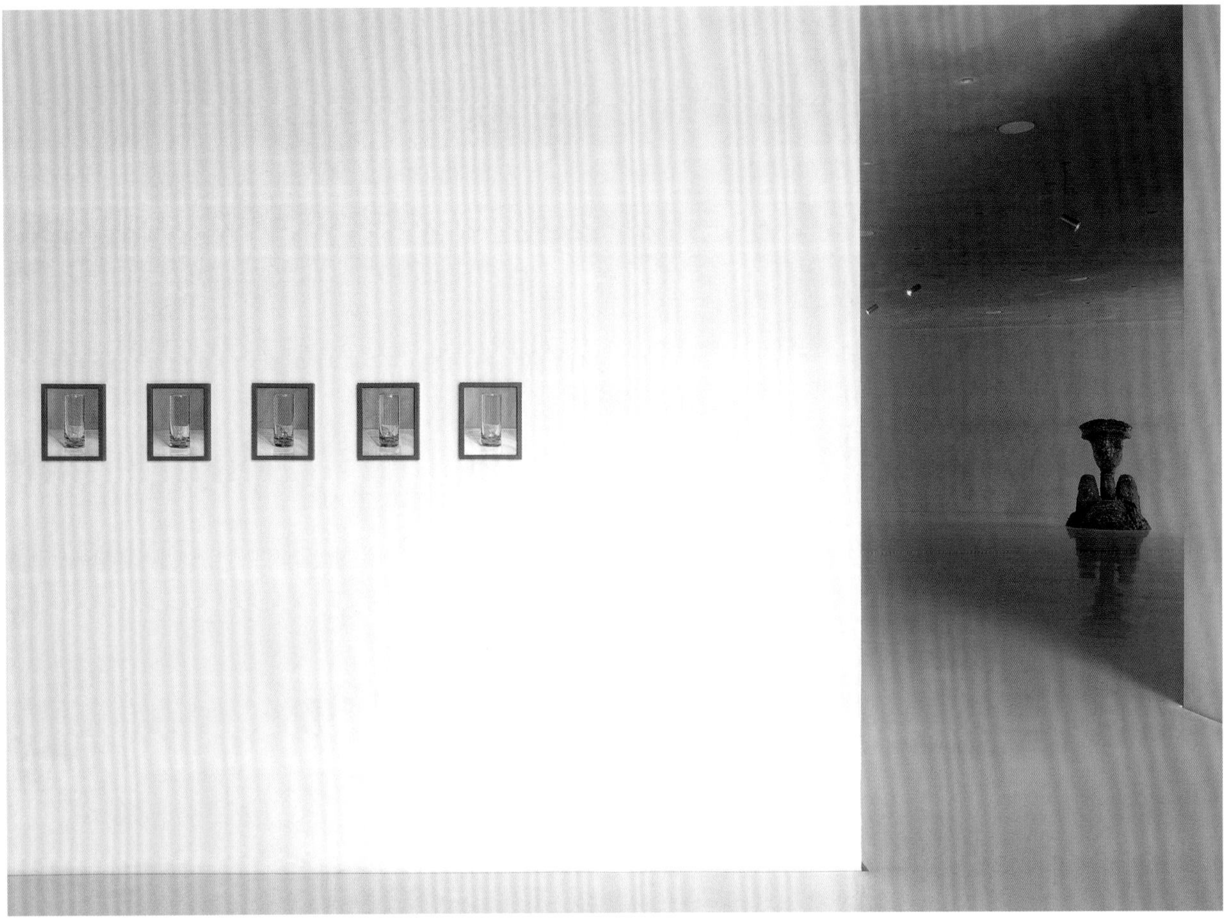

Der Mensch verlässt die Erde   Raum 13

• HEINZ BRELOH *Lebensgröße*, 1995, Bronzeguss

Die Bewegung in der weichen Materie schafft Schatten, Abdrücke, Formen, Wesen der Lust. Im Traum. Das Leben, das Tun ist der schmerzhafte Prozess ohne Leichtigkeit. Man klammert sich an die Materie, um im Einswerden mit ihr nicht endlos zu stürzen.

Heinz Breloh

Ferne

Spur

Endlichkeit

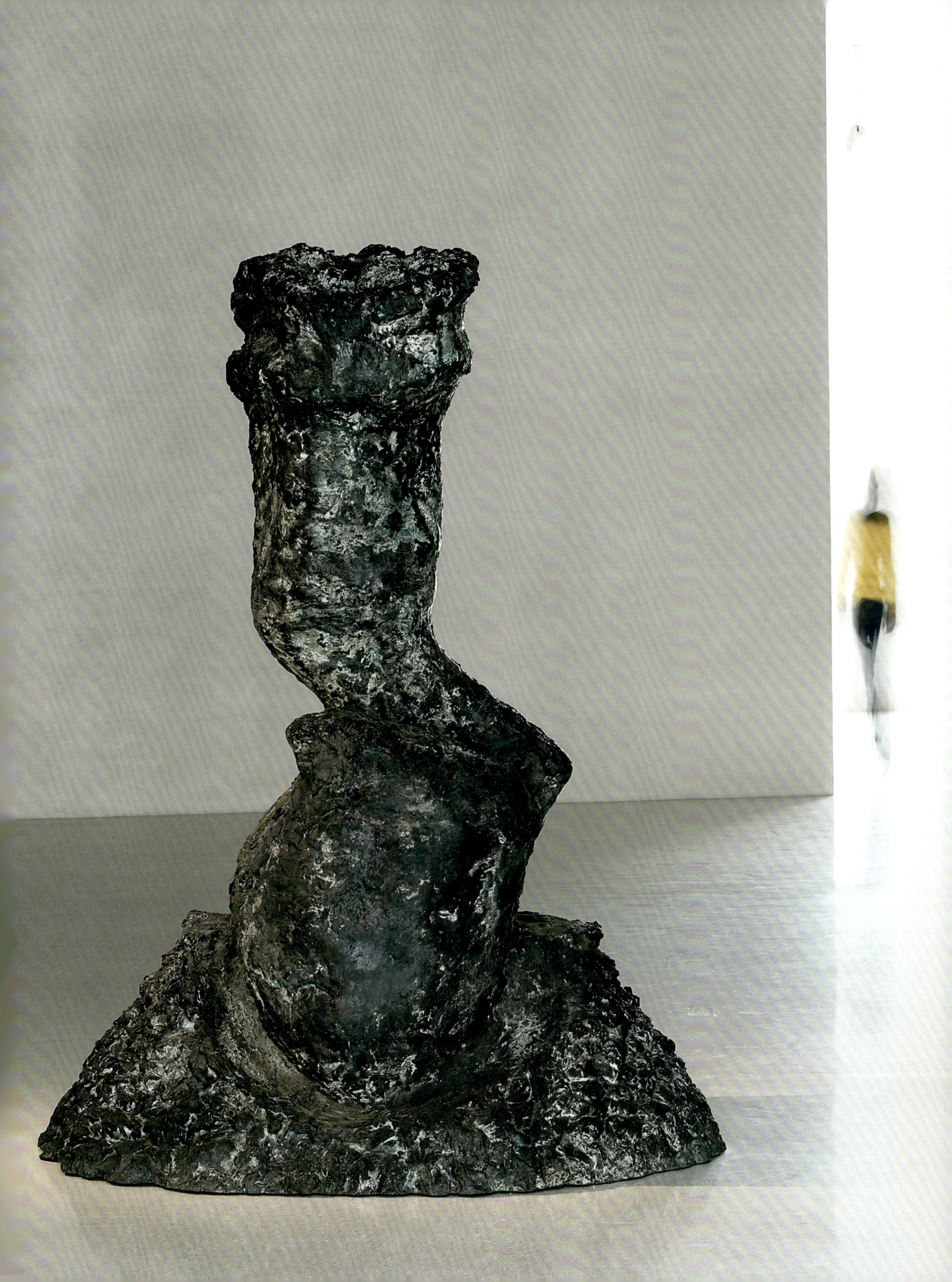

Der Mensch verlässt die Erde Raum 13

Eine in vier Vitrinen gezeigte Auswahl von Büchern – mittelalterlichen Handschriften, Künstlerbüchern und Drucksachen – standen der Skulptur *Lebensgröße* gegenüber. *Required Reading* (Pflichtlektüre) nennt Paul Thek ein 1972 entstandenes Buch mit eigenen Texten und Zeichnungen, dessen bemalten Einband ein Kreuz aus brennenden Birkenstämmchen schmückt: »Ich kann nicht die Sprache der Wissenschaft benutzen, um den Prozess des Werdens in mir aufzuspüren«, schreibt Thek darin, »da ich mich nicht als ein wissenschaftliches Problem erfahre. Wie wir zu unserer inneren Vision stehen und als was der Mensch unter dem Blickwinkel der Ewigkeit erscheint, kann nur durch Mythen zum Ausdruck gebracht werden. Der Mythos ist individueller und gibt das Leben genauer wieder als die Wissenschaft.« – Der Maler Peter Tollens hat sich immer schon parallel zur Malerei mit Büchern beschäftigt. Er schätzt daran, dass in den Blattfolgen nichts verlorengeht, was die Entwicklung einer Bildidee vorantreibt. Auch das Scheitern bleibt ablesbar. Zwei Grundtypen von Zeichnungen werden in den 1980er Jahren varriiert: Die randlose, seitenfüllende Pinselzeichnung sowie die durch eine Überlagerung mehrerer Ebenen gebildete rechteckige Fläche, die frei auf der Seite platziert wird. Wie das Gemälde seinen idealen Ort an der Wand und im Raum finden muss, so suchen diese hochformatigen Rechtecke ein proportionales Verhältnis zur Seite, auch mit kreisenden Strichen, die in das Rechteck hineinbeschrieben werden. – Das Lebenswerk des japanischen Konzeptkünstlers und Malers On Kawara beschäftigt sich mit dem Phänomen der Zeit und mit der Zeitlichkeit des eigenen Lebens. Das 1978 erschienene Buch *I am still alive* (Ich lebe noch) versammelt auf 414 Seiten die Abbildungen von Telegrammen, die der Künstler von 1970 bis 1977 weltweit verschickt hat, mit dem immer gleichen Satz »I am still alive«. Das Buch ist Teil der 1000 Künstlerbücher umfassenden Sammlung von Edith und Steffen Missmahl, die 2009 als Teilschenkung nach Kolumba gelangte. – Ein Pflanzenblatt als Lichtsammler und Energiespeicher: ökologische Themen, die Verantwortung des Menschen zum Erhalt der Natur, die Nutzung erneuerbarer Energien sowie der Zusammenhang von Mikro- und Makrokosmos durchziehen in zum Teil visionären Entwürfen die Skizzenbücher und Zeichnungsserien von Karl Burgeff. Das große Blatt der Pestwurz hatte für den vornehmlich als Bildhauer bekannt gewordenen Künstler die Qualität einer Skulptur, der Gipsabguss eines solchen Blattes hing im Atelier.

• In den Vitrinen v.l.: ON KAWARA *I am still alive*, 1978 (Schenkung Edith und Steffen Missmahl) • *Stundenbuch* Cremona, 1495 (Sammlung Renate König) • PETER TOLLENS *Künstlerbuch*, 1987 • *Hausaltärchen* mit Passionsszenen, Brügge/Süddeutschland, 4. Viertel 15. Jh. (Schenkung Maria und Regina Härle) • PAUL THEK *Required Reading*, Ibiza, um 1972 • HEINRICH KÜPPER *Künstlerbuch* 1987 • PETER TOLLENS *Künstlerbuch*, 1986 • KARL BURGEFF *Künstlerbuch*, undat. (Schenkung Irmgard Lauscher-Koch) • HERBERT FALKEN *Künstlerbuch*, 1995 • SIMON BENING UND WERKSTATT *Stundenbuch der Doña Isabel*, Gent(?), um 1510–1520 • *Stundenbuch* Paris, um 1470–1480 (beide Sammlung Renate König) • ANNAMARIA UND MARZIO SALA *While Box*, 1980

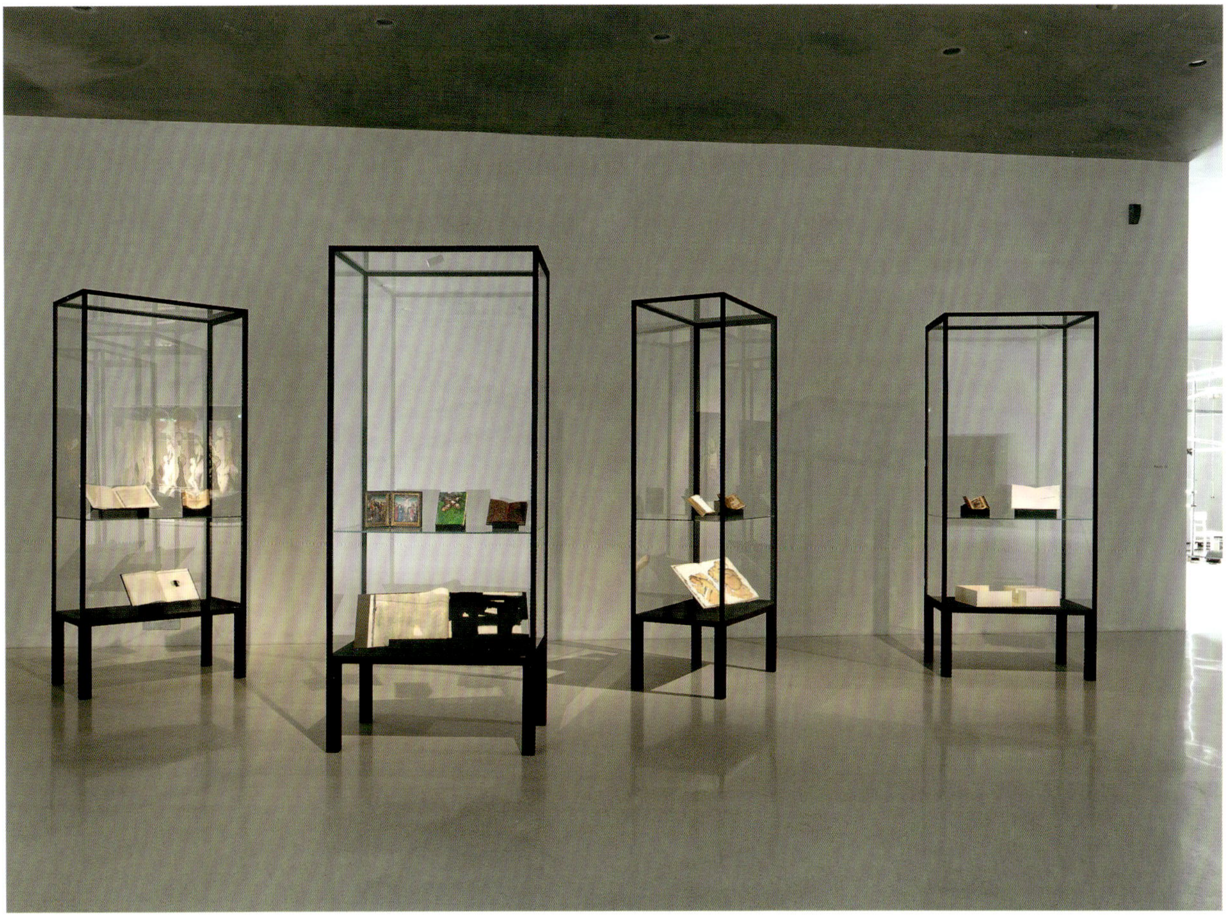

Der Mensch verlässt die Erde   Raum 13

• PAUL THEK *Required Reading* (Pflichtlektüre), Ibiza, um 1972 • *Hausaltärchen* mit Passionsszenen, Brügge / Süddeutschland, 4. Viertel 15. Jh., Temperamalerei auf Holz (Schenkung Maria und Regina Härle) • PETER TOLLENS *Künstlerbuch*, 1987, Tusche und Sepia auf Papier • ON KAWARA *I am still alive*, Edition René Block, Berlin 1978 (Schenkung Edith und Steffen Missmahl) • KARL BURGEFF *Künstlerbuch*, undat., Bleistift, Rötel und Tusche auf Papier (Schenkung Irmgard Lauscher-Koch)

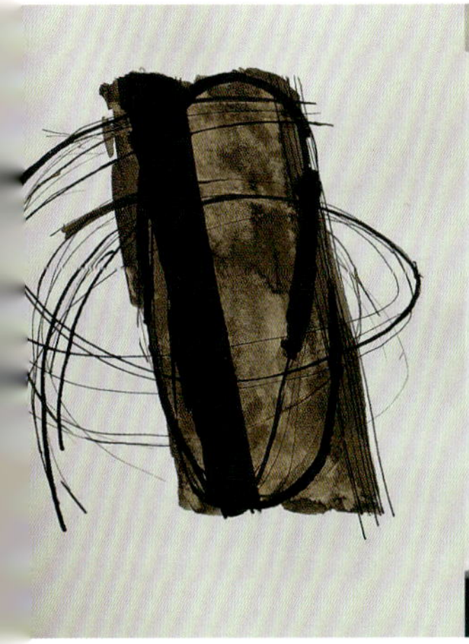

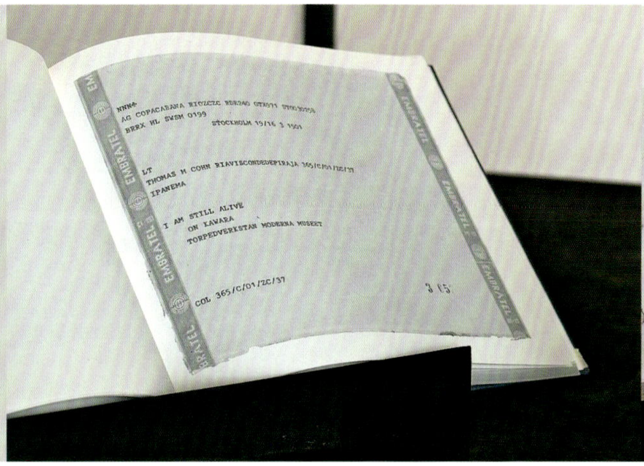

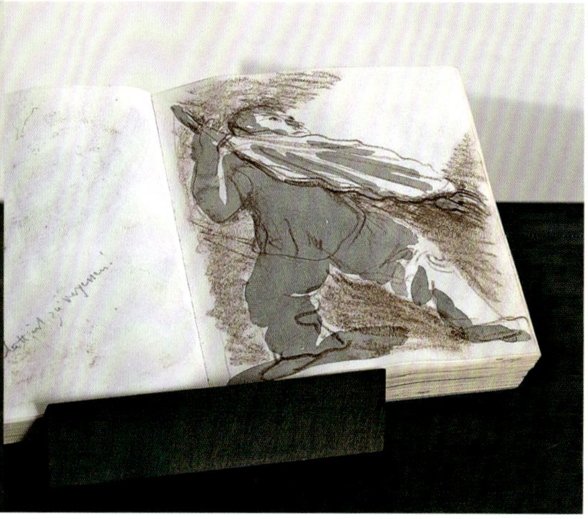

Der Mensch verlässt die Erde Raum 13

Die Anrufung der Namen Gottes und das Gebet zur Abwendung der Pest in der Lombardei sind bildlich mit einer Vision Ezechiels verbunden (9,2ff.): Gottes Auftrag entsprechend bezeichnet ein Mann mit Schreibzeug alle Gerechten mit dem Buchstaben Tau auf der Stirn, damit der Engel Gottes die Bezeichneten verschone und die nicht bezeichneten Israeliten töte. – Die Geburt Christi zur Prim des Marienoffiziums ist in diesem Stundenbuch der Doña Isabel als Bild in einen Landschaftsrahmen gesetzt. In der zentralen Szene betet Maria zusammen mit zwei Engeln das von einer Aureole umgebene Christuskind an. Als Kulisse dient eine fragile Stallruine, in die Joseph im Hintergrund mit einer Laterne eintritt. Die vorangegangenen Ereignisse – die Herbergssuche und der Jubel der Engel bei der Geburt – sind in den Rahmen eingefügt.

• *Lateinisches Stundenbuch* für den Gebrauch in Cremona, geschrieben von Matteo Ravari, illuminiert von Fra Apollonio da Calvisano, Cremona, 1495 • SIMON BENING UND WERKSTATT *Stundenbuch* der Doña Isabel, Gent(?), um 1510–1520 (beide Handschriften Sammlung Renate König)

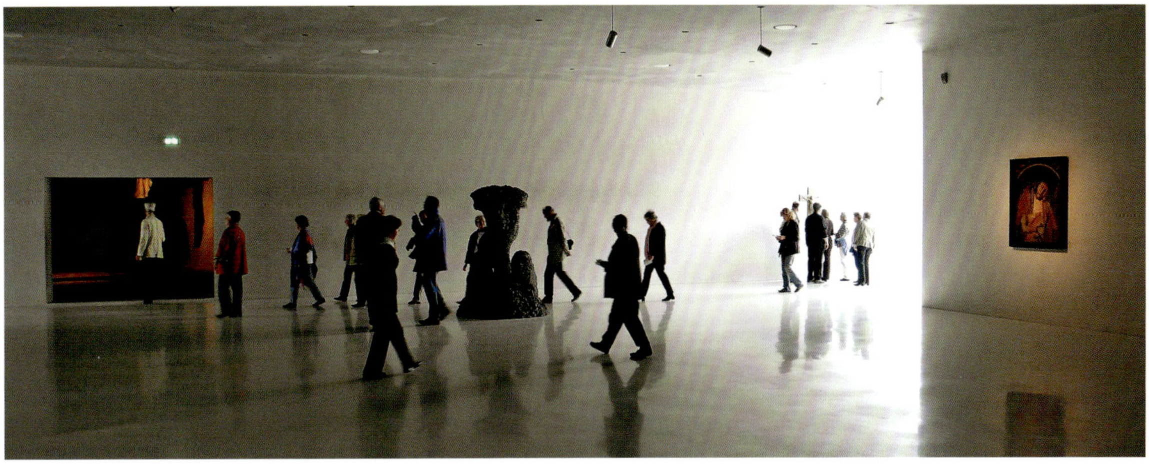

Der Mensch verlässt die Erde   Raum 13

Eine Trilogie des Verlassens in Form und Farbe: *Der Mensch verlässt die Erde*, das titelgebende Werk der Jahresausstellung 2008 bis 2009. *Rot-Schwarz (Notnachbarn)*, nennt Felix Droese den ersten Teil, den ersten Schritt des Verlassens. Menschen versammeln sich, nur zufällig sind sie vereint in der Richtung, in die sie sich bewegen. Sie werden zu Nachbarn in der Not. Vom Rand her drängen sie sich zusammen, ziehen wie vom Innern geleitet einem Ausgang zu, doch da, wo man einen Ausgang erwarten würde, bleibt die Fläche schwarz. Unterbrochen wird der Bewegungsfluss von dem Kind, das sich beinahe flehend der Mutter zuwendet. Das Kind ist der Mitte und damit dem Ausgang am nächsten und dennoch dem bevorstehenden Ereignis scheinbar am weitesten entfernt. Am linken Bildrand fügt sich eine schwangere Frau in die Gruppe, auch sie auf dem Weg in eine dunkle Ungewissheit. Ein schwarzer Rahmen entlang des quadratischen Bildrandes fokussiert den Blick auf die unbekannte Mitte hin. Die helle Fläche im Hintergrund erstrahlt verklärend und hebt doch nur das Schwarz der unbekannten Pforte hervor. Die Menschen durchschreiten auf ihrem Weg ein Wasserbecken, das wie ein Taufbecken anmutet. Gleichzeitig wird über sie aus einem über allem schwebenden Rund rotes Blut ausgeschüttet. Getauft mit dem Wasser des Lebens, gezeichnet mit dem Zeichen der Menschlichkeit und damit auch ihrer Sterblichkeit begeben sich die Menschen auf eine unbekannte Reise. – *Rot-Grün (Mittag)*. Zwei schemenhaft dargestellte menschliche Silhouetten rahmen das Innere des Bildes, sie machen den Weg frei für das Dahinterliegende. Man schaut wie von einem Strudel hineingesogen in einen Tunnel, in dessen Verlauf undeutliche Formen zu erkennen sind – Schiffssegel deuten sich in der schwarz-grünen Dunkelheit an. Wie Wächter stehen die rote und die weiße menschliche Gestalt am Rand, sie sehen aus wie Frauen, die etwas sehr Wertvolles auf ihren Armen halten. Das Thema »Mittag« ist zunächst schwer in dem Bild wiederzufinden. In der alttestamentlichen Tradition steht der von Dunkelheit gezeichnete Mittag für das unerwartete und plötzliche Auftreten von Unheil und Tod. Auch das Schiffs- bzw. Überfahrtsmotiv wird mit dem Übertreten in eine jenseitige Welt verbunden. Bis zur totalen Reduktion auf das Wesentliche, auf minimale Andeutungen für das Auge, steigert Droese den Kampf des Erkennens, das Suchen des Auges nach sichtbaren Spuren und die geistige Vervollständigung des Wahrgenommenen. Die Lösung, die Erlösung, das Offenlegen des Verborgenen dieser Trilogie folgt im dritten Bild (S. 267).

• FELIX DROESE *Rot-Schwarz (Notnachbarn) / Rot-Grün (Mittag)* aus der Gemälde-Trilogie *Der Mensch verlässt die Erde*, 1983–84, Öl auf Leinwand (Schenkung Heidi und Friedrich-Karl Klöck)

247

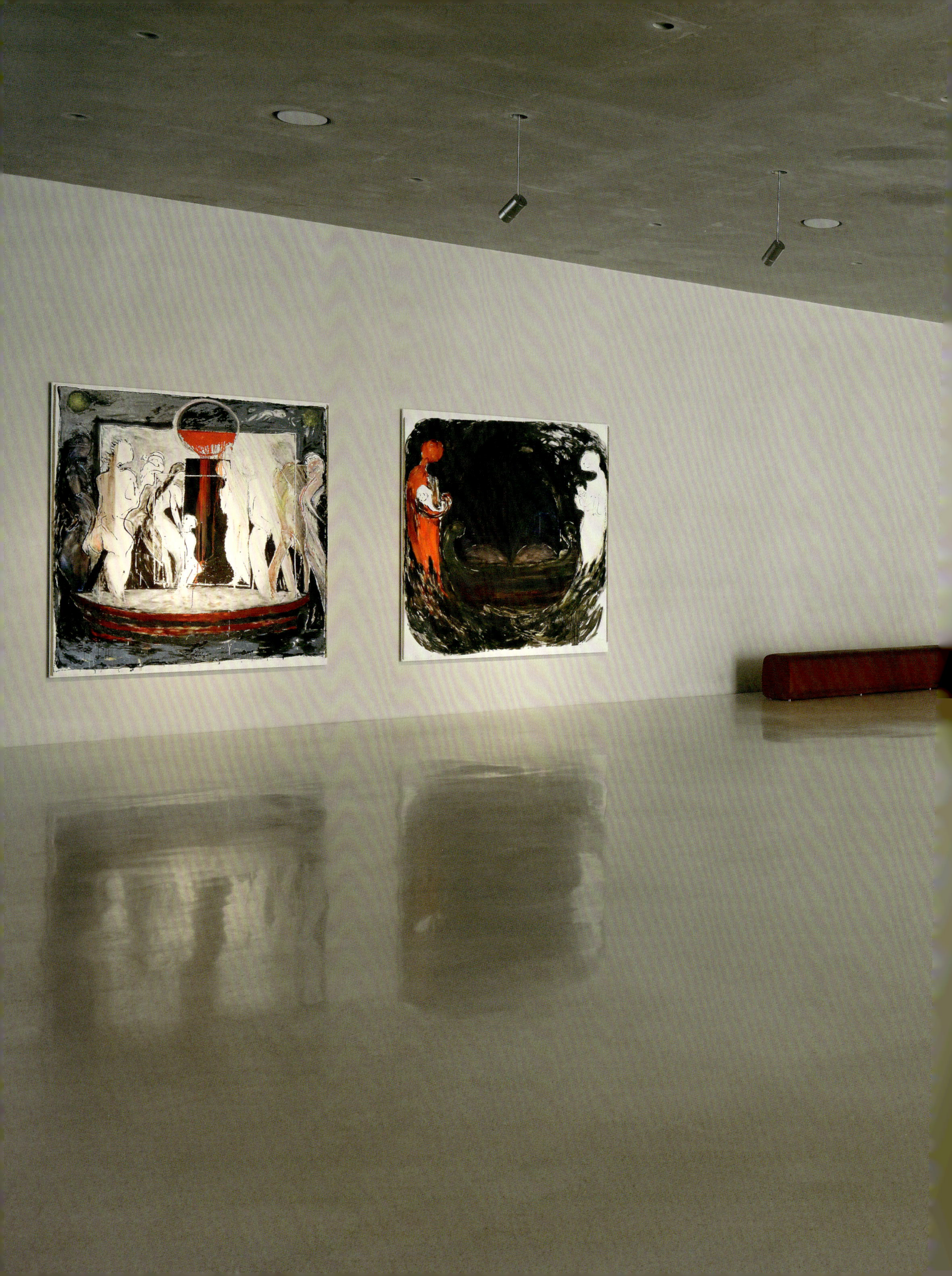

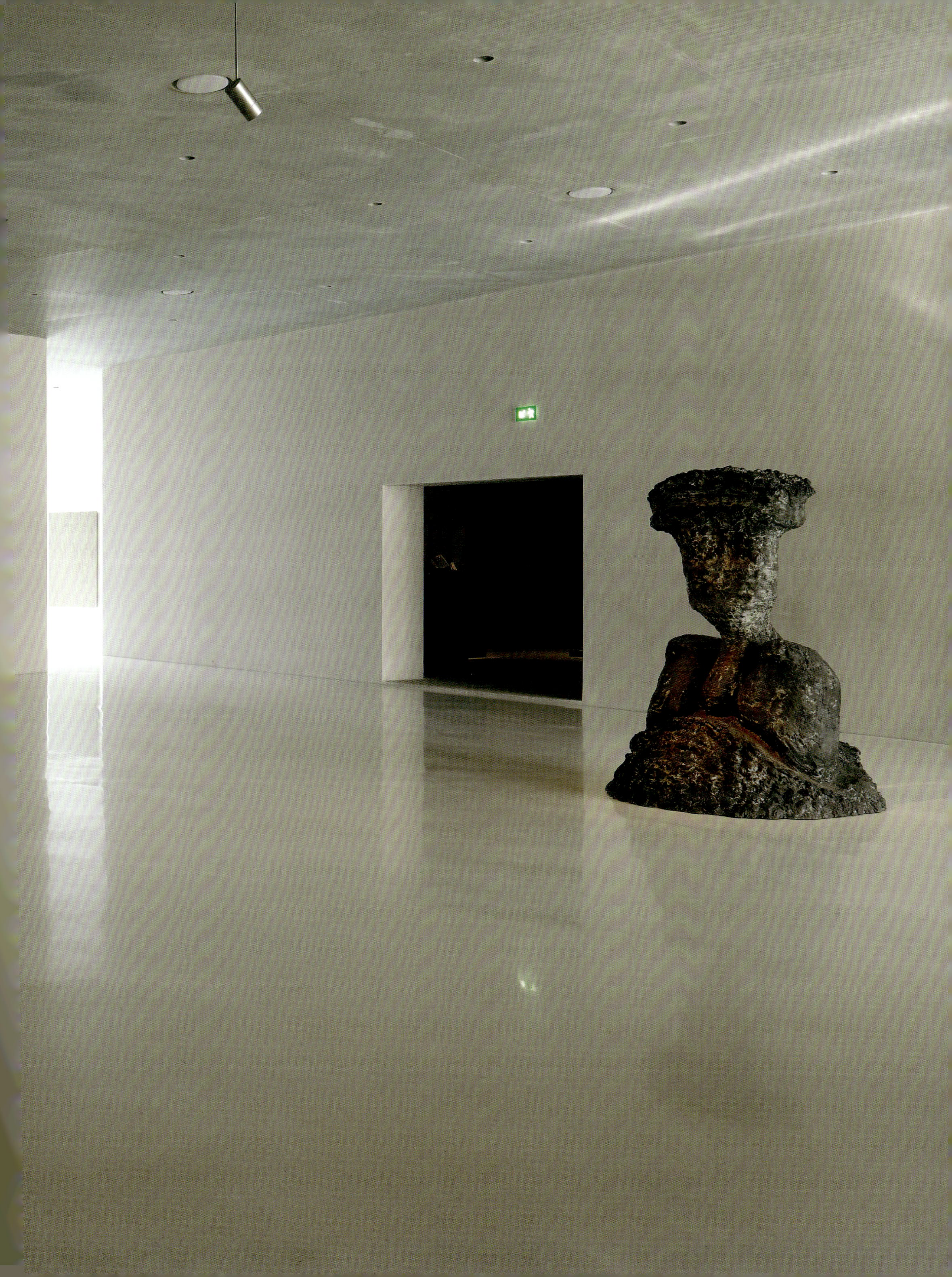

Der Mensch verlässt die Erde   Raum 15

In einer Blickachse zur *Lebensgröße* des Bildhauers Heinz Breloh, die sich als »Körperspur« im Material realisiert, hing die »Lebensgröße« des Malers Peter Tollens, deren haptische Farbmaterialität ebenso kennzeichnend ist. Das graugrüne Gemälde und die Vertikalstruktur seiner durch Pinselstriche gebauten Oberfläche bildeten das unmittelbare Gegenüber der lebensgroßen *Madonna mit dem Veilchen* von Stefan Lochner aus der Mitte des 15. Jahrhunderts.

• PETER TOLLENS *Gemälde 314/1999*, August–September 1999, Eitempera und Ölfarbe auf Leinen • *Dattenfelder Muttergottes* Köln, 1. Hälfte 14. Jh., Nussbaumholz mit alter Fassung (Leihgabe der Pfarrgemeinde St. Laurentius, Dattenfeld/Sieg)

Der Mensch verlässt die Erde

253

Der Mensch verlässt die Erde   Raum 16 (Nordkabinett)

• JANNIS KOUNELLIS *Tragedia Civile* (Bürgerliches Trauerspiel), 1975 blattgoldbelegte Wand, Garderobenständer, Hut, Mantel, Öllampe • THOMAS RENTMEISTER *Ohne Titel* (Bodenskulptur), 2004, Polyester, Schultafellack • *Apostelfiguren* aus einem Aussendungsaltar, Franken (?), um 1500, Lindenholz mit alter Fassung (Abbildung der ganzen Figurengruppe auf der folgenden Doppelseite)

Ich fand hier in diesem Haus drei Konstellationen, die ich immer als konstituierend für ein vorbildhaftes Museum angesehen habe. Das ist erstens die Vorstellung des Museums als Labor, das ist zweitens der Witz als Zweck und Form des kommunikativen Transfers im Museum und das ist drittens schließlich die Ansicht des Museums als Ort der Herausforderung.

GOTTFRIED KORFF

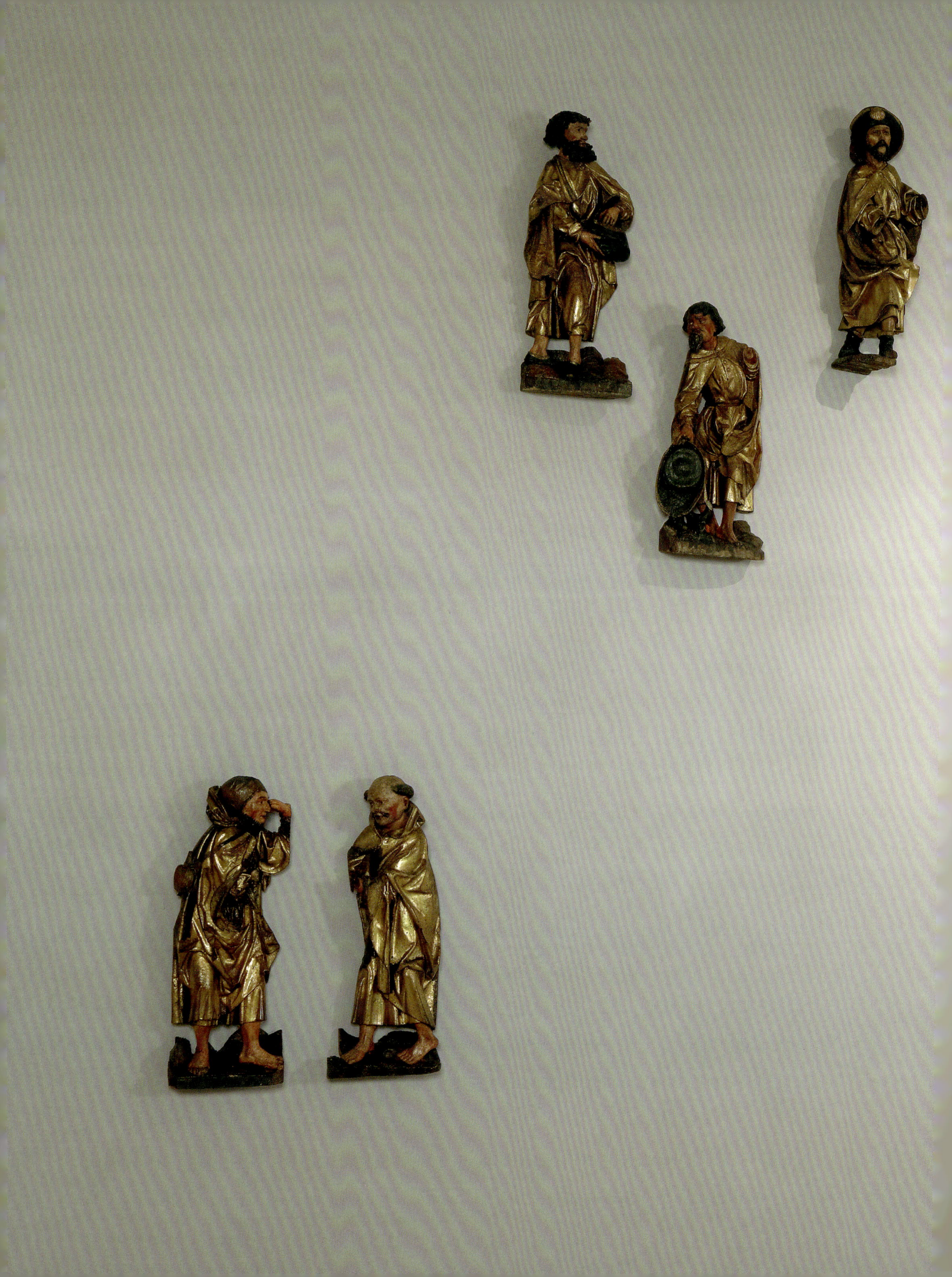

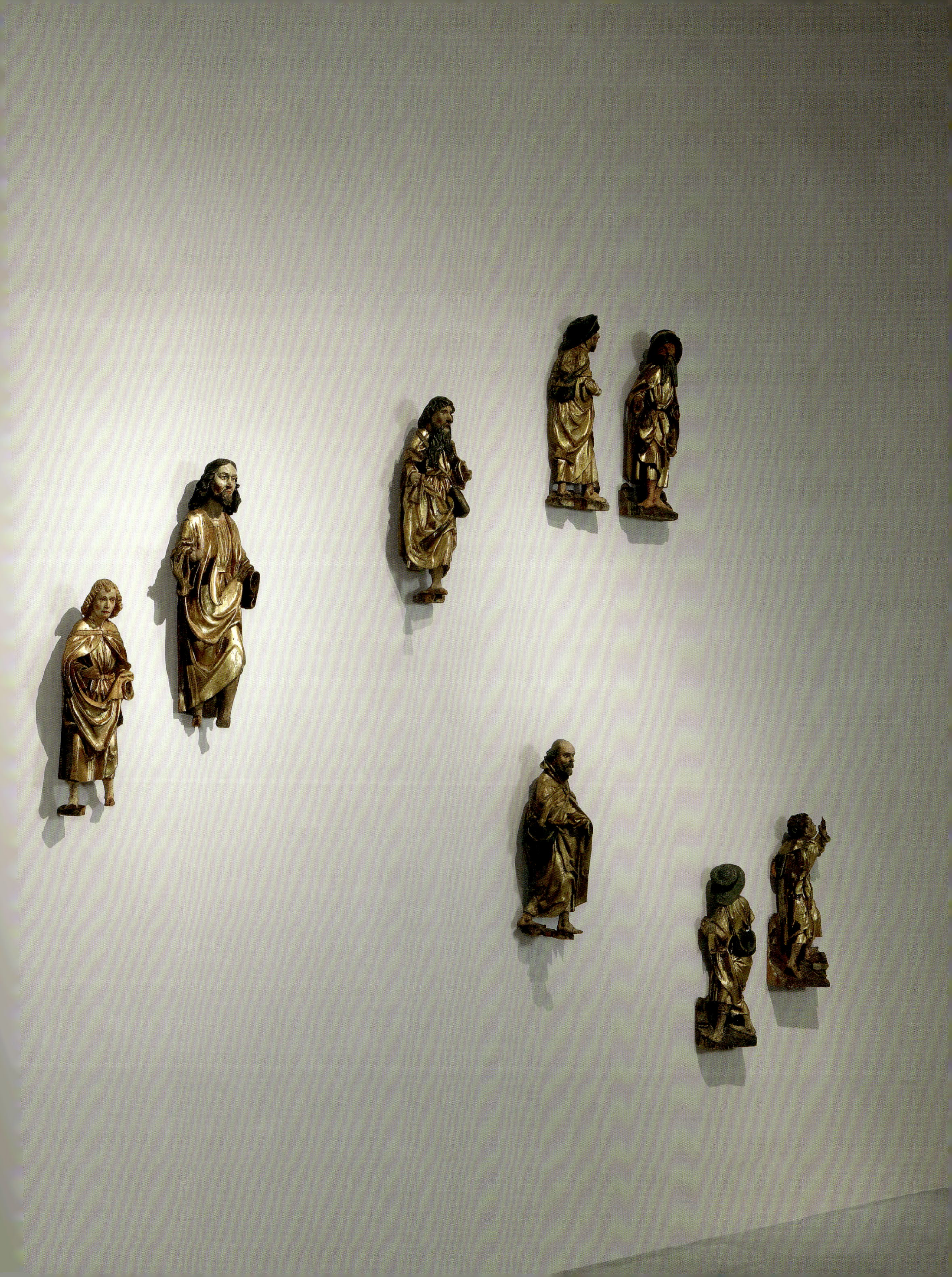

Der Mensch verlässt die Erde   Raum 16 (Nordkabinett)

Auf dem Boden des Nordkabinetts liegt ein schlauchartiges Gebilde mit unterschiedlich großen Wölbungen, deren Ursprung man durch Vermutungen über Ursache und Wirkung zu entschlüsseln versucht. Auf den ersten Blick scheinen sich darin im Objekt befindliche Gegenstände abzuzeichnen, oder sind sie doch eher durch Druck von außen entstanden? Die matte anthrazitfarbene Oberfläche ist absolut makellos. Schon vereinzelte Staubflusen, ganz zu schweigen von Fingerabdrücken oder Fußspuren, würden die Qualität der Oberfläche zerstören. Hätte man in einem ersten Impuls das Objekt als Sitzmöbel identifiziert, würde die Feinheit der Oberfläche vermutlich verhindern, dass man sich darauf niederlässt. Sie bewirkt gleichzeitig Nähe und Distanz zum Betrachter: Nähe, da man sie gerne berühren möchte, um die Haptik zu erkunden. Man stellt sie sich samtig vor, vielleicht sogar weich. Vermutlich wäre ein leichter Widerstand spürbar, wenn es denn im Museum erlaubt wäre, mit der Hand über die Oberfläche zu fahren. Gleichzeitig stellt sich ein Gefühl der Distanz ein. »Berühre mich nicht«, scheint die empfindliche Oberfläche im Museum zu sagen. Versuche, sich dieses Objekt über die Form zu erschließen, bleiben nicht ohne Irritationen. Abgesehen von einem Sitzmöbel könnte man an ein Schlauch- oder Rettungsboot denken; ein mit Luft gefüllter Gummischlauch, der auf dem Wasser schwimmt. Einen Boden hätte dieses Boot allerdings nicht. Das Versprechen der Rettung – wovor auch immer – wäre mit ihm nicht einzulösen. Das Objekt, sicher ganz bewusst ohne Titel gelassen, verursacht ein Gefühl der Unsicherheit und stellt unsere Wahrnehmung respektive unsere Sprachfähigkeit vor eine Herausforderung. Denn außerhalb einer Funktion, eines zuweisbaren Zwecks, stehend, kann dieses Ding nicht benannt werden. Es behauptet eine Anwesenheit in der Welt des Betrachters durch sein pures Dasein, aus der es nicht durch einen Sockel herausgehoben ist. Im Rahmen der Ausstellung *Der Mensch verlässt die Erde* verwies diese Skulptur von Thomas Rentmeister auf eine Welt jenseits der begrifflichen Wahrnehmung, auf die Welt der Imagination.

• THOMAS RENTMEISTER *Ohne Titel*, 2004, Polyester, Schultafellack

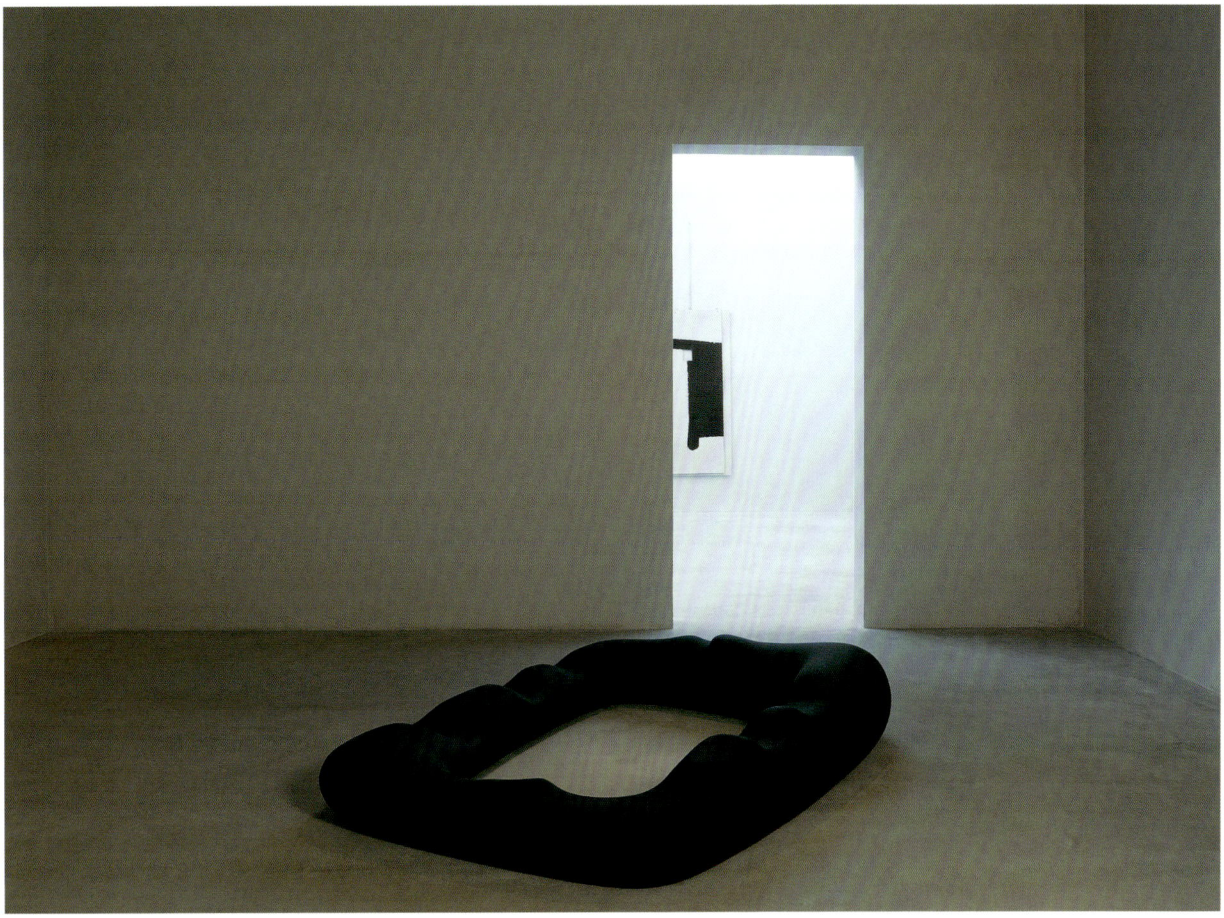

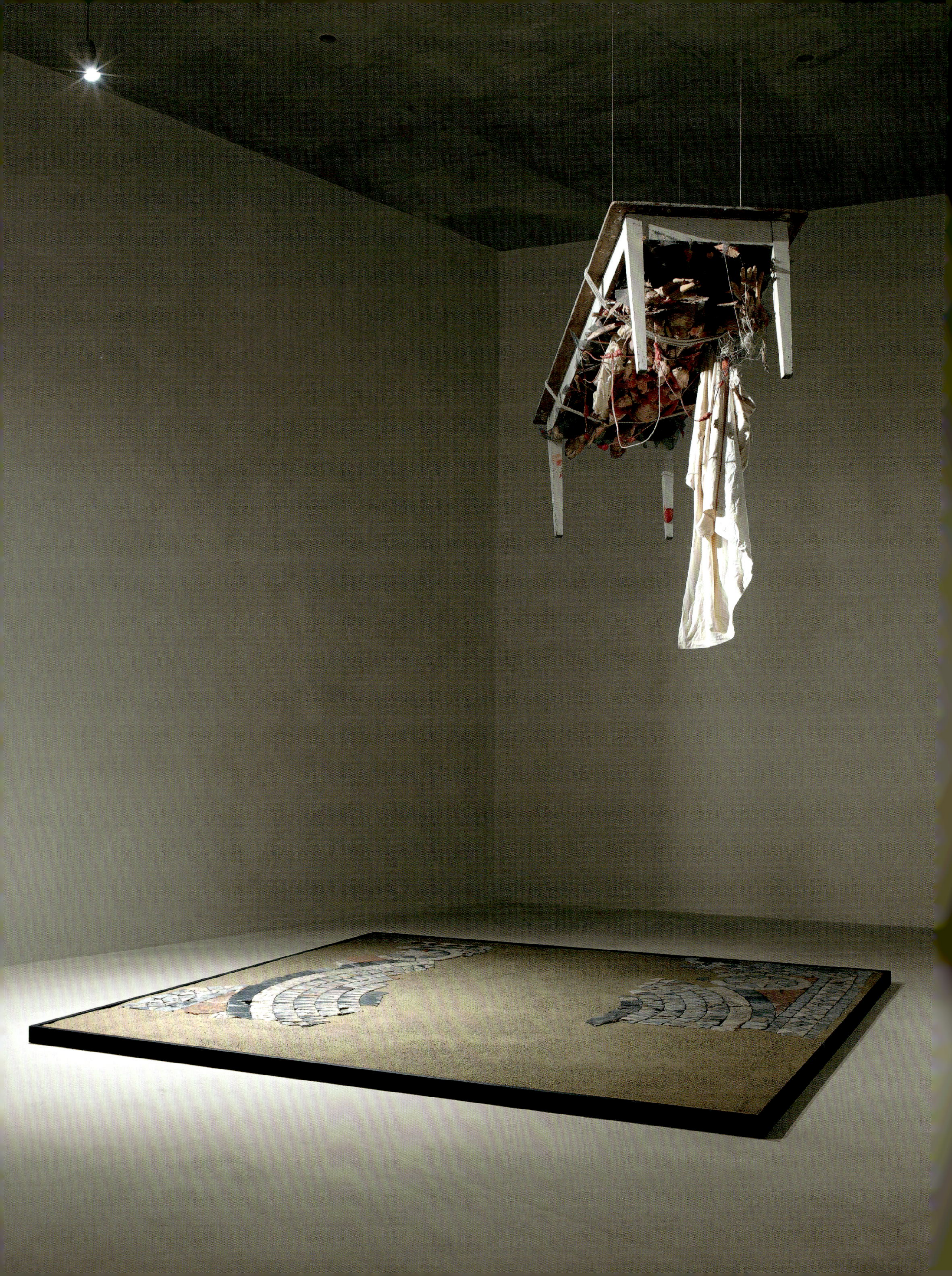

kreisen

fließen

schweben

Der Mensch verlässt die Erde   Raum 18 (Ostkabinett)

• Paul Thek *Fishman in Excelsis Table*, 1970/71, Latex, Holz, Wachs und andere Materialien • *Schmuckfußboden* mit Kosmosbild aus der Pfarrkirche St. Pankratius in Oberpleis, um 1220/1230, gebrannte Tonfliesen (restauriert mit Mitteln der Renate König-Stiftung)

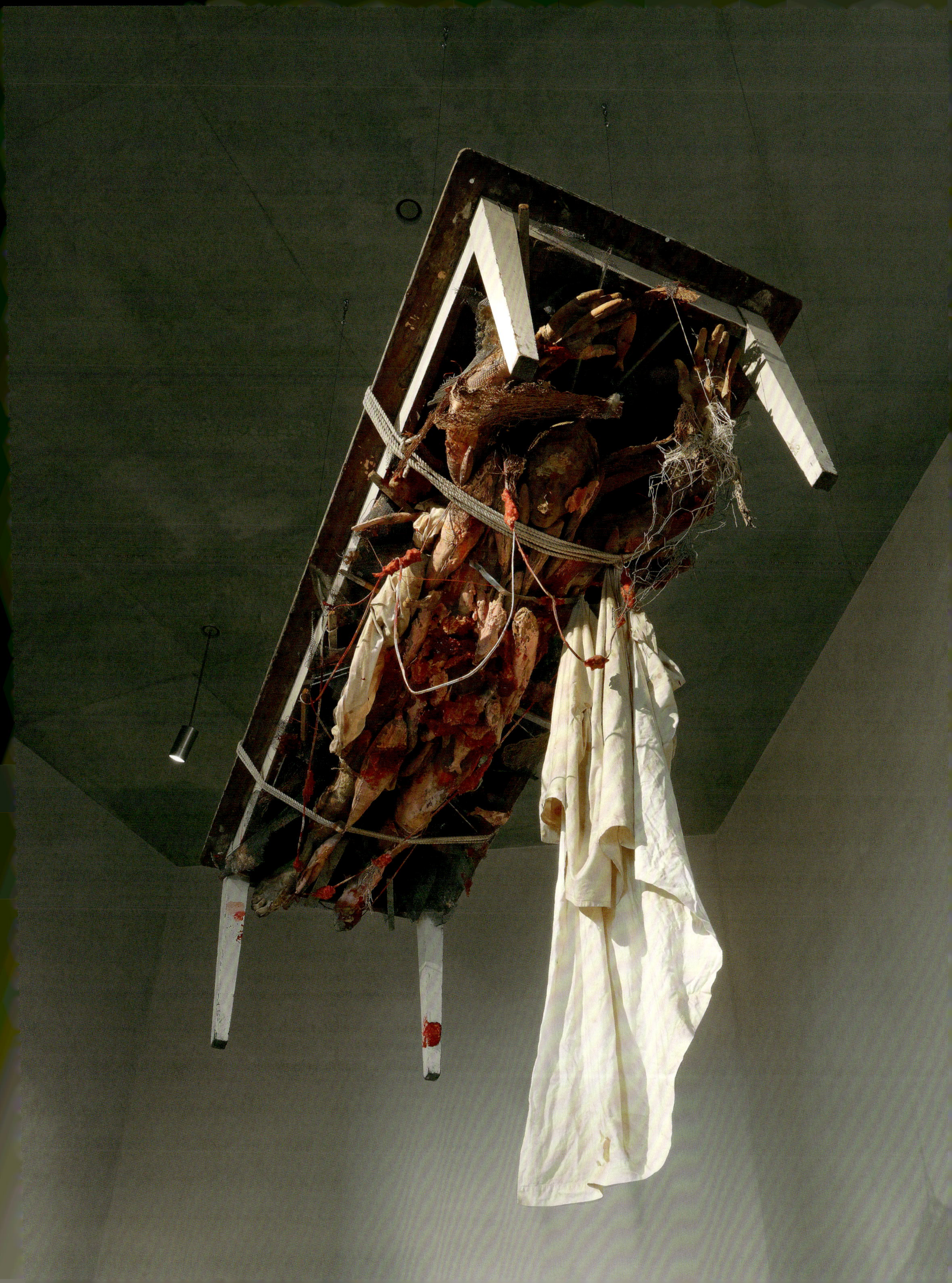

Der Mensch verlässt die Erde   Raum 18 (Ostkabinett)

Die beiden großen Fragmente eines mittelalterlichen Bodenbelags aus Tonfliesen stammen aus der Oberpleiser Pfarrkirche St. Pankratius, die bis 1805 als Propsteikirche zur Siegburger Benediktinerabtei gehörte. Die dreischiffige Pfeilerbasilika erhielt wahrscheinlich um 1220 im Zusammenhang mit einer Einwölbung des Langhauses einen neuen Fußboden. Dieser nach weiteren Umbauten teilweise zerstörte und überbaute Boden wurde erst 1974 im Rahmen von Renovierungsarbeiten wiederentdeckt. Trotz des nur fragmentarischen Erhaltungszustandes kann das Aussehen des ursprünglichen Belages fast vollständig erschlossen werden. In den Seitenschiffen waren jochweise variierte Rautenmuster aus schwarzen und weißen Fliesen verlegt, während der Belag des Mittelschiffs stärker in Form und Farbe differenziert war. Dort war im ersten und vor allem im zweiten westlichen Joch ein großer Kreis in ein Quadrat einbeschrieben, dessen Zwickel mit kleineren, rosettenverzierten Kreisen gefüllt wurden. Aufgrund der beiden erhaltenen Fragmente lässt sich dieses Zentrum des Schmuckfußbodens weitgehend rekonstruieren. Auf allen diesen Kreisen haben sich Reste von Buchstaben erhalten, die z.T. sinnvoll ergänzt werden können. Die lateinischen Inschriften der vier Kreise entwickeln eine auf antike Vorstellungen zurückgehende Mikro-Makrokosmos-Harmonie, bei der den vier Himmelsrichtungen je eine der Jahreszeiten, eines der vier Elemente, ein menschlicher Charakter und je zwei Eigenschaften zugeordnet werden. Die Himmelsrichtungen sind im Zentrum der Kreise nur durch die Anfangsbuchstaben ihrer lateinischen Bezeichnungen angedeutet. Liest man diese zusammen, ergibt sich der Name ADAM. Damit wird auf das theologische Menschenbild, nämlich den von Gott geschaffenen einen Menschen, hingewiesen. Nach mittelalterlicher Vorstellung besteht der Körper des Menschen aus den vier Elementen: der Erde, der Luft, dem Wasser und dem Feuer. Sobald eines der Elemente im Übergewicht ist, ergeben sich die vier Typen: Sanguiniker, Choleriker, Phlegmatiker oder Melancholiker. Mensch, Zeit, Welt und Kosmos werden zueinander in Beziehung gesetzt. So bildet der Mikrokosmos Mensch den Makrokosmos ab. Die geometrischen Formen Kreis und Quadrat stehen für die göttliche Ordnung des Kosmos. Solche in den Sand gezeichneten Figuren dienten schon antiken Philosophen zur Erklärung und zum besseren Memorieren ihrer komplexen Gedankengebilde.

• *Schmuckfußboden* mit Kosmosbild aus der Pfarrkirche St. Pankratius in Oberpleis, um 1220/30, gebrannte Tonfliesen (restauriert mit Mitteln der Renate König-Stiftung)

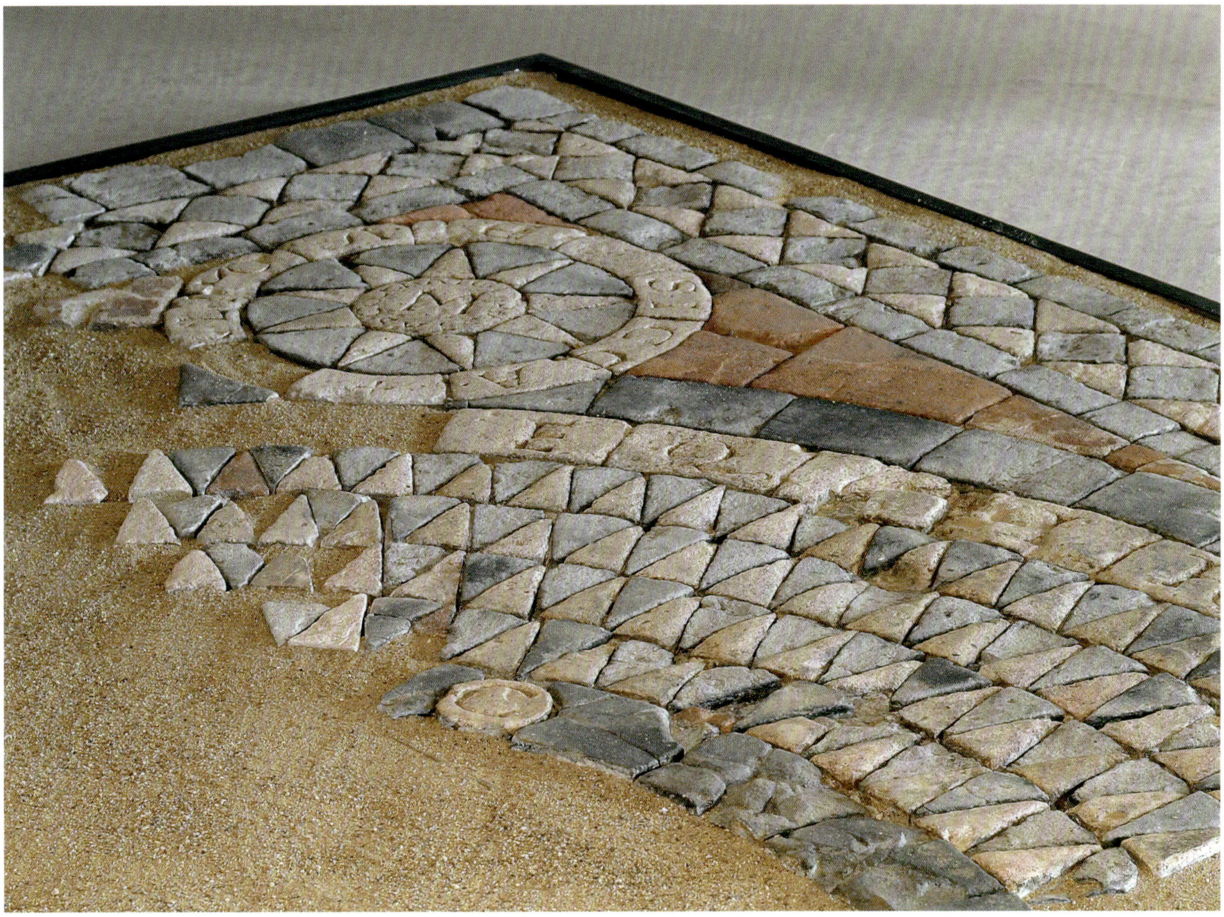

Der Mensch verlässt die Erde   Raum 18 (Ostkabinett)

Gelb-Blau (Tulipan/Rätsel der Ankunft) – Das dritte Bild der Trilogie *Der Mensch verlässt die Erde* (vgl. Seite 247). Geschunden wirft sich ein Köper rückwärts, mit maximaler Extension spannt sich die Brust des menschlichen Körpers über die Mittelwaagerechte. Unter ihm tut sich eine blaue Oberfläche auf, die an den Blick auf die Erde aus dem All erinnert; über dem zerschlagenen Körper erstrahlt helles Sonnengelb. Durch diese kosmologische Assoziation wird der Moment in ein weltumspannendes Ganzes eingerückt. War in dem ersten Bild die Szenerie noch in ein strenges schwarzes Quadrat eingespannt, verflüchtigten sich die Umrissformen zunehmend, bis hin zu diesem dritten Bild, in dem man wie durch ein Bullauge oder Fernrohr auf die erlösende Situation des Menschen schaut. Am Rand dieses Kreises schlängeln sich diffuse Formen und Bewegungen entlang, wie unruhige Geister wohnen sie dem Erlösungsmoment bei. Schemenhaft deutet sich ein Frauentorso an, ebenso scheint ein Körper am unteren Rand zu liegen, ein Schädel im Gewirr der Formen verstärkt das unruhige Umfeld. Ein einziger roter Pinselstrich, dessen rote Farbe triefend über das Bild nach unten läuft, stellt den Höhepunkt des Ereignisses dar. So rot wie das Blut als Kennzeichen der menschlichen Sterblichkeit ist hier das Entweichen der menschlichen Seele, das Weichen des Lebens aus dem menschlichen Körper dargestellt. Wie lange spitze Nägel weisen die Diagonalen in den Winkeln des Bildrandes auf diesen im Zentrum dargestellten Akt des Ineinanderfallens von tiefster Menschlichkeit und höchster Vollendung. Drei Bilder, drei Formen des Verlassens, drei einander übertreffende Skizzen der unerträglichen Gewissheit des Menschen, die Erde betreten zu dürfen, um sie alsdann wieder verlassen zu müssen. Als eine schier endlose Suche nach dem »Rätsel der Ankunft« entwirft Droese eine Komposition des stets nach Höherem strebenden menschlichen Wesens.

• Felix Droese *Gelb-Blau (Tulipan/Rätsel der Ankunft)* aus der Trilogie *Der Mensch verlässt die Erde*, 1983–84, Ölfarbe auf Leinwand (Schenkung Heidi und Friedrich-Karl Klöck) • In 2 Vitrinen: *Stundenbuch* Tournai, um 1450–1460 (Sammlung Renate König) • *Elfenbeinrelief* mit Kreuzigung, Himmelfahrt und Majestas Christi, Köln, gegen 1050 • Auf dem Boden: Paul Thek Werke aus der Ausstellung *A Procession in Honour of Aesthetic Progress: Objects to Theoretically Wear, Carry, Pull or Wave* (Prozession zu Ehren des ästhetischen Fortschritts: Objekte zum theoretischen Anziehen, Tragen, Ziehen oder Schwenken), Essen 1968: *Headboxes* (Kopfkisten), *Chair with Crows* and *Meatpieces* (Stuhl mit Krähen und Fleischstücken) • Zusätzlich in der Abbildung auf der folgenden Seite: Paul Thek *Box with Butterfly* (Kiste mit Schmetterling), Holz, Glas, Wachs, Farbe • *Hausaltar* Mecheln, um 1560, Alabaster, Holz, Stuck (restauriert mit Mitteln der Renate König-Stiftung)

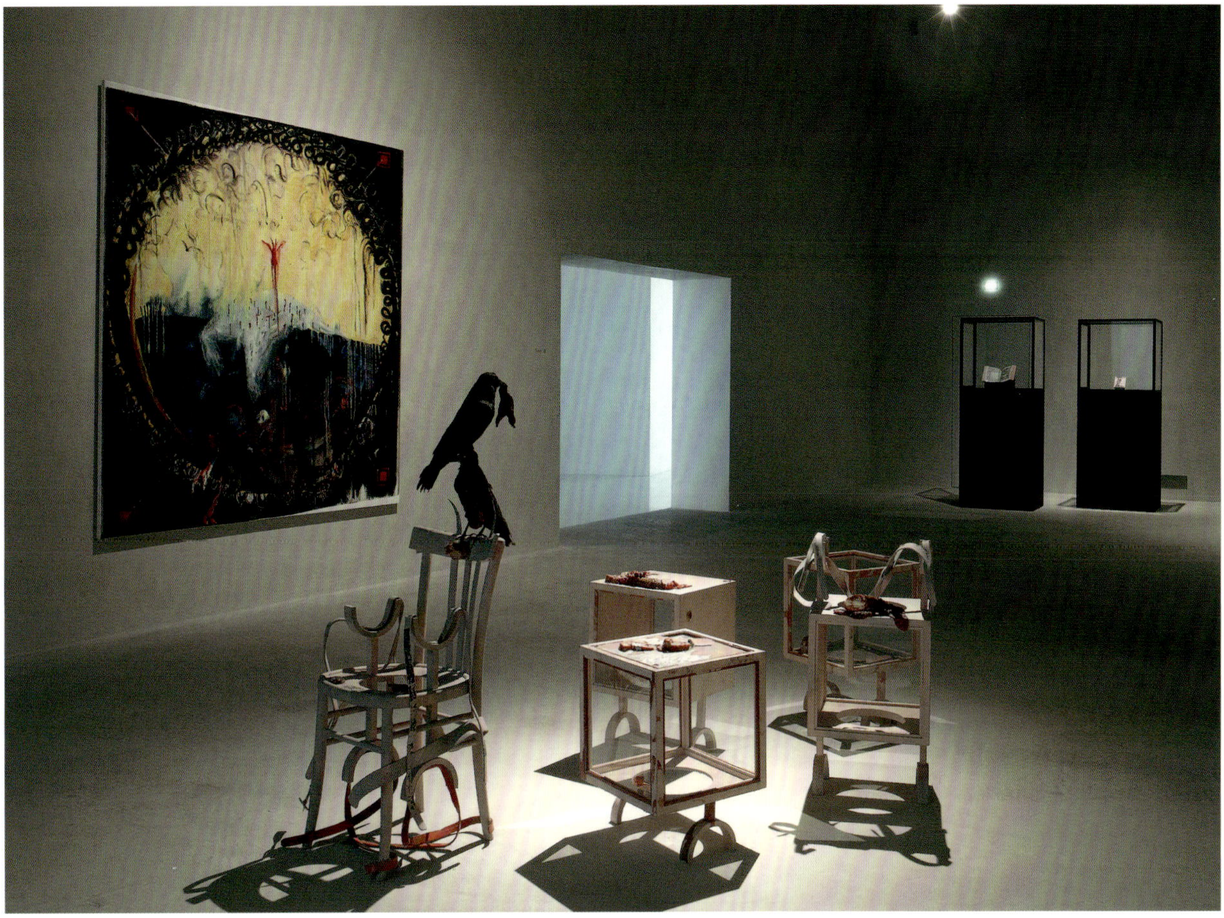

Seidt. Ihr. Mit
Christo. Auff.
Erstanden. So
Sucht. Was.
Droben. Ist. Da
Christus. Ist.
Rechten. Gottes
Gesinnet. Vnd.
Trachtet. Nach
Dem. Was.
Nach. Dem.
Was. Auff.
Erden. Ist. Dan
Ihr. Seidt. Ge.
Storben. Vnd.
Verborgen. Mit.
Seyndt.
Wir. Nun. Mit
Christo. Ge.
Werden. Vnd
Wecket. Hin.
Furt. Nicht.
Todt. Hinfurt.
Vber. Ihn. Nit.
Wirdt. Dan. Das
Gestorben. Ist. Er.

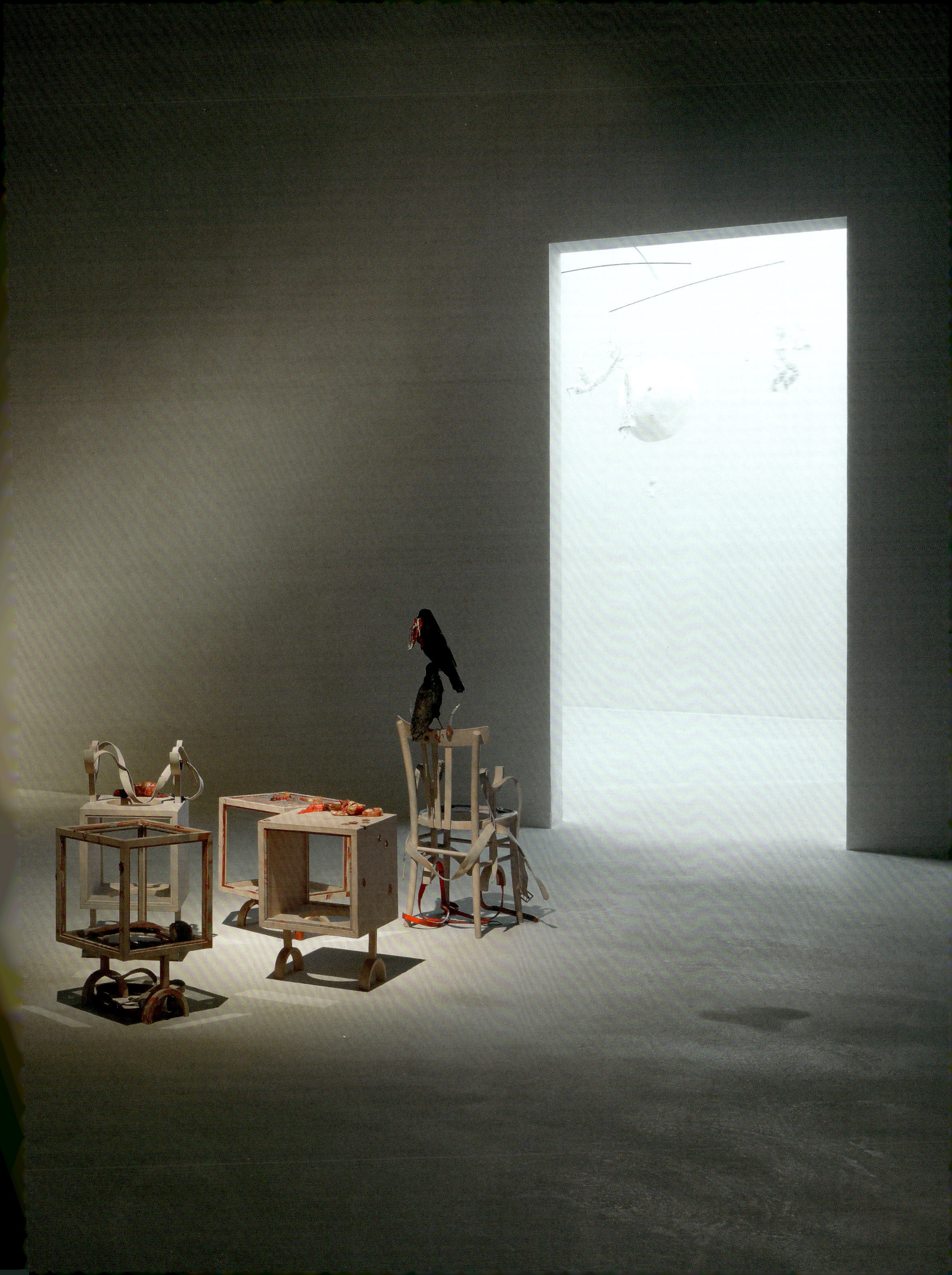

Der Mensch verlässt die Erde Raum 19 (Ostturm)

Eine stille Eindringlichkeit geht von der Bewegung des großen Mobiles aus, das Michael Kalmbach als Weltmetapher entworfen hat. Kalmbach verkehrt die aus Kindertagen vertraute Form und ihre Inhalte bewusst in ihr Gegenteil, denn die Wirkung dieses Mobiles ist alles andere als beruhigend. Seine Figuren schweben und stürzen haltlos in den Raum hinein und umkreisen einen Planeten, den sie vermutlich längst verlassen haben – wie jene kleine Figur, die unterhalb der Kugel auf den Betrachter zufällt. Die Verzweiflung dieser weitgehend beziehungslosen Menschen kulminiert im »Großen Kotzenden«, der in Kalmbachs Werk immer wieder ein Zentrum bildet. Die körperliche Nähe der Wesen beansprucht keine Humanität, denn es ist nicht zu entscheiden, ob der Kontakt der großen zu den kleineren Figuren eine Geste der Hilfe, der Rettung, ist, oder auch dies nur ein Teil des bösen Spiels, das den Akteuren entglitten zu sein scheint. Sind die Kleinen den Großen nur ein Gegenstand des Zeitvertreibs innerhalb einer nicht mehr aufzuhaltenden Entwicklung? In diesem Weltentwurf ist jede Verbindlichkeit aufgegeben. Alles ist in Bewegung, kreist – vom Luftzug der umhergehenden Betrachter angestoßen – in immer anderen Konstellationen nahezu regellos umeinander. Kalmbach wählt die Form des Mobiles, das – obschon in ständiger Bewegung – keinen Fortschritt oder Ausweg kennt, vielmehr völlig ziellos ist. Die Einfachheit und die Farblosigkeit der verwendeten Materialien unterstreicht die Tristesse der Existenzen und stellt beunruhigende Fragen nach der sozialen und ökologischen Verantwortung des Individuums, das lediglich in den wenigen Portraitfotos, die an der Oberfläche der großen Kugel erscheinen, konkret wird.

• MICHAEL KALMBACH *Mobile*, 2004, Pappmaché, Zeitungsschnipsel, Draht

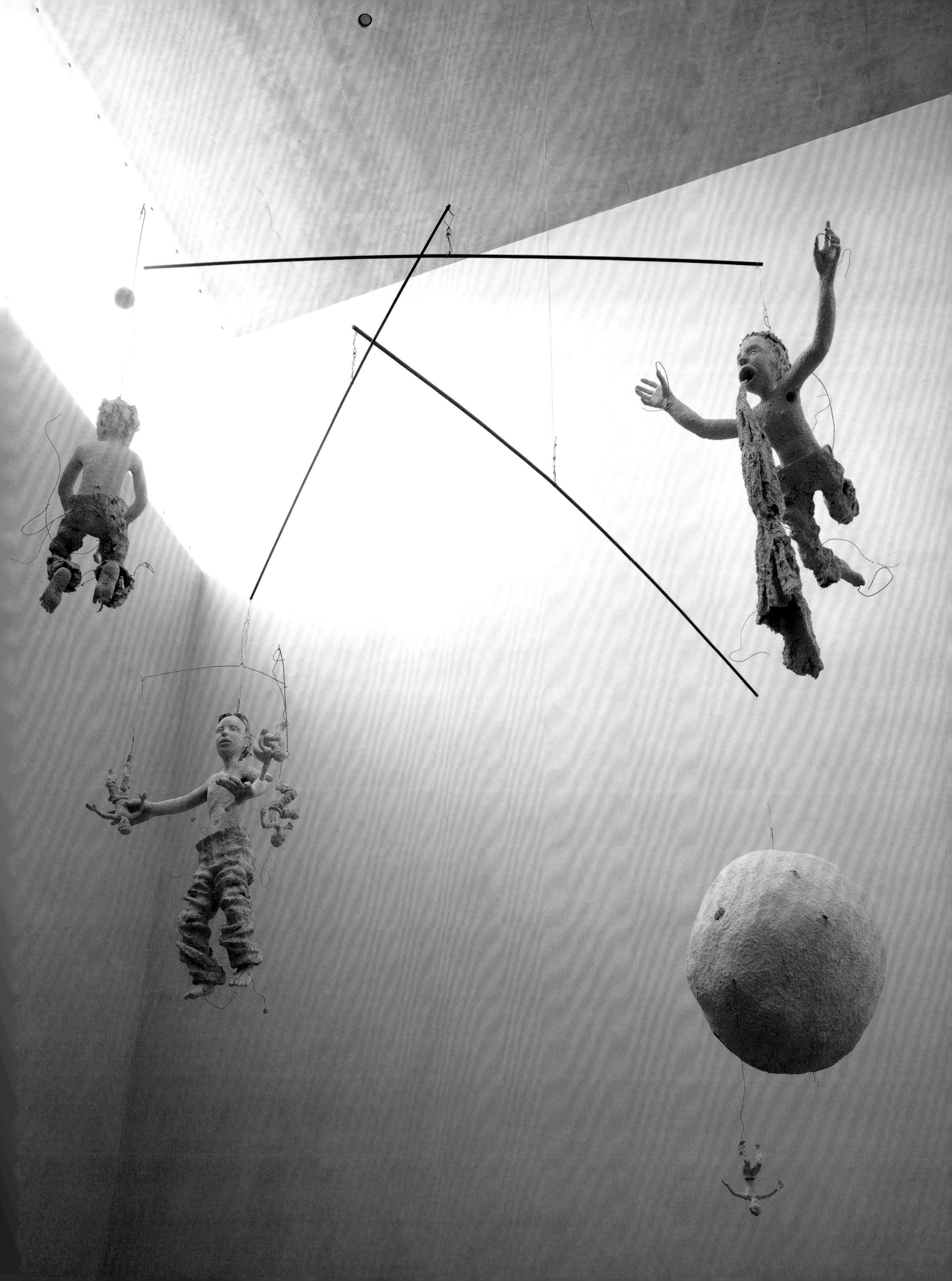

Der Mensch verlässt die Erde   Raum 19 (Ostturm)

Zum umfangreichen Bestand der Arbeiten des Kölner Malers Werner Schriefers zählt ein Werkzyklus, der den Titel *Smog* trägt und zwischen 1969 und 1971 entstanden ist. Schriefers zeigt sich hierin als Meister der Hinterglasmalerei, die er von seinen frühesten Anfängen unmittelbar nach dem Zweiten Weltkrieg bis in das Spätwerk hinein verfolgt hat. In einem verglichen mit der Leinwandmalerei umgekehrten Schichtenaufbau und unter Verwendung von Sprüh-, Kratz- und Schabtechniken lässt Schriefers Bildwelten entstehen, die eine Farb- und Formensprache zwischen Werden und Vergehen variieren. Gleich kosmischen Nebeln durchziehen weich modulierte Flächen, zum Teil in Silber- und Goldbronze, die Bildfläche, unterbrochen und akzentuiert durch kreisförmige Scheiben – Planeten? – sowie energetische Aufbrüche kleiner farbiger Verdichtungen, die – an Blumenstilleben erinnernd – mit dem Pinsel virtuos ins Bild gebracht werden. Rausch und Realität stehen sich in diesen Formen gegenüber, als wolle aufkeimendes oder bedrohtes Leben dem Todeshauch der Dunstschwaden nicht endgültig weichen. In Thema und Malweise gelang es Werner Schriefers in diesem Zyklus, die Widersprüche seiner Zeit einzufangen und sich kritisch mit ihnen auseinanderzusetzen. Als Bildträger verwendet er Glas und Rahmen von vermutlich einfachen Reproduktionen, wie sie auf Flohmärkten bis heute angeboten werden.

• WERNER SCHRIEFERS *Ohne Titel / Smogblüten II*, 1971, Hinterglasmalerei, gerahmt

273

Der Mensch verlässt die Erde Raum 19 (Ostturm)

• WERNER SCHRIEFERS *Goldener September*, 1970 / *Reif, Kopulation II*, 1971 (aus dem Zyklus *Smog*) / *Aufstand der Träume*, 1976, Hinterglasmalerei

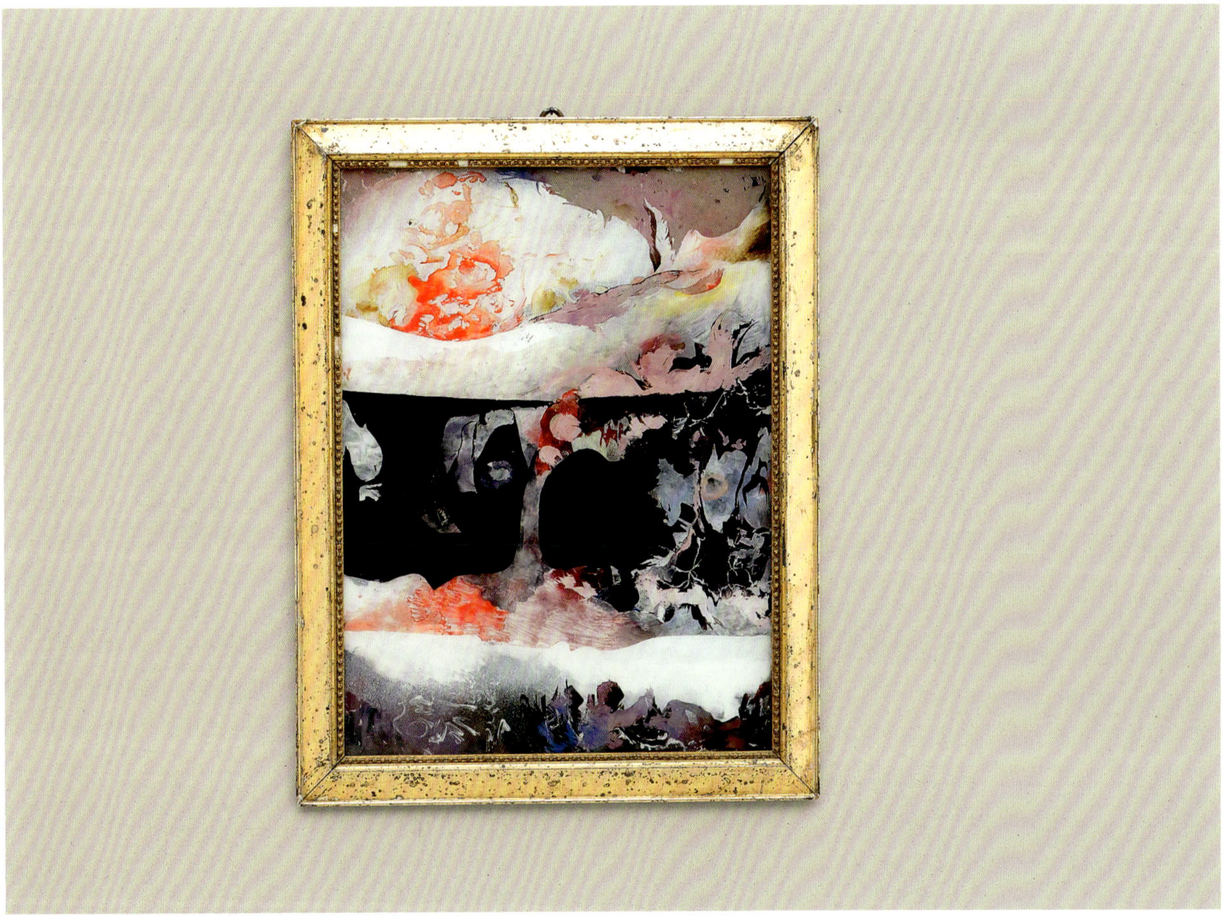

Der Mensch verlässt die Erde   Raum 20 (Südkabinett)

• ANDOR WEININGER *Surrealistische Kompositionen*, 1928–1946, Wasserfarben auf Papier (Schenkung Eva Weininger) • *Gebetbuch* Atelier des Georg Glockendon d.Ä.(?), Nürnberg, um 1515 (Sammlung Renate König) • *Schutzmantelmadonna* Jüngere Villacher Werkstatt, um 1517, Laubholz mit alter Fassung (Schenkung Maria und Regina Härle) • SIMON TROGER *Hl. Michael*, München, vor 1725, Hölzer, Elfenbein, Glas, Kupfer, vergoldet (erworben mit Mitteln der Renate König-Stiftung)

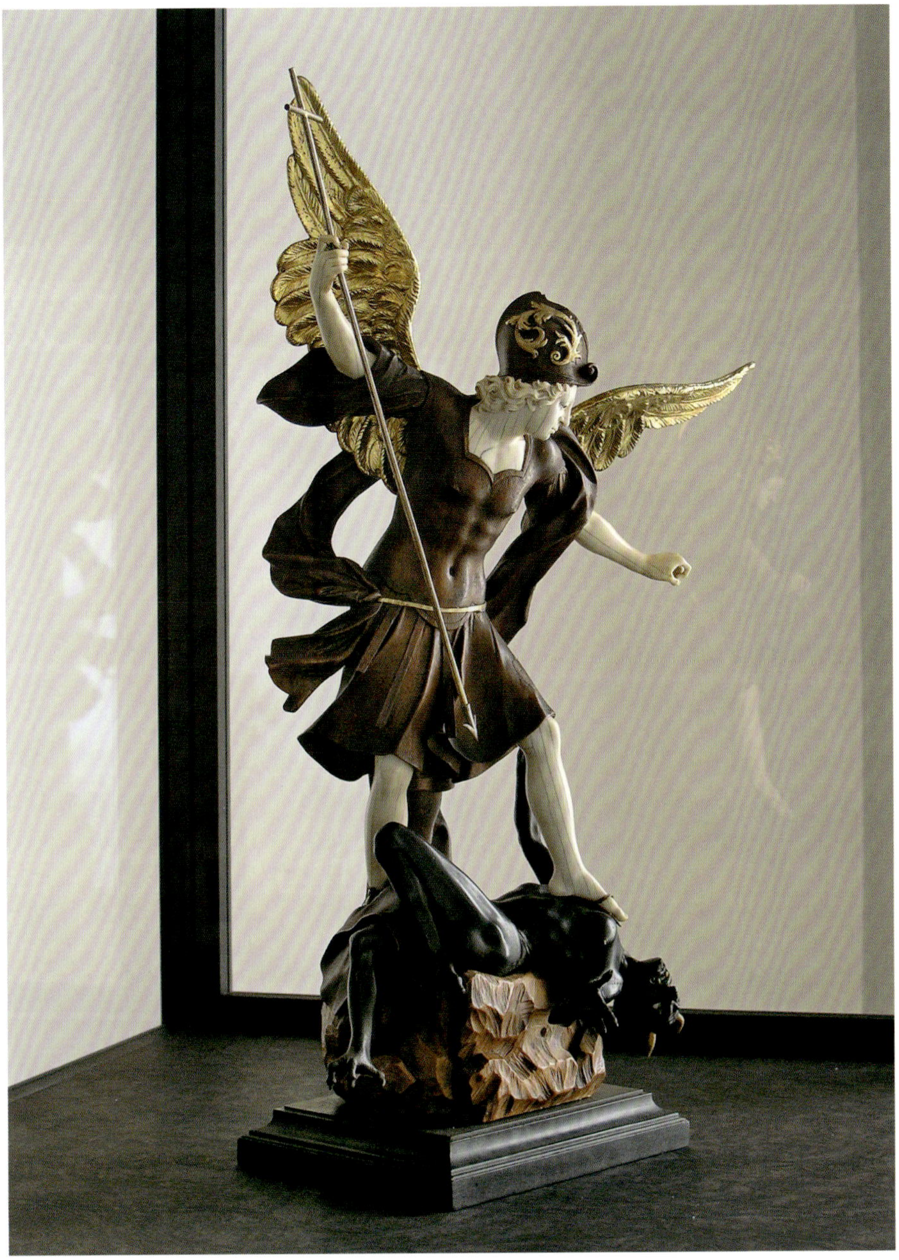

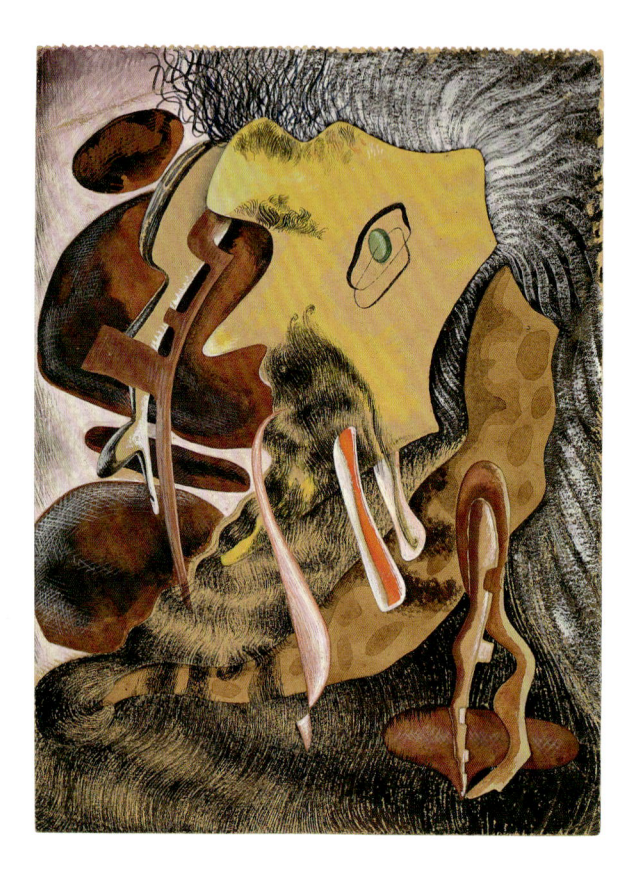

Der Mensch verlässt die Erde Raum 20 (Südkabinett)

• ANDOR WEININGER *Komposition mit surrealem Kopf*, 1931, Aquarell und Tempera auf perforiertem Papier / *Komposition mit pflanzlichen Formen*, 1931, Wasserfarben und Tusche auf Papier (Schenkung Eva Weininger)

• Abbildung der folgenden Doppelseite: PHIL SIMS *The Cologne Painting (Pietà Cycle)*, 2002, Ölfarbe auf Leinwand • *Reliquienkreuze* mit Dorn der Dornenkrone bzw. mit Partikeln des Kreuzes Christi, Maasland, Ende 13. Jh. / Mitte 14. Jh (erworben und restauriert mit Mitteln der Renate König-Stiftung)

Sud aus hundertblättrig geflochtenen Blütenkörben: zarte Materie, Häutchen, die aus alten, in Fragmenten sich äußernden Duftstoffen zu bestehen schienen: Narde, Schlachtfeldsüße, die im Moorgeruch gleichsam dünne Litzen bildeten, sich um die braun verrotteten Brückenpfeiler bemühten, wickenhaft emporkletterten – eine Vorhut von Rosen war schon unterwegs, entblößte schwengelhaft dicke Ranken –, gestärkt von Blütenballungen, die ihr Rot in den Zentren ins Purpurne trieben, überzogen von durchsichtigem Seim wie bei den Klebefallen der Kannenpflanzen, den sie, in der nicht mehr heißen, noch nicht zu kühlen Phase des Abends, im erwartungszitternden Stadium kurz vor der Berührung entließen, einem Zustand des Schauders, unter den winzigen Gravüren von Insektenbeinen, aus denen der summende Faun der Bienen bestand…

Uwe Tellkamp

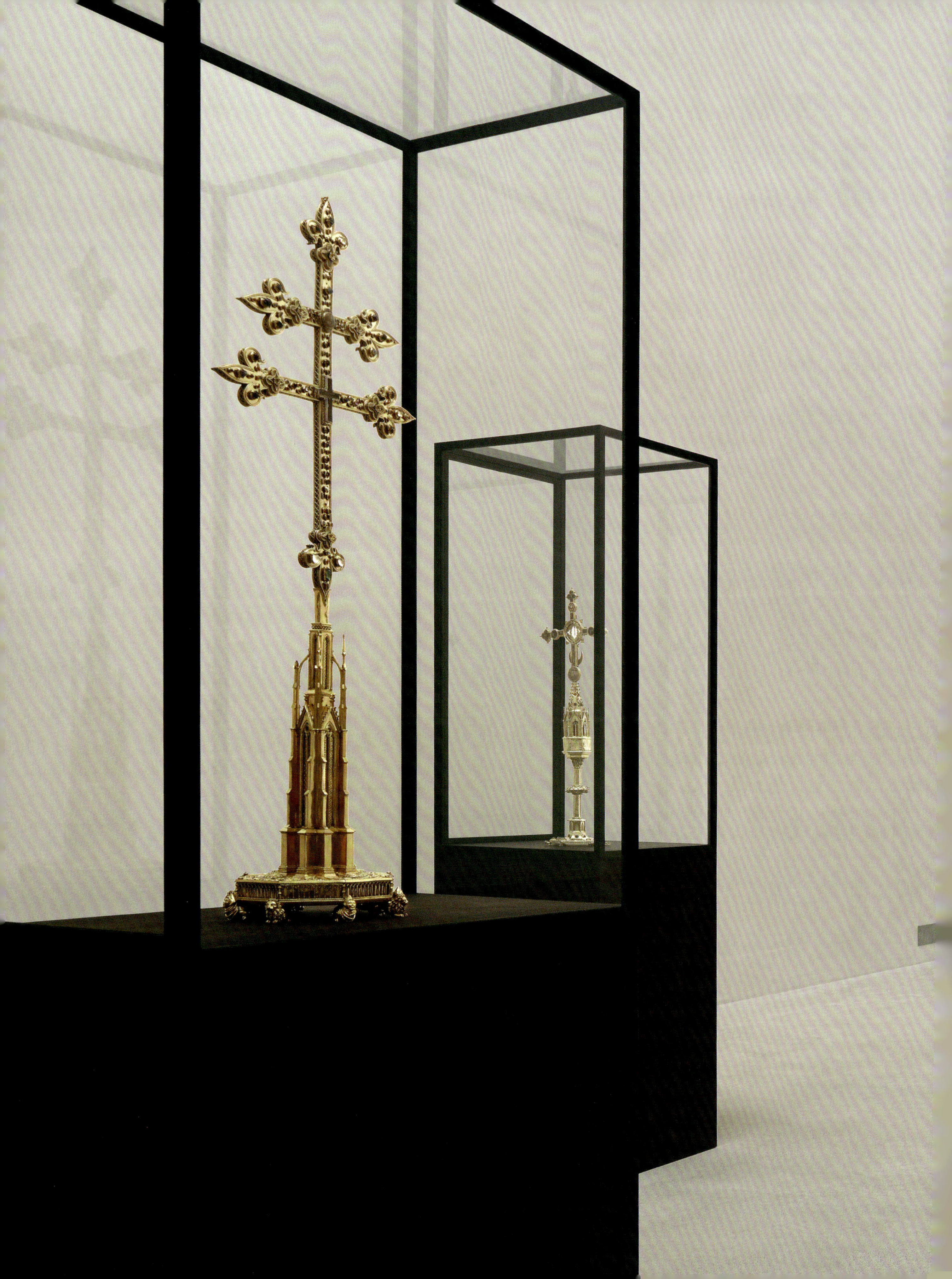

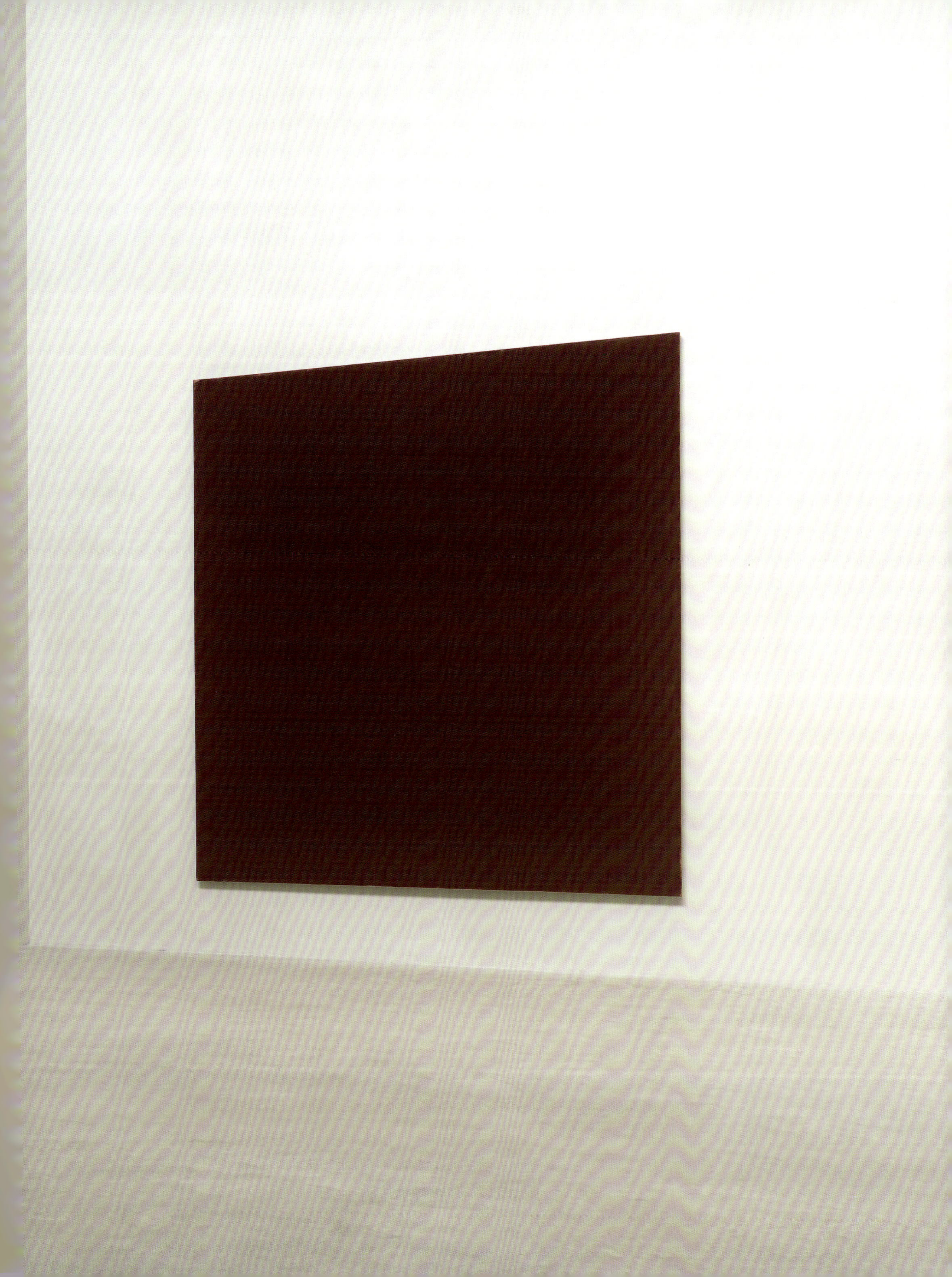

Der Mensch verlässt die Erde Raum 21 (Südturm)

Die große rote Fläche des Gemäldes ist auch aus der Ferne nicht auf einen Blick zu erfassen. Das Bild hat keine auf den menschlichen Körper bezogene Dimension, es entzieht sich der gefühlten Räumlichkeit. Nichts bietet dem Betrachter einen Halt, weder das Format des Bildes, noch dessen Oberfläche, die sich in Räumlichkeit auflöst. Die Farbe ist ein dunkles Rot mit viel Blauviolett, darüber ein etwas bräunliches Rot, von der Ferne als vermischter Farbklang fast wie geronnenes Blut. Zu den Rändern hin bricht der Farbauftrag ab, lässt die Leinwand und untere Schichten sichtbar werden. Die farbige Fläche ist dadurch nicht endlos, sondern konzentriert sich auf die gegebene Ausdehnung des Bildes. In dieser Fläche scheint sich das Rot zu bewegen, es ist nicht statisch, eher ein wenig wie kleine braunrote Wolken, die richtungslos im dunkleren violettroten Farbraum treiben. Nähert man sich dem Bild, trennen sich die Farbschichten, die Differenzierung von räumlich unbestimmbarem Untergrund und darüberliegenden breiten Pinselstrichen lässt die Materialität der Farbe zeitweise erkennbar werden – kleine Haltepunkte im scheinbar unbestimmbaren Raum. Nur an diesen Stellen – unmittelbar vor dem Auge – entwickelt die Oberfläche eine Materialität. Unterschiedliche Farbschattierungen des Rots sind zu erkennen – z.B. ein helleres Blaurot mit weißen Anteilen –, Körnungen des Untergrundes drücken sich durch, der Pinselstrich erhält eine Struktur und eine Richtung. Die Farbe des Vordergrundes ist stumpf, fast haptisch. Dahinter bleibt die Fläche von einer unbestimmbaren Dunkelheit, der Blick versucht vergeblich zu fokussieren. Das Gefühl bleibt eines der Verunsicherung, zumal die Anker der Materie verloren gehen, sobald der Blick die unmittelbar vor dem Auge befindliche Fläche verlässt und das Wolkige wieder die Oberhand gewinnt. Man steht vor einem großen, mit Farbe auf Leinwand gemalten Bild, doch man hat kein materielles Gegenüber. Es löst sich auf in Farbe. – Bei der ersten Präsentation befand sich das Bild im Ausstellungsraum *Fuhrwerkswaage* mittig an der Rückseite einer dem Eingang gegenüberliegenden Wand. Ging man an dieser Wand vorbei, begegnete man dem Bild zuerst aus der Nähe und musste sich von ihm entfernen, wollte man dessen Größe erfassen. Die Wahrnehmung wurde bewusst von derjenigen eines Altarbildes unterschieden, dem man sich von der Ferne nähert. Dennoch hat der Untertitel einen sakralen Klang: *Pietà Cycle*. Das Bild ist Teil eines Zyklus, der sich mit den Mitteln der Malerei und in unterschiedlichen Farben mit dem Thema der Trauer auseinandersetzt. Anregung war Tizians Gemälde der Pietà in der Accademia in Venedig – ein großformatiges Spätwerk, bei dem eher der dargestellte Raum und dessen Lichteffekte emotional berühren als die kleine Figurengruppe von Maria und ihrem toten Sohn am unteren Bildrand. Vergleichbar formuliert Phil Sims durch die Farbe und die Entmaterialisierung der Oberfläche eine inhaltliche Stimmung: Das Rot changiert zwischen Purpur und Blut, zwischen Triumph und Katastrophe, zwischen Lieblingsfarbe und Abscheu, während die Entgrenzung des Raumes, also die Verunsicherung der Wahrnehmung, ein Gefühl der Haltlosigkeit beisteuert. Farbklang und Oberflächenstruktur des Gemäldes sind nicht beliebig reproduzierbar. Sie sind Ergebnis eines Malprozesses, der fest eingebunden ist in die Biographie des Künstlers. Er malte dieses Bild in Köln. Es ist das *Cologne Painting*.

• PHIL SIMS *The Cologne Painting (Pietà Cycle)*, 2002, Ölfarbe auf Leinwand (Detail)

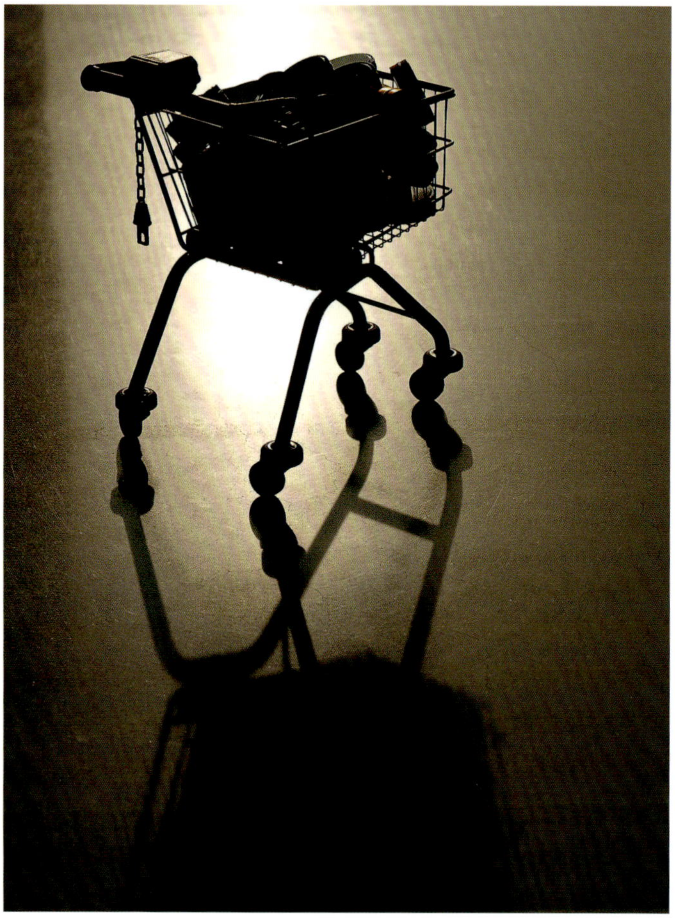

Hinterlassenschaft

14. September 2009 bis 30. August 2010

Hinterlassenschaft

Die dritte Jahresausstellung von Kolumba beschäftigte sich mit dem, was zurückbleibt: mit den Dingen, die wir gestalten und benutzen, die uns behausen und bekleiden, mit denen wir spielen und an denen wir arbeiten. Ausgehend vom historischen Ort, der im Krieg zerstörten Kolumba-Kirche, und den archäologischen Funden ihrer Baugeschichte wollte die Ausstellung den Spuren menschlicher Existenz nachforschen, die sich in Dokumenten und alltäglichen Gebrauchsgegenständen ebenso niederschlagen wie in künstlerischen Arbeiten. Sie thematisierte den Wert der Erinnerung sowie unsere Verantwortung im Umgang mit historischem Erbe, für den das Kolumba-Gebäude selbst ein Beispiel ist. Die Beschäftigung mit der Ausstellung erhielt während der Vorbereitung eine beklemmende Aktualität, als in den Wochen und Monaten nach dem verheerenden Einsturz des Kölner Stadtarchives immer deutlicher wurde, dass dieser keine unabwendbare Naturkatastrophe war, sondern das Gedächtnis einer ganzen Stadt im Schlamm einer nachlässig gesicherten Baugrube versunken war. Konkret bezog sich der Ausstellungstitel auf die Videoarbeit des Münchner Künstlers Kurt Benning: *Hinterlassenschaft – Ein deutsches Erbe*. Es handelt sich dabei um die Beschreibung sämtlicher Gegenstände einer Wohnung, deren Auflösung kurz bevorstand. Diese Aufzählung von Dingen, die mit Assoziationen und persönlichen Erinnerungen verknüpft sind, war der Ausgangspunkt für die Auswahl der erneut in dialogischen Gegenüberstellungen ausgestellten Werke. Ganz selbstverständlich integrierten sich die permanent gezeigten Werke des Museums in den neuen Kontext, darunter das kostbare spätromanische Reliquiar im Kirchenschatz von St. Kolumba mit den Gebeinen verschiedener Heiliger, Stefan Lochners *Muttergottes mit dem Veilchen* als Epitaph der Elisabeth von Reichenstein, die *Tragedia Civile* von Jannis Kounellis mit der hinterlassenen Garderobe eines Menschen und als Denkmal die Skulptur *Die Untergegangenen und die Geretteten* von Richard Serra. Die meisten der ausgestellten Werke waren jedoch erstmals oder nach langer Zeit wieder zu sehen. Als bewusste, in die Zukunft wirkende Hinterlassenschaft spielten Schenkungen eine wichtige Rolle, z.B. die spätmittelalterliche Schüssel mit dem erschreckend veristischen Haupt Johannes des Täufers (erworben mit Mitteln der Renate König-Stiftung), die Künstlerbücher von Christian Boltanski aus der umfangreichen Schenkung von Edith und Steffen Missmahl, die Hochzeitsfotos der Sammlung Manfred Morchel oder ein Hauptwerk des rheinischen Expressionisten Walter Ophey aus rheinischem Privatbesitz. Einige mittelalterliche Werke konnten nach z.T. langjähriger Restaurierung erstmals wieder gezeigt und in ihrer Qualität neu erlebt werden, darunter der von einer entstellenden Übermalung befreite Torso eines rheinischen Kruzifixes aus der Zeit um 1150.

Der Ausstellungsrundgang begann schon im Windfang mit einer ungewöhnlichen Arbeit von Herbert Falken, der die Ausbesserungsspuren auf Asphaltstraßen als Bildzeichen für sich entdeckt hatte. Weitere Spuren begegneten dem Besucher im Foyer: das Kreuz auf einem fränkischen Grabstein, der auf dem Kolumbagelände geborgen worden war, sowie die Hausmarken der Stifterfamilien auf den im Ruinenschutt erhaltenen Schlusssteinen von Gewölben der gotischen Kirche. Im ersten Ausstellungsgeschoss bildete das Thema der Kleidung als Merkmal von Individualität, als Zeichen der Repräsentanz sowie als persönliche Hinterlassenschaft das verbindende Element. Beginnend mit einer koptischen Tunika, die sich als Grabbeigabe erhalten hat, reichte das Spektrum über Paramente des 13. bis 17. Jahrhunderts, erstmals ausgestellte Modezeichnungen der 1950er Jahre von Paul Thek und zeitgleichen Gewänder des Kölner Kardinals Josef Frings bis zum einzigartigen Kruzifix aus Erp mit dem vollständig in eine Tunika gewandeten Gekreuzigten. Weitere Kleidungsstücke begegneten dem Besucher im zweiten Ausstellungsgeschoss, etwa Hut und Mantel der *Tragedia Civile*, zwei zusammengehörige mittelalterliche Chormäntel oder die Drillichkleidung aus einer geschlossenen psychiatrischen Anstalt. Immer wieder fanden sich Dinge des täglichen Gebrauchs. Die mit geringen Eingriffen zur Skulptur verwandelten Stühle von Stefan Wewerka bildeten den Auftakt. Arbeiten von Thomas Böing und Olaf Eggers forderten dazu auf, das alltägliche Verhältnis zu Räumen und Dingen, die uns umgeben, zu hinterfragen. Der im Museum scheinbar deplazierte Kindereinkaufswagen, eine Skulptur von Thomas Rentmeister, war unerwarteter Fixpunkt vieler Gespräche. Zu einem Panorama zur Lage der Psychiatrie um 1970 und zu einem Exempel des Umgangs mit dem Individuum entwickelte sich das Konvolut *Der Grafenberg* von Felix Droese, ausgestellt auf einer Vielzahl gebrauchter Tische, die den Ausstellungsraum chaotisch verstellten. Die Dichte und die Faktizität der Gegenstände, die sich dem Betrachter unmittelbar erschließen, wurde mehrfach durch sehr sparsam bespielte Situationen mit offeneren Kontexten unterbrochen. In ihnen führte der Weg über die Gegenständlichkeit zur Auseinandersetzung mit abstrakten Denkräumen von Zeit, Raum und Atmosphäre. Es wurde deutlich, welchen Beitrag die Kunst leistet, um die Erinnerungskultur einer Gesellschaft lebendig zu erhalten.

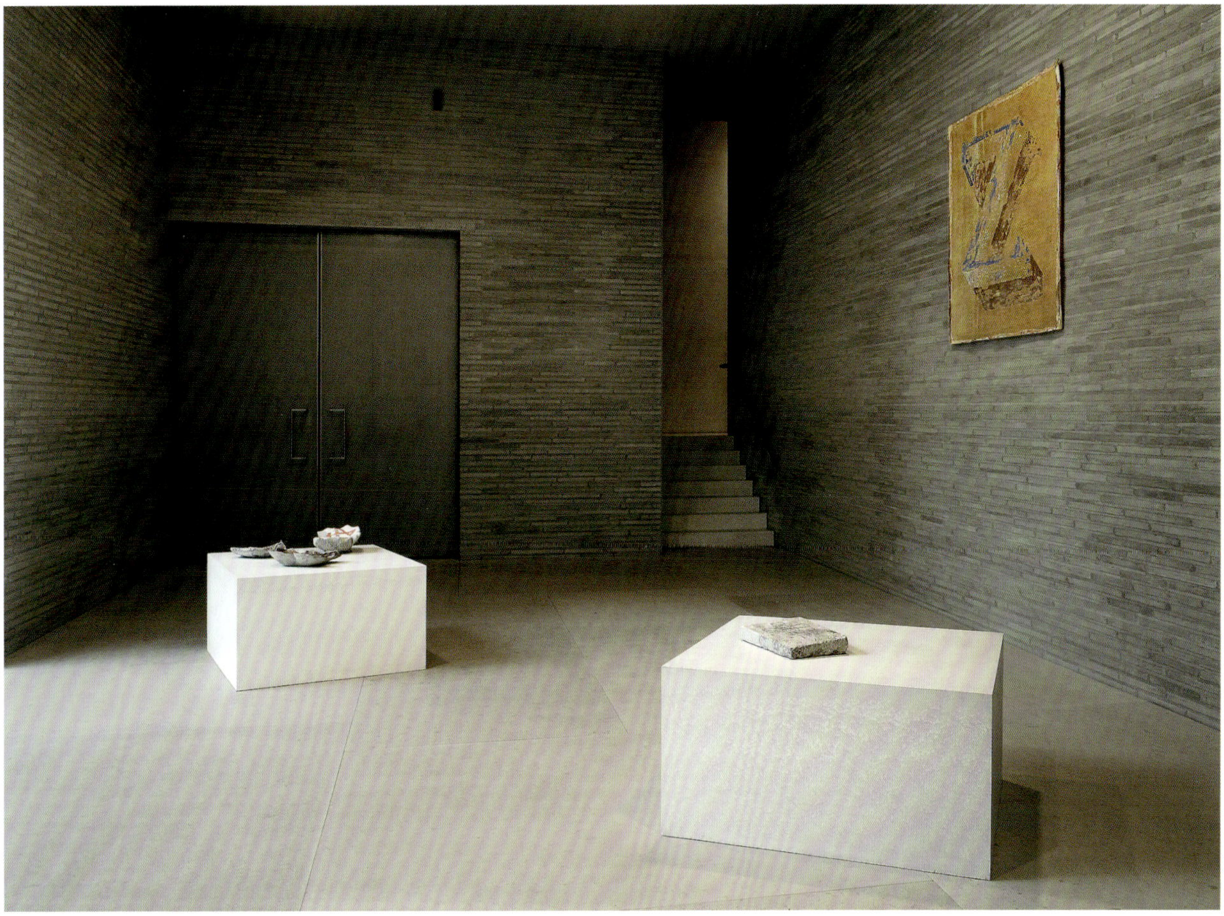

Hinterlassenschaft Raum 1 (Windfang und Foyer)

Auf einem Sockel im Windfang – also fast auf der Straße – lagen Bildzettelchen zur Mitnahme bereit. Es sind Fotografien von Reparaturen auf Asphaltstraßen, oder sind es abstrakte Figuren – Zeichen – eines anonymen Zeichners? Ganz sicher sind es Entdeckungen eines Künstlers, der selbst Zeichner ist. Mit dem Aufheben, Betrachten und Mitnehmen der Fotos wird der Besucher zum Teilhaber dieser ästhetischen Entdeckung, die er als eigene Erfahrung nach Hause tragen kann. Im Foyer waren archäologische Fundstücke und Ruinenfragmente als authentische Hinterlassenschaft des Ortes ausgestellt.

• Herbert Falken *Asphaltfotos*, 2003, Farbfotografien, Offsetdruck • *Grabstein mit Stangenkreuz* eines merowingischen Grabes, 7. Jh., Kalkstein (Römisch-Germanisches Museum, Köln) • *Schlusssteine* der Seitenschiffgewölbe von St. Kolumba mit den Hausmarken der Stifterfamilien Rinck und von Westerburg sowie mit den »Arma Christi«, 15./16. Jh., Weiberner Tuffstein mit Resten farbiger Fassung • *Römisches Wandfragment* Lehmziegelmauerwerk mit mehrlagigem Kalkputz und Farbresten, 2. Jh. n. Chr. (geborgen während der Grabung im Kolumba-Hof am 4.12.2002)

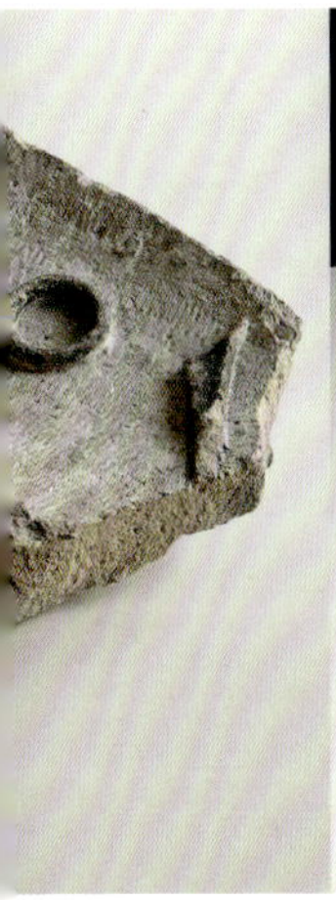
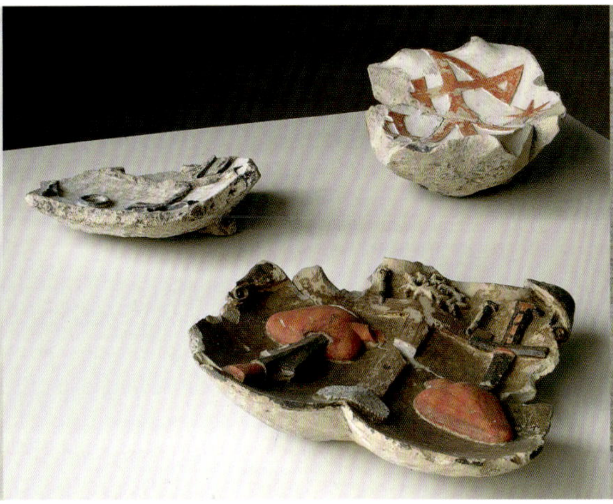
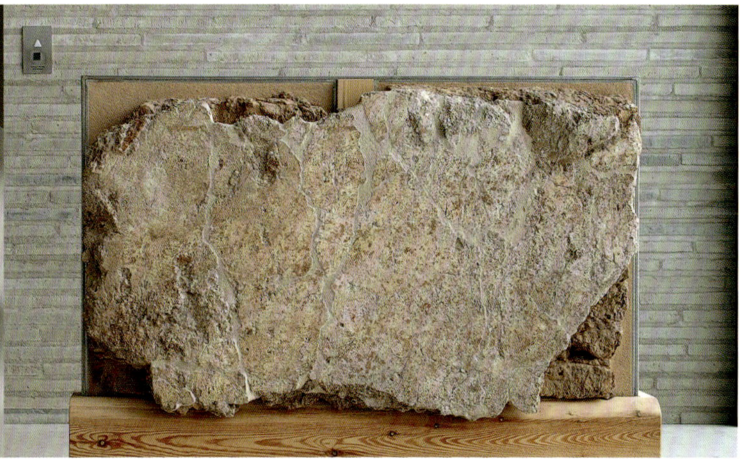

Hinterlassenschaft   Raum 1 (Foyer)

»MAGAZZINO« stand in verwitterten Großbuchstaben an der Außenwand der *Fortezza da Basso* in Florenz. Der Wortsinn erschloss sich erst mit dem Blick aus der Ferne, denn jedes Schriftzeichen war vereinzelt in die Fläche zwischen jeweils einem Fenster und einer Wandvorlage eingepasst. 1974 entfernte Dorothee von Windheim die auf den Putz gemalten Buchstaben von der Wand, fixierte sie auf Gaze und spannte sie auf Holzrahmen. Dabei wurde der vorgefundene Erhaltungszustand konserviert. Die strahlend blaue Signalfarbe des Buchstabenkörpers ist vielfach abgeplatzt, Wasserspuren verlaufen über die linke Seite des Bildes. Die im ursprünglichen Zusammenhang notwendige Monumentalität des Schriftzuges teilt sich noch mit. Der Buchstabe ist perspektivisch auf Untersicht angelegt und wirft durch suggerierten Lichteinfall einen Schatten, als sei er plastisch geformt und auf die Wand montiert. Ohne den Wortsinn, dem es entstammt, entfaltet das isolierte »Z« eine rätselhafte Bedeutsamkeit, als behaupte es etwas unendlich Wichtiges; es wird zum Zeichen, dem im Lauf der Zeit das Bezeichnete abhanden gekommen ist. Es befindet sich in einem Stadium der Auflösung. Noch sind die Konturen zu sehen, ist die Lesbarkeit des Buchstabens bewahrt. Hätte man mit der »Rettung« noch ein wenig gezögert, wären blaues Schriftzeichen und brauner Schatten in einen reinen Farbklang übergegangen. Wie ein mittelalterliches Fresko, das aus konservatorischen Gründen von der Wand gelöst werden muss, ist dieses Relikt einer Lagerhausbeschriftung auf einer neuen Trägerfläche fixiert worden. Es ist ein vorgefundenes Motiv, dem durch die Überführung in ein Kunstwerk Dauer verliehen wird. Doch ist es ein Bild? An den Rändern wölbt sich die unterlegte Gaze nach vorne, die mit Nägeln auf dem Holzrahmen befestigt ist. Die Perfektion eines in sich geschlossenen, sauber begrenzten Bildes wurde hier nicht gesucht. Die Geschichte des Reliktes von der Herstellung bis zur Konservierung bleibt als Gegenstand des Werkes erfahrbar. Die Grenzen zwischen Bild und Relikt, konkreter Nutzung und Zeichenhaftigkeit, historischer Dokumentation und Kunstwerk werden aufgehoben.

• DOROTHEE VON WINDHEIM *Z*, 1974, abgenommener Mauerputz auf Gaze von der Fortezza da Basso in Florenz • Abbildung auf der folgenden Doppelseite: HANS JOSEPHSOHN *Große Liegende*, abgeschlossen 2000, Messing mit Rohguss-Patina

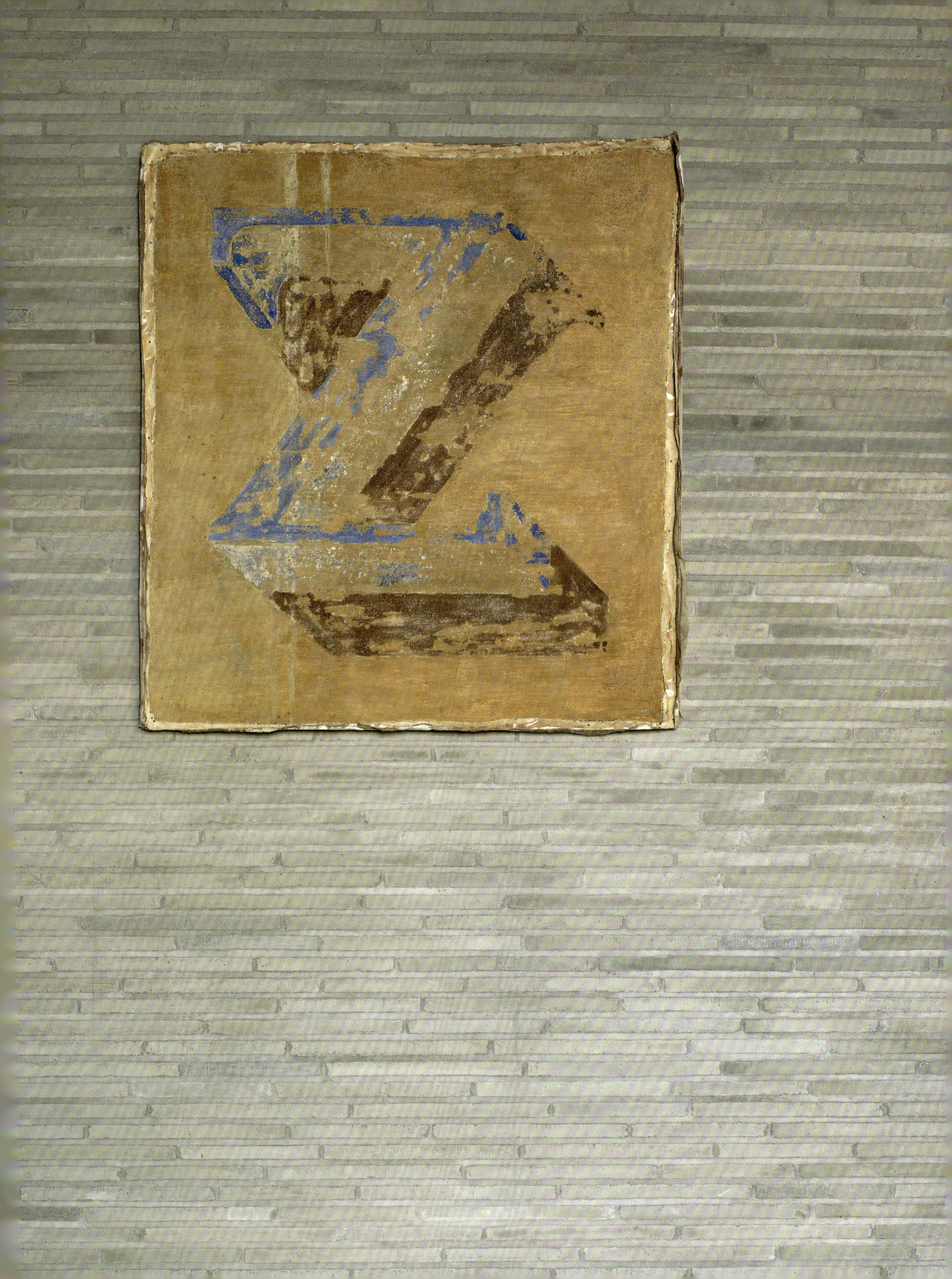
Z

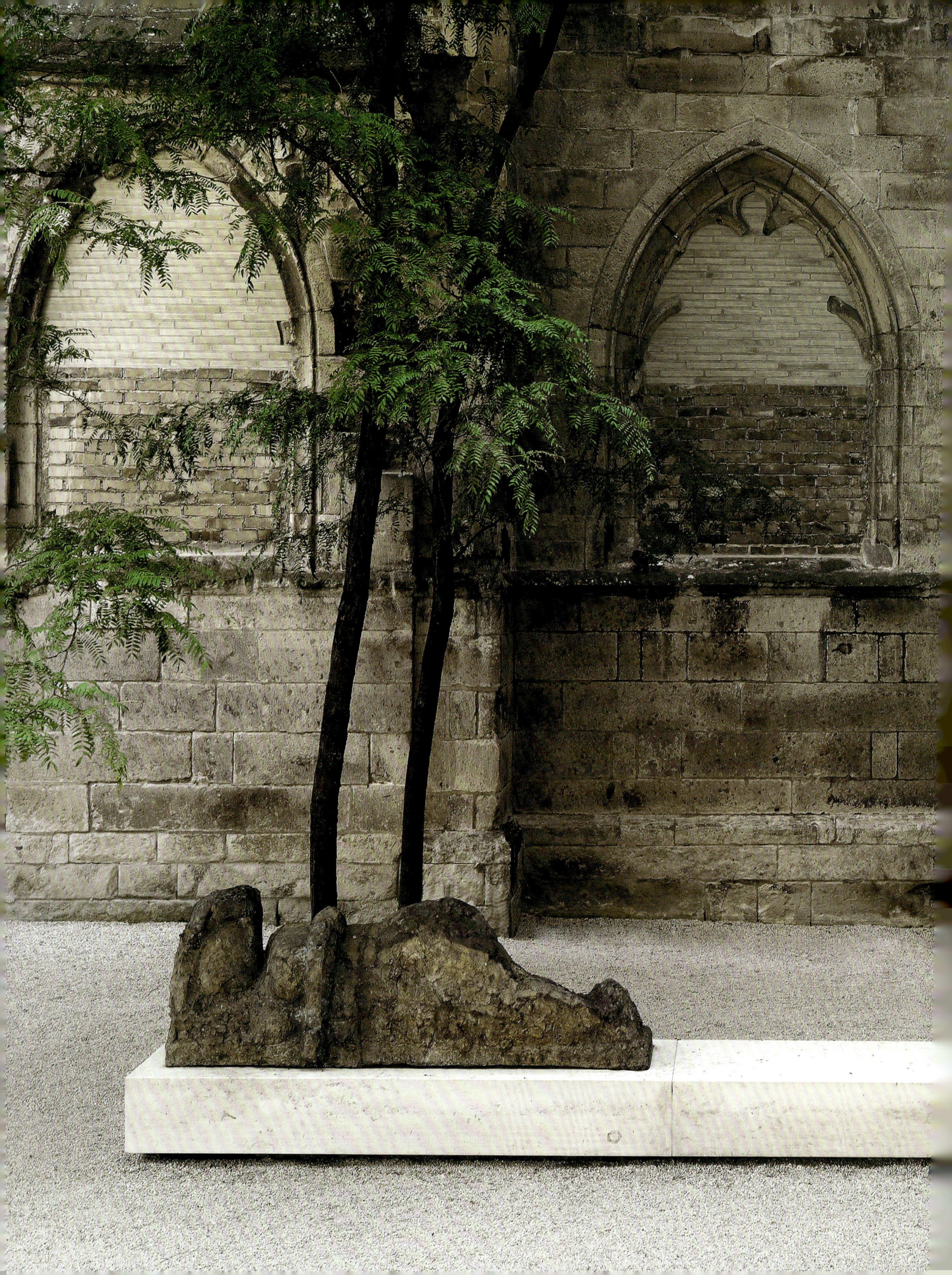

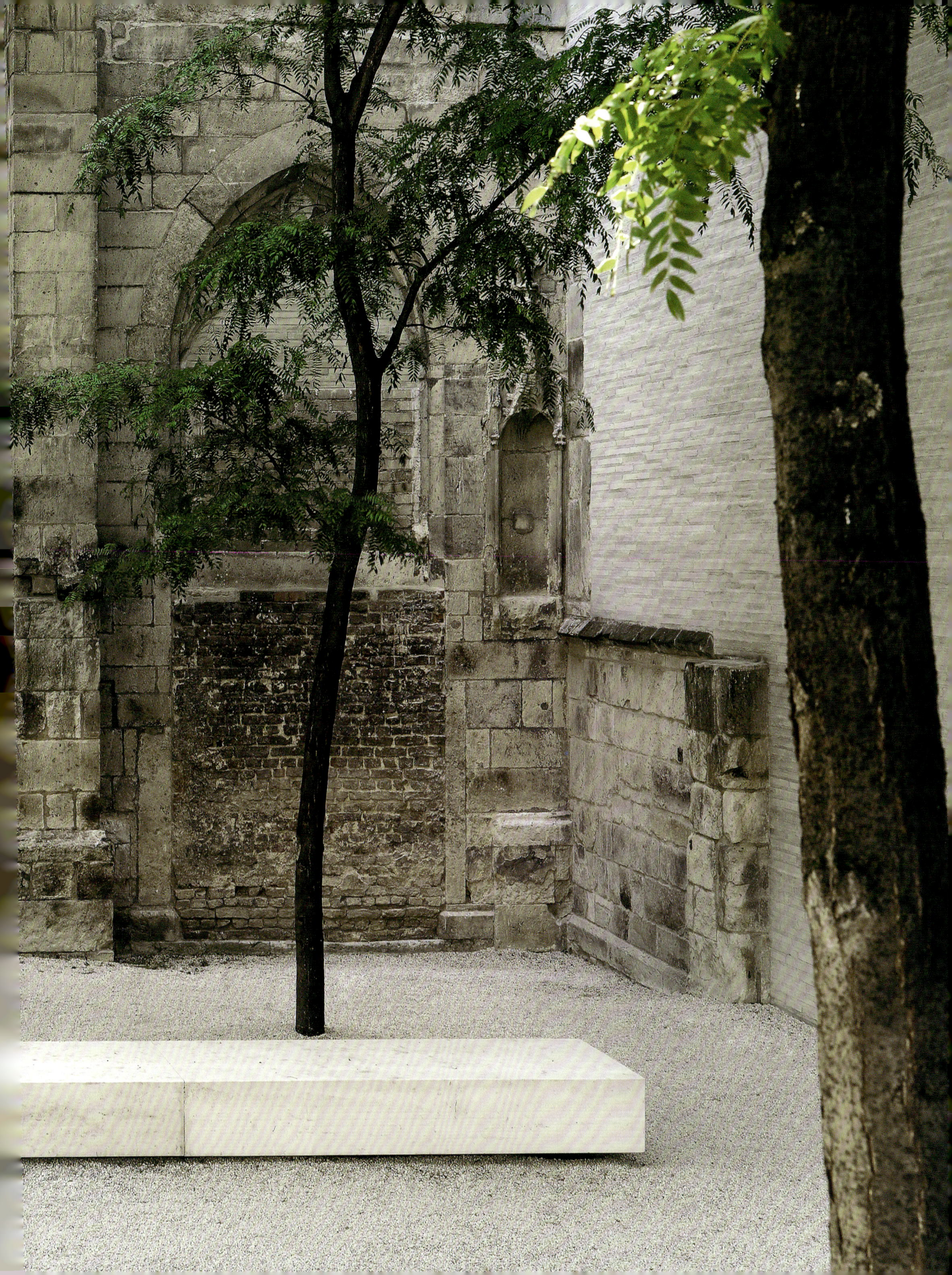

Hinterlassenschaft Raum 2 (Hof)

297

Hinterlassenschaft   Raum 4 (Ehemalige Sakristei)

RICHARD SERRA *The Drowned and the Saved* (Die Untergegangenen und die Geretteten), 1992/1997, Schmiedestahl, 2-teilig

Wir sind nicht, als unsere jüdischen Freunde abgeführt wurden, auf die Straße gegangen, haben nicht geschrien, bis man auch uns vernichtete. Wir haben es vorgezogen, am Leben zu bleiben mit dem schwachen, wenn auch richtigen Grund, unser Tod hätte doch nichts helfen können. Daß wir leben, ist unsere Schuld.

Karl Jaspers

Hinterlassenschaft Raum 5

»Bildfolgen, welche der Alltag bot, bedeuteten ihm nichts. Indem er sie selbst inszenierte, gab er ihnen einen originären, spannungsgeladenen Inhalt, der ein Fragezeichen übrigließ, so dass der Beschauer weiter denken musste.« Dies schrieb der unvergessene L. Fritz Gruber über seinen Freund, den amerikanischen Fotografen Duane Michals, dessen Werk er seit dem Ende der 1950er Jahre verfolgen konnte. Die im Raum 5 der Ausstellung *Hinterlassenschaft* erstmals gezeigte Arbeit *Ein Versprechen an Gott* ist eine der ganz wenigen Sequenzen, die sich auf einen präzise benennbaren Ort bezieht. Sie war die Antwort des Fotografen auf die Anfrage des Museums, ob er sich vorstellen könne, in der Ruine von Kolumba zu arbeiten. Die Zusage erfolgte bei einem ersten Besuch im September 2000. Einige Wochen vor der für Frühjahr 2001 geplanten Realisierung lieferte er eine Liste der benötigten Requisiten. Dazu zählte auch das T-Shirt des jungen Mannes, das die Bildfolge mit einem Bekenntnis zu Köln einsetzen lässt, das derzeit nicht immer leicht fällt. Doch Duane Michals fühlte, dass er sich mit der Kolumba-Arbeit ganz in das kulturelle Erbe dieser Stadt vertiefen konnte. Auch hatte er zum Aussehen der Darsteller sehr präzise Vorstellungen. Während er den männlichen Hauptdarsteller aus New York mitbrachte, wurden die übrigen Personen aus dem unmittelbaren Umfeld des Museums rekrutiert. Bei klirrender Kälte fand das »Shooting« am 19. und 20. März 2001 – also lange vor Baubeginn – auf dem Gelände von Kolumba statt. Am Tag zuvor waren bei Regenwetter am Nordportal des Domes jene beiden Aufnahmen erstellt worden, die zu Beginn der Geschichte von zwei jungen Leuten bei der Erkundung der Ruine in einer ausgegrabenen »Kaffeebüchse« entdeckt werden. Michals schuf eine poetische Zeitreise, die Gegenwart und Vergangenheit zusammenfallen lässt. Wie in allen seinen Werken mischen sich Fiktion und Realität zu einer unauflöslichen Sinnfälligkeit. Bezeichnenderweise ist der in der Büchse entdeckte und – wie alle Bildunterschriften – auf Deutsch verfasste Brief eines Priesters auf den Geburtstag des Künstlers datiert.

• DUANE MICHALS *Ein Versprechen an Gott*, 2001, Silbergelatine-Abzüge, 25-teilig

EIN VERSPRECHEN AN GOTT

2

Willi und Liesel erforschen die Ruinen
von St Kolumba.
Es ist ein Ort Gottes und Geistern,
ein Phoenix-Nest, wo der Frühling geboren wird
und die Zeit wieder beginnt.

Hinterlassenschaft Raum 5

5

6

9

10

In einem vertrauten Moment stösst Willis Schuh zufällig auf eine alte Metallbox, die im Boden vergraben ist.

Hinterlassenschaft Raum 5

304

Es ist eine Kaffeebüchse, die einen Rosenkranz und eine getrocknete Rose enthält, mit einem Brief und Fotografien darin.

St. Kolumba 1930

Hinterlassenschaft   Raum 5

19

auf der Fotografie posiert ein junger Priester mit seinem Eltern,
der denselben Rosenkranz hält, der in Büchse ist.
Die getrocknete Rose sieht aus wie die seiner Mutter.

Der Brief ist ein anrührendes Zeugnis der Zeit, ein Gebet aus der Vergangenheit.

Liesel ist bestürzt zu sehen, dass Willi dem jungen Priester auf der Fotografie gleicht.

Hinterlassenschaft Raum 5

Sie beschliessen, die Dose an den geheimen Ort zurückzulegen, wo sie sie gefunden haben.

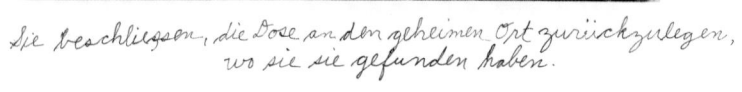

24 25

Sie sprechen ein Gebet für Pater Andreas Müller.

Hinterlassenschaft Raum 5

Die safranfarbene Tunika, bald 1500 Jahre alt und als Ganzes erhalten, bildete den Auftakt im ersten Ausstellungsgeschoss, in dem sich das Thema der Kleidung und Bekleidung als persönliche Hinterlassenschaft vielfältig darstellte. Tuniken dieser Art wurden in der Spätantike von den koptischen Christen in Ägypten getragen. Sie waren sehr weit geschnitten, lagen an den Armen aber eng an. Da die Tunika vollständig erhalten blieb, was sehr selten ist, erfahren wir viel über deren Entstehung, die Verwendung und ihren Besitzer. Das Material – die Wolle – spricht für eine Winterkleidung. Sie wurde einschließlich des Dekors in einem Stück auf einem mindestens 2,60 m breiten Webstuhl hergestellt, an dem wahrscheinlich zwei Weber gleichzeitig tätig waren. Darauf weisen Unterschiede in den Dekorformen hin. Sie scheinen nicht auf Bestellung gearbeitet zu haben, denn das Gewand war zu lang und musste eingekürzt werden. Vielleicht wurde es aber auch nach dem Tod des ersten Besitzers an einen Erben weitergegeben, der von kleinerer Statur war. Der zur Einkürzung in der Mitte eingeschlagene Stoff hat die ursprüngliche Farbigkeit bewahrt, ein leuchtendes Safrangelb. Die grüngrundigen Zierelemente, in denen Köpfe, Vögel und Blüten aufgereiht sind, setzen sich durch rote Rahmenstreifen wirkungsvoll davon ab. Lediglich in den Querriegeln auf Brust und Rücken kommen stark stilisierte Figuren zum Einsatz, die sich als Tänzer aus dem Gefolge des heidnischen Gottes Dionysos zu erkennen geben. Ein solches Bildprogramm schmückte die meisten ägyptischen Tuniken der Spätantike, auch wenn sie Christen gehörten. Wahrscheinlich wurde es als Metapher für ein gutes Leben in Wohlstand und Sorglosigkeit verstanden. Zudem passte es auch zu der weiteren Verwendung der Tuniken: Nach ihrem Tod ließen sich die Kopten in solchen festlichen Gewändern bestatten. Ihre Hoffnung auf ein glückliches Jenseits könnte in der ekstatischen Entäußerung der Tänzer aus dem Reich des Dionysos eine bildliche Entsprechung gefunden haben. Der trockene Wüstensand, der die Gräber umgab, hat die Stoffe der Kleider gut konserviert, selbst wenn in ihnen menschliche Körper vergingen. Bei unserer Tunika finden sich die organischen Spuren jedoch nur auf der Außenseite. Sie wurde also nicht getragen, sondern lag sorgfältig gefaltet als Beigabe im Grab.

- *Tunika* Ägypten, 5.–7. Jh., mehrfarbige Wollwirkerei in einfacher Wollkette
- DUANE MICHALS *The Return of the Prodigal Son* (Die Rückkehr des verlorenen Sohnes), 1982, Silbergelatine-Abzüge, 5-teilig

- Abbildung auf der folgenden Doppelseite: *Kaselstab und -kreuz* mit Darstellungen von Heiligen, der Passion Christi und der Anbetung der Könige auf jüngerer Kasel (Stiftung des Johannes vom Hirtz und seiner Gemahlin Margareta, geb. Hardevust), Köln oder England, um 1300 • 2 *Dalmatiken* mit Darstellungen von Heiligen, Szenen aus der Jugend Christi und einem halbierten Wappen mit der Clever Rose, Köln, 2. Hälfte 15. Jh. • *Kasel* mit Blumen- und Fruchtornamentik, 17. Jh., Plattstichstickerei und Sprengtechnik mit aufgenähten weißen Glasröhrchen auf grünem Seidendamast

311

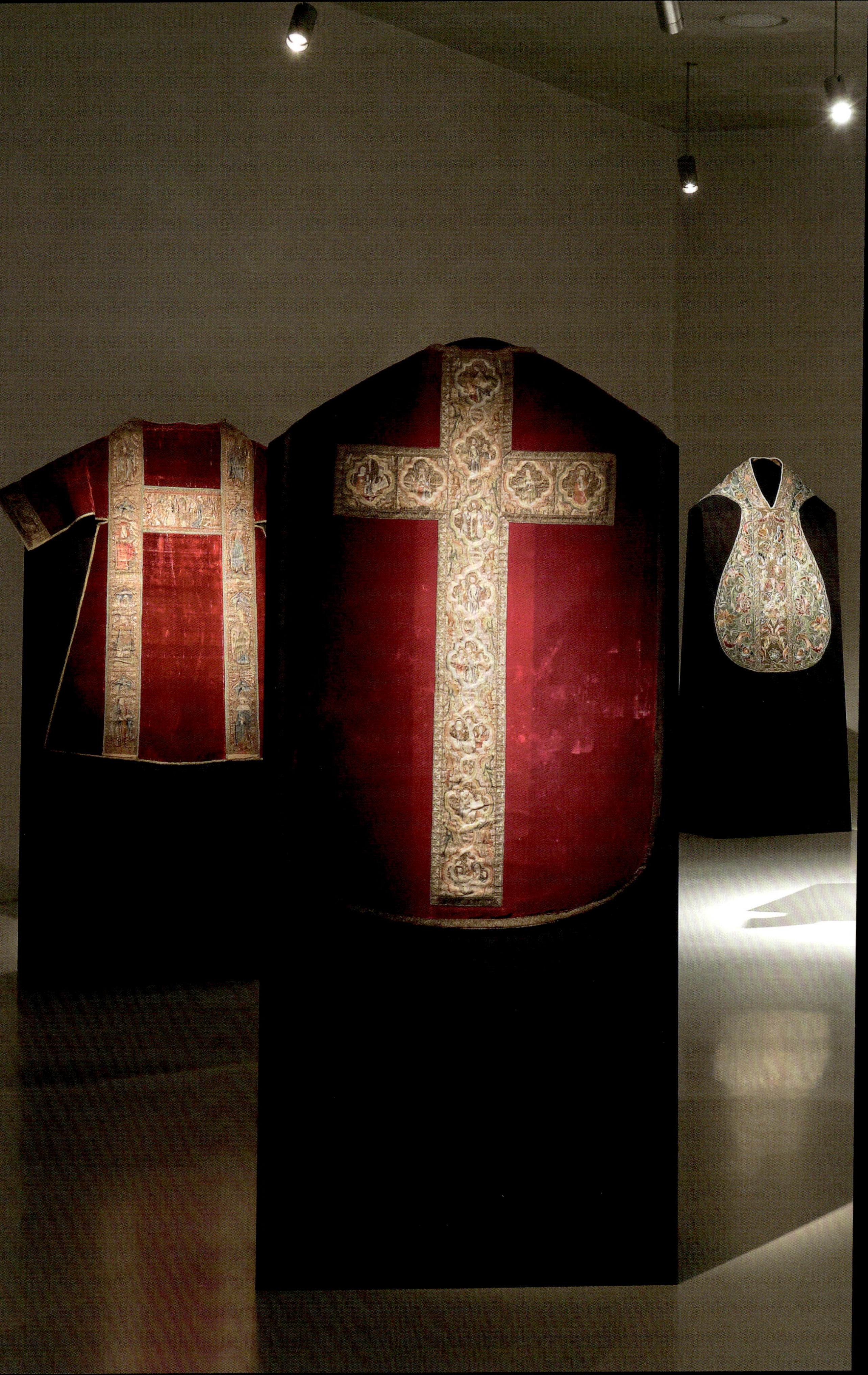

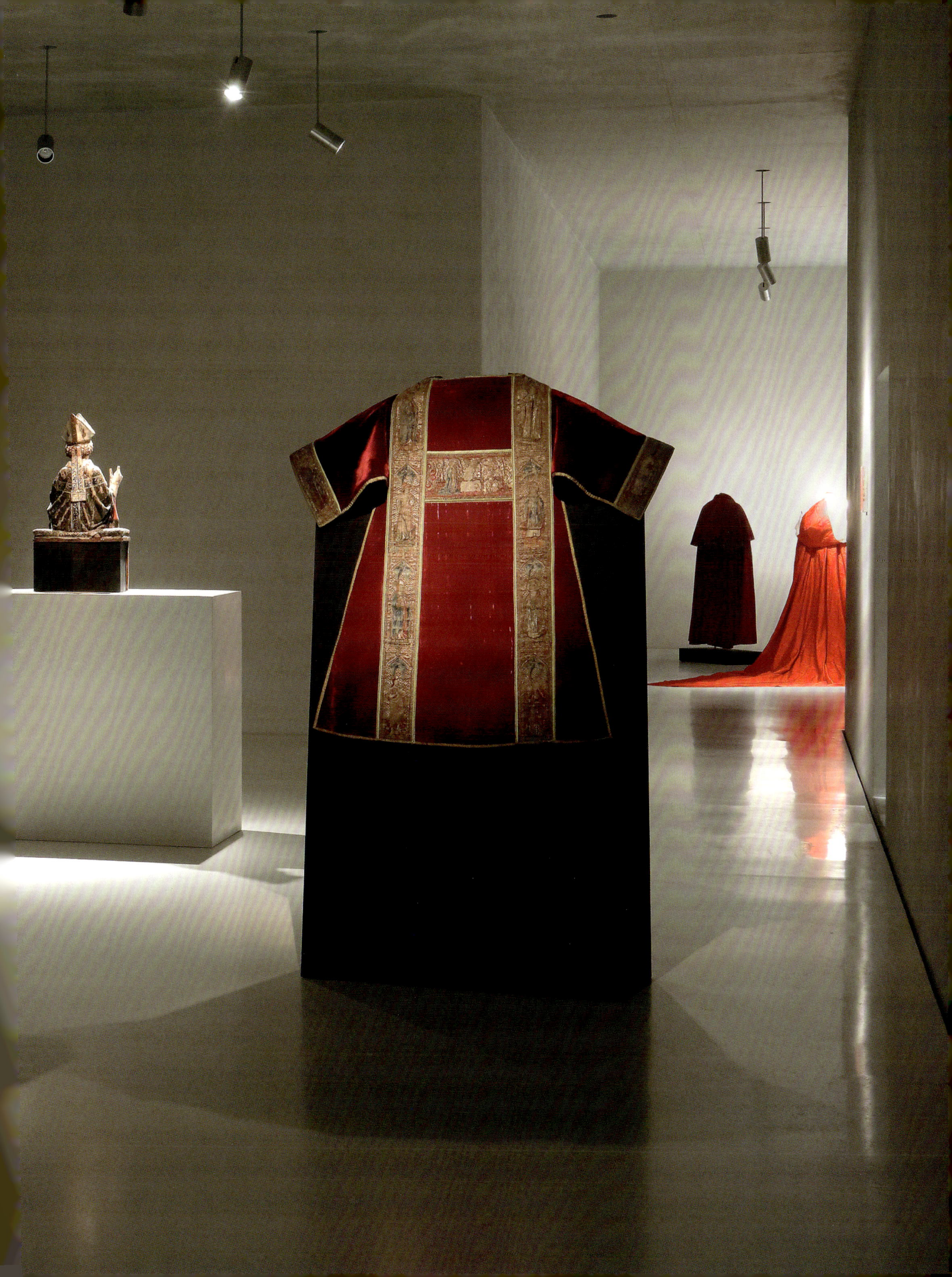

Hinterlassenschaft Raum 6

Durch seine Gewandung ist der hl. Nikolaus von Myra eindeutig als Bischof charakterisiert. Über der weißen Albe trägt er eine Dalmatik mit Rauten- und dann eine Kasel mit Vierpassmuster. Auf der Rückseite erkennt man noch das T-förmige erzbischöfliche Pallium. Schultertuchkragen, Pontifikalhandschuhe und Mitra vervollständigen den Ornat. – Die aufgeschlagene Seite der in einer Vitrine ausgestellten Handschrift zeigt die Ermordung von Thomas Becket, dem Erzbischof von Canterbury, während des Hochamtes am 29. Dezember 1170.

• GOLDRANKENMEISTER *Stundenbuch für den Gebrauch in England*, Flandern, 2. Viertel 15. Jh. (Sammlung Renate König) • *Hl. Nikolaus* mit Szenen aus seiner Vita im Sockelbereich, Köln, um 1320, Nussbaumholz mit farbiger Fassung

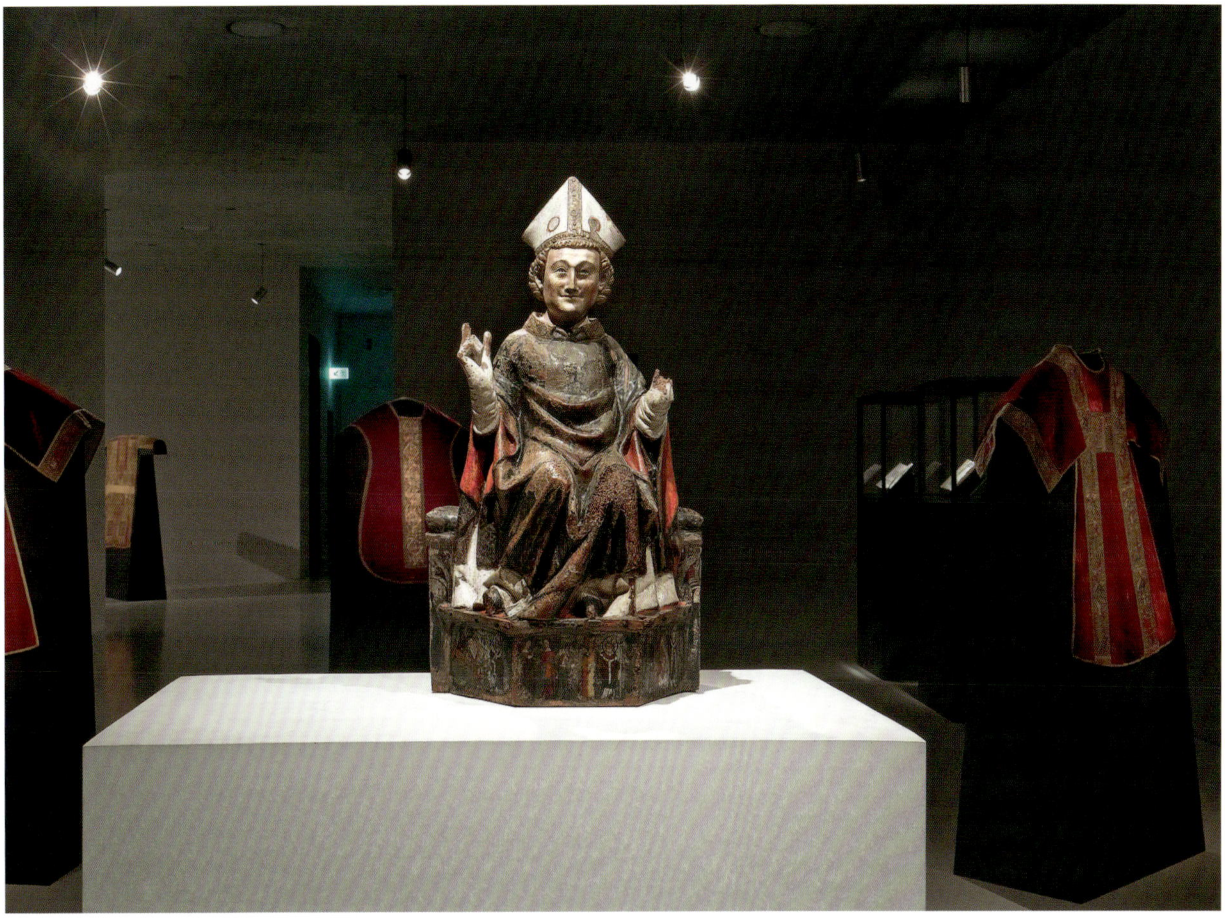

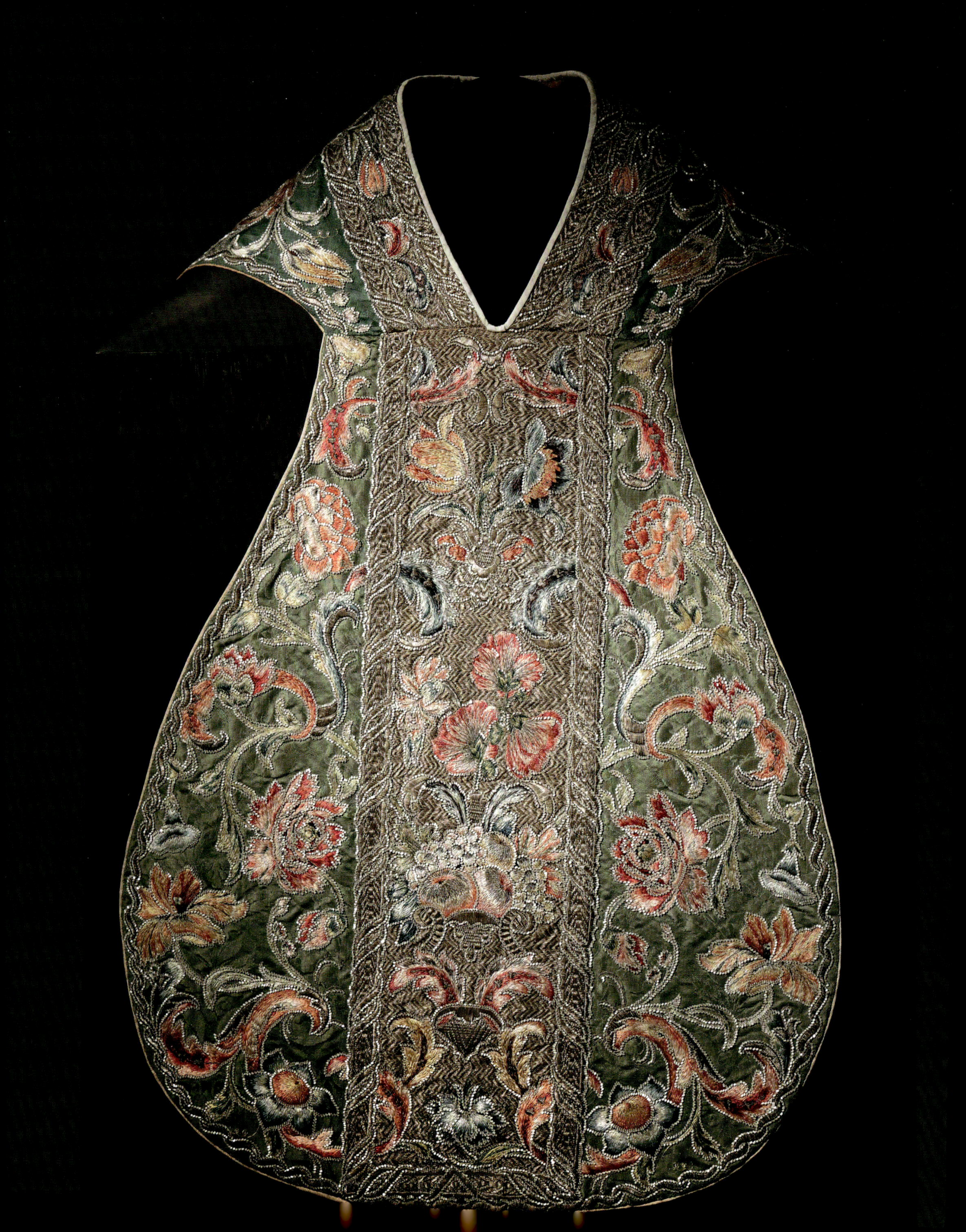

Hülle

Kultur

Erscheinung

Hinterlassenschaft Raum 7 (Kabinett)

Inmitten von Modezeichnungen, mit denen der amerikanische Künstler Paul Thek gegen Ende der 1950er Jahre sein Geld verdiente, hängt das Relief aus dem Mittelschrein eines von der Familie Palant für die Pfarrkirche von Linnich um 1420 gestifteten Altares. Es zeigt die Gottesmutter in annähernd unbewegter Frontalität, die sich sehr von den demonstrativen Posen der »modernen« Frauen in ihren neuen Kleidern unterscheidet. Sie ist vom himmlischen Hofstaat der Engel umgeben und präsentiert ihren kleinen Sohn, dessen Nacktheit im Kontrast zur goldenen Kleidung Mariens steht. Mit der rechten Hand klammert sich das Kind an ihren Mantelkragen – eine Geste, die gleichzeitig spielerisch und verängstigt wirkt. In der Linken hält es einen Apfel, der auf den Sündenfall als Ursache der bevorstehenden Passion anspielt. Die den Mittelschrein ursprünglich flankierenden Gemälde des Altars haben sich in verschiedenen deutschen Museen erhalten, nachdem sie Ende des 19. Jahrhunderts von dem Relief getrennt worden waren. Das zentrale Marienbild gelangte als Schenkung Maria und Regina Härles nach Kolumba. Die sehr ungewöhnliche Szenenauswahl lässt auf ein speziell auf die Wünsche der Auftraggeber hin entwickeltes Programm schließen. Die Darstellungen kreisen zum einen um das Thema Buße und rücken zum anderen einige Werke der Barmherzigkeit ins Bewusstsein. Auf einem der Bilder kniet die Stifterfamilie am Rande des Fegefeuers und bittet mit Hilfe von Schriftbändern um Erlösung, während Engel die Symbole ihrer Mildtätigkeit vorzeigen. Angesichts des drohenden Gerichts verweist die Gottesmutter des Mittelschreins mit ihrer Geste auf die Erlösungstat ihres Sohnes und verheißt ihre Fürsprache: Ihre Begleiter schlagen den Umhang Mariens zur Seite, als wollten sie dem frommen Betrachter darunter Schutz bieten. Dabei betont die strenge Frontalität das Zeremonielle des Vorgangs, das der Gestik Verbindlichkeit zu verleihen scheint. Wohl auf Wunsch der Auftraggeber wählte der Schnitzer ein ungewöhnliches Bild für die Gottesmutter, in dem die Verherrlichung der neuen Eva und Braut Christi, ihre Himmelfahrt, das Motiv der Himmelskönigin und der Typus der Schutzmantelmadonna anklingen. Im Altarzusammenhang wird deutlich die Mittlerrolle der am Erlösungswerk beteiligten Gottesmutter betont. »Du bist der Weg von Gott zu uns / und von uns hin zu Gott.«, schreibt der Mönch von Salzburg (14. Jh.) und formuliert damit die Erwartung, die in den vielen Marienbildern des späten Mittelalters Ausdruck findet.

• *Palanter Altar* Mittelteil, Köln 1419–1425, Nussbaumholz mit alter Fassung (Schenkung Maria und Regina Härle)

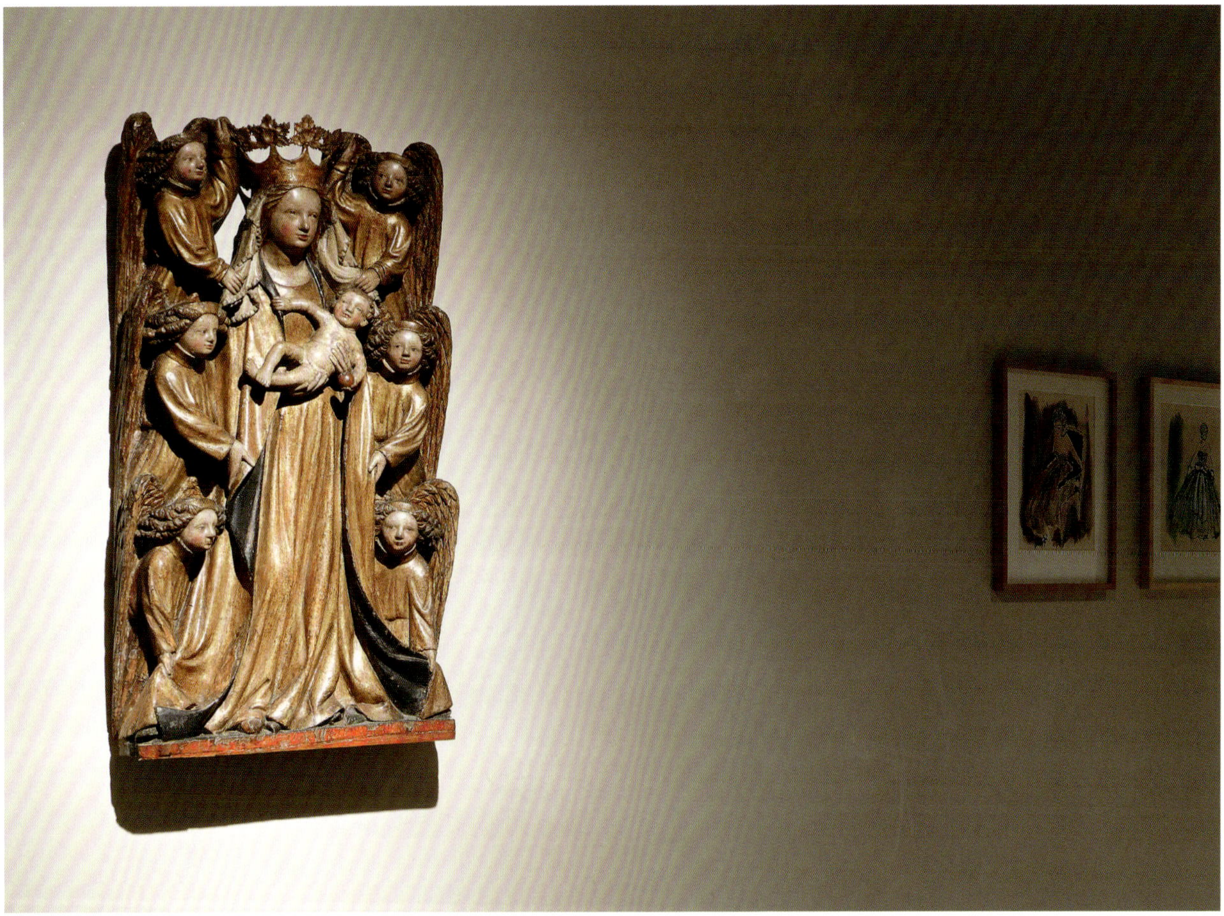

Hinterlassenschaft   Raum 7 (Kabinett)

• PAUL THEK *Modezeichnungen*, um 1950, verschiedene Techniken auf Transparentpapier, Papier und Karton (Schenkung Helen Thek Orr)

• Abbildung auf der folgenden Doppelseite, Raum 8: *Soutanen, Mantel, Rochett und Cappa magna* von Josef Kardinal Frings (1887–1978) • JÜRGEN KLAUKE aus der Werkgruppe *Desaströses Ich*, 1996–1998, 2 grau-blau getonte Fotoarbeiten

Während Soutane und Mantel zur Alltagskleidung eines Geistlichen gehören, handelt es sich bei der »Cappa magna« um ein Standesabzeichen vor allem des Bischofs bzw. Kardinals. Die ausgestellten Gewänder gehörten Josef Kardinal Frings, der von 1942 bis 1969 Erzbischof von Köln war. Die im Lauf der Zeit zweimal eingekürzte »Cappa magna« wurde nicht für ihn gefertigt; er übernahm sie von seinem Vorgänger, Karl Joseph Kardinal Schulte.

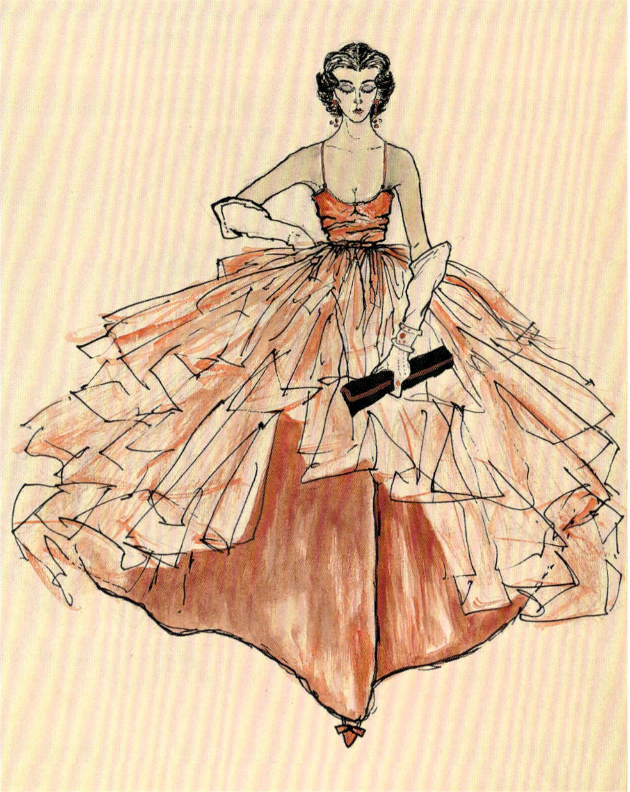

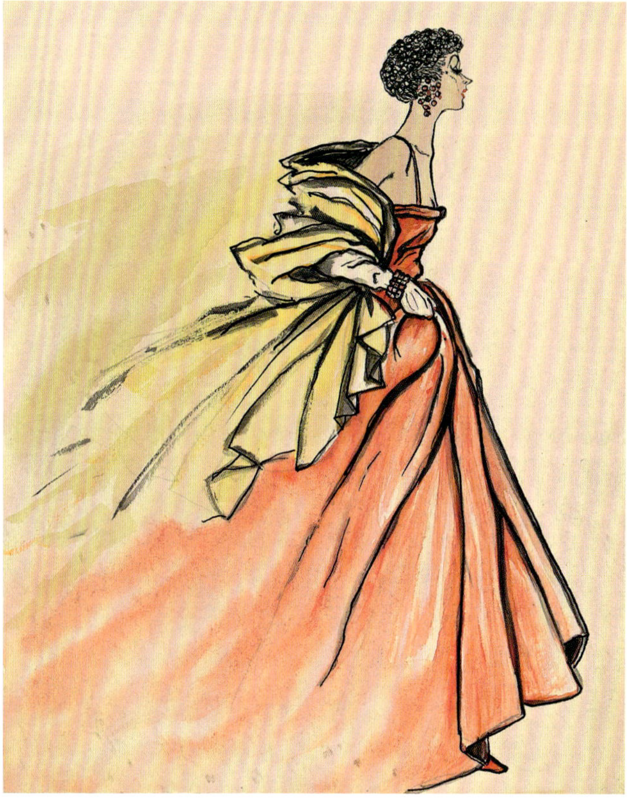

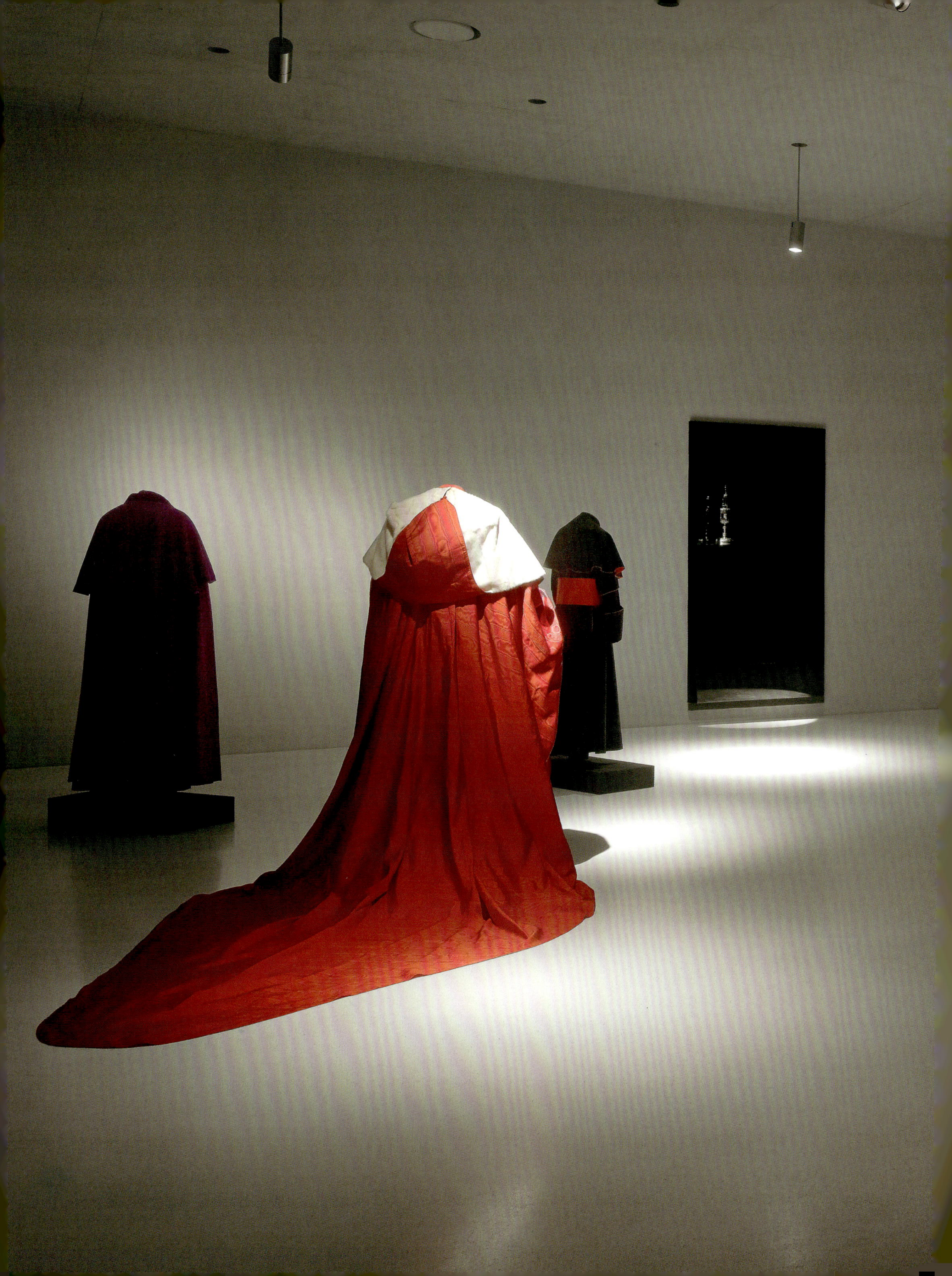

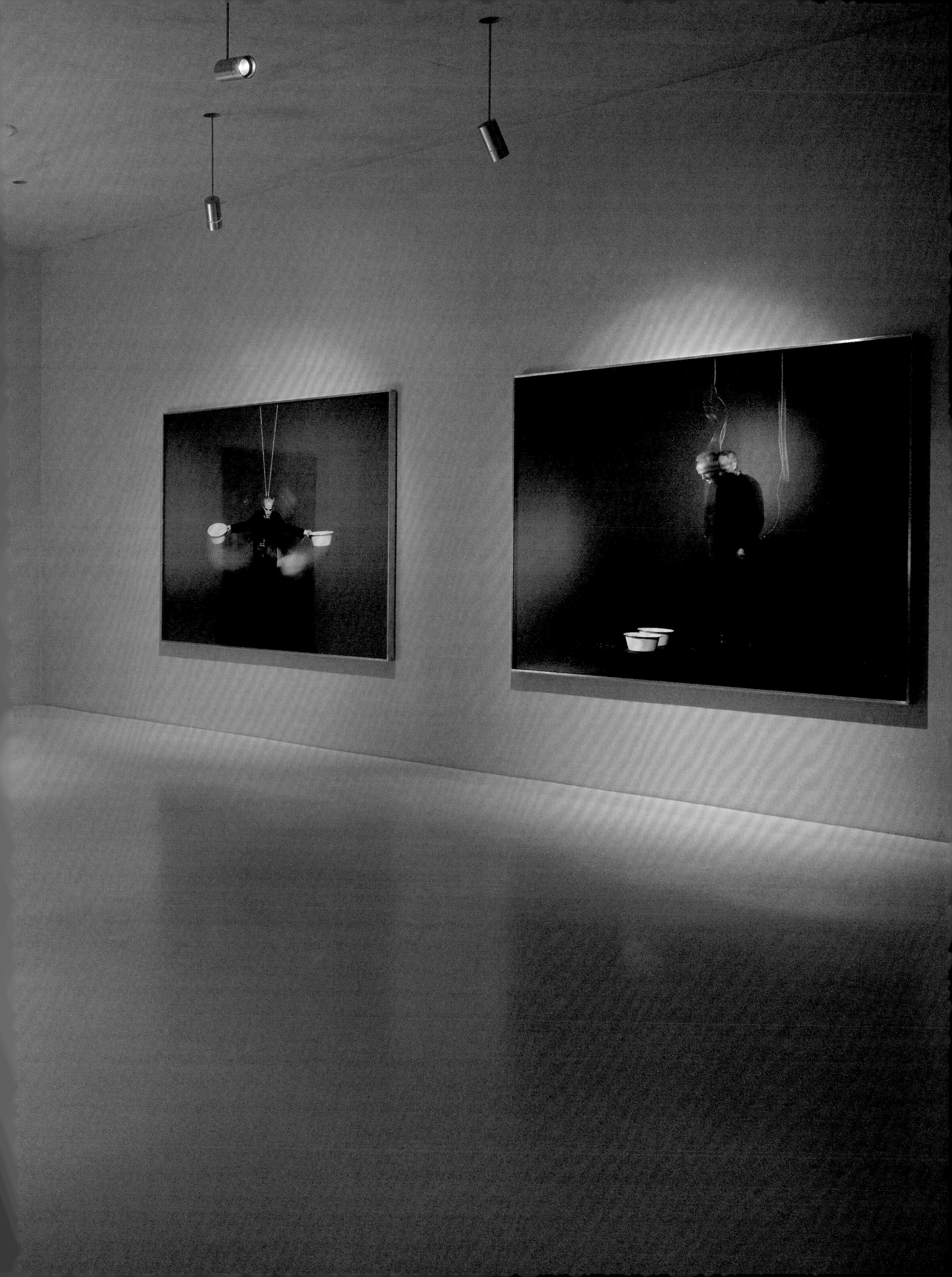

Hinterlassenschaft Raum 9 (Armarium)

Im Mittelalter hatten die Objekte in den Schatzkammern eine große Bedeutung für das religiöse Leben der Pfarrgemeinden. Sonn- und feiertags dienten sie zur Aussetzung von Reliquien und des Allerheiligsten auf den Altären in den Kirchen. An den Gedenktagen der Patronatsheiligen, zu Fronleichnam, aber auch in Zeiten von Not und Leid wurden sie in Prozessionen feierlich umhergetragen. Die Wahl des Materials und die aufwändige Gestaltung sollten dem Lob Gottes dienen und den ideellen Wert der geborgenen Reliquien widerspiegeln. Darüber hinaus waren sie beredte Zeugen des Wohlstands der Stifter und Auftraggeber. Im Zuge der Säkularisation und durch die Wirren zahlreicher Kriege haben die Bestände der meisten Schatzkammern so stark gelitten, dass sie nur noch einen schwachen Abglanz ihres einstmaligen Zustandes darstellen. Vor diesem Hintergrund ist es besonders erfreulich, dass sich am Ort von Kolumba einige Schatzstücke von höchster Qualität erhalten haben, die als Leihgabe der Pfarrgemeinde im Armarium permanent ausgestellt sind. – Der lateinische Begriff »Armarium« ist seit der Antike belegt. Abgeleitet von »arma« (Waffe, Rüstzeug) bezeichnete er einen Schrank oder einen Raum, der für die Aufbewahrung unterschiedlichster Dinge vorgesehen war. Im Mittelalter findet man Armarien in Kirchen und Klöstern zur Aufbewahrung von liturgischen Büchern, Reliquien, liturgischen Geräten und Paramenten, geweihten Hostien und Ölen, also jenen Dingen, in denen das Rüstzeug des Glaubens und Wissens versammelt ist, das der Verteidigung und Erschließung des christlichen Lebens diente. – Wie sich zwei Jahre nach der Einweihung – also lange nach der Benennung des Ausstellungsraumes – herausstellte, gab es bereits in der mittelalterlichen Kolumba-Kirche in einem der Turmobergeschosse (also fast an gleicher Stelle) einen in den Quellen als »Armarium« bezeichneten Archivraum. Dieser diente zur Aufbewahrung des Pfarrarchives und wahrscheinlich auch von Teilen des Universitätsarchives.

• *Reliquiar* Köln, um 1220, mit Reliquien der hll. Andreas, Laurentius, Georg, Kosmas, Damian und Walburga, Silber, Kupfer, vergoldet, Messing, Bergkristall, Edelsteine, Perlen (Leihgabe der Pfarrgemeinde St. Kolumba)

325

HInterlassenschaft Raum 9 (Armarium)

• *Vortragekreuz* Köln, Mitte 14. Jh. / um 1400, Silber, vergoldet • *Monstranz* Köln, um 1400, Silber, vergoldet, Email, Bergkristall, Edelsteine, Perlen (Leihgaben der Pfarrgemeinde St. Kolumba)

• Abbildung auf der folgenden Doppelseite *Kirchenschatz von St. Kolumba*:
• *Reliquiar* Köln, um 1220 • *Speisekelch* Köln, um 1650 / um 1740 • *Reliquienmonstranz* mit Dorn der Dornenkrone Christi, Köln, um 1450 • *Monstranz* Köln, um 1400 • *Monstranz* Köln, um 1500
• *Vortragekreuz* Köln, Mitte 14. Jh. / um 1400 (Leihgaben der Pfarrgemeinde St. Kolumba) • *Reliquienkreuz* mit Dorn der Dornenkrone Christi, Maasland, Ende 13. Jh. / Mitte 14. Jh. (erworben und restauriert mit Mitteln der Renate König-Stiftung) • PAUL THEK *Shrine* (Schrein), 1969, Glaskästchen mit Fotografien, Dokumenten und anderen Gegenständen

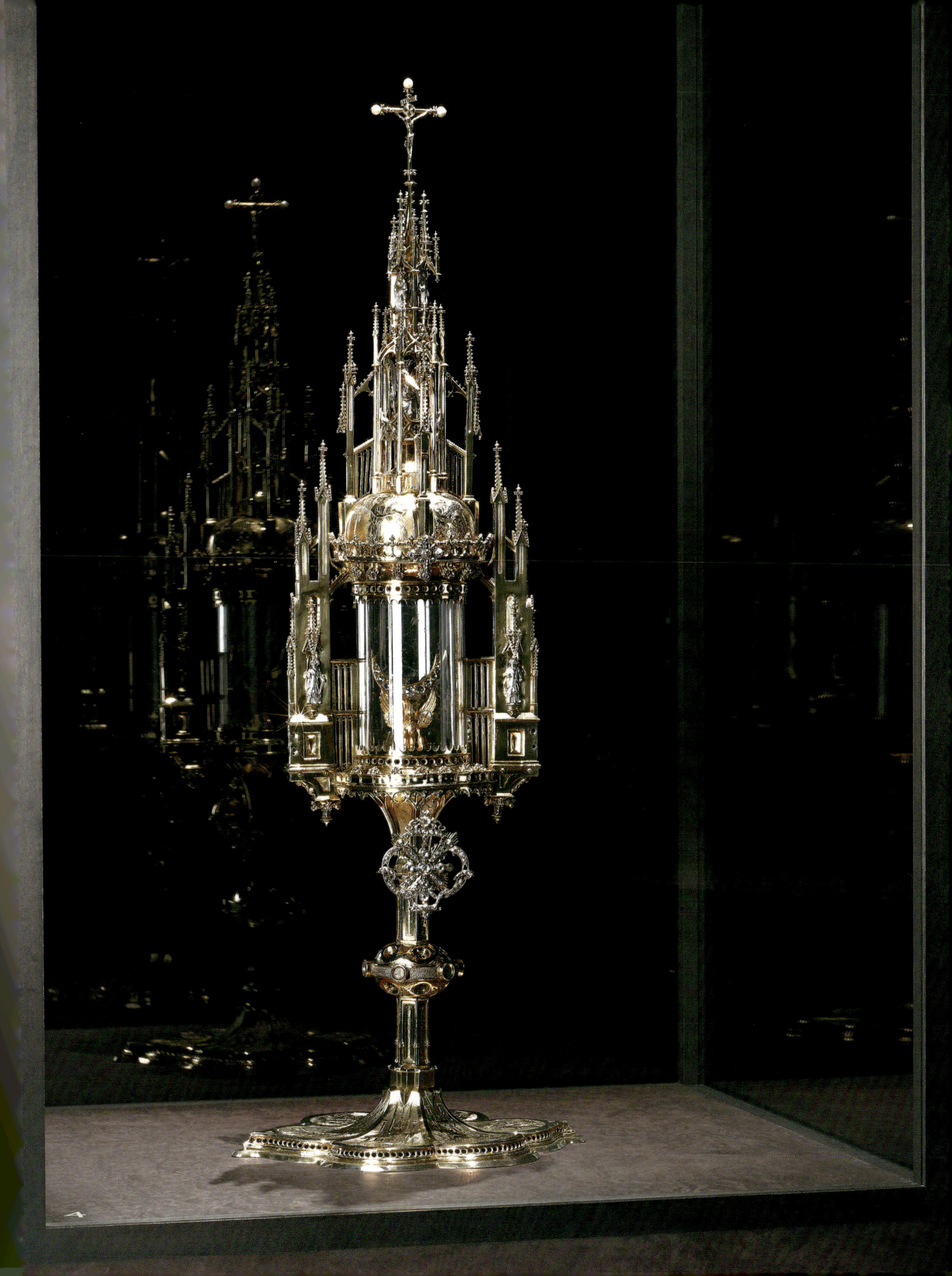

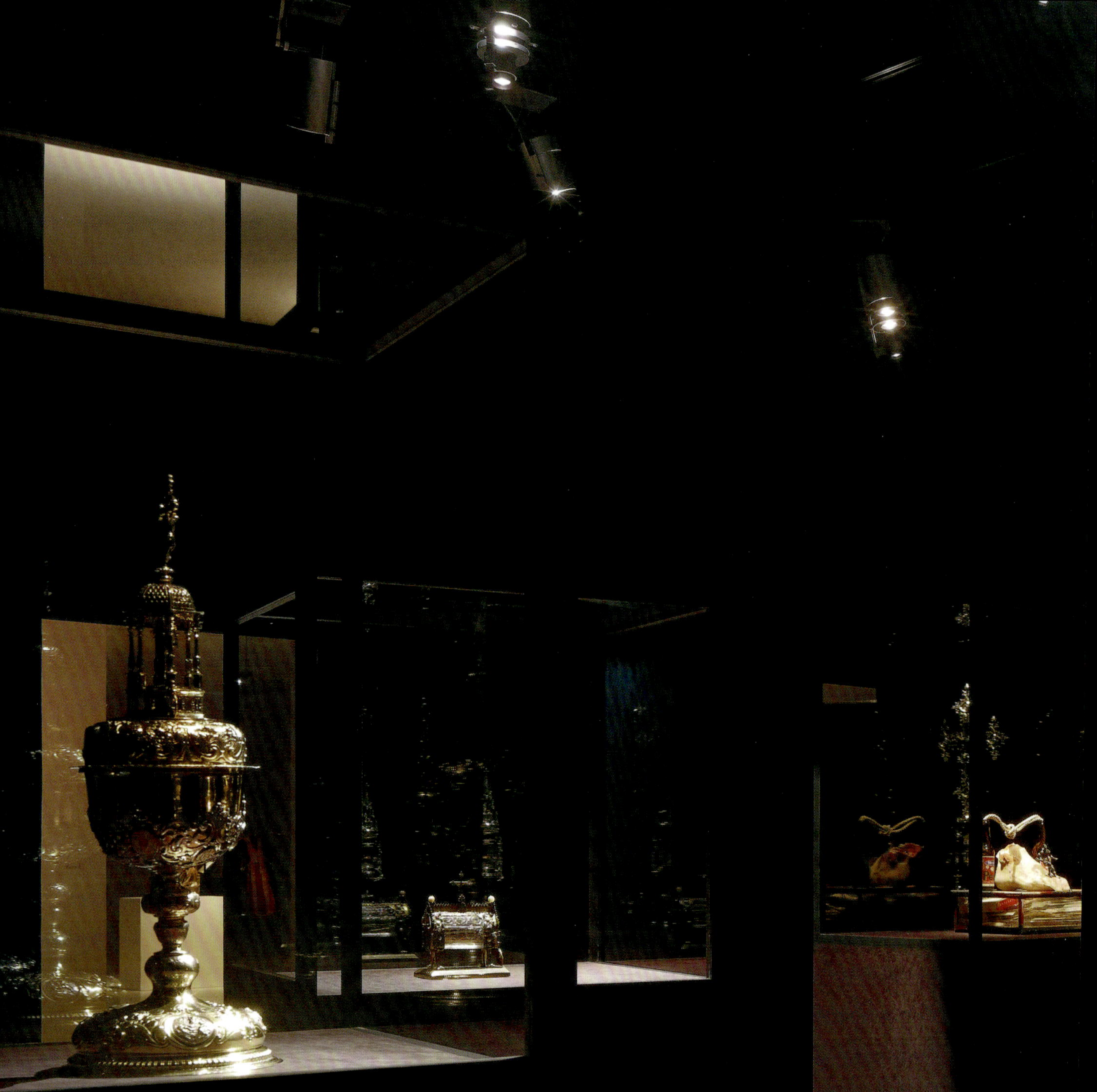

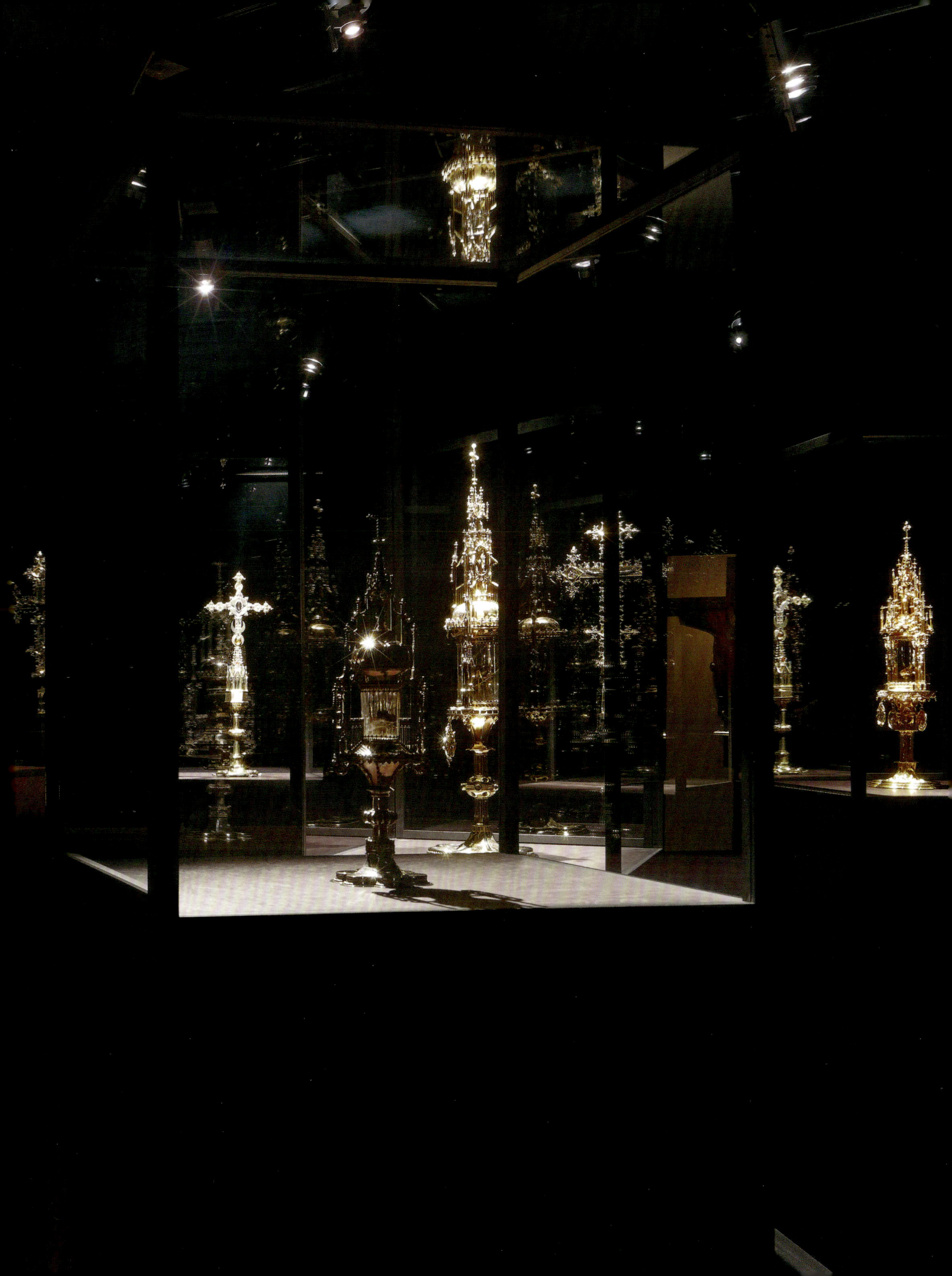

Hinterlassenschaft Raum 10

Die vierte Ausstellung in Raum 10 galt dem Bildhauer Stefan Wewerka, dem früheren Lehrer an den Kölner Werkschulen, der 2008 seinen 80. Geburtstag feiern konnte. Von der Architektur ausgehend durchzieht sein Gestaltungswille alle künstlerischen Gattungen. Ob ein Stuhl durch einen gezielten Eingriff zur Skulptur wird oder eine von ihm entworfene Skulptur aufgrund ihrer Gebrauchsfähigkeit zum Stuhl, ist gleichbedeutend. Wesentlich ist ihm das plastische Ergebnis. Indem er durch verändernde Eingriffe bekannte Dinge aus ihrer Alltäglichkeit herauslöst und gleichzeitig als Entwerfer Objekte in den Dienst der Zweckmäßigkeit stellt, betont sein Werk den unauflöslichen Zusammenhang von Kunst und Leben. Die Ausstellung zeigte eine Auswahl seiner Werke, unter anderem eine für Kolumba entworfene Stuhlskulptur und eine »Pelerine«, die vom Aufsichtspersonal getragen wurde. Es erschien ein Künstlerheft mit Baumzeichnungen.

• Ausstellung: STEFAN WEWERKA *Alte und neue Arbeiten*, September bis Dezember 2009: *Stuhlskulptur für Kolumba*, 1964/2009 / *Palladio-Vicenza-Serie*, 1975 / *Trikolore mit Reißverschlüssen*, 1966/2009

331

Hinterlassenschaft Raum 10

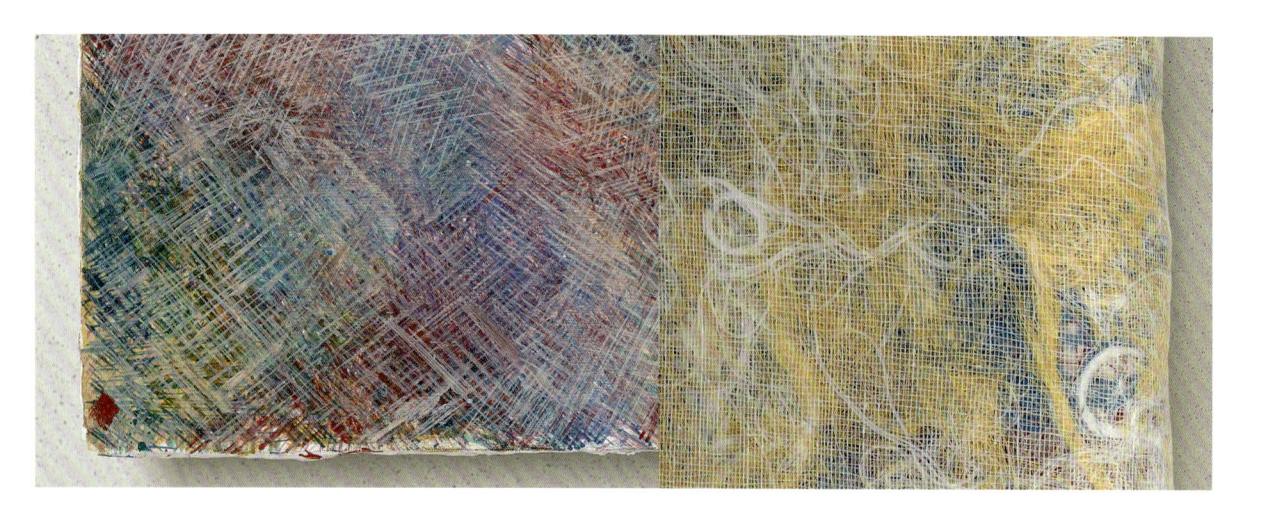

Nach den Werken des Bildhauers Stefan Wewerka waren in Raum 10 Arbeiten von Renate Köhler ausgestellt, die von 1976 bis 1981 Studentin der Klasse Wewerka an der Kölner Fachhochschule für Kunst und Design war. Im Kontext der Farbmalerei, deren Grundlagen von einigen Studenten der Klasse maßgeblich erarbeitet wurden, beschäftigte sie sich auf eigene Weise mit der stofflichen Materialität von Farbe. In den achtziger Jahren entstanden zuerst mit Fäden »gemalte« Bilder und darauf aufbauend Kleider, deren Formen sich aus den Erfahrungen der Malerei entwickelten. Sie erinnern an typisierte Figurinenentwürfe der klassischen Moderne (Lothar Schreyer, Oskar Schlemmer, Andor Weininger), doch sind sie im Unterschied dazu mit malerischer Sensibilität individuell differenziert und erhalten als »Farbkörper« in Gebrauch und in Bewegung zusätzliches Volumen. Die Stuhlskulpturen von Stefan Wewerka wurden mit dessen ausdrücklicher Zustimmung in die Installation der Werke integriert. Das zur Ausstellung erschienene Künstlerheft verweist mit Fotografien und Zeichnungen auf ästhetische Parallelen in der Natur.

• Ausstellung: RENATE KÖHLER *Alte Arbeiten*, Januar bis Mai 2010

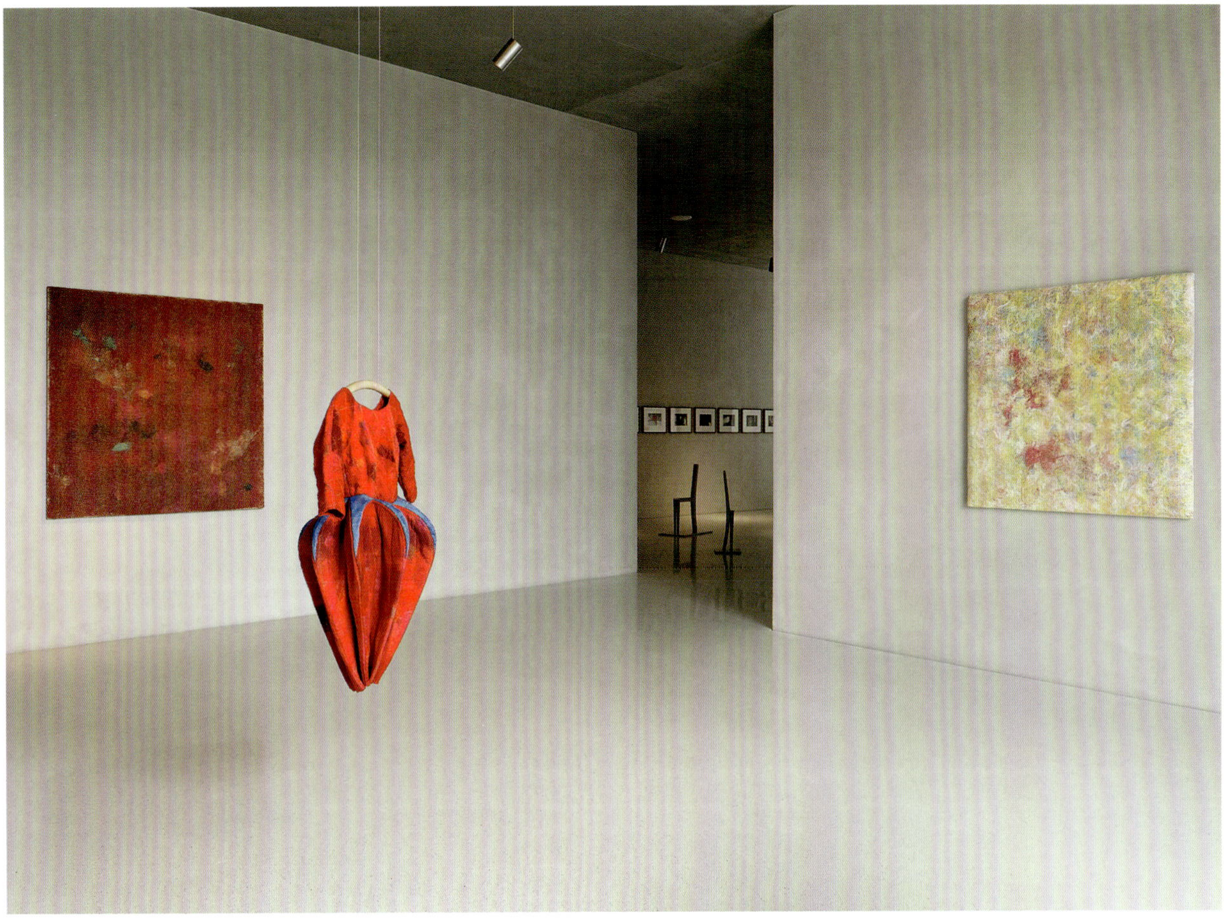

Hinterlassenschaft Raum 10

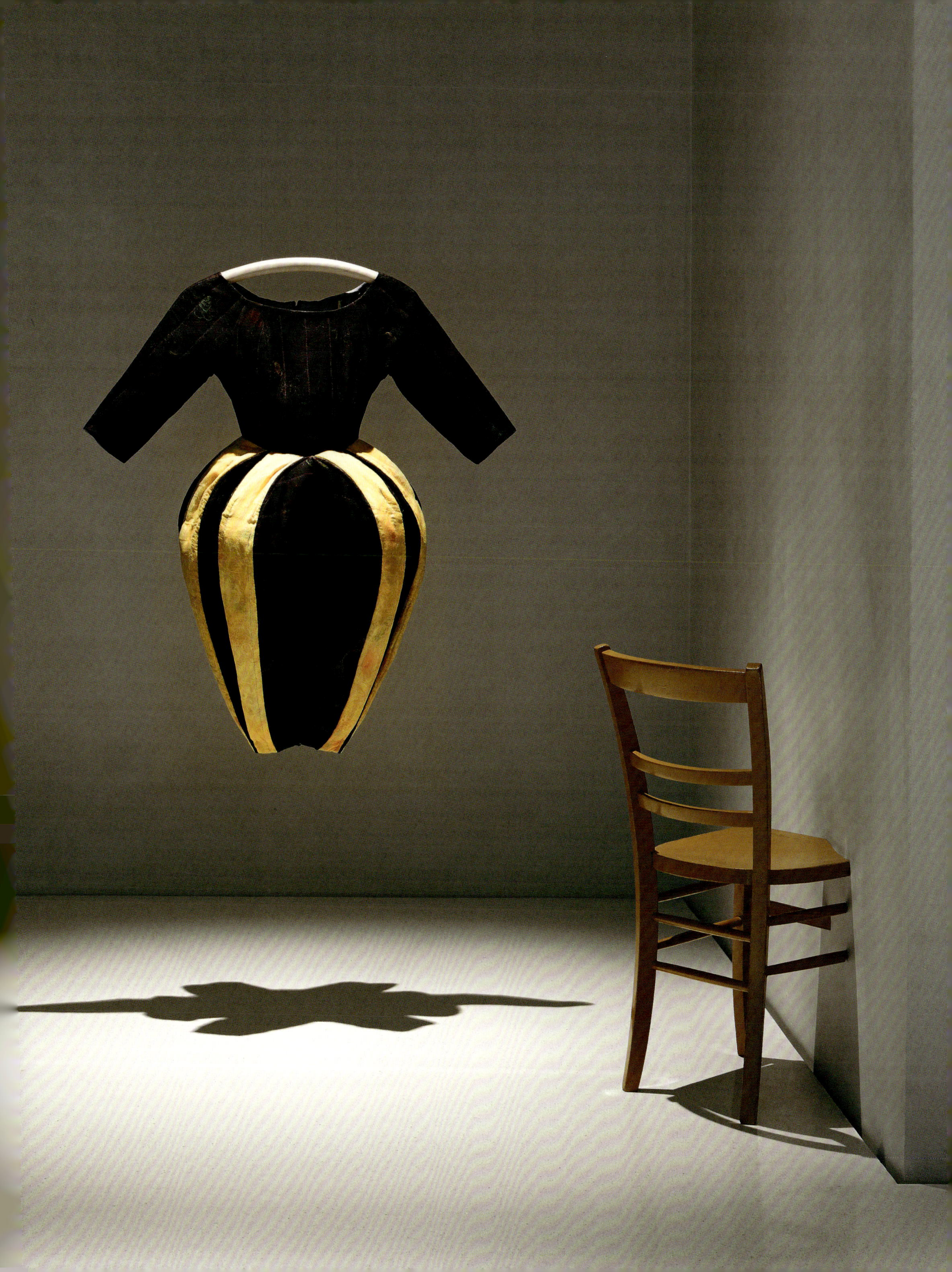

Hinterlassenschaft Raum 10

Der Kölner Maler Robert Haiss beschäftigt sich kontinuierlich mit Szenen unserer alltäglichen Umgebung: unbeachteten Orten im öffentlichen und im privaten Raum, Straßen und Plätzen, Details von Fassaden und Innenräumen, mit offenen oder sich selbst überlassenen räumlichen Gegebenheiten. Fern fotografischer Genauigkeit und mit völlig undramatischen Mitteln findet Haiss in seinen Bildern zu einer zeitlosen Ästhetik des Alltags. Seine erste Museumsausstellung bildete den abschließenden Beitrag in Raum 10 zur Ausstellung *Hinterlassenschaft*. Aus diesem Anlass erschien ein Künstlerheft mit zahlreichen Bleistiftzeichnungen als »Skizzenbuch«.

• Ausstellung: ROBERT HAISS *Gemälde*, Mitte Mai bis August 2010

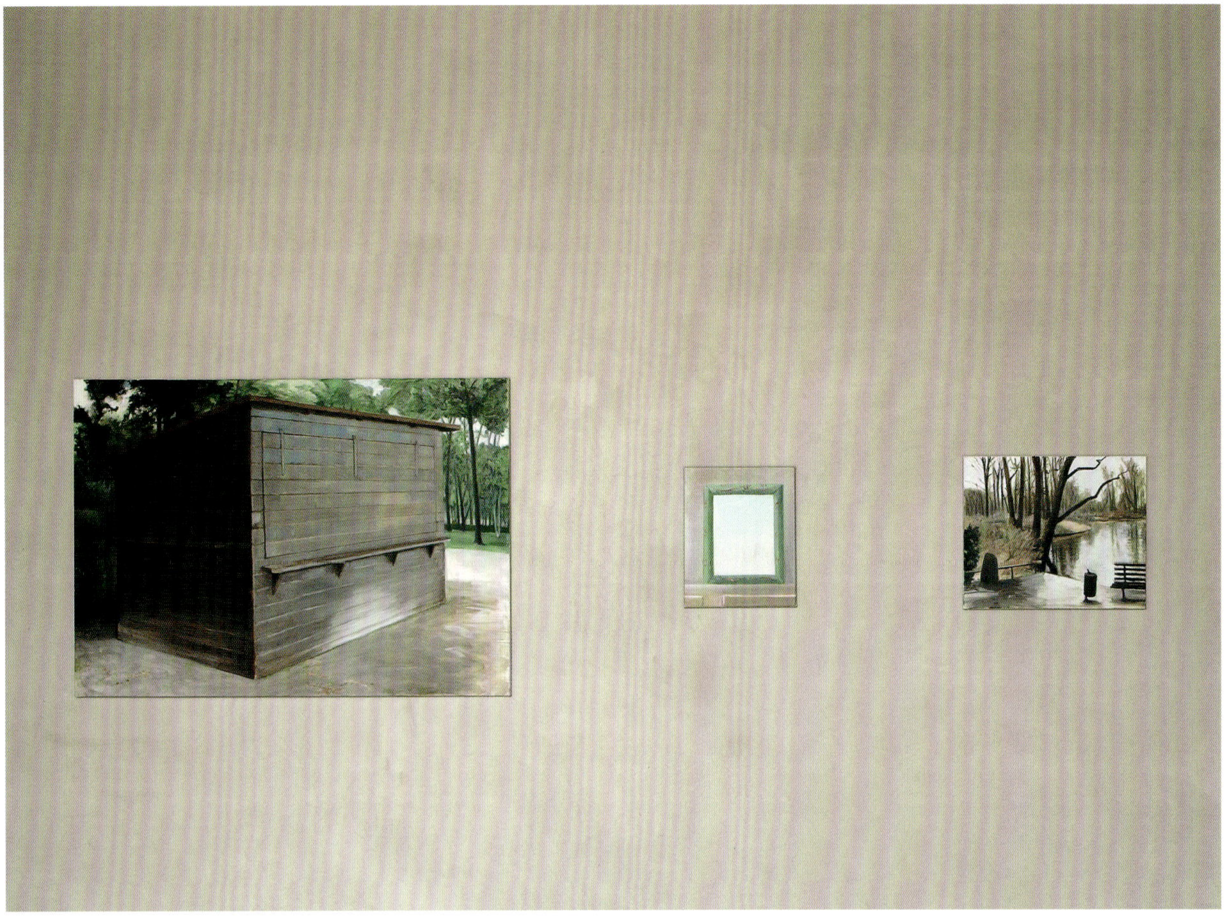

Hinterlassenschaft Raum 10

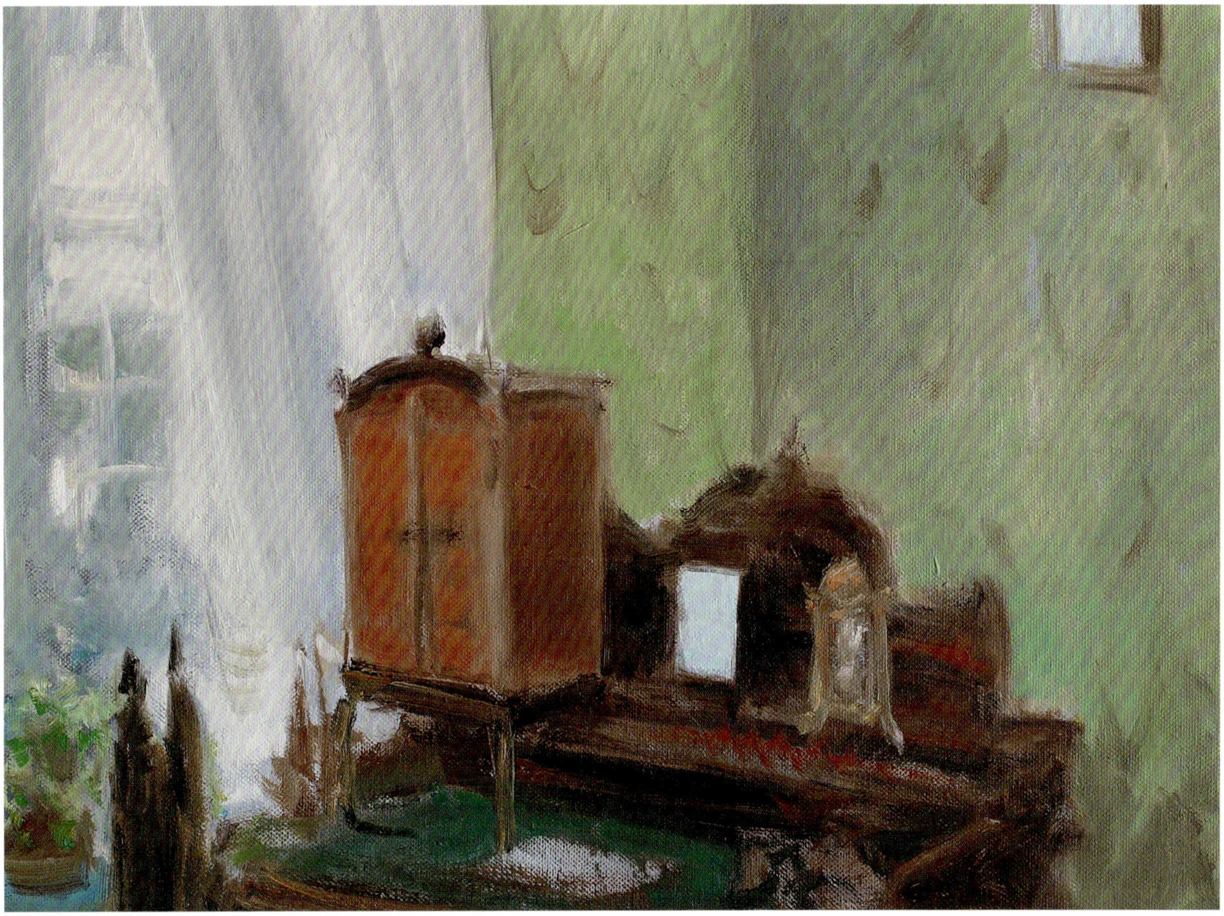

Hinterlassenschaft Raum 11

• STEFAN WEWERKA *4 Stuhlskulpturen*, 1969/1980er Jahre, Holz, grau lackiert / *Tisch 75°*, 2003, Holz, lackiert / *Stuhlskulptur,* 1969, Buche, lasiert • *Josef verlässt Maria* Niederrhein, Ende 15. Jh., Eichenholzrelief mit Resten einer alten Fassung

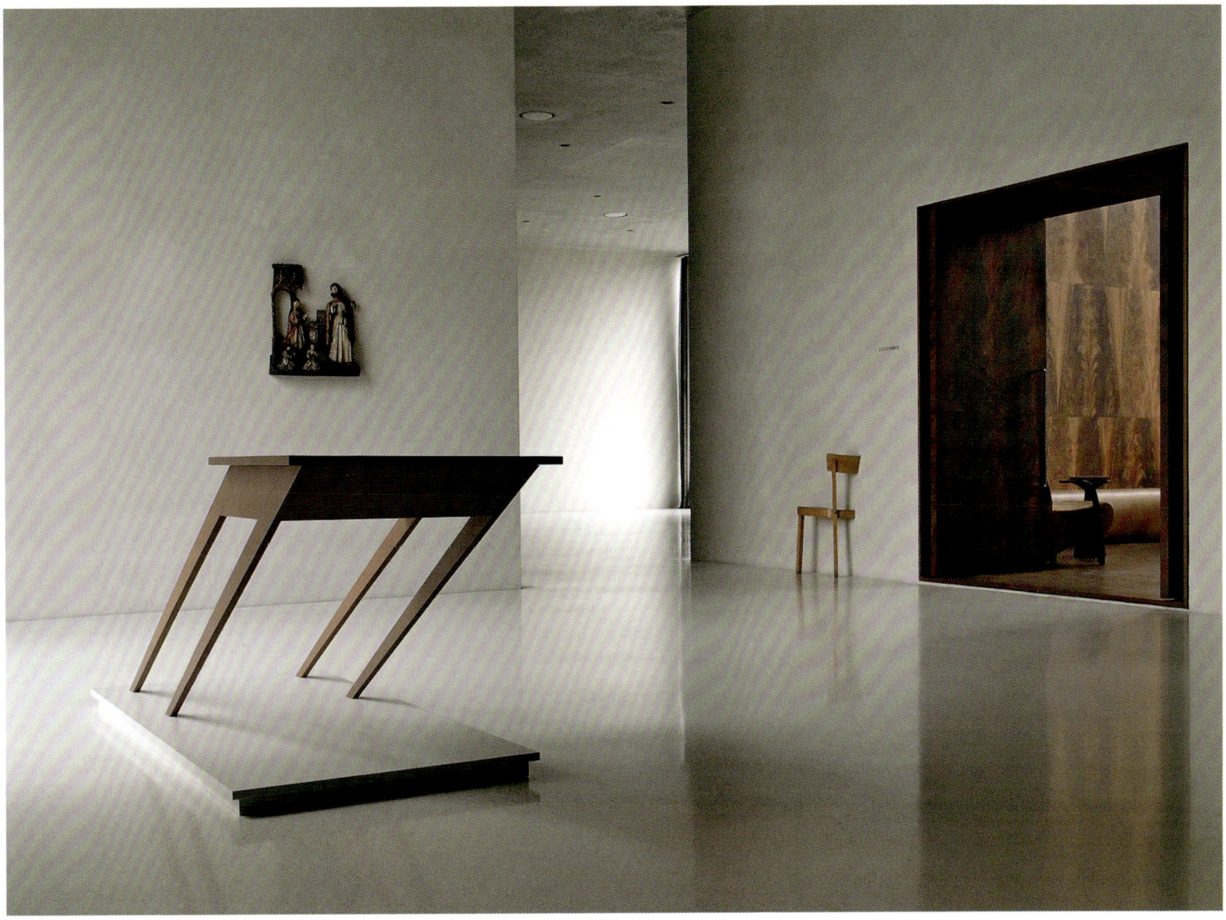

Hinterlassenschaft Raum 11

Eine nicht ganz geleerte Saftflasche aus Plastik und ein Aschenbecher stehen auf einer Fensterbank, über der das Fenster fehlt. Fein säuberlich hat Thomas Böing die Glasscheibe samt Rahmen aus dem Foto herausgeschnitten, das er als Teil einer Serie im Offizierskasino der Kaserne am Butzweilerhof in Köln aufgenommen hat. Auf allen Bildern entfernte er Fenster- und Türöffnungen. Durch die so entstandenen Durchbrüche wird die Wand sichtbar, an der das Foto hängt. Die Räume zeigen deutliche Spuren der Nutzung – Flasche und Aschenbecher, abgetretene Fußböden, gebrauchte Möbel –, über die sich die Spuren der Verwahrlosung legen: Heizungen sind demontiert, Lichtschalter demoliert, Wasserleitungen fehlen, Schmutz setzt sich fest. Dennoch ist die Anwesenheit der ehemaligen Bewohner immer noch spürbar, wenn z.B. die Saftflasche nicht vollständig geleert ist, der Sicherungskasten offensteht oder die Gymnastikmatten in der Turnhalle auf dem Boden liegen und die Hürde auf den Hürdenlauf wartet. Abgeschlossen scheint diese Vergangenheit nicht zu sein. Sie wirkt nur irgendwie aus den Fugen geraten. Warum ist der Kühlschrank von der Wand weggerückt, wie sind die Gummistiefel dahinter geraten, und was macht der Stuhl ganz isoliert mitten im Zimmer? Fast alle Türen stehen offen, als hätten sich die Bewohner fluchtartig aus diesen Räumen entfernt, in denen sie zuvor zwischen normierten Möbeln und gekachelten Wänden ihre Freizeit gestalteten, unter Hinterlassung der Dinge, denen kein Wert mehr beigemessen wurde, und ohne einen Gedanken an die Brache zu verschwenden, die man in einem seltsamen Schwebezustand zurückließ. Ihre Flucht endete im zeitlichen Nirgendwo, denn die Türen öffnen das Bild in die gegenwärtige Realität unserer Wahrnehmung. Der Maßstab der Bilder koppelt sich an den Raum des Betrachters, als hätte er eine Puppenstube vor Augen oder das Modell eines Bühnenbildes. Die Distanz des historischen Geschehens, die die dokumentarische Fotografie als »objektives« Medium schafft, wird aufgehoben und in unsere Assoziationswelt überantwortet. Eine ganz eigene Rolle spielt dabei das Licht, das nun ohne sichtbare Quelle auf den Dingen ruht. Es materialisiert sich auf Wänden, Böden und Gegenständen und scheint der einzige Bewohner zu sein, der den Räumen noch Leben einhaucht.

• THOMAS BÖING *Und dann die nächste Tür rechts*, 2008, Fotografien, geschnitten, gerahmt, 16-teilig

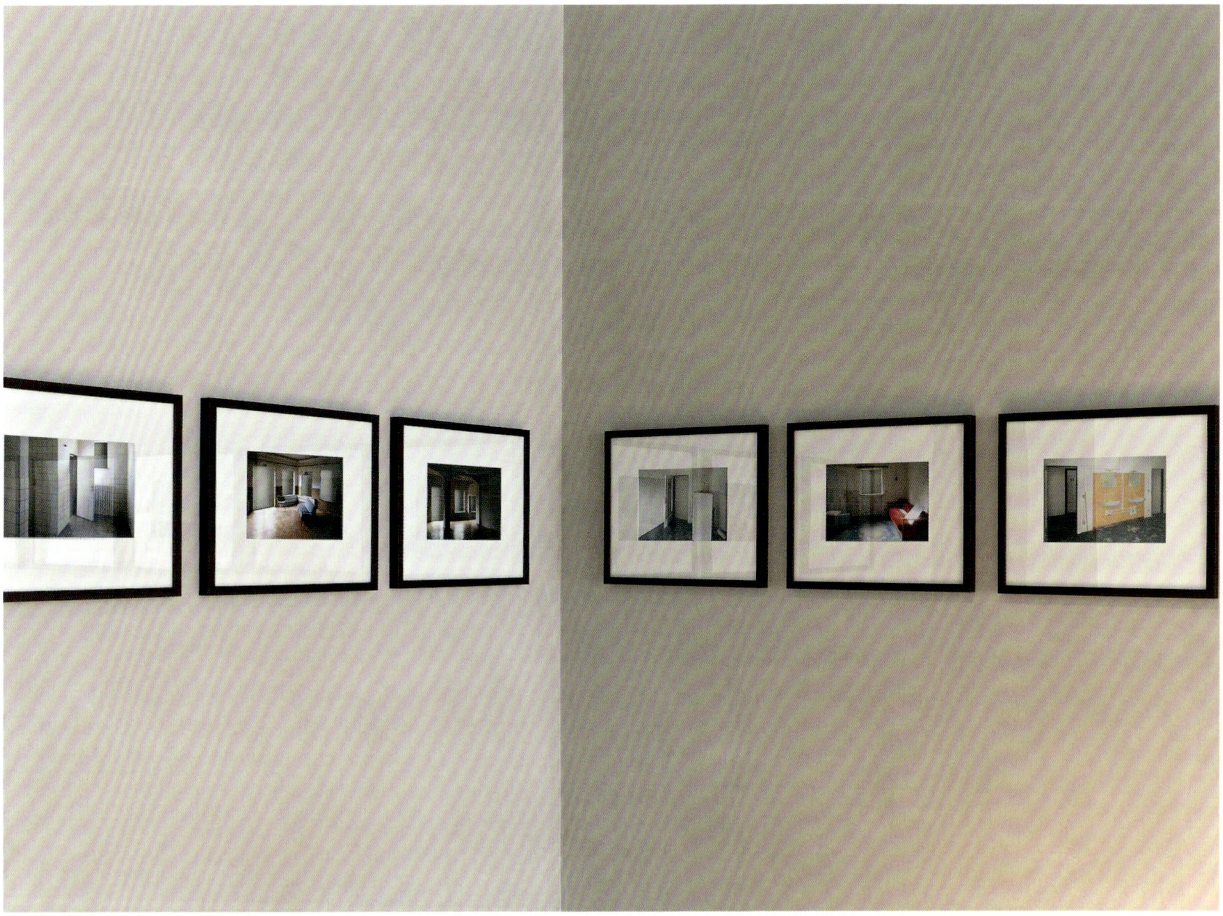

Hinterlassenschaft Raum 11

Willst Du nicht ein schöneres Bild kaufen ist der Titel einer Fotoarbeit, die Olaf Eggers für die Ausstellung *Hinterlassenschaft* in Kolumba konzipierte. Doch was heißt in diesem Fall »Arbeit« oder »Werk«? Die Anzahl der Fotos ist nicht festgelegt, deren Auswahl und Anordnung auch nicht. Es gibt kein festes Format, keinen Rahmen und auch keine ausgeklügelte Hängung. Die Fotos sind scheinbar nicht komponiert und wirken teilweise wie unkontrollierte, aus Versehen geschossene Aufnahmen. Es geht offensichtlich nicht um ein »schönes Bild«, das man auf dem Kunstmarkt erwerben könnte. Schauen wir genauer hin. Keines der Fotos fällt auf den ersten Blick ins Auge, der Blick ankert beliebig im Meer der Motive. Da sind z.B. erhobene Zeigefinger von schemenhaft angedeuteten Männern in Anzügen. Sie fordern Aufmerksamkeit, doch spürt man zugleich eine kritische Distanz gegenüber dem zwar nicht zu hörenden, doch mit Sicherheit deklamatorischen Ton der zugehörigen Rede. Gerne würde man sich dieser Gestik mit den Worten »Jaja, neenee; ist schon klar« entziehen, die auf einem der anderen Fotos erscheinen. Dieser und andere Schriftzüge geben aufgeschnappte Gesprächsfetzen wieder, die der Alltag durch das Atelierfenster des Künstlers spülte. Vielleicht saß er gerade beim Frühstück und las einen der vielen Zeitungsberichte, die ausschnitthaft im Foto verewigt wurden. »Marktpräsenz«, »Ölkonzerne«, »Milliarde« und ähnliches entziffert man dort. Oder man sieht Fotos politischer Ereignisse, die sich der Künstler dadurch vergegenwärtigte, dass er die im Foto festgehaltenen Szenen mit Papier und Stücken von Frühstücksbrötchen nachstellte. Unter der Zeitungsüberschrift »Der Terminator muss Schuldscheine drucken« entfernt sich z.B. Arnold Schwarzenegger auf dem Foto von der amerikanischen Flagge – nachgebastelt am Frühstückstisch entfernt sich das Bild vom Text und erzählt eine eigene Geschichte. So bewegt sich die Wahrnehmung in den Grenzen der häuslichen Umgebung, die ebenfalls in Fotos festgehalten ist. Lampen, Pfannen, Töpfe, Waschmittel, Heizungen sind krumm und schief abgelichtet und suggerieren einen wenn auch trudelnden Anker direkt erfahrbarer Wirklichkeit in der virtuellen Welt der Bilder. Doch darf man dem Eindruck trauen? Die vertrauten Motive des Alltags wiederholen sich auf anderen Fotos als fotografierte Fotografie. Spätestens jetzt stellt sich bei manchem Betrachter das Gefühl ein, das Olaf Eggers auf einer Arbeitslampe mit Filzstift vorwegnahm: »Worum ging's nochmal?«

• OLAF EGGERS *Willst Du nicht ein schöneres Bild kaufen*, 2009, Farbfotoabzüge

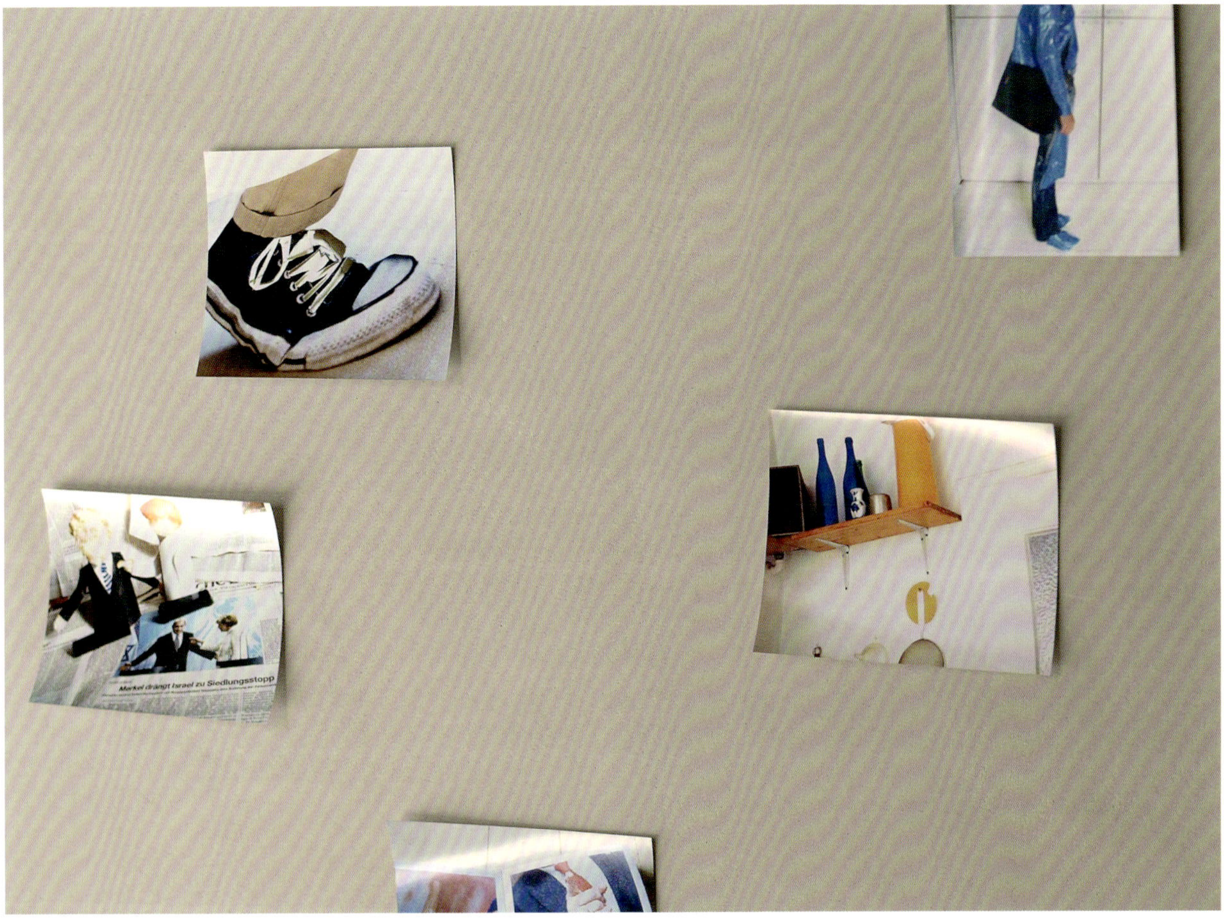
Merkel drängt Israel zu Siedlungsstopp

obilien waren
und 850 000
n uns in erste
ungen sind nu
stmordattenta
95 Tote vera
alen Trupper
itskräfte für

nenenergie-
kehrstechnik
Computer. S
n Sparten. d
der Regierun
len Euro. Davo
fünf Milliarde
träge über ein
en Euro liege
über eine U
en Halbjahr
ar um etwa
15 Milliarde

Hinterlassenschaft Raum 12

Ein kleiner Einkaufswagen für Kinder ist randvoll mit einem einzigen Produkt gefüllt, dessen Verpackung golden glänzt. Was von weitem besonders wertvoll ausschaut – man könnte an Kaviardosen denken – entpuppt sich bei näherem Hinschauen als etwas ganz Alltägliches: große Dosen mit Penatencreme stapeln sich darin, verschieben sich gegeneinander, rutschen in die Lücken, drohen fast herauszukippen. Fast jedem Betrachter sind Konsistenz und Geruch der Creme für die Baby- und Altenpflege vertraut, genauso wie das Aussehen der Dose, das sich über Jahrzehnte nur unwesentlich verändert hat: Auf dem Deckel steht umgeben von einem kaltblauen Rahmen ein Hirte mit Schaf vor einer gelben Aureole, den kursiven Schriftzug »Dr. med. Max Riese« unterbrechend. Der breite Dosenrand ist mit einem goldfarbenen Lack überzogen. Der Markenname, der sich in Kapitalbuchstaben über der Mitte des Deckels wölbt, war so klug gewählt wie das Design. Die eng an die Familie gebundenen Penaten sind in der antiken römischen Religion die Schutzgötter des privaten Haushalts, vor allem für die Vorräte und das Herdfeuer zuständig. Sie vermitteln die Aura von Geborgenheit und Sicherheit. Zwar steht das zentrale Motiv des Hirten eher für den Rohstoff des Produktes, das Wollfett, doch transportiert es zugleich die Atmosphäre des gesunden Lebens in der Natur oder – durch die Aureole – das fromme Bild des Guten Hirten, der sich um seine Schafe sorgt. Die kursive »Unterschrift« des Arztes suggeriert Authentizität und wissenschaftlich verbürgte Zuverlässigkeit, das Blau des Rahmens klinische Sauberkeit und der Goldton des Randes Wertschätzung. Das Produkt Penatencreme verheißt das Idealbild geschützten und umsorgten Lebens, die Erfüllung einer Sehnsucht des Menschen, die in den großen Dosen für den Familienbedarf erworben werden kann. Dabei ist die Überfülle des Einkaufswagens sehr zwiespältig – zumal der Wagen selber für den Einkauf nur gemietet wird (für höchstens 1 €). Eine solche Übertreibung stellt nicht nur die Möglichkeit einer Erfüllung des Traumes in Frage, sondern führt zugleich das zwanghafte Bemühen darum ad absurdum, das sich unter anderem auch im Konsumverhalten unserer Gesellschaft manifestiert. Doch sollte man sich dem Einkaufswagen in unserer Ausstellung trotzdem nähern. Es lohnt sich: Wie bei dem Scheinriesen in Michael Endes Jim Knopf-Erzählung wird der Wagen beim Näherkommen immer kleiner – bis man von oben auf ihn herabschaut, wie auf das Spielzeug eines im zweckfreien Spiel geborgenen Kindes. Die Skulptur entwickelte sich zu einem der Dreh- und Angelpunkte der Ausstellung. Ihre vermeintliche, in den Räumen des Museums scheinbar deplazierte Alltäglichkeit wirkte irritierend und provozierte die Erinnerungen der Betrachter.

• THOMAS RENTMEISTER *Ohne Titel*, 2003, Kindereinkaufswagen, Penatencremedosen

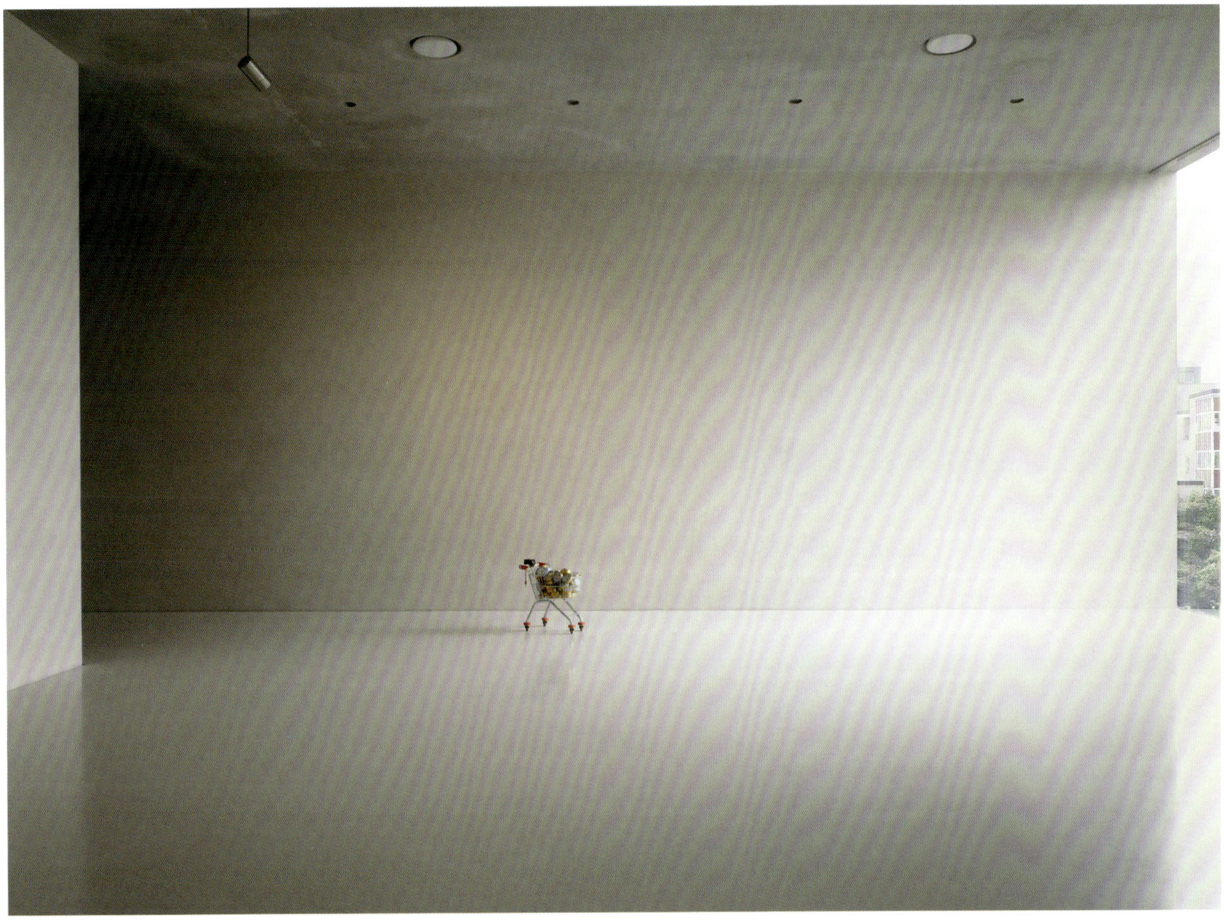

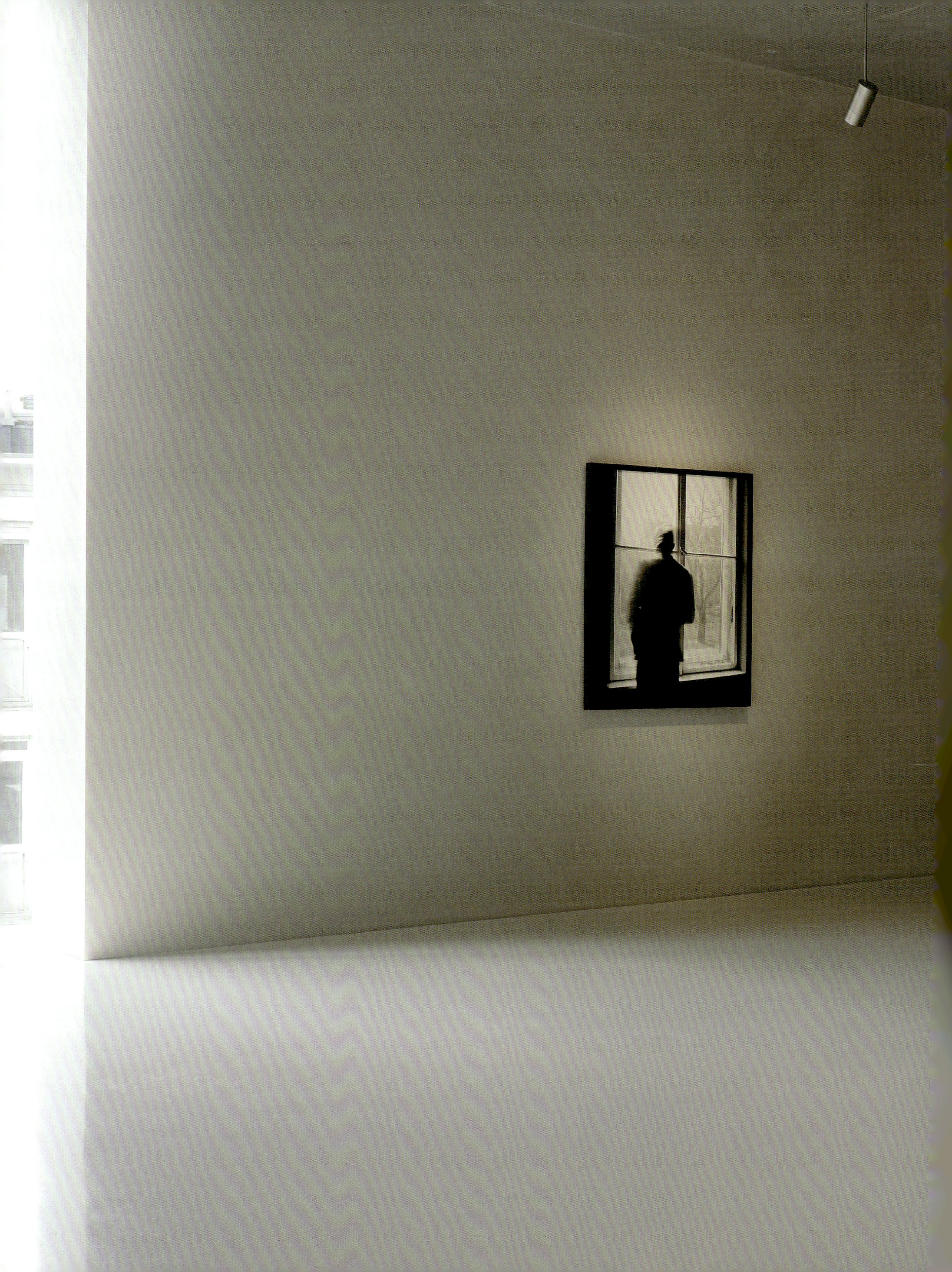

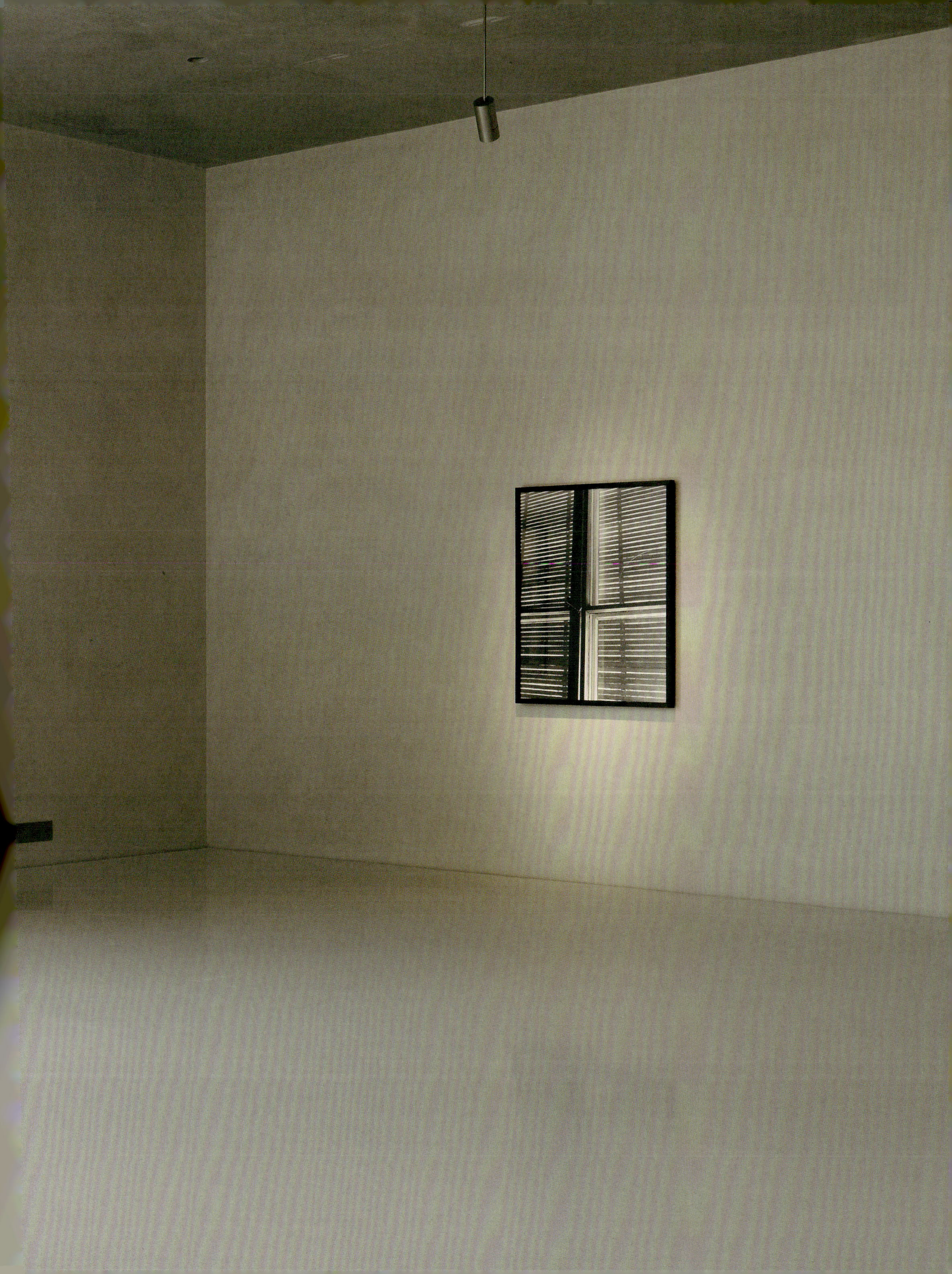

Hinterlassenschaft Raum 12

Ein Mann steht an einem geschlossenen Fenster und schaut hinaus. Sein Blick ist auf einen tristen Platz gerichtet, der von einer Häuserreihe abgeschlossen ist. Man sieht einen großen kahlen Baum – es ist Winter. Schaut der Mann hinaus, oder schaut er in sich hinein – nachdenklich, mit seinen Gedanken beschäftigt? Der Mann bewegt sich und wirkt aufgrund der dadurch entstehenden Unschärfe stellenweise durchsichtig, wie eine flüchtige Erscheinung im Raum. Die Zeit vergeht ohne Maß. Der Blick durch das Fenster ist ein Blick nach außen, auf das was geschehen, was kommen könnte, ist ein gespiegelter Blick nach innen, auf das, was uns beschäftigt. Sind wir vorbereitet? Was erwarten wir, was erwartet uns? – Im zweiten Bild sieht man auf das gleiche Fenster bzw. auf die geschlossenen Fensterläden in der unmittelbaren Perspektive desjenigen, der nahe davorsteht. Im reizvollen Gegenlicht umspielen Licht und Schatten die abgewitterten Lamellen der Läden und die Holzleisten des Fensterkreuzes, das zum Zeichen wird. Kein Ausblick ist möglich, nur Vermutungen, genährt durch Erinnerungen an vergleichbare Situationen. Ist es Sommer? Wurden die Fensterläden geschlossen, damit die Mittagshitze nicht hineindringen und man auf der Kühle eines Bettlakens ausruhen kann, oder ist es eine Situation der Verlassenheit, verloren oder gefangen an einem fremden Ort? Welche Geräusche dringen hinein? Ist es die bleierne Stille, die von weit her durch eine Schiffssirene unterbrochen wird, oder sind es die Stimmen spielender Kinder, die ganz in der Nähe in einem schattigen Hof mit einem Ball spielen? – Der Kölner Künstler Gerd Bonfert fotografiert in seinen Werken Innenansichten unserer Befindlichkeit. Er fotografiert die ganz unspektakulär und alltäglich verstreichende Zeit. »Jedes Bild ist Erinnerung, Erinnerung an etwas real Gewesenes. (Natürlich ist aber auch das Bild als solches, in seiner Eigenschaft als Gegenstand, etwas Reales.) Was nicht zum Bild wird, fällt dem Vergessen anheim, als wäre es nie gewesen. Auch die Massen der Bilder, die es gibt und mehr und mehr geben wird, können immer weniger vergessen werden. Die Masse der Bilder kompensiert diesen Umstand, indem sie inaktuell werden. Gerd Bonferts Bilder aber sind Erinnerung an Geistesgegenwart.« (Kurt Benning) – Das Bildmotiv wurde Ende 2009 zur Weihnachtskarte von Kolumba.

• GERD BONFERT *B 61-1 / B 61-14*, 1984, s/w Fotografien, Handabzüge auf Barytpapier

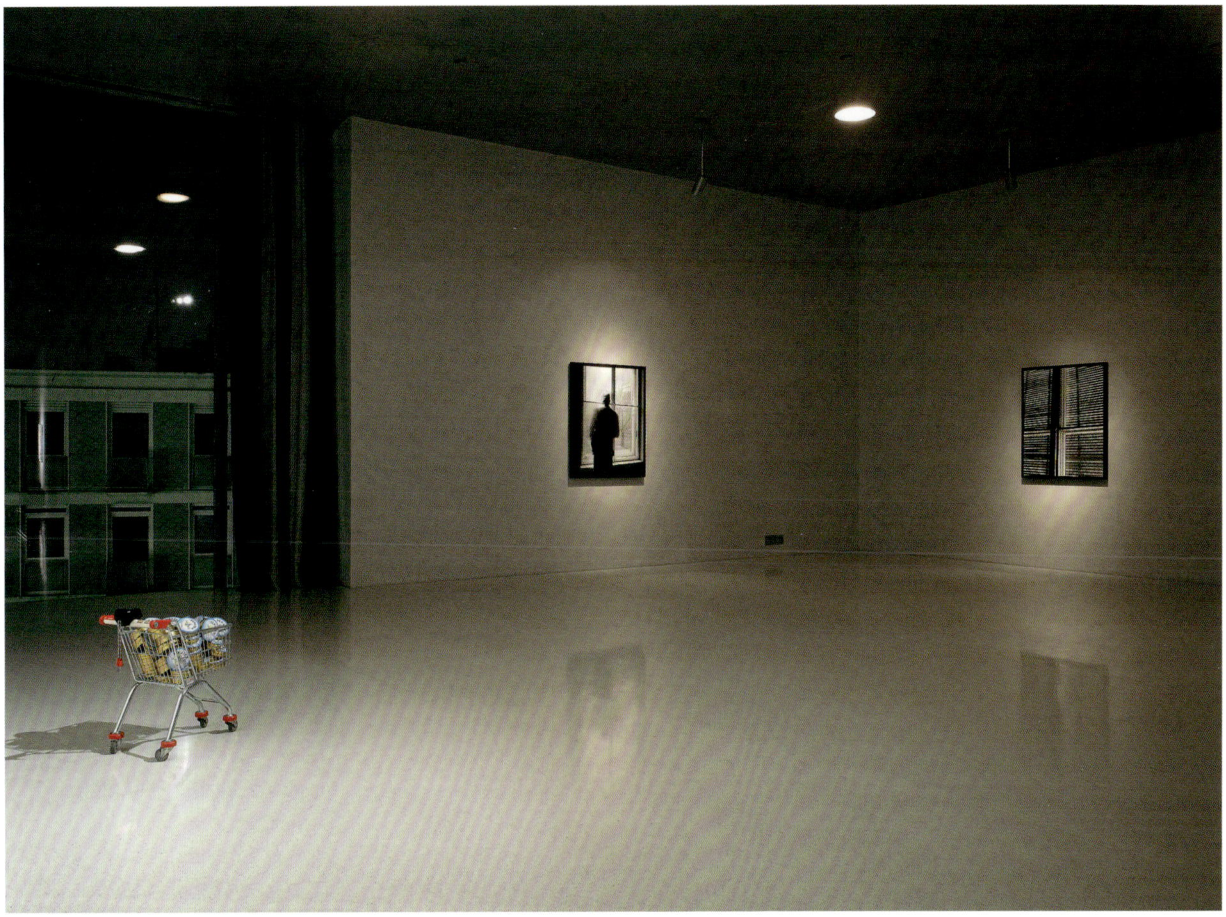

Hinterlassenschaft Raum 13

Zahlreiche Tische sind über den Raum verteilt, darauf verglaste Kästen unterschiedlicher Größe. Blickt man in sie hinein, tut sich eine eigene Welt auf: vollgekritzelte Seiten und Papierfetzen, Anstaltskleidung, Medikamentenpackungen, kleine Blätter mit Aquarell- und Wasserfarbenmalerei, Korrespondenz, Briefentwürfe, Bücher, Schlüssel, Zeitungsausschnitte, zerdrückte Fliegen unter Klebeband, Fotos und ein DIN A3-Bogen mit der Überschrift »Manifest der Idioten«, geschrieben von verschiedenen Verfassern. Dessen zentraler Satz »Das hartnäckige Bestehen auf (dem Prinzip des) Glück(s) vergrößert das Leid und frisst sich selber auf.« schwebt wie ein Motto über der Arbeit Felix Droeses, die er als Zivildienstleistender zu Beginn der 70er Jahre im Landeskrankenhaus Düsseldorf-Grafenberg zusammenstellte. Quelle war die Begegnung mit den Insassen der geschlossenen Abteilung, deren künstlerische und schriftliche Äußerungen er sammelte und mit eigenen Werken mischte. Das so entstandene Konvolut bietet eine Fülle an unterschiedlichem Material. Während auf unscharfen Fotos immer wieder Menschen zu sehen sind, die in dem ummauerten Garten des Krankenhauses rätselhaften Beschäftigungen nachgehen, zeigen die kleinen Bleistift- und Farbmalereien z.B. düstere Landschaftsszenarien, traumartige Ereignisse, fratzenhafte und lebensnahe Portraits oder auch naive Blumenwiesen – Bilder, die durch große Intensität bestechen. Während die Qualität der Arbeiten den Gegenstand der Darstellung zeitweise fast vergessen lässt, weisen eingestreute Zeitungsartikel und Schriftzeugnisse immer wieder auf die Zustände in den »Irrenhäusern« hin. »Grafenberg sollte abbrennen durch eine Feuersbrunst. Es hat einen schlechten Ruf in der Öffentlichkeit. Also ist das die beste Lösung. Die Leute sollte man laufen lassen.«, ist ein schriftlich festgehaltener Vorschlag eines Bewohners. Ein anderer suchte die Freiheit anderswo: Ein kleines Heftchen versah er mit dem Titel *Poesie*. Könnte man darin blättern, fände man nichts als leere Seiten. In einer Vitrine am entgegengesetzten Ende des Raumes gelingt diese geplante Flucht dann doch noch: »Die Wörter zeichnen wohl mehr / die Vergangenheit am Nordstrand / über den Süden an der Post vorbei / zur Buhne hinten am Westen wo / Braun graut vom Waschwasser / und die Schiffahrtsfahne vor / dem Bogen dampft.«

• FELIX DROESE *Der Grafenberg*, 1971/1972, vielteiliges Konvolut

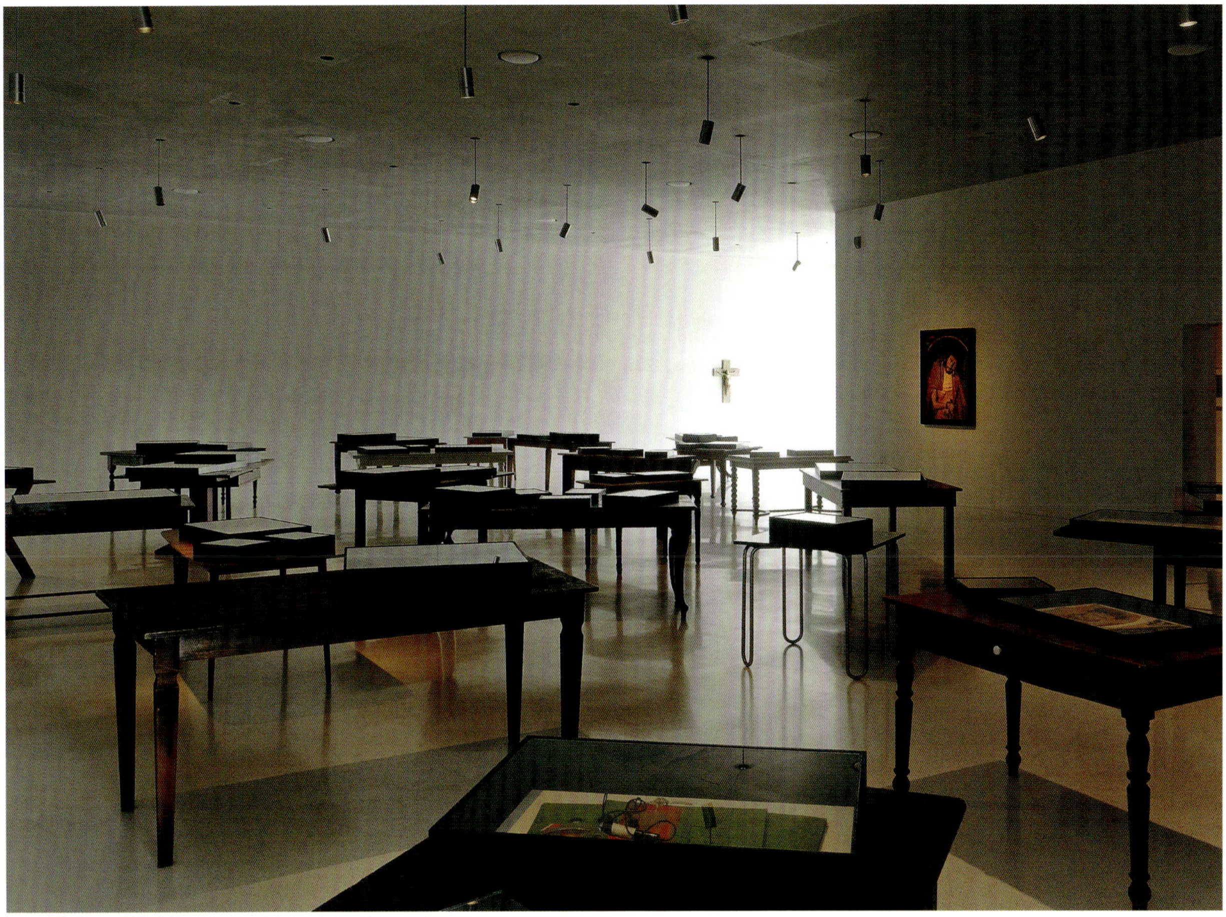

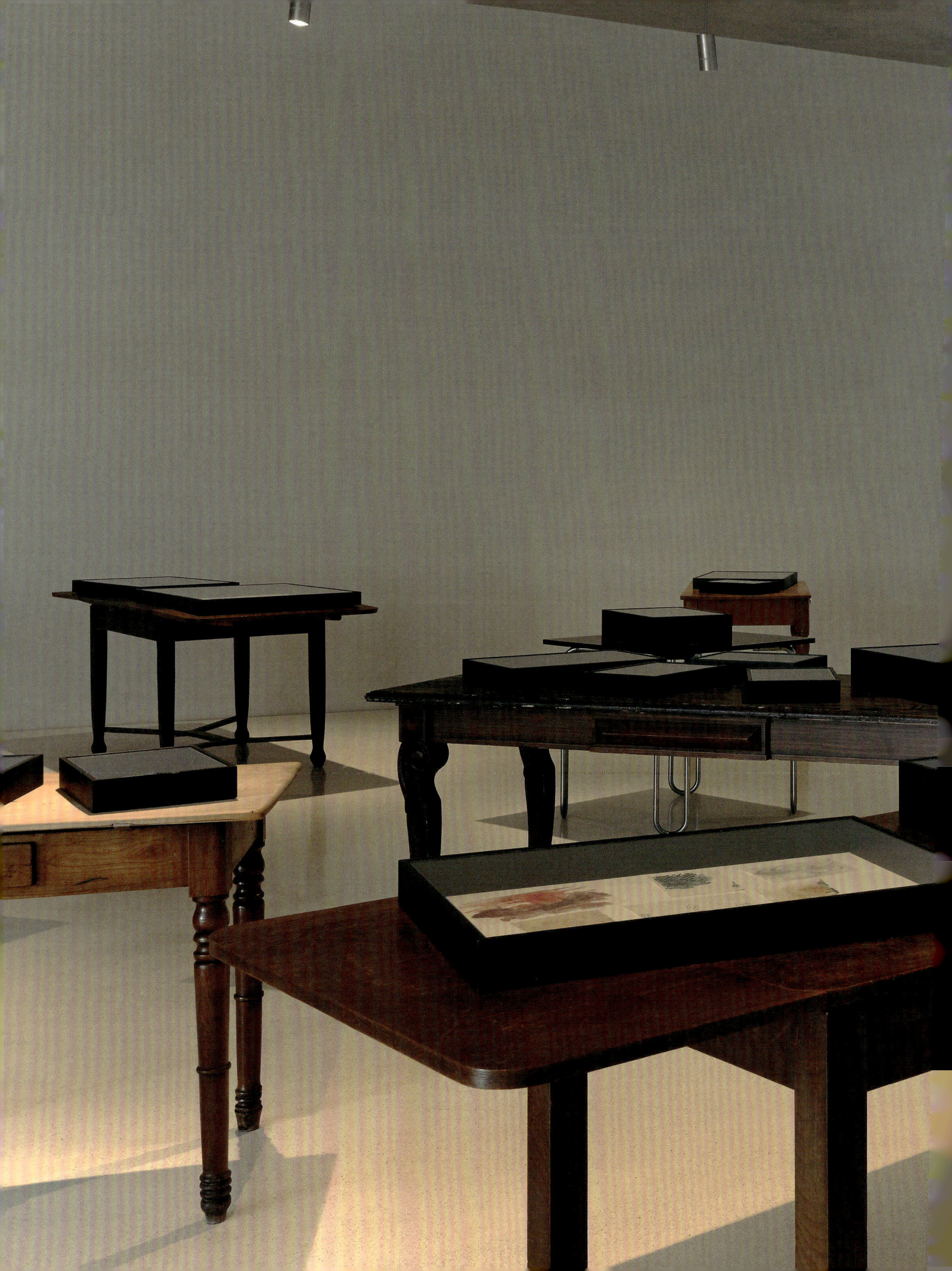

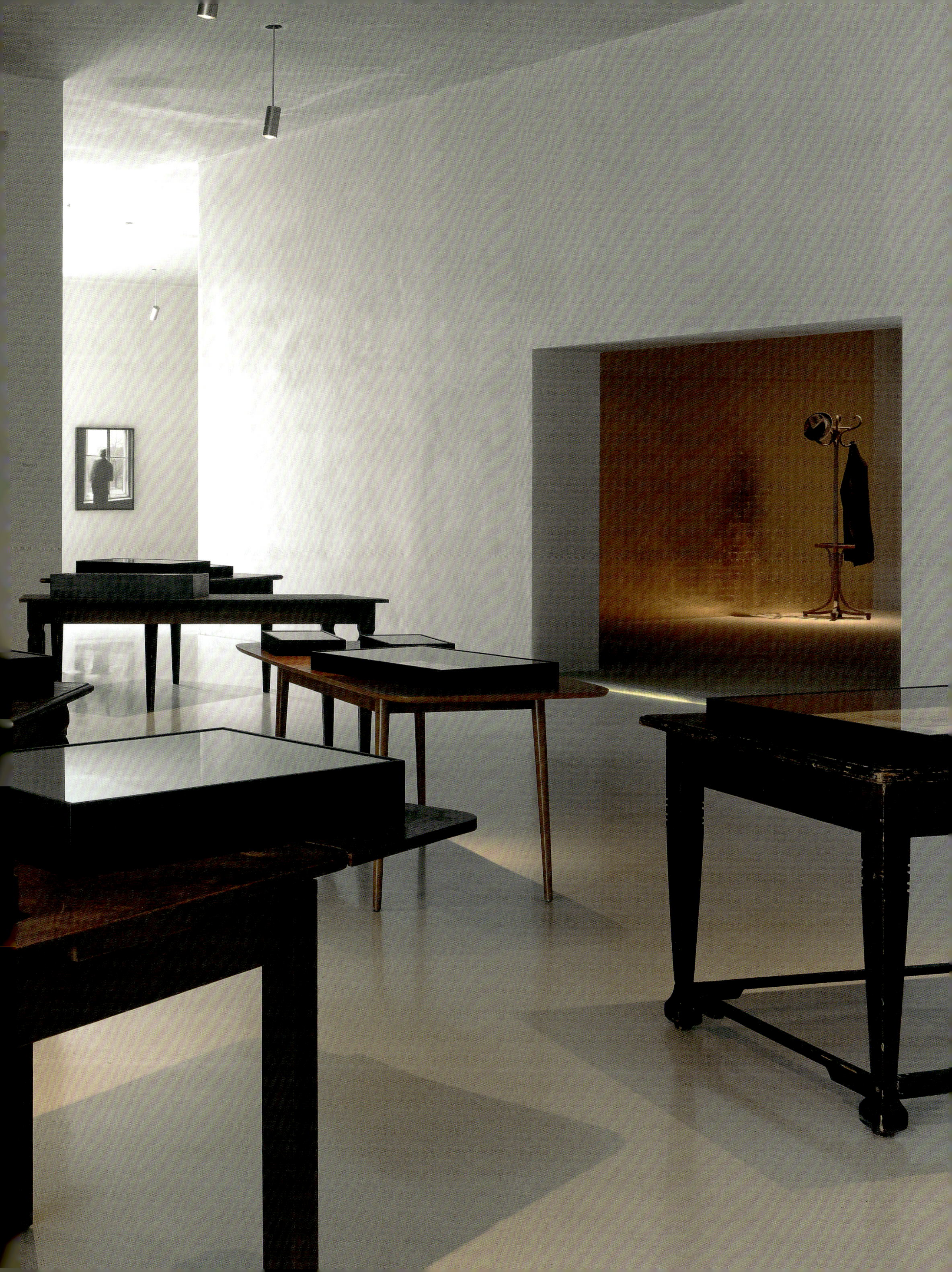

Hinterlassenschaft Raum 13

• FELIX DROESE *Der Grafenberg*, 1971/1972, vielteiliges Konvolut

359

Hinterlassenschaft   Raum 13

Ein Gegenbild zu Unordnung und Chaos: Seit seiner Teilnahme am *Stijl-Kurs* des Niederländers Theo van Doesburg 1922 in Weimar erforschte Andor Weininger die Abhängigkeiten von Farbe, Fläche und Raum. Sein um 1962 entstandenes Ölgemälde, das auf Studien der frühen zwanziger Jahre zurückgeht, darf als Summe dieser Beschäftigung verstanden werden. Weininger zeigt sich darin als Meister einer harmonisch ausgewogenen und doch lebendigen Farbkomposition. Das Bild ist ein Hauptwerk der 280 Arbeiten umfassenden Auswahl, die das Museum 1998 als Schenkung seiner Witwe Eva Weininger (1903–2007) entgegennehmen durfte.

• ANDOR WEININGER *Stijl-Bild*, 1922/ca.1962, Öl auf Leinwand (Schenkung Weininger)

Die Wörter zeichnen wohl mehr
die Vergangenheit am Nordstrand
über den Süden an der Post vorbei
zur Buhne hinten am Westen wo
Braun graut vom Waschwasser
und die Schiffahrtsfahne vor
dem Bogen dampft.

ANONYM

Hinterlassenschaft Raum 14

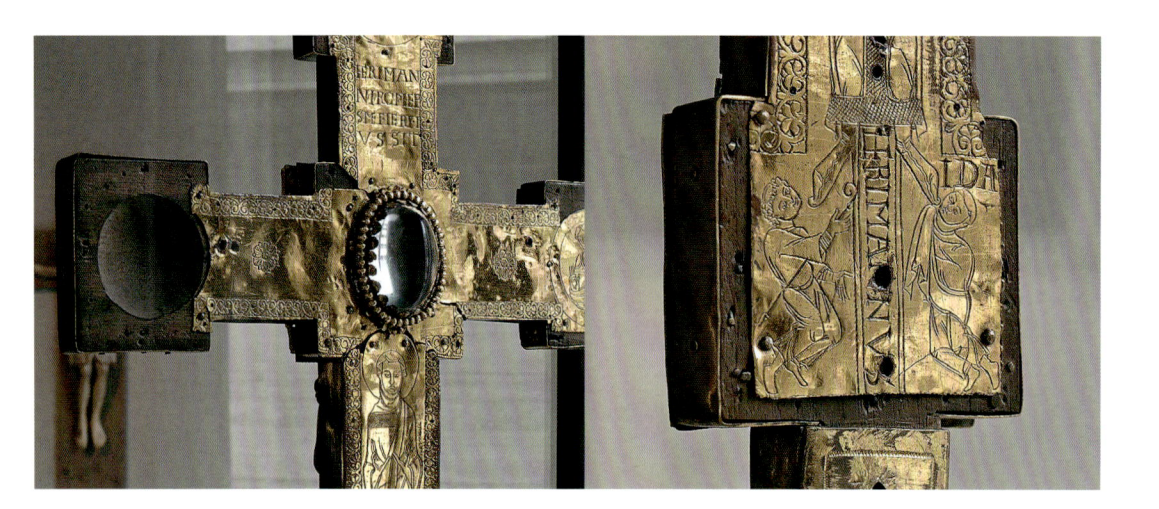

• *Kreuz Herimanns und Idas* Werden oder Köln, 2. Viertel 11. Jh., Bronze, vergoldet; Filigran: Köln, 1220–1230; Lapislazuliköpfchen (der Livilla oder einer anderen Frau aus dem julisch-claudischen Herrscherhaus): 1. Jh.; barocker Knauf

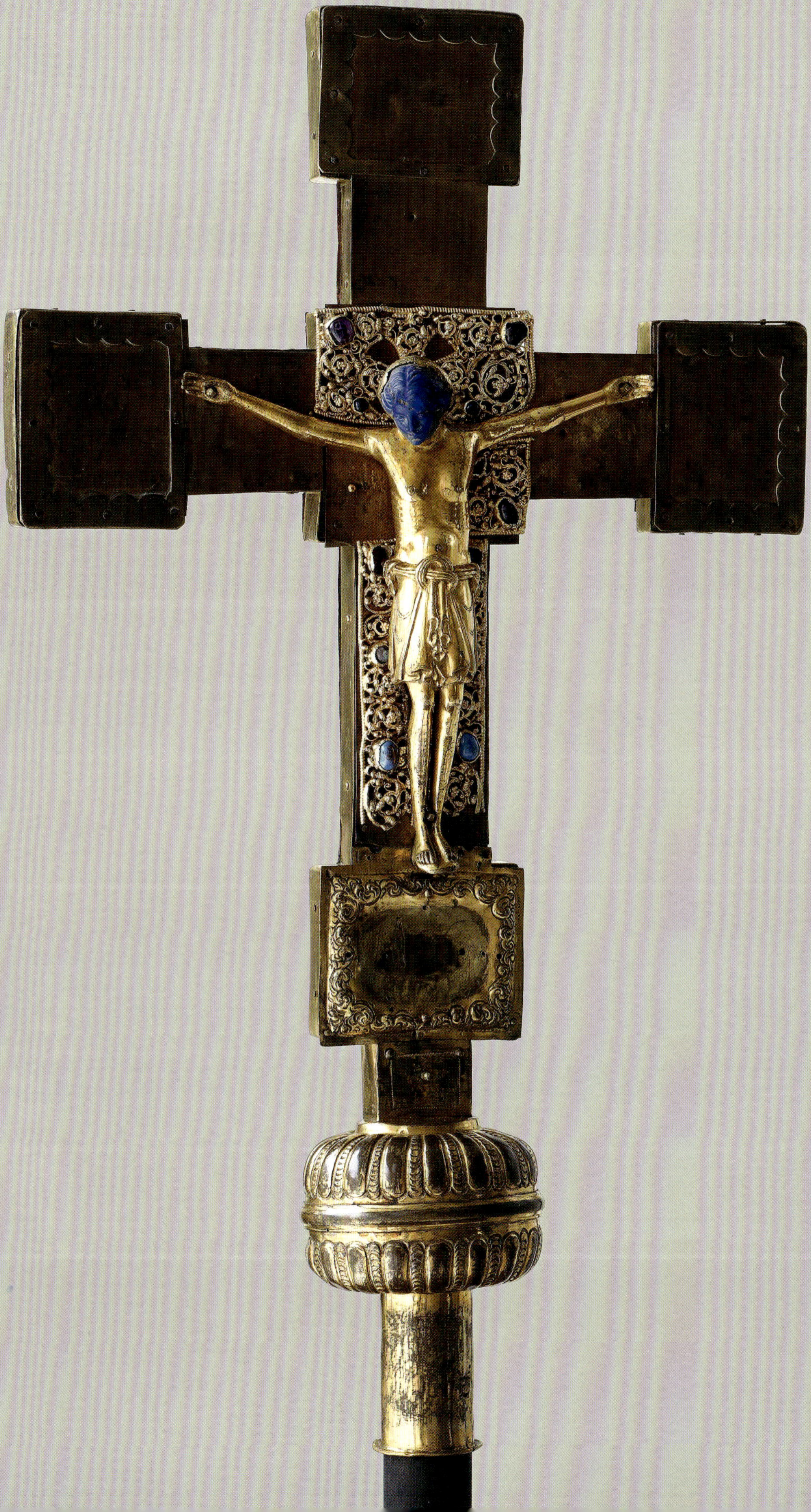

Hinterlassenschaft   Raum 15

»Diese Geschichte ist eigentlich schnell erzählt.« lesen wir auf einem Blatt, das mit einfachen Mitteln an die Wand geheftet ist. Vielmehr: Wir lesen es in dem Blatt, denn der handgeschriebene Schriftzug ist fein säuberlich aus dem Papier herausgeschnitten. Er durchbricht die breiten Pinselstriche, mit denen ein unregelmäßiges Farbgitter in einem Rosaton über das Weiß des Blattes gelegt ist. Die einzelnen Linien sind ineinander verwoben wie ein locker gewebtes Textil oder die Gedanken einer mit leichtem Ton erzählten Geschichte. Um welche Geschichte es sich handelt? Anscheinend wäre sie schnell erzählt, wäre da nicht dieses »eigentlich«. Die Erzählung verliert damit ihre Unschuld, ihre Einfachheit, und mutiert zu einem unförmigen Gebilde mit Einschüben, Erläuterungen, Anmerkungen, Nebensätzen und der Ahnung von Unzulänglichkeit. Man wagt kaum mehr, mit der Geschichte zu beginnen, da das Scheitern an der Komplexität der Materie vorprogrammiert erscheint. Dennoch: Will man sie erzählen oder erfahren, wird man sich in das Abenteuer der Worte und der Bilder hineinbegeben müssen. Lässt man sich also auf die Arbeiten von Bärbel Messmann ein, die auf der Museumswand gegenüber der *Veilchenmadonna* von Stefan Lochner verteilt sind, trifft man auf handgroße Täfelchen mit dünn aufgetragenen Farbschichten. In Violett, Orange, Himmelblau und verschiedenerlei Grün schweben sie vor der Wand und bilden ein lockeres Geflecht mit zarten Blüten, Blättern und Tannenzweigen, die sich in Grautönen aus dem Weiß des Blattes wie aus dem Nebel herauslösen. Verwundert hängt das Auge an einer kleinen grünen Farbtafel, auf der in weißen Lettern »Bluebird Blue« geschrieben steht, oder auch an »River Green« in rotbraunen Lettern auf eisblauem Grund. Weiter schweift der Blick über »Lichtflecken«, hierhin und dorthin, um womöglich ratlos bei einem kleinen zartgrau ornamentierten Blatt mit der Aufforderung »Erklär mir Rosa« zu verharren. Diese Geschichte wäre eigentlich schnell erzählt, ebenso wie die Geschichte der *Muttergottes mit dem Veilchen*, wären da nicht immer wieder Ungereimtheiten und neue, sich bildende Zusammenhänge. »Diese Geschichte ist eigentlich schnell erzählt«, was so beginnt, dauert meist am längsten. Aber sollten diese Geschichten deshalb unerzählt bleiben?

• Bärbel Messmann   *Arbeiten auf Papier, Farbmalerei auf Holztäfelchen,* 1991–2009

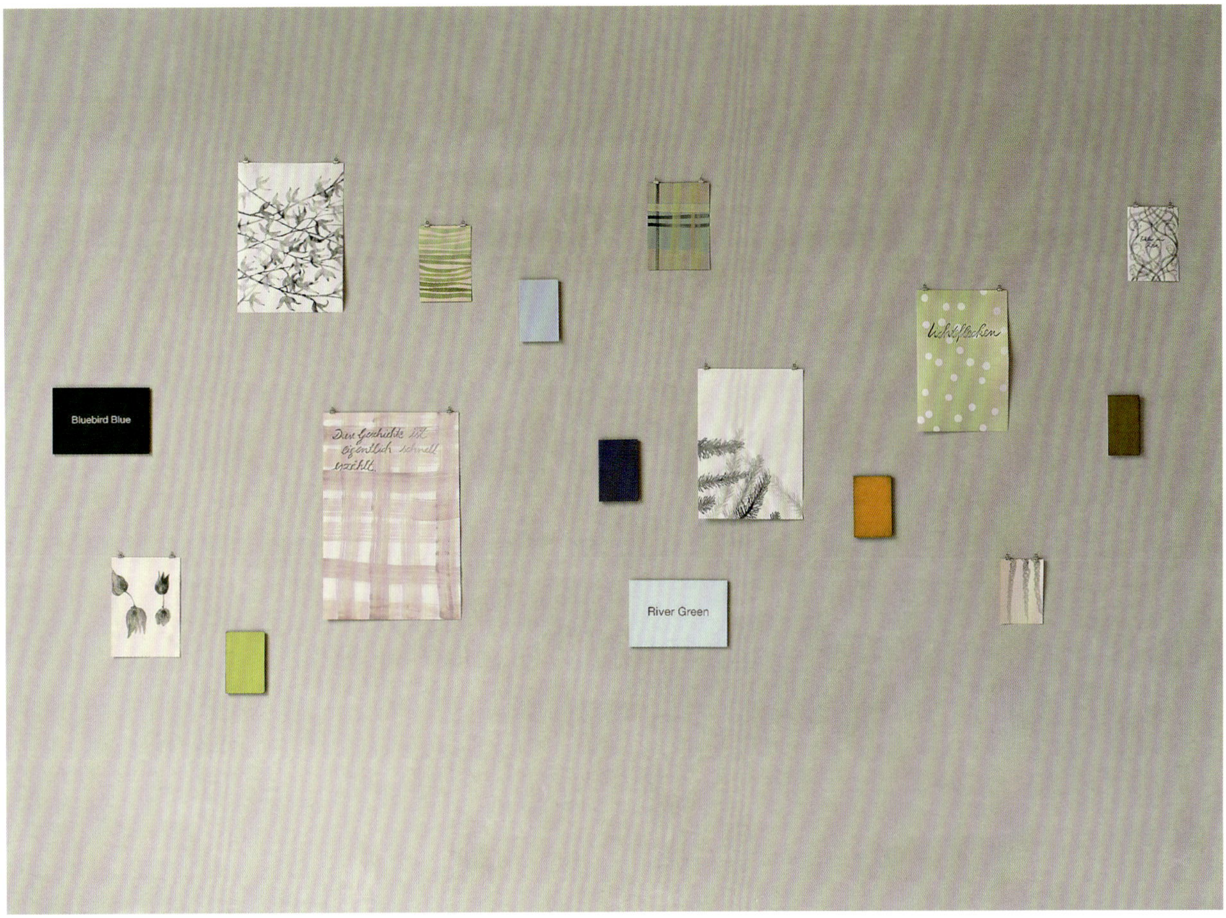
Bluebird Blue
Lichtflecken
River Green

Hinterlassenschaft Raum 15

Diese Geschichte ist eigentlich schnell erzählt.

lichtflecken

Hinterlassenschaft   Raum 16 (Nordkabinett)

Die zwei Chormäntel stammen aus der ehemaligen Stiftskirche in Münstereifel. Seit 1855 befinden sie sich in der Sammlung des Museums, doch waren sie in den 1930er Jahren das letzte Mal ausgestellt. Nach umfassender Restaurierung konnten sie erstmals wieder in der Ausstellung „Hinterlassenschaft" gezeigt werden. Solch ein Ensemble zusammengehörender Chormäntel hat sich nur selten erhalten. Es lässt erahnen, dass sich die Liturgie über die Bewegung der eingehüllten Körper, die Gewänder und deren Schmuck mit dem Kirchenraum zu einer Einheit verbindet. Die Chormäntel sind aus kostbaren Stoffen gefertigt, einem aus Italien importierten Samt mit Granatapfelmuster und goldgrundigen Borten wohl aus einer Kölner Werkstatt. Stifts- oder Domherren ließen ein solches Pluviale anfertigen, sobald sie ernannt worden waren. Sie trugen es zu ihrer Installation, beim Gottesdienst und bei anderen Feierlichkeiten innerhalb des Konventes. Das Bildprogramm auf den Stäben der Vorder- und dem Schild der Rückseite ist auf den Ort der Verwendung bezogen. Unter den dargestellten Heiligen sind vor allem Chrysanthus und Daria zu nennen, die als christliches Ehepaar im 3. Jahrhundert in Rom den Tod fanden und deren Reliquien über die Gründerabtei Prüm nach Münstereifel kamen. Auf einem der Chormantelschilde stehen sie vor ehemals goldenem Hintergrund auf einem gefliesten Boden vor dem Stifter, der sich ihnen betend zuwendet. Derselbe Stifter kniet auf dem Schild des anderen Mantels vor den Heiligen Petrus und Paulus. Das Bildprogramm ist auf beiden Gewändern insofern identisch, als die Heiligen der Schilde auf dem jeweils anderen Mantel in die Heiligenreihe der Stäbe aufgenommen sind. Dort stehen sie neben Maria, I lubertus, Dionysius, Johannes d. Täufer, Martin und Ursula. Bei dem Stifter, dessen Gebet auf der Schriftrolle bis zur Unlesbarkeit verblasst ist, handelt es sich wahrscheinlich um den 1469 bis 1498 nachweisbaren Stiftskanoniker Göbel Wutscheid aus Münstereifel; schwach hat sich sein Name in einer Beischrift am Rand des Bildfeldes erhalten.

Die umfangreiche Sammlung des Kölner Fotohändlers Manfred Morchel konnte kurz vor ihrer Aufgabe gerettet und in das Museum überführt werden. Hundertfach zeigt sie am Tag der kirchlichen Heirat die gleiche Situation, den religiösen und bürgerlichen Höhepunkt im Leben eines Paares. Sie erlaubt eine länderübergreifende Kulturgeschichte des Heiratens seit Beginn der Fotografie und fasziniert weit mehr noch, indem sie uns anregt, jedem der dargestellten Paare eine individuelle Geschichte zu unterlegen.

• *Chormäntel*   Köln, 3. Viertel 15. Jh., Plattstichstickerei auf gelegtem Goldgrund, originaler blauer Samt aus Genua mit Granatapfelmuster • *Hochzeitsfotos* des 19. und 20. Jahrhunderts von Fotografen u.a. aus Deutschland, Belgien, Großbritannien, Frankreich und den USA in zeitgenössischen Rahmen (Sammlung Manfred Morchel / Schenkung Jochen Heufelder)

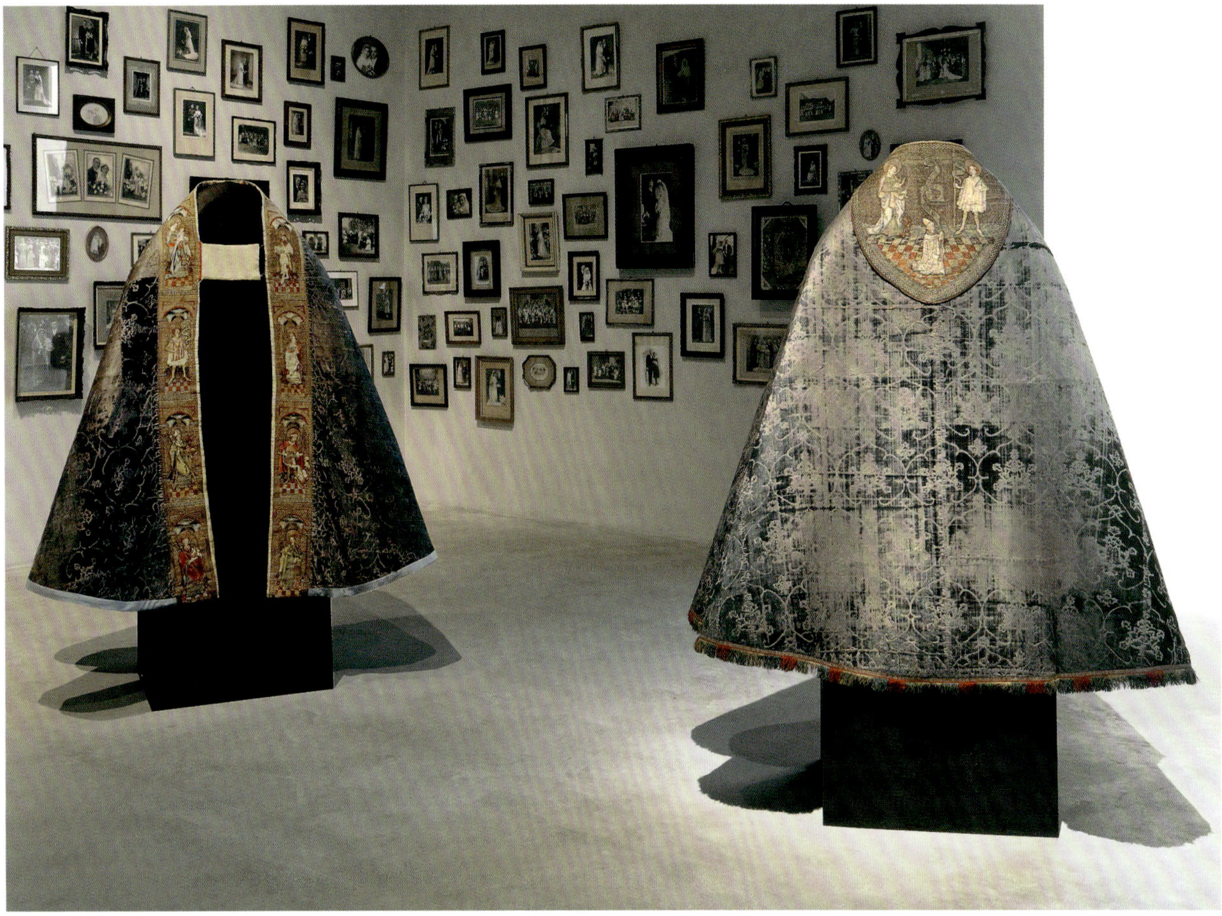

Hinterlassenschaft Raum 16 (Nordkabinett)

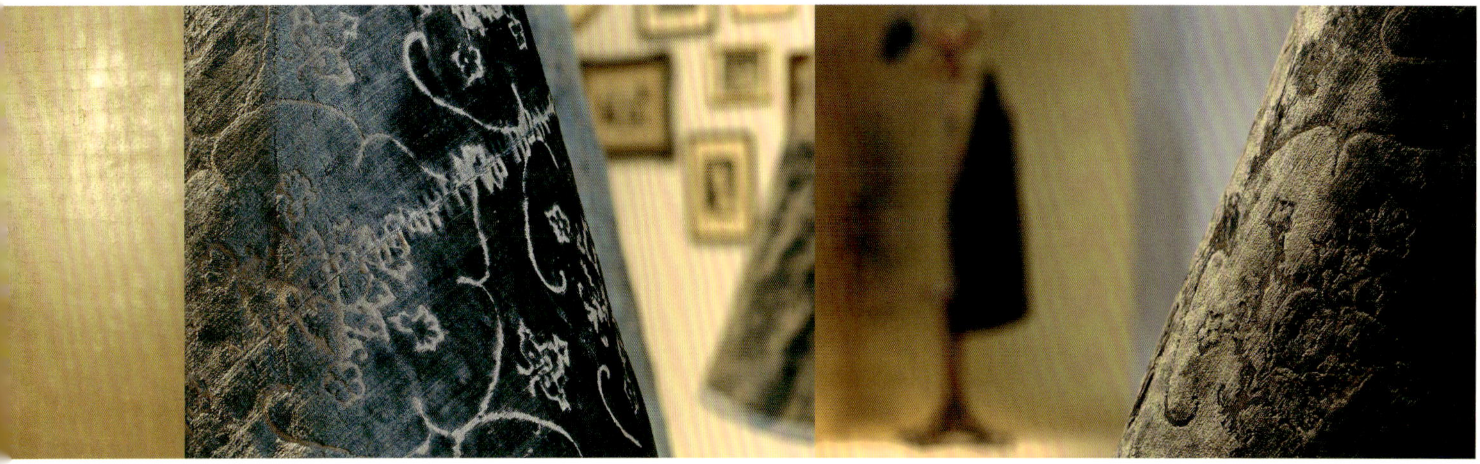

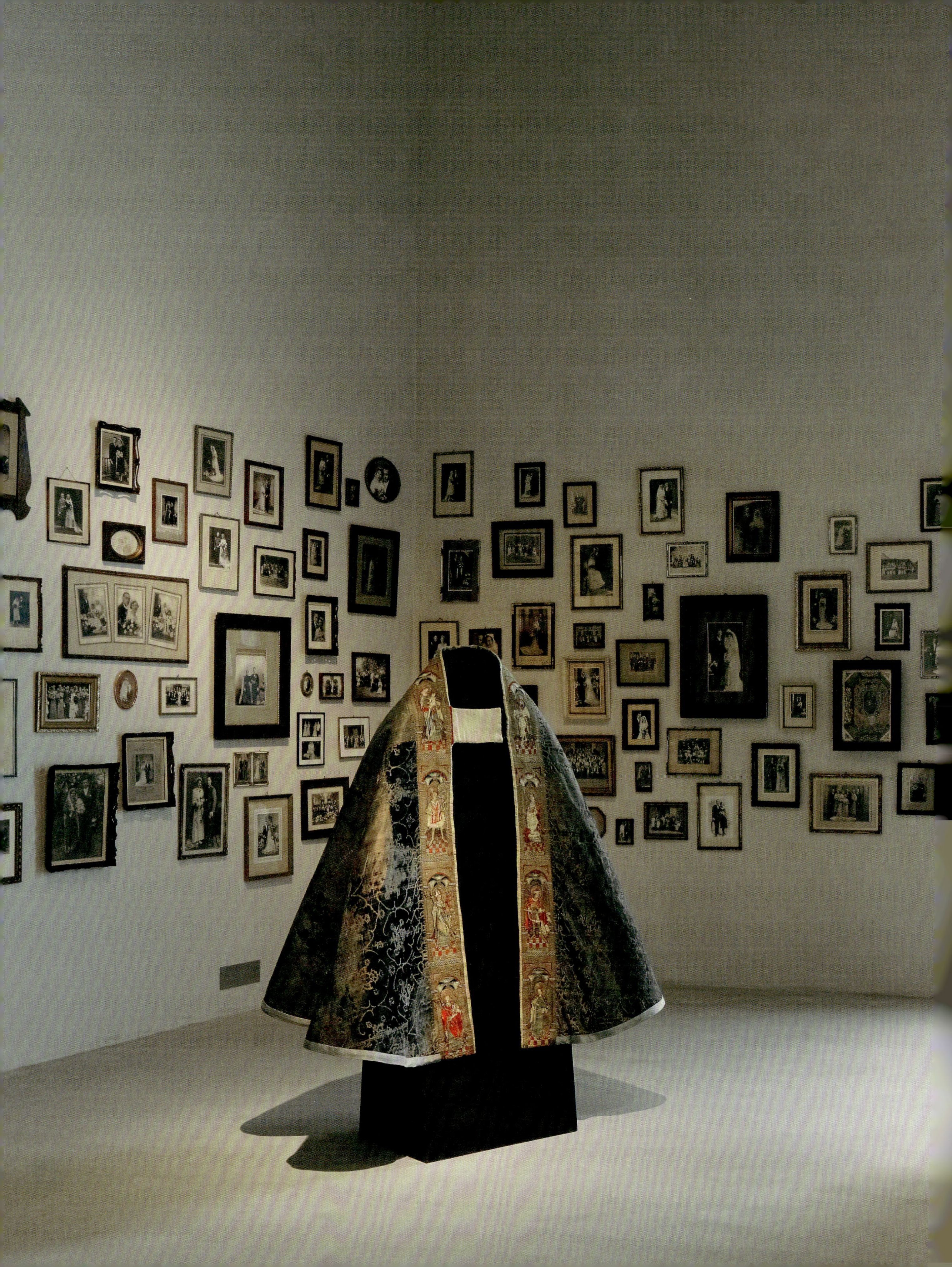

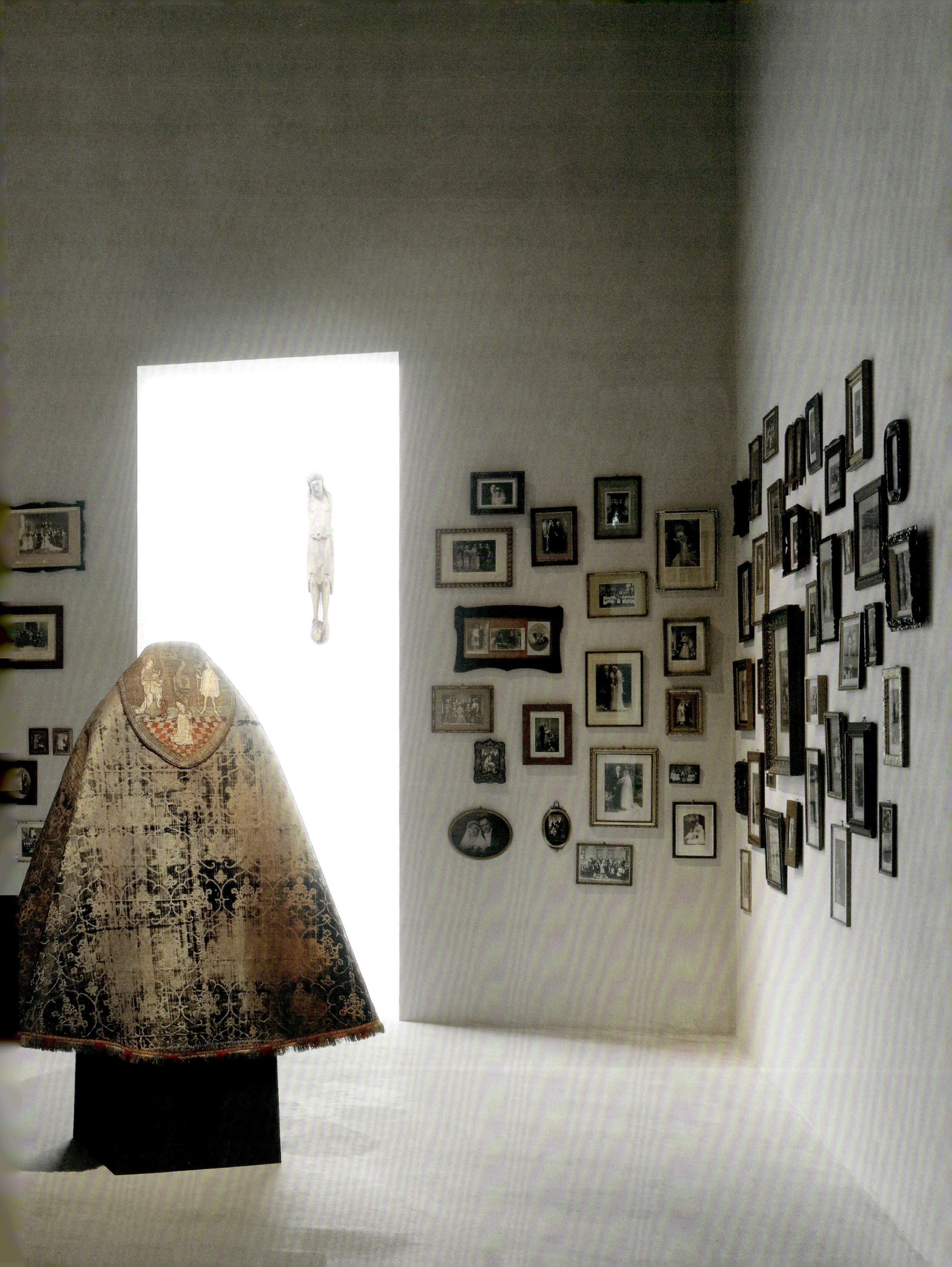

Hinterlassenschaft   Raum 16 (Nordkabinett)

• *Hochzeitsfotos* (ehem. Sammlung Manfred Morchel / Schenkung Jochen Heufelder)

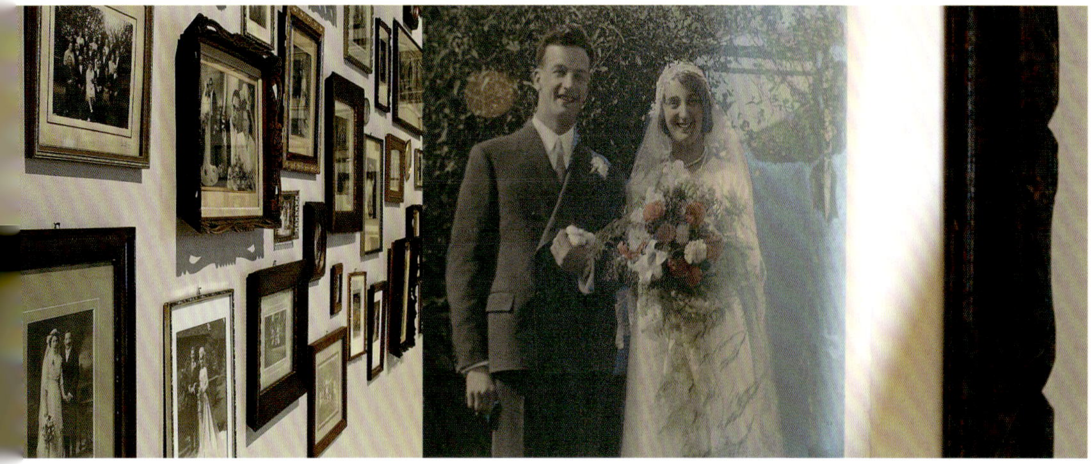

Hinterlassenschaft Raum 17 (Nordturm)

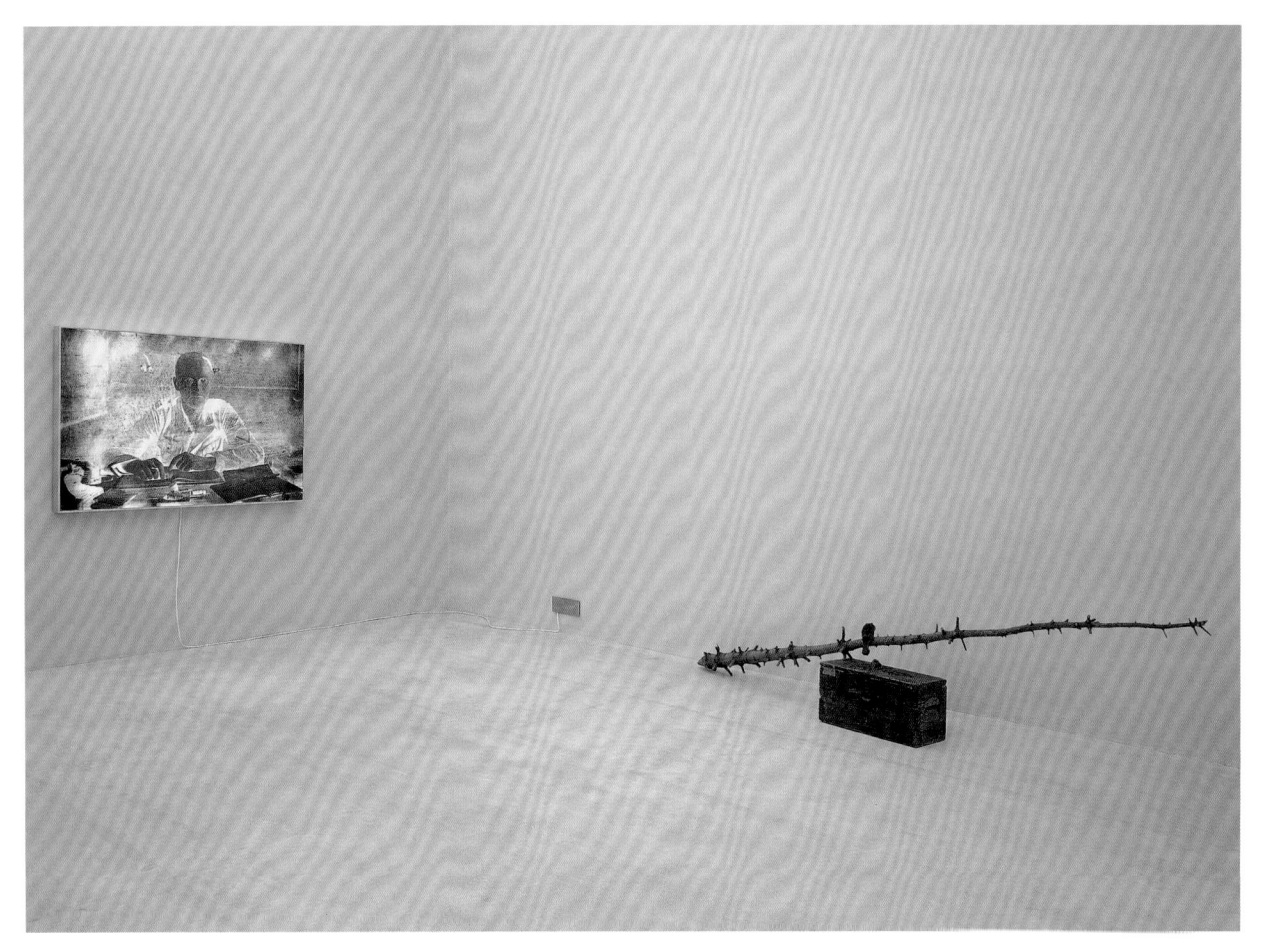

Ein Kleinbildnegativ, vergrößert und hinterleuchtet, wird zum Historienbild. Soll die private Momentaufnahme eines Soldaten hinter seinem Schreibtisch eine allgemeine Aussage über den Krieg in Mitteleuropa in der Mitte des 20. Jahrhunderts zulassen? Wie aus einem kalten Schattenreich leuchtet das Bild in den Raum hinein, bleibt distanziert trotz der Nähe dieser Szene. Kratzer und Fingerabdrücke erhalten durch die Vergrößerung suggestive Qualität, lassen uns über zerstörtes und verblichenes Leben nachdenken, nach Täter oder Opfer fragen. Mit wenigen Eingriffen hat Kurt Benning die individuelle Bedeutung dieser letzten Fotografie seines 1945 gefallenen Vaters zurückgenommen. Das Negativ erzwingt die Transformation zum Abbild, zu einem Historienbild, dessen Geschichte sich jeder Betrachter individuell erzählt.

• KURT BENNING *Der Krieg in Mitteleuropa. Mitte XX. Jahrhundert*, 1994, Leuchtkasten mit vergrößertem Fotonegativ • JOSEPH BEUYS *Ohne Titel*, 1971, Munitionskiste mit *Kreuz mit Sonne* (1947–1948) und Fichtenstamm mit *Berglampe* (1953)

Und nun ist all die Herrlichkeit in Staub und Asche gesunken. Buchstäblich ist um uns Staub und Asche; und nun heißt es, in Staub und Asche Buße tun. Und da heißt es dann: jetzt ist die Zeit der Gnade. Weil Gott die Welt um uns abbricht… weil wirklich um uns herum die Gestalt der Welt vergeht… Nur im Dunkel der Nacht sehen wir die Sterne des Himmels.

Robert Grosche

Hinterlassenschaft   Raum 17 (Nordturm)

Der fragmentierte, um die Mitte des 12. Jahrhunderts entstandene Kruzifix gehört seit ca. 1860 zum Bestand der Sammlung. Seine Herkunft ist ungewiss. Angeblich wurde er in der Eifel erworben, doch reicht diese Angabe nicht, um dort auch die ausführende Werkstatt lokalisieren zu können. Der lebensgroße Korpus zeichnet sich durch eine starke Stilisierung aus, die nach der kürzlich mit Hilfe der Renate König-Stiftung erfolgten Freilegung und Restaurierung umso deutlicher hervortritt. Die Oberfläche des Holzes ist sehr detailliert gestaltet, so dass sich die angestrebte Räumlichkeit des Körpers trotz der verlorenen Farbfassung sehr gut erschließen lässt. Das grafische Element ist vorherrschend: die parallel verlaufenden Rippenritzungen, die nur flach gewölbte Brust sowie die starken Linien der Gesichtszüge mit den tief eingeprägten Nasolabialfalten, der kegelförmigen Nase, den weit geöffneten Augen und den hoch gewölbten Brauen. Sehr eigenwillig wirkt das enorme Volumen der Haare, die heutzutage ein wenig an Rastazöpfe erinnern. Der Stilisierung, die eine Statik des Körpers aus eigener Kraft nicht intendiert, entspricht eine Reduktion der Bewegungsmotive. Die Knie sind in der Höhe wenig differenziert, der Oberkörper schiebt sich nur leicht aus der Frontalansicht, der Kopf deutet eine Schrägstellung in Gegenrichtung nur an. Das Fehlen der Arme verstärkt diesen Eindruck, denn der durchaus vorhandenen Drehung des Körpers fehlt an dieser Stelle die Fortsetzung. Heute wird die Symmetrie vor allem durch den Lendenschurz gebrochen, bei dem sich zwei Faltentüten einseitig in die Mitte schieben. Trotz der annähernd unbewegten Haltung stellte dieser Korpus ursprünglich den lebenden Christus dar, der mit weit geöffneten Augen vor dem Kreuz stand. Die enorme Länge der Beine macht deutlich, dass der Kruzifix in größerer Höhe angebracht war. Es könnte sich um ein Triumphkreuz gehandelt haben, das in der Mitte der Kirche aufgestellt war und dort an den Sieg über Sünde und Tod erinnerte.

• *Kruzifix*   Rheinland, um 1150, Lindenholz, Fragment (restauriert mit Mitteln der Renate König-Stiftung)

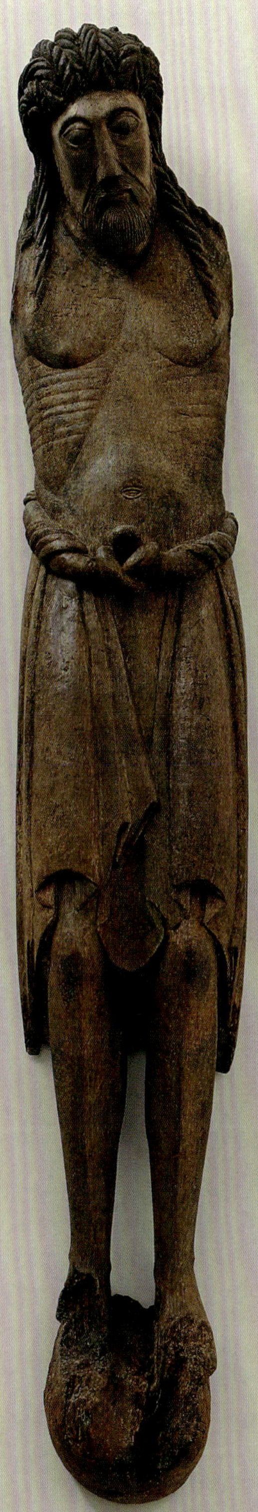

Hinterlassenschaft Raum 18 (Ostkabinett)

Das Video beginnt mit Totenzetteln, die alle mit tradierten und vielfach wiederholten Worten an Verstorbene der Familie Benning erinnern. In die bekannten Formulierungen mischen sich unerwartet die meist übersehenen Randzeilen, in denen die Druckerei oder der Fotograf des umseitigen Bildmotives benannt werden. Es folgt ein Pass von Josef Benning, bei dem Bild und Text erstmals völlig synchron laufen und sich auch gegenseitig ergänzen. In den Pass eingelegt sind eine Reihe von Verhaltensregeln für Deutsche im Ausland, die uns heute übertrieben fürsorglich und auch ziemlich komisch vorkommen (wenn sie ihre Gültigkeit auch nicht verloren haben). Sie lassen erahnen, dass eine historische Notwendigkeit zum einen und eine Unerfahrenheit im Reisen zum anderen diesen Zusatz notwendig machten. Auf den Pass folgen private Fotos von Familienfesten, Betriebsausflügen, Hochzeiten, Beerdigungen und Reisen sowie Urlaubspostkarten. Deren Beschreibung ist auffallend nüchtern und neutral. Fast fühlt man sich an die Anfänge des Kunstgeschichtsstudiums erinnert, als man genaue Beschreibungen anfertigte, ohne die Dinge zu benennen. Die Fotos sind sehr zwiespältig. Sie stammen aus der privaten Geschichte der Familie, könnten also alle identifiziert werden, was Kurt Benning aber vermeidet. Er bleibt bei der nüchternen Bestandsaufnahme und entwickelt dabei eine Pedanterie, die manchmal komisch anmutet und immer auch über die Bilder hinausweist (»Die Reisegesellschaft besteht aus 12 Personen, mit dem Fotografen sind es 13«) oder Vermutungen über die Inszenierung eines Bildes. Beschreibung und Bildregie laufen häufig nicht parallel, thematisieren so die unterschiedliche Wahrnehmung von Hören und Sehen. Es kommen auch Dinge ins Bild, die im Text keine Entsprechung haben, z.B. ein kleiner Brandschaden am oberen Rand eines Fotos. Der Betrachter überlagert automatisch das Gesehene mit persönlichen Erfahrungen und Erwartungen, die sich aus dem Wissen um die deutsche Geschichte und den Parallelen in den eigenen privaten Wühlkisten mit Familienfotos speisen. Der individuelle Fall der Bennings erhält so etwas Allgemeingültiges. Die Urlaubspostkarten bieten ein Panorama von Ländern und Orten, die deutsche Urlauber in den 1950er und 60er Jahren für sich entdeckten. Nordsee, die Alpen und Italien bilden die Schwerpunkte, ergänzt um diverse Kurorte in Deutschland. Sie spiegeln die gesellschaftliche Entwicklung der Zeit, die sich durch die Texte auf der Rückseite aber in die private Geschichte einpasst. Es werden Momentaufnahmen persönlicher Geschichte eingefangen, die durch die Unkenntnis der Zusammenhänge für den Betrachter voller rätselhafter Anspielungen bleiben. Dabei wechseln die Erzählmodi: lange Einstellungen mit ausführlichen Beschreibungen werden von einer schnellen Abfolge von Bildern mit nur kurzen Zitaten der Aufschriften abgelöst – »Reit im Winkel fehlt« wie wir einer handgeschriebenen Notiz entnehmen können, die kurz aufscheint. Es wird das Bemühen deutlich, auch verlorene Bruchstücke der Existenz festzuhalten. Schließlich laufen Text und Bild nicht mehr parallel, bis der Text die Oberhand gewinnt und die Ferienorte wie eine Litanei vor dem verblassenden Bild des verlassenen Wohnzimmers rezitiert werden. Dabei entfaltet die Aufzählung der rückseitigen Notizen ohne jeden Zusammenhang eine eigene Poesie. Die Pedanterie, mit der Kurt Benning versucht, sich Geschichte als gelebte Geschichte seiner Familie anzueignen, erlebt ihren Höhepunkt in der Beschreibung eines Nähschränkchens, dem wir in Nahaufnahme von der dahintergelegenen Tapete aus auf den Leib rücken. Während minutiös der Inhalt eines jeden Fachs im Inneren des Schränkchens aufgelistet wird, sehen wir es in seiner ganzen 1950er-Jahre-Banalität von außen: die obere Abdeckung, auf der ein kleiner Tischteppich liegt, die Front, die Beine und die Rollen, auf denen es steht. In die Nüchternheit der Beschreibung von Sicherheitsnadeln, Nähnadeln, Garnen usw. mischt sich die Skurrilität der Werbesprüche, die auf die Verpackungen gedruckt wurden: »Seit Generationen – Der Verschluss ohne Verdruss« beispielsweise auf einer Packung mit Druckknöpfen. Was bleibt, ist ein Eindruck von ungeheurer Fülle. Jedes Stück entspricht einem Bedürfnis, für das es angeschafft wurde. Es häufen sich Bedürfnisse auf Bedürfnisse, die sich in ihrer Summe einem gelebten Leben annähern. Zum Abschluss wird die Küche beschrieben. Dabei bleibt der Blick der Kamera auf dem Dezemberblatt eines Kalenders hängen, das er während der ganzen Sequenz auch nicht verlässt. Die Tagesmarkierung ist über dem 19. Dezember fixiert. Das Kalenderblatt zeigt die Geburt Christi aus dem Passionsaltar Konrads von Soest. Die Küche selber sehen wir nicht. Deren Beschreibung verlässt zunehmend die Faktizität der Dinge und wechselt zur Beschreibung der Eindrücke, die die Dinge hervorrufen. Dabei entfernt sich die Kamera von dem Motiv des Kalenderblattes. Wir sehen das Bild, dann die Zahlen und schließlich die Küchenwand. Bei weiterem Zurückweichen erkennen wir: es ist gar nicht die Küche, sondern ein Foto der Küchenwand in einem Fotoatelier. So schleichen wir uns aus dem gelebten Leben heraus.

• KURT BENNING *Hinterlassenschaft – Ein deutsches Erbe*, DVD-Projektion, basierend auf einem Typoskript, 1984 bis 1999 (Der vollständige Text ist als Faksimile des 90-seitigen Typoskriptes mit einem von Kurt Benning zusammengestellten Bildteil als *Werkbuch Kurt Benning* anlässlich der Ausstellung erschienen.)

• Abbildung auf der folgenden Doppelseite, in Vitrinen v.l.: CHRISTIAN BOLTANSKI *16 Künstlerbücher* 1972 bis 2002 (Schenkung Edith und Steffen Missmahl) • *Reliquienbüste eines Königs*, Salzburg, 2. Hälfte 14. Jh. (Schenkung Regina und Maria Härle) • *Spiegel des menschlichen Heils* Paris, um 1450 (Sammlung Renate König) • *Hüte / Schuhe / Handschuhe* von Josef Kardinal Frings • *Reliquiar* mit Nepomukzunge, 18. Jh., Holz, Glas, Wachs, Klosterarbeiten, Reliquien (Nachlass Dechant Gatzen) • *Reisereliquiare* mit Kreuzigung und hl. Walburga(?), Süddeutschland, 18. Jh. (eines Schenkung Rodert) • *Eingerichte oder Geduldflaschen* 19./20. Jh. • *Wettersegen* Altbayern, 1. Hälfte 18. Jh. • *Wallfahrtsandenken* aus Loreto, 18. Jh. (Leihgabe Sammlung Schulz) • *Kabinett-Stollenschrank* Anfang 18. Jh., Nussbaum, Eiche, Zinn (Schenkung Irma von Bacsák-Müngersdorff) • An der Wand im Hintergrund: DVD-Projektion der Arbeit von Kurt Benning

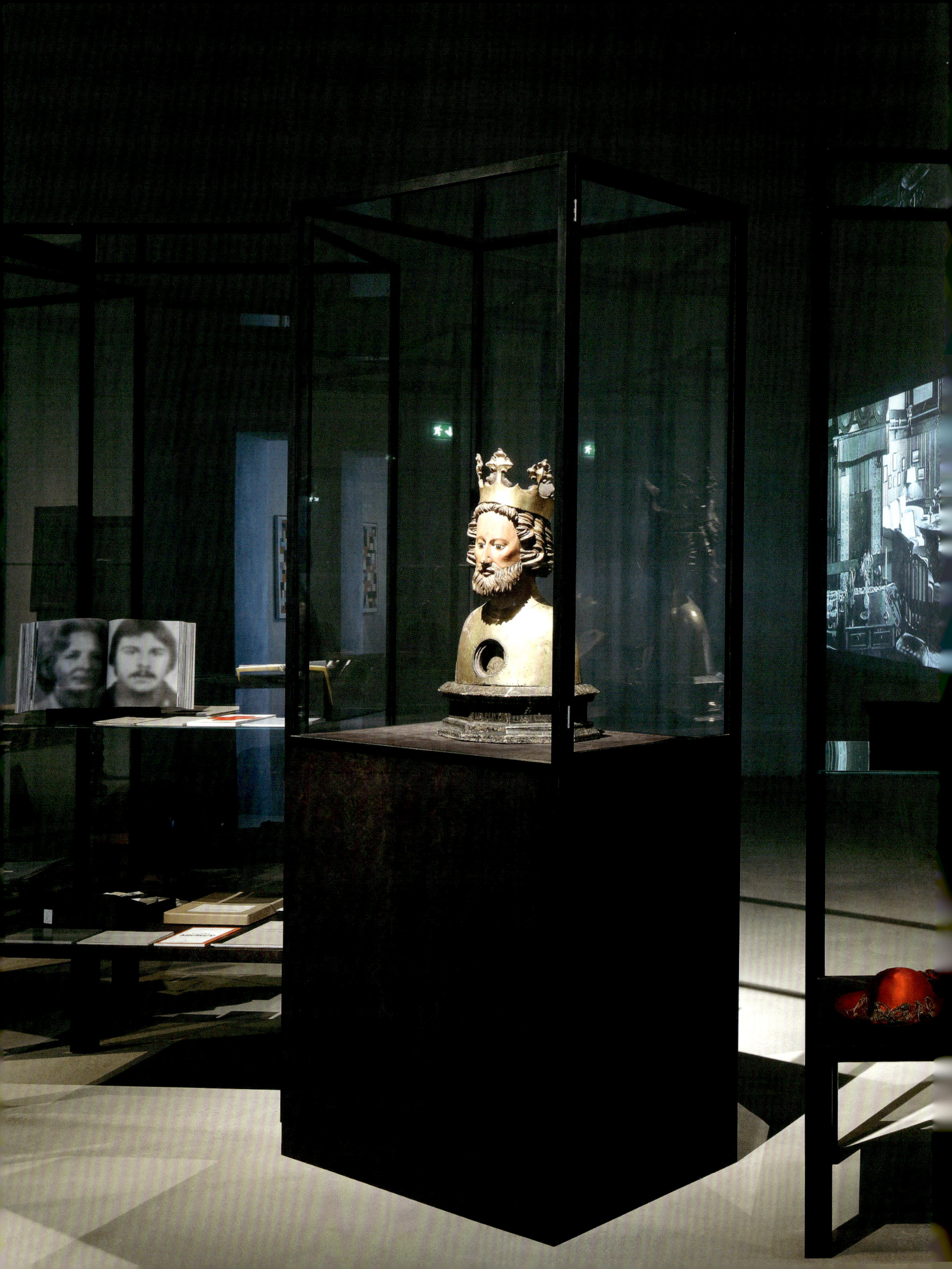

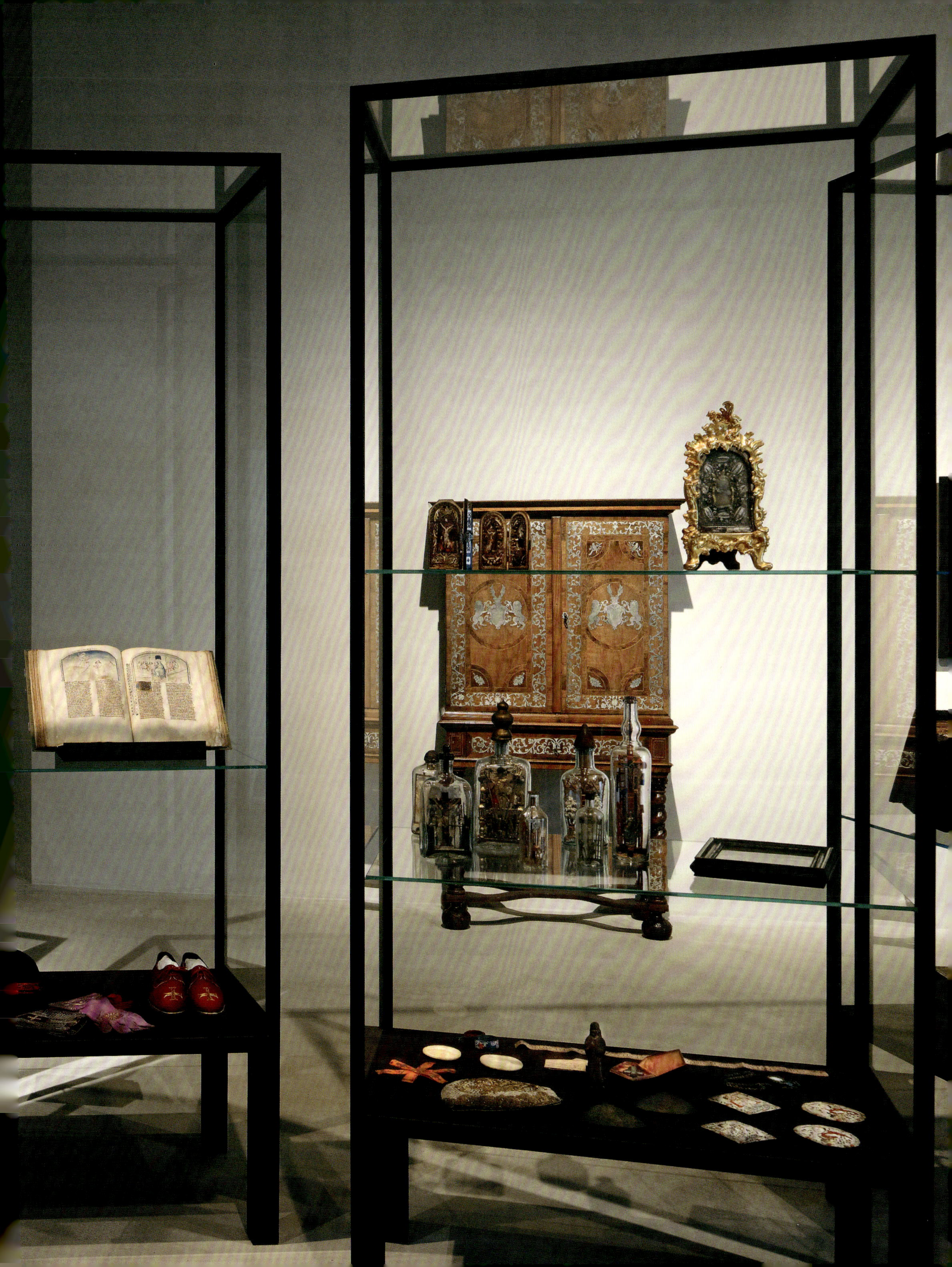

Hinterlassenschaft Raum 18 (Ostkabinett)

• An der Wand im Hintergrund: *Nachlassinventar* der Toelgyn van Bracht, Pfarrgemeinde St. Kolumba, 1485 (Leihgabe des Historischen Archivs des Erzbistums Köln, siehe Teilübersetzung S. 385–387) • In den Vitrinen links: *Gegenstände des privaten Gebrauchs* darunter *Lederkoffer und Etui* des Architekten Hans Schwippert / *Bowler* von Wilhelm Nölke / *Dinge aus der Werk- und Formensammlung* (Schenkung Werner Schriefers) / *Messkoffer* eines amerikanischen Militärgeistlichen / *Kindergebetbücher* / *Schreibgarnitur* • rechts: *Urkunden und Akten* der Pfarrgemeinde St. Kolumba
• CHRISTIAN BOLTANSKI *16 Künstlerbücher*, 1972 bis 2002 (Schenkung Missmahl)

In Gottes Namen. Amen. Kund sei allen und jeglichen, die dieses gegenwärtig veröffentlichte Instrument lesen oder hören sollten, dass im Jahre nach der Geburt unseres Herren Jesu Christi, da man schreibt 1485, in der dritten Indiktion, am Mittwoch, den zwanzigsten Tag des Monats Juli, ungefähr um zwei Uhr nachmittags, unter dem Pontifikat des allerheiligsten Papstes, durch göttliche Vorsehung, Innozenz des Achten, in seinem ersten Jahre, dies geschrieben wurde in Gegenwart des öffentlichen Notars und der Zeugen, die dazu besonders gerufen und gebeten wurden und in ihren eigenen Personen gekommen und erschienen sind. Die ehrsamen Herren Heynricus van der Horst, Doktor der Theologie und Pastor im Kirchspiel zu St. Kolumba in Köln, und Gilberch vanme Ryne, Einwohner von Köln, haben erzählt und verlauten lassen, dass die selige Toelgyn van Bracht vor den Minderbrüdern in Köln ihr Testament und ihren letzen Willen gemacht und geordnet hat, in welchem Testament und letztem Willen die vorgenannte Toelgyn die vorgenannten Heynrich van der Horst und Gilberch vanme Ryne zu ihren Treuhändern gesetzt und gemacht hat nach Wortlaut und Inhalt desselben ihres Testamentes und letzten Willens für den Fall, dass vorgen. Toelgyn todeshalber ablebig geworden wäre und dass dann Hab und Gut, das die vorg. Toelgyn zur Zeit ihres Todes gehabt und nachgelassen hätte, so mit Hilfe ihres Testamentes aufgeschrieben und bezeichnet werde, wie es sich gehört. … Wir sind also zusammen gegangen über die Treppe des vorg. Hauses und fanden dort fünf schwarze Kessel von kleinem Wert. Von dort sind wir weitergegangen in die daneben gelegene Kammer und dort drinnen befanden sich zwei Kessel von kleinem Wert und ein leeres Bettgestell. Von dort sind wir in eine andere Kammer gegangen, genannt die Kapelle, am Hof gelegen, und darin haben wir gefunden ein Bettgestell mit zweifachem Bettzeug, ein jedes war ein Dutzend Streifen breit, einen Bettpfühl, eine alte rote Wolldecke, des Weiteren einen grauen Frauenrock aus Wolle mit einem schwarzen Saum, einen schwarzen Frauenrock aus Kammgarn, einen alten grauen Frauenrock, eine blaue Kapuze, einen grauen Frauenrock mit Pelzfutter; des Weiteren eine kleine Truhe mit zehn alten Leinentischtüchern; des Weiteren eine geschlossene Truhe, in der etwas drinnen war, man sagte, es gehöre Gerart Marckoulff… Des Weiteren sind wir in die kleine Kammer gegangen, die oberhalb der Küche liegt, und darin fanden wir drei Kessel, groß und klein, drei Kupfertöpfe, eine kupferne Schöpfkelle, eine Quartkanne aus Zinn, eine weitere Quartkanne aus Zinn, ein zinnener Topf mit drei Beinen, eine Bratpfanne, eine Fleischschüssel aus Zinn, des Weiteren noch eine kleine Fleischschüssel, ebenfalls ein Pfand, wie vorg. Gilberch sagte; des Weiteren zwei Eisenpfannen; des weiteren noch ein Kessel, der, wie vorg. Gilberch sagte, Hilgyn, der Nichte vorg. Toelgyns, gehöre. … Des Weiteren sind wir gegangen in die Kammer an der Straße, in der die vorgen. Toelgyn gestorben ist, wie sie sagten, und darin befand sich zum Ersten ein bemaltes Tuch mit einer Weinrebe, ein Bettzeug von einem dutzend Streifen mit einem Bettpfühl; des Weiteren eine Wolldecke mit Vogelmuster, ein Pfand der vorgen. Lenartgen van Venloe; des weiteren ein leeres Bettgestell; des Weiteren ein kleines beschlagenes Kästchen, in dem viele Briefe waren, die vorläufig unbeschrieben bleiben sollen, bis zu einer anderen Zeit, wenn man sie beschreiben und verzeichnen kann; des Weiteren befanden sich darin noch neun Stück … dünne Leinentücher; des Weiteren ein Kredenztisch, ein Federkissen, ein Betttuch; des Weiteren eine kleine beschlagene Truhe, darin befanden sich eine alte große Silberkanne, zwölf Silberlöffel, in einer hölzernen Büchse ein Rosenkranz aus roten Korallen; des Weiteren ein silbernes Krüglein, das an den Rändern vergoldet ist; des Weiteren ein kleines silbernes Maß; des Weiteren eine Schachtel mit ein wenig gebrochenem Silber; des Weiteren eine große silberne Schale; des Weiteren drei Silberbecher; des Weiteren sechs silberne flache Schalen; des Weiteren zwei silberne Schüsseln, … des Weiteren ein Kettchen mit Perlen; des Weiteren fünf Perlen in ein Briefchen eingebunden; des Weiteren ein großer Rosenkranz aus Korallen mit großen Gebetsperlen; des Weiteren zwei kleine Rosenkränze aus Korallen; des Weiteren noch ein Püppchen mit ein wenig kleineren Perlen. Des Weiteren hat man die Beschreibung des anderen vorgen. Hab und Guts in dem vorgen. Hause, die noch unbeschrieben waren, weil man die Zeit nicht hatte, um die Beschreibung fortzusetzen und zu vollenden, abgebrochen und auf den nächsten Tag vertagt, um frei und nach vorheriger Ankündigung die Beschreibung dann fortzusetzen …

Nachlassinventar der Toelgyn van Bracht

Hinterlassenschaft   Raum 18 (Ostkabinett)

Im Frühjahr 1924 bricht der Düsseldorfer Maler Walter Ophey zu einer Italienreise auf, die ihn zuerst nach San Gimignano führt. Die Stadt sei »ernst und feierlich, ganz grau und braun mit herrlichen alten Fresken«, schreibt er nach Hause. Wenige Tage später zwingt ihn ein Telegramm zurück nach Düsseldorf, wo sein dreijähriger Sohn – an Gehirnhautentzündung erkrankt – im Sterben liegt. Das Gemälde entsteht in der völligen Depression nach dem Tod des Sohnes. Ophey löst sich darin von der topographischen Vorlage: der leere Platz mit den fensterlosen Gebäuden entwickelt eine eigene Wirklichkeit, der etwas Sakrales anhaftet. Mit Gemälden wie diesem schafft Walter Ophey in den zwanziger Jahren sein Hauptwerk: eine deutsche Variante der »pittura metafisica«.

• *Hausaltar* mit der Verkündigung der Geburt Christi, Mittelrhein, um 1440, Holzschrein und Tonfiguren mit originaler Fassung (Nachlass Ernst F. A. Münzenberger)
• WALTER OPHEY *San Gimignano*, 1924, Öl auf Leinwand (Schenkung aus Privatbesitz)

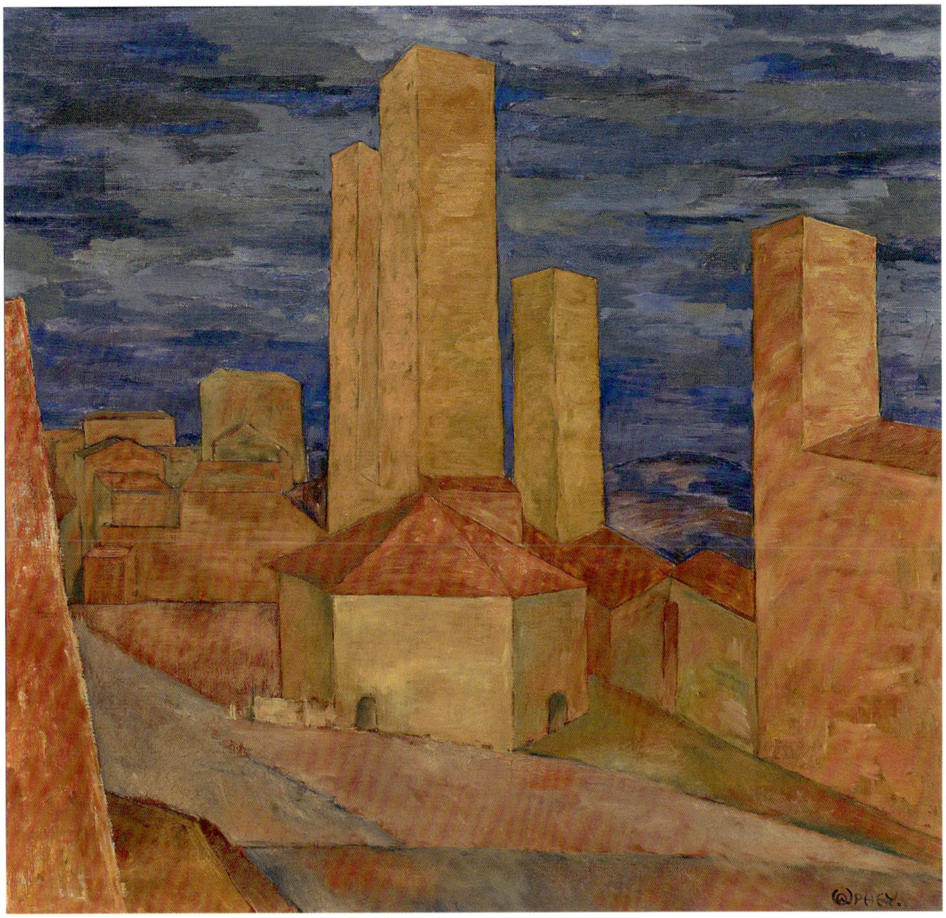

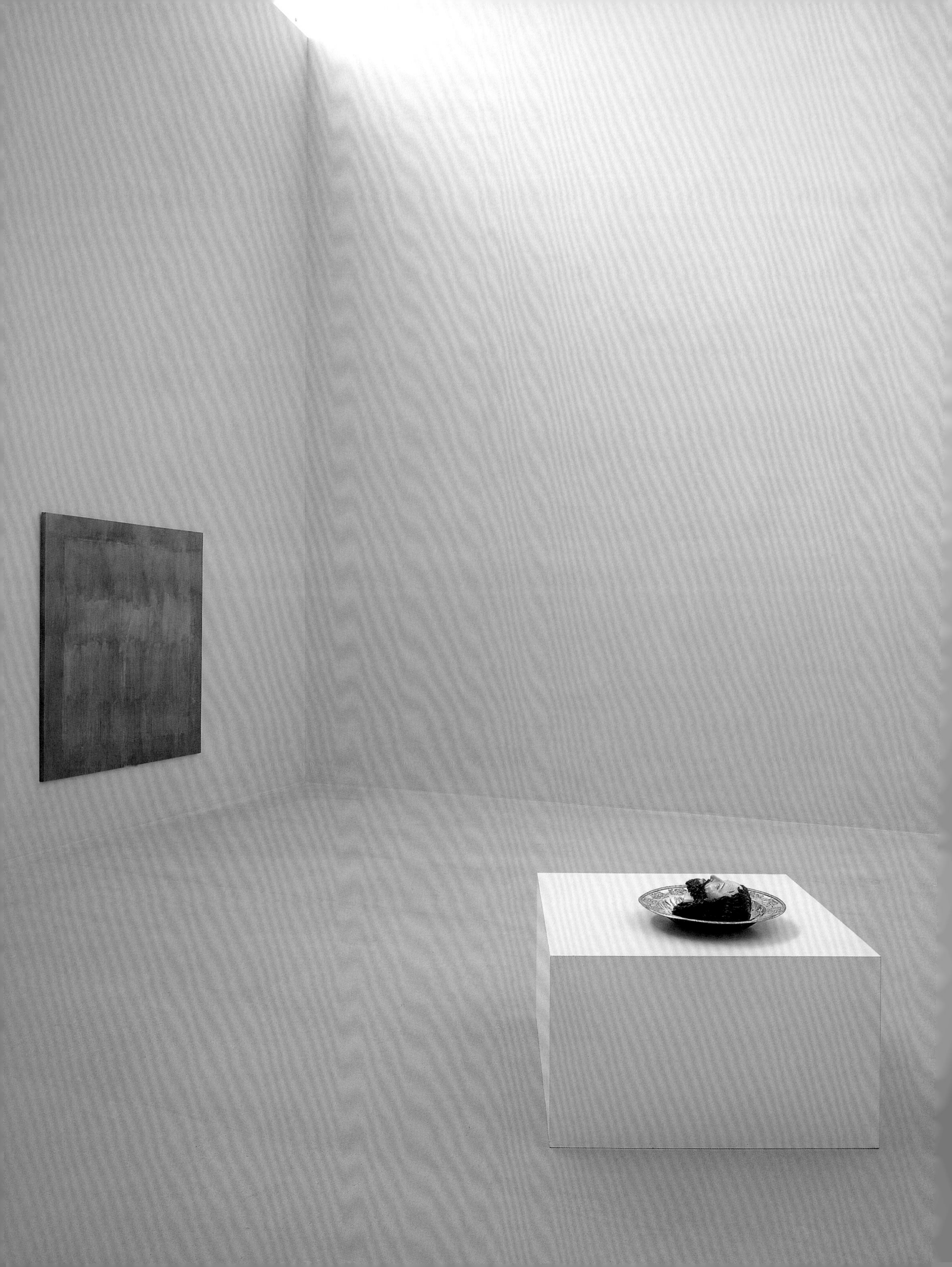

Konflikt

Hinterlassenschaft   Raum 19 (Ostturm)

Die realistische Nachbildung eines abgeschlagenen Hauptes – mit fahler Hautfarbe, gebrochenem Blick, schlaffem Unterkiefer und blutigem Hals – wird auf einem sehr dekorativen Teller aus versilbertem und teilweise vergoldetem Messing präsentiert. Dessen Pracht steht in krassem Gegensatz zur sorgfältig inszenierten Grausamkeit der gefassten Eichenskulptur und erinnert damit an die Umstände dieser konkret zu benennenden Enthauptung: Salome hatte bei einem Gastmahl vor ihrem Stiefvater, König Herodes, und seinen Gästen getanzt. Als Herodes – begeistert von der Darbietung – eine Belohnung nach ihren Wünschen in Aussicht stellte, riet ihre Mutter Herodias, den Kopf des unbequemen Täufers und Propheten Johannes auf einer Schale zu fordern. Salome folgte dem Rat. Die Legende fügt diesem Bericht der Evangelisten Matthäus und Markus einen Wutanfall der Herodias hinzu, in dessen Verlauf sie mit einem Messer auf den Kopf einhieb und dort eine Stichwunde hinterließ. Diese Ausschmückung des biblischen Berichtes beruht auf einer entsprechenden Verletzung, die an der nach Amiens gelangten Reliquie des Johanneshauptes festgestellt werden konnte. Nachbildungen des Kopfes auf einer Schüssel haben sich recht zahlreich erhalten. In der krassen Schilderung verdichtet sich die ganze Erzählung auf dieses eine Bildmotiv mit dem Ziel, einen hohen Grad an Betroffenheit auszulösen. Insofern kann man diese Bilderfindung des späteren Mittelalters zu den »Andachtsbildern« rechnen, doch spielten solche Schalen auch in der Frömmigkeitspraxis eine Rolle, wenn sie gegen Schmerzen und Krankheiten des Kopfes »aufgesetzt« wurden (und werden). In der qualitativen Bandbreite erhaltener Johannesschüsseln zeichnet sich das für Kolumba neu erworbene Exemplar durch die Kostbarkeit des Materials und die hochwertige künstlerische Arbeit aus. Darin dürfte sich der Anspruch des Auftraggebers spiegeln, der wahrscheinlich im Adel zu suchen ist. Als Vorbesitzer können die Fürsten von Ligne erschlossen werden.

• *Johannesschüssel* aus dem Besitz der Fürsten von Ligne, Schwaben (?), Anfang 16. Jh., Kopf: Eichenholz mit originaler Fassung; Schüssel: Messing, getrieben und graviert, wahrscheinlich später vergoldet und versilbert (erworben mit Mitteln der Renate König-Stiftung)

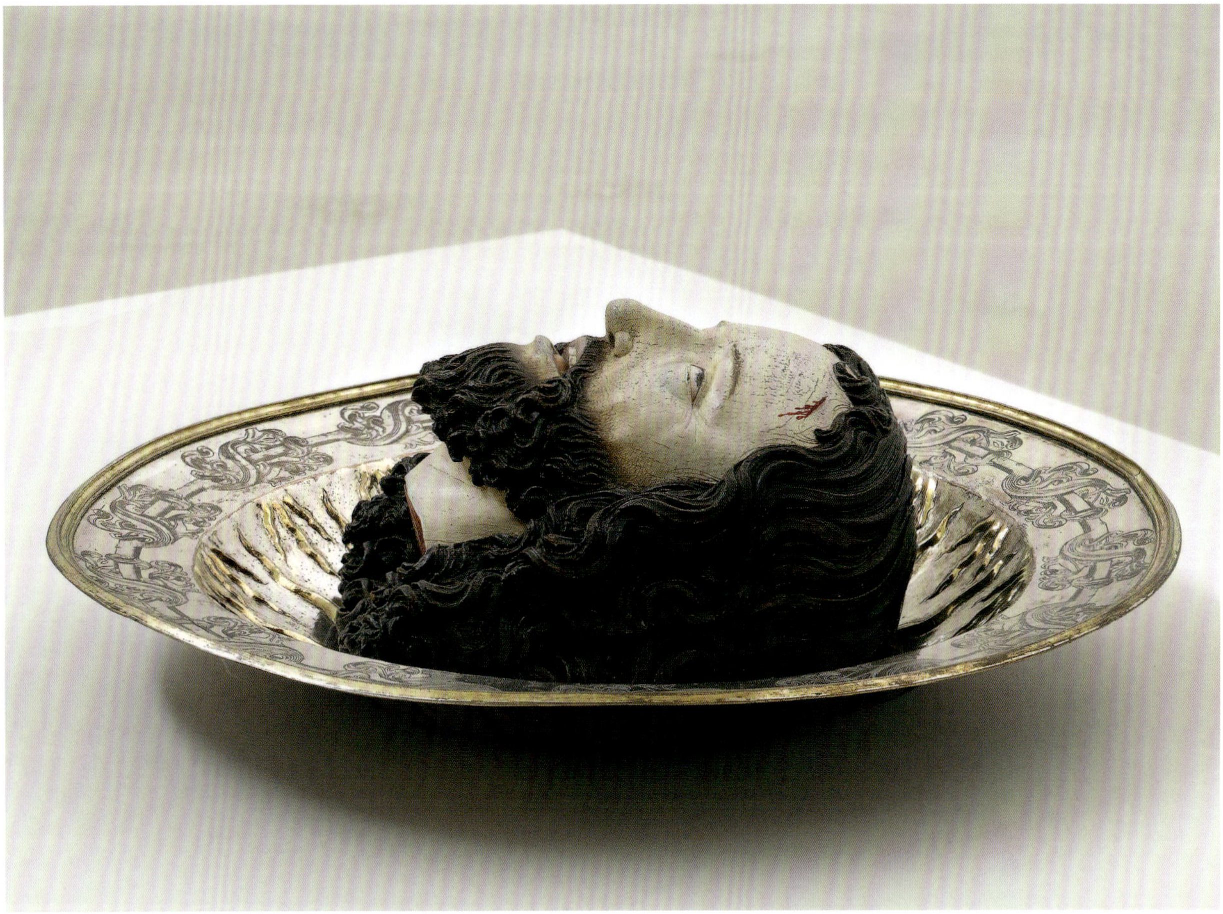

Hinterlassenschaft Raum 19 (Ostturm)

• JÜRGEN PAATZ *Ohne Titel*, 1972/1973, Dispersion auf Leinwand

Hinterlassenschaft   Raum 20 (Südkabinett)

• STEFAN WEWERKA *Krümmlinge*, 2003, Holz, lackiert • GEORG BAUMGARTEN *Werke um 1933*, Chinatusche und Ölfarbe in verschiedenen Techniken auf Glanzkarton

In dem Sinne, in dem der Zweck eines Stuhles nur verwirklicht ist, wenn jemand auf ihm sitzt, gibt es überhaupt keinen Zweck, den ein Kunstwerk erfüllt.

Hannah Arendt

Hinterlassenschaft Raum 20 (Südkabinett)

Wie anregend muss die Großstadt Berlin Anfang des letzten Jahrhunderts gewesen sein! Die aktuelle Kunst war in der Galerie *Der Sturm* zu sehen: etwa die prismatischen Kreiskompositionen des Franzosen Robert Delaunay und die dynamisch-vibrierenden Formen der italienischen Futuristen. Musik, Rhythmus und Bewegung durchziehen diese abstrakten Bilder und der Sturm-Gründer Herwarth Walden wurde nicht müde, die »Sturm-Ästhetik« von der inneren Verwandtschaft aller Künste in Printmedien und in einer Kunstschule zu verbreiten. In diesem Umfeld bewegte sich Georg Baumgarten, dessen künstlerischer Nachlass zur Sammlung von Kolumba zählt. Geradezu seismographisch erfasst der musisch vielseitige und feinfühlige Baumgarten in dieser in den 1930er Jahren entstandenen Werkreihe das Schwanken einer Zeit, deren vermeintliche Stärke in der Katastrophe enden musste, der er und seine Familie schließlich selbst zum Opfer fielen. Er starb im April 1945 – nur wenige Wochen vor Kriegsende – gemeinsam mit Frau und Tochter bei einem der letzten Angriffe auf Berlin. Der an die Druckgraphik erinnernde harte Schwarz-Weiß-Kontrast offenbart sich erst auf den zweiten Blick als Tuschzeichnung auf hellem Glanzkarton – dort nämlich, wo er die Farbfläche mit einem Schaber bearbeitete und sie in zarte Netzstrukturen auflöste, oder an den Stellen, wo er durch Ritzungen und Zeichnungen einzelne Motive hervorhob und ausgestaltete. Untrennbarer Bestandteil dieser Zeichnungen sind die gewählten Bildtitel: *Schwirrstaffel* oder *Die Geißel* (Abb. folgende Seite) erinnern an den Sprachgebrauch der Sturm-Dichtung, und es wundert nicht, dass Baumgarten gleichfalls dichtete. So wie es ihm in seinen Gedichten gelingt, je nach Zusammensetzung und Betonung der Wörter, ihre Bedeutung zu verändern, so sind es die Bildtitel, die den Betrachter anregen, in den abstrakt wirkenden Kompositionen Gegenstände zu entdecken. Beispielsweise bemerkt man im dunklen Hintergrund der Arbeit *Bild 1933 (Destruktion)* Zifferblätter (Abb. folgende Seite). Untereinander mit einer Art Riemen verbunden suggerieren sie den unaufhaltsamen Lauf der Zeit, der durch ein schwingendes Pendel und ein kreisendes Rad auch in seiner Schnelligkeit verdeutlicht wird. Die rotierende Bewegung gipfelt in einem Zifferblatt, auf dem das Jahr *1933* zu lesen ist. Aus dieser Uhr lösen sich die Uhrfedern, sie fallen heraus und kräuseln sich am Boden. Unmissverständlich scheint der Künstler auf die politische Situation seiner Zeit anzuspielen. Denn mit dem Wahlsieg der NSDAP im Januar 1933 fand die Weimarer Republik ihr Ende. Georg Baumgarten musste nun wie seine Künstlerkollegen, die sich im Umfeld des *Sturms* bewegten, mit Repressalien rechnen. Es gelang ihm, seine Arbeiten in Berlin zu verstecken, von wo aus sein Sohn Claudio sie nach Halle an der Saale rettete. Claudio Baumgarten und seiner Frau Dina ist es zu verdanken, dass wir die Werke heute in Kolumba zeigen können.

• Georg Baumgarten *Insel der Hoffnung*, 1934, Chinatusche und Ölfarbe in verschiedenen Techniken (gemalt, frottiert, geschabt, geritzt) auf Glanzkarton

399

Hinterlassenschaft Raum 20 (Südkabinett)

• Georg Baumgarten *Schwirrstaffel (Fliegerbombenteufel)*, 1935 / *Bild 1933 (Destruktion)*, 1933 / *Die Geißel*, 1932, Chinatusche in verschiedenen Techniken (gemalt, frottiert, geschabt, geritzt) auf Glanzkarton

• Abbildung auf der folgenden Doppelseite: Heinrich Küpper *Künstlerbücher*, 1977–2009, Bleistift, Tusche, Farbstift und Farbkreide auf Papier • Erasmus Grasser (zugeschrieben) *Christus auf dem Weg nach Golgatha*, um 1480, Lindenholz mit Resten alter Fassung (erworben mit Mitteln der Renate König-Stiftung) • Heinz Breloh *Ohne Titel*, 1994, glasierte Terrakotta (Schenkung Nachlass Breloh) • *Hl. Theresa* Entwurf J. J. Kändler, 1775, Meissen, Porzellan (Schenkung Rodert) • *Marienfiguren* 19. und 20. Jh., Porzellan, bemalt (Schenkung Heinrich und Elisabeth Küpper)

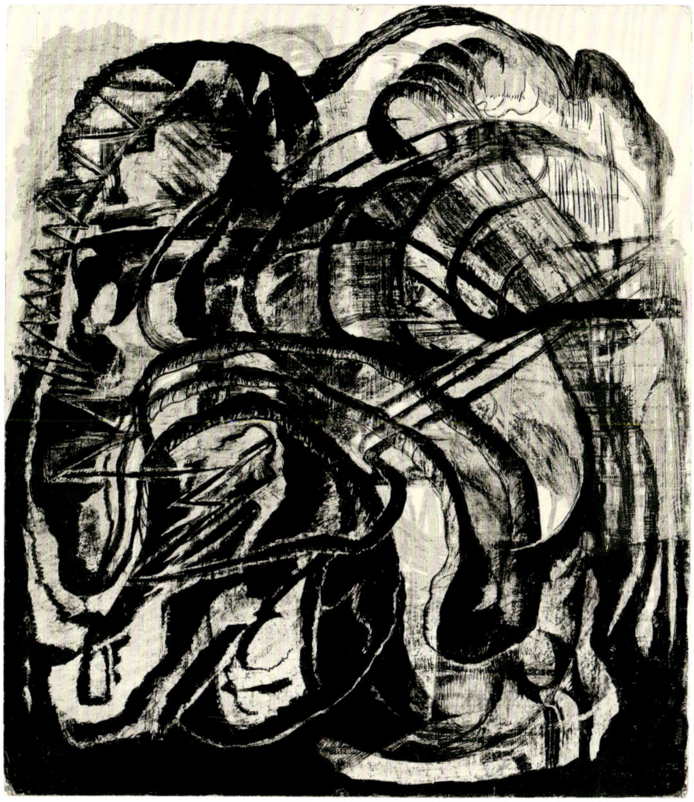

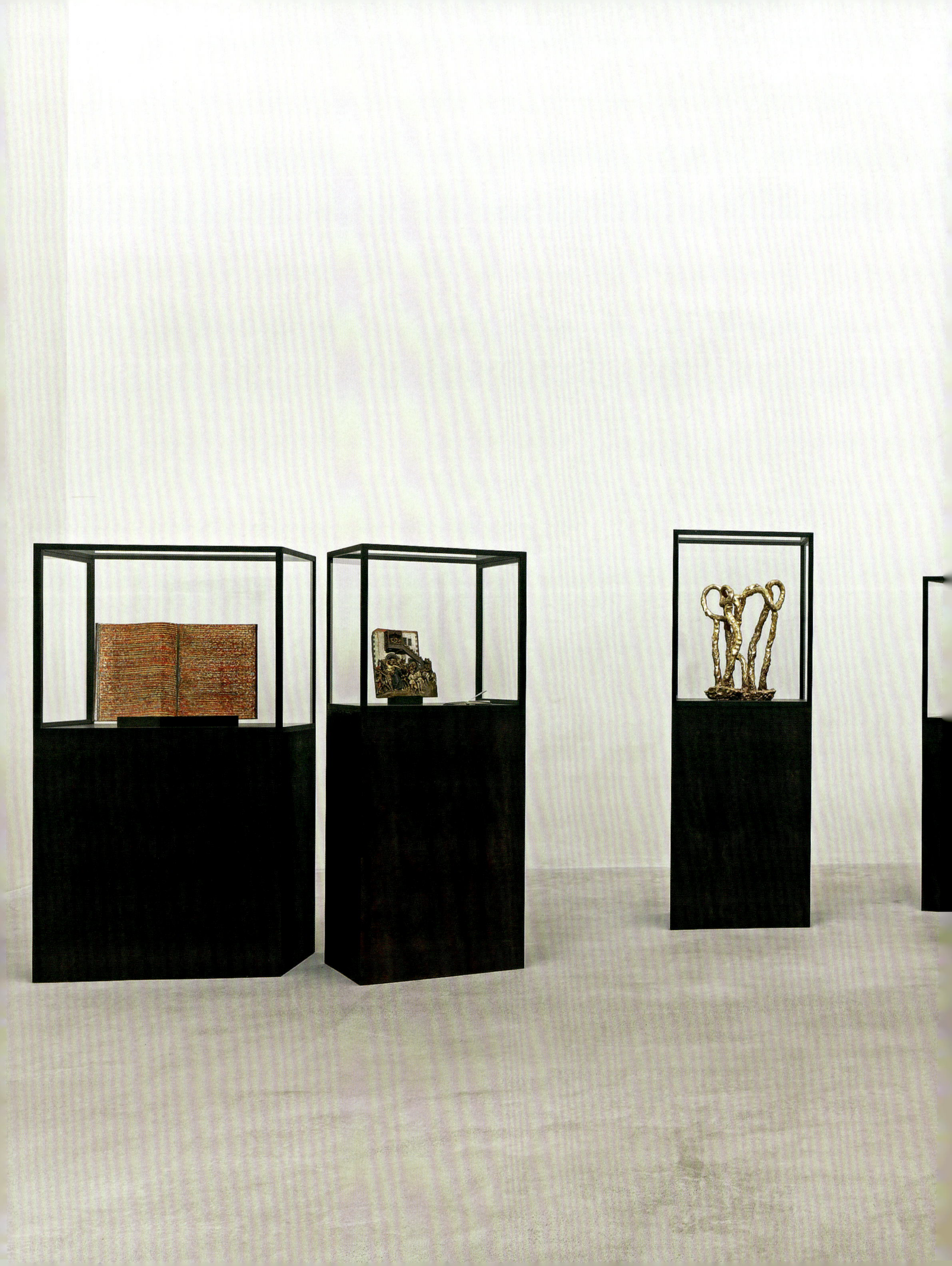

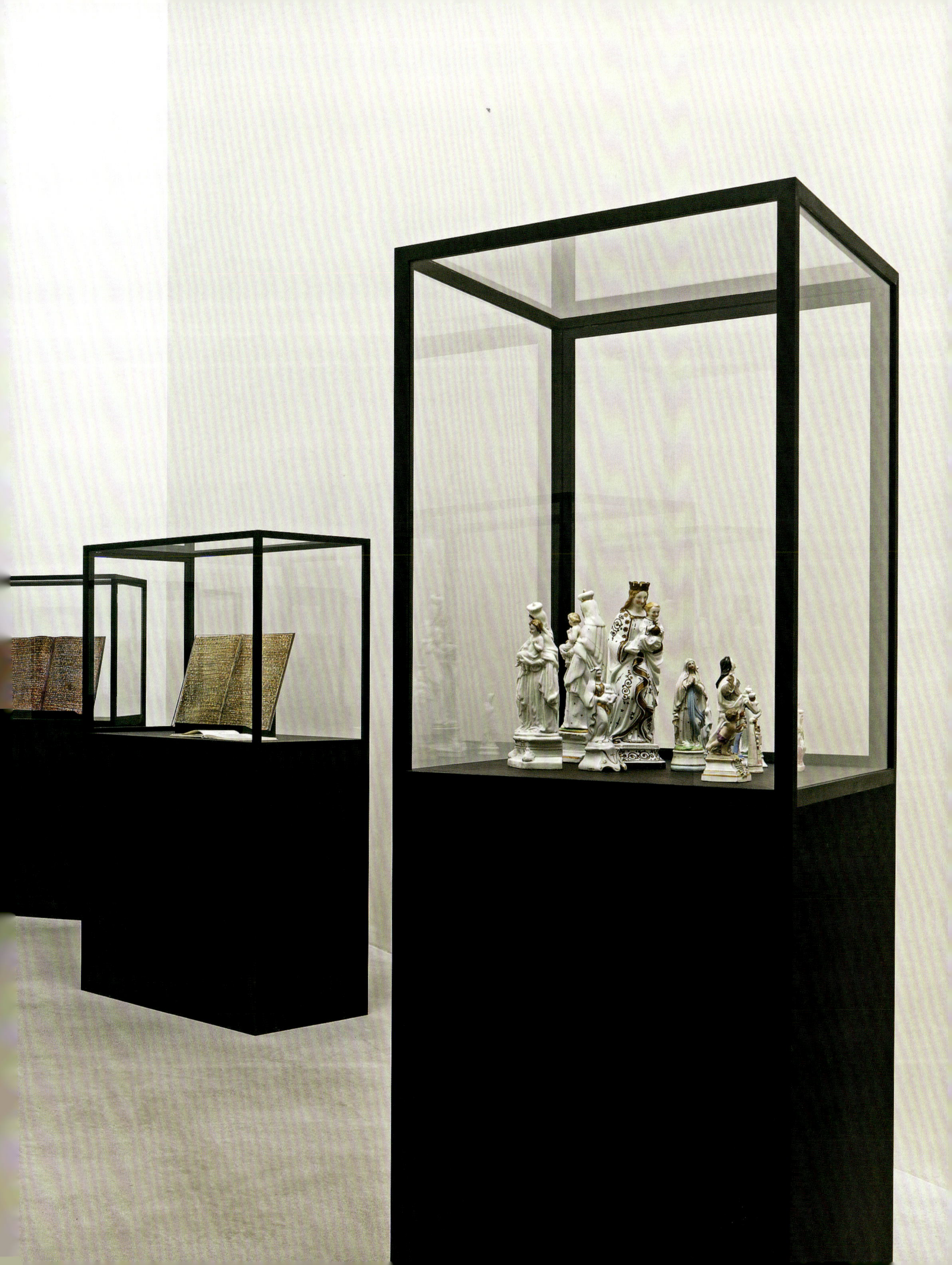

Hinterlassenschaft Raum 21 (Südturm)

Über die ursprüngliche Herkunft des kleinen Reliefs ist nichts bekannt. Eine erste Spur stammt aus dem September 1930. Damals wurde in Berlin ein großer Teil der Sammlung Figdor versteigert. Albert Figdor (1843–1927) war ein österreichischer Bankier, dessen ganze Leidenschaft dem Aufbau einer umfangreichen Kunstsammlung galt. Im Auktionskatalog wird das Relief unter der Nummer 169 – von insgesamt 4713 – beschrieben und abgebildet. Gleichzeitig wurde ein weiteres, heute verschollenes Relief mit fast identischen Maßen (Losnummer 168) veröffentlicht, das eine Ecce homo-Szene zeigt. Beide Reliefs stimmen stilistisch auf das Engste überein und waren Bestandteile eines Altars, eventuell von dessen Seitenflügeln. Über zwei weitere Stationen im Kunsthandel gelangte die kleine Lindenholztafel mit der Darstellung von *Christus auf dem Weg nach Golgatha* dank der Renate König-Stiftung in die Sammlung von Kolumba. In einer dicht gedrängten Menge wird Christus, der mit einem blauen Mantel bekleidet ist und die Dornenkrone auf dem Haupt trägt, an der Fassade eines Hauses vorbei zur Kreuzigung gebracht. Einer der Schergen hat Christus von hinten an der rechten Schulter gepackt und holt mit der geballten Faust zum Schlag aus. Christus wird mit Hilfe eines Strickes, der seine Hände fesselt, von einem anderen Knecht geführt. Dieser reißt mit einer tänzerischen Körperhaltung seinen rechten Arm in die Höhe und blickt auf den über der Szenerie schwebenden Balkon. Dort wäscht Pilatus seine Hände in Unschuld. Ein Berittener schafft mit einem Stock Platz für die nur mit einem gegürteten Wams bekleideten Schächer im rechten Vordergrund des Reliefs. Trotz der dichten Fülle von agierenden Menschen bildet Christus dank der von zwei Seiten auf ihn zuströmenden Soldaten und Gaffer das eindeutige Zentrum der Komposition. Die exaltierte tänzerische Schrittstellung eines Sodaten mit geschulterter Leiter am linken Rand, aber auch einige Gesichtszüge der Beteiligten und die detailliert geschilderte Architekturkulisse weisen stilistisch Bezüge zum sogenannten Monstranzaltärchen im Bayerischen Nationalmuseum und dem Ramersdorfer Altar des vor allem in München tätigen Erasmus Grasser (um 1450–1518) auf.

• ERASMUS GRASSER (zugeschr.) *Christus auf dem Weg nach Golgatha*, um 1480, Lindenholz mit Resten alter Fassung (erworben mit Mitteln der Renate König-Stiftung)

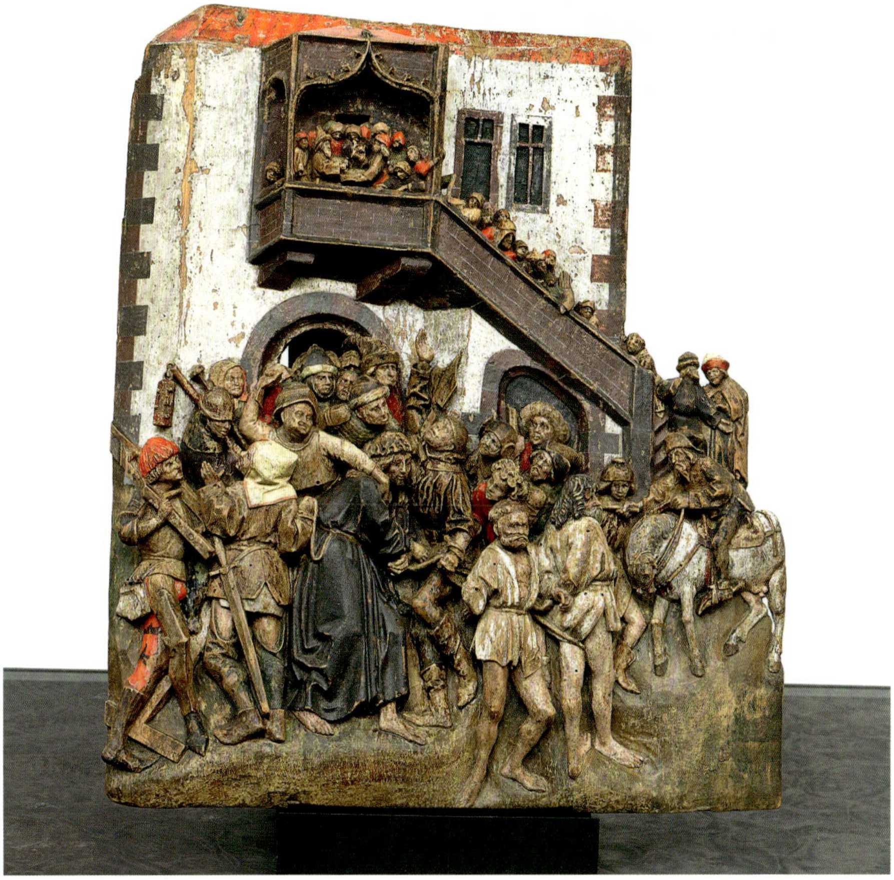

Hinterlassenschaft Raum 21 (Südturm)

- Heinrich Küpper *Künstlerbücher*, 1977–2009 • Peter Ilsley / Otto Wichman *Vasen*, 1999/2000 bzw. 1995/2003, Zink-Silikat-Glasuren (Schenkung Adolf Egner)
- Heinz Breloh *Ohne Titel*, 1994, glasierte Terrakotta (Schenkung Nachlass Breloh)
- *Hl. Theresa* Entwurf J. J. Kändler, 1775, Meissen, Porzellan (Schenkung Rodert)
- *Marienfiguren* 19. und 20. Jh. (Schenkung Heinrich und Elisabeth Küpper)

407

Hinterlassenschaft   Raum 21 (Südturm)

Die Diskussionen bei der Platzierung des neu erworbenen Nürnberger Retabels aus der Mitte des 15. Jahrhunderts im großen Südturm des Museums betrafen vor allen Dingen die Größe des Sockels, den Abstand zur Wand sowie den Umgang mit der Leere, die sich im unteren Teil der Mitteltafel kompositorisch ausbreitet. Ursprünglich stand das Retabel auf dem *Zwölf-Boten-Altar* der von dem Münzmeister Herdegen Valzner gestifteten Privatkapelle in der Nürnberger Heilig-Geist-Kirche. In Auftrag gegeben von dessen Witwe Margarethe, sollte die Darstellung des Pfingstfestes auf der Haupttafel die Patrone von Kirche und Altar – den Heiligen Geist und die Zwölf Apostel – ehren, während die Reihe der Heiligen auf der Außenseite, die in geschlossenem Zustand sichtbar war, an die in dem Altar geborgenen Reliquien erinnerte. Das Bildprogramm auf der Innenseite der Flügel – die Verkündigung und Geburt Christi, seine Auferstehung sowie der Tod Mariens – präsentiert Schlüsselszenen der christlichen Heilsgeschichte als Hoffnungsbilder für die verstorbenen Stifter. Deren Memoria war wahrscheinlich durch die namentliche Nennung auf der Predella des Retabels gesichert, die heute verloren ist. Ohne eine Rekonstruktion anzustreben, spielte sie bei den Überlegungen zur Höhe des Sockels insofern eine Rolle, als sie ursprünglich die Proportionen von Altar und Altaraufsatz mitbestimmte. Auch der originale Standort in der Apsis der Kapelle konnte nicht präzise nachempfunden werden. Der Altar war in einigem Abstand vor der Wand platziert, so dass der Raum dahinter z.B. für die Beichte genutzt werden konnte. Das wirkte sich auch auf die Rückseite der Mitteltafel aus, denn dort befindet sich eine Darstellung des Jüngsten Gerichtes. Um das Retabel in vollem Umfang erlebbar zu machen, musste es – wie am originalen Ort – frei stehend präsentiert werden, wenn man auch die Entfernung von der Wand frei bestimmen musste. Bei der Aufstellung haben wir uns also, ohne rekonstruieren zu wollen, an der ursprünglichen Situation orientiert, um die Bilder optimal zur Geltung bringen zu können. Die oben erwähnte kompositorische Leere haben wir dagegen nicht gefüllt. Sie entsteht durch das Fehlen des Altarkreuzes, das an dieser Stelle vor dem Retabel gestanden und den Raum besetzt haben wird. Die Wiederherstellung dieser Situation hätte weitreichende Folgen gehabt: Der Sockel hätte niedriger und tiefer sein müssen, was wiederum eine Rekonstruktion der Predella notwendig gemacht hätte. Darüber hinaus stand kein zeitlich und von der Lokalisierung her passendes Kreuz zur Verfügung, also hätte man improvisieren müssen. So blieb es dann bei der Leere, auch wenn dadurch die Ikonographie einen neuen Akzent erhält. Das Hauptbild des Retabels ist der Herabkunft des Heiligen Geistes am Pfingsttag gewidmet, der schon früh als Gründungstag der Kirche verstanden wurde. Die um Maria im Halbkreis versammelten Apostel repräsentieren die Gemeinde, die sich in den Raum des Betrachters hinein erweitert. Ihm gilt der Blick der Gottesmutter. Zentrum und Bezugspunkt dieser »Gemeinschaft im Heiligen Geist durch den Glauben« waren der gekreuzigte Gottessohn und die Feier der Eucharistie am Altar – eine Situation, die sich in einem Museum in dieser Form nicht mehr herstellen lässt. Das Zentrum muss also leer bleiben, um es mit Erinnerung, Erfahrung, Imagination und Intuition zu füllen.

• *Heilig-Geist-Retabel* Werkstatt des Wolfgang-Retabels, Nürnberg, um 1448/1449, Temperamalerei auf Nadelholz(?) (2009 erworben mit Unterstützung der Ernst von Siemens Kunststiftung sowie der Kulturstiftung der Länder)

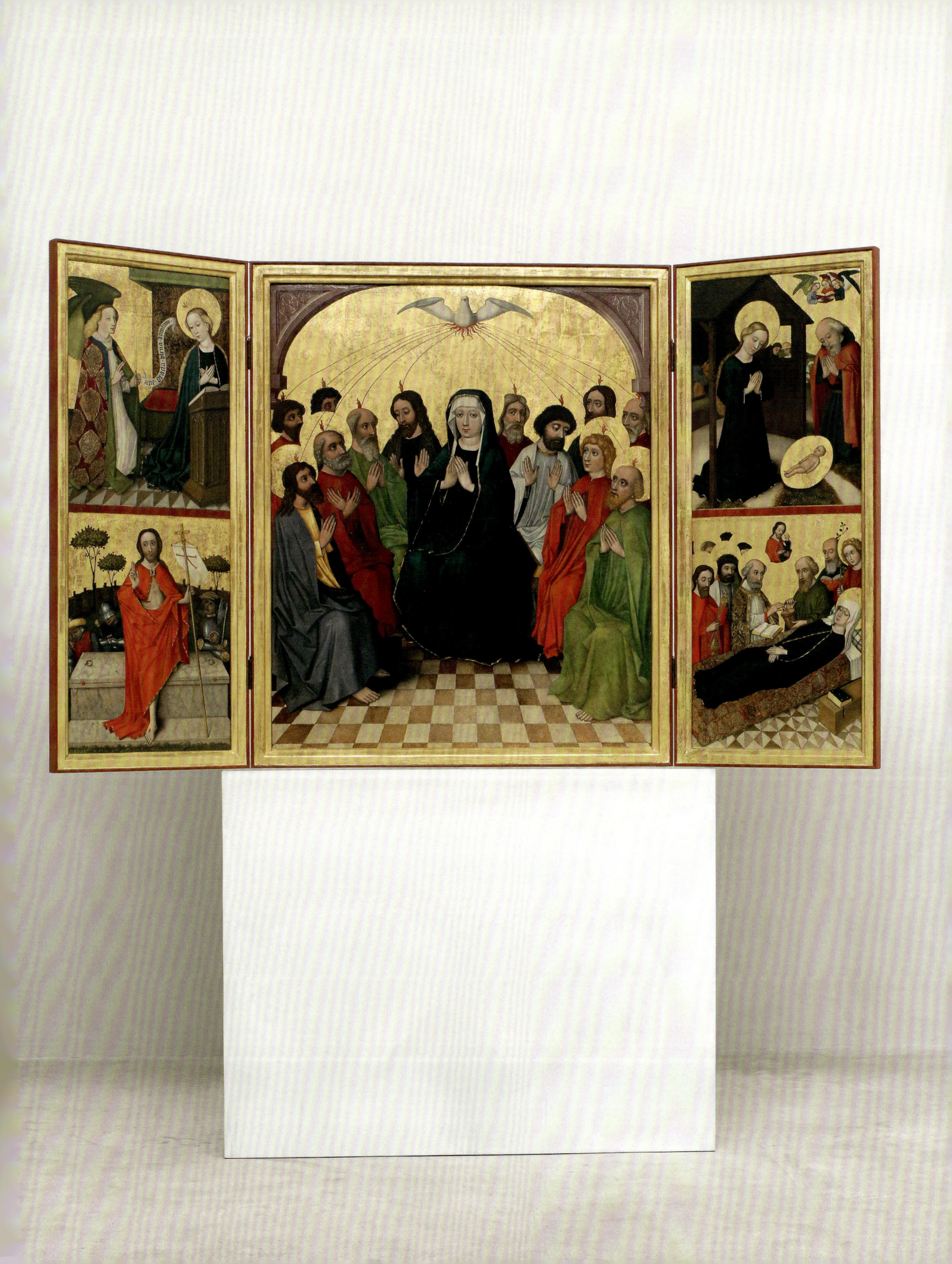

Hinterlassenschaft   Raum 21 (Südturm)

• *Heilig-Geist-Retabel*   (Auferstehung Christi), Nürnberg, um 1448/1449

THE MOST BEAUTIFUL

Schon wieder so ein englischer Titel… – Wieso sollte *beautiful* schöner als *schön* sein? Weil es eine Fülle hat, der Schönheit also Raum gibt, und weil die Schönheit den Raum erfülln kann, den das Wort öffnet: ein Licht, das Buchstabenschatten wirft.

Weil es die Schönheit einer Sprache in eine andere übersetzt, weil es so nah am Wasser beginnt, im Staunen: Oh! L'eau, beau bateau, beauté, o beauty! Weil man nicht gleich der, die oder das dazu sagen muss, was zur Offenheit gehört, die jene Fülle ermöglicht. Weil es ein Gefäß ist, eine Fassung, die Form von Schönheit, die sie ringsum begrenzt, doch nach oben offen erscheinen lässt. Weil es nicht auf den Gedanken bringt, Schönheit sei etwas bloß Oberflächliches, eine leere Hohlform, die nach Belieben und Willkür mit anderen Inhalten gefüllt werden könne. Weil es zeigt, dass die Form die Schönheit enthält, in einer Fassung Schönheit erst sichtbar, fassbar erscheint. Und dennoch nicht fassbar ist, nicht bleibt; dass nur die Form in Händen zu halten, festzuhalten ist – nicht die Schönheit, die sie erfüllt. Dass Schönheit also keinesfalls ein fester Stoff sein kann, sondern eher ein Flüssiges, Flüchtiges, Lichtiges, für das wir unsere Hände, unsere Ohren und Augen offen halten können, wenn es sie in Wellen erreicht. Dass auch wir von ihr erfüllt werden könnten, ein Versprechen. Beautiful… Schönheit findet statt, ereignet sich zwischen Gegebenheit und Annahme: gegeben ist und *wird* sie und wird angenommen: sowohl *vermutet* als auch *akzeptiert*. Seit 2700 Jahren, seit Sappho schon können wir wissen: am schönsten sei, was andre zu lieben bewegt.

* Manchen erscheinen Reiterei oder das
Fußvolk, andern Kriegsschiffe auf schwarzem Grund
am allerschönsten, doch mir: das, was jemand
zu lieben bewegt.

Allen dies sinnfällig zu machen ist ja
ganz leicht: Sie, die weithin gesehn wird als die
Schönheit von allen Männern, Helena: den
allerbesten Mann

verließ sie und segelte nach Troja hin,
ohne an Kind oder Eltern auch nur zu
denken, denn sie folgte *diesem* Impuls, sie
widerstand dem nicht

[…] (folgen zwei Zeilen, wo nur das Wort koúphôs:
    »leichthin, flüchtig« sicher überliefert ist)
[…]
lässt mich nun an Anaktoría denken,
die nicht da ist, an

ihren Gang, der *mich* bewegt hat zu lieben,
an das Leuchten auf ihrem Gesicht, das ich
lieber sehn will als Kampfwagen der Lyder
und Infanterie.

[…………]
[…] zwar vermögen nicht es zu erzeugen
[…] Menschen […] doch Teilhabe wünschen
[…………]

[…………]
[…………]
[…………]
ganz unerwartet

Oi mén hippéon stróton, oi dé péston,
oi dé náon phés' epi gán mélenan
hémmene kálliston, egé dé kin' hótto
tis érate*

Dieses fragmentarisch überlieferte Gedicht einer Frau, einige abgerissene Zeilen voller Schönheit, an deren Ende ein Wimpel flattert, der letzte Fetzen einer verlorenen Strophe: ex àdóketô – ganz unerwartet, unwahrscheinlich. Gegenüber das vollständig überlieferte Großepos vom Großen Krieg – von dem auch dieses Gedicht spricht, von Armeen, von Reitern, von Infanterie und Schiffen auf dem schwarzen Grund Krieg, geführt wegen der Einen, die, so wird erzählt, die Schönste sei, von allen, für alle die Schönste (*von* allen Frauen, *für* alle Männer): so wird erzählt. Ein Krieg, an dessen Grund einer, wird erzählt, entschied, welche die Schönste sei von drei Göttinen: die ihm die Liebe der Schönsten versprach. [Aphrodite versprach Paris nicht *Helena*; sie versprach Helenas Liebe – Paris aber wählte womöglich auch nicht Besitz für sich, sondern die *Möglichkeit* dieser Liebe: sie zu erwidern, zu teilen, (in) ihr ein Gegenüber zu sein, mehr als nur Einer zu sein, in diesem Paar. Ein Gegenüber zu sein, zu sehn: sich im Gegenüber Zweier, impar…]

The most beautiful. The most beautiful experiment in science: Gegeben ist ein Gegenüber zweier Flächen im Raum, gegeben ist das Gegenüber von Sender und Empfänger mit dazwischengeschaltetem Medium: eine nahezu punktförmige Teilchenquelle und ein Aufzeichnungsschirm, zwischen denen sich eine Folie befindet, die zwei schmale, parallele Schlitze hat – einen Doppelspalt.

Solange die Abstände stimmen, die Verhältnisse, die Differenz zwischen den Spalten und Platten, den Teilchen eine bestimmte ist, entsteht auf dem Schirm hinter dem Doppelspalt ein Interferenzmuster, eine Überlagerung von Wellen, von Schwingungen, die einander verstärken und löschen, die rhythmisch helle und dunklere Bereiche bilden. Versucht man jedoch herauszufinden, durch welchen der beiden Spalte ein Teilchen passiert, kollabiert dieses Muster. Das Teilchen wird nicht gesehen als Teil einer Differenz, sondern isoliert. Sicher lässt es sich feststellen; nur kann Festgestelltes eben nicht schwingen. Es ist *nicht* das Problem von Beobachtung; ein Interferenzmuster kann beobachtet werden, lässt sich auch als Information verstehn – nur eben nicht einfach, nicht linear. Das Problem stellt sich als Entscheidungsproblem: linker Spalt oder rechter. Der eine *oder* der andre; wär aber jeder von beiden Einer, wer oder was soll dann der Andere sein? Keiner? Einer, der keiner ist? Der sich, um nicht vernichtet zu werden, Niemand nennen muss? Der nicht, die nicht zählt? Je genauer Eines bestimmt wird, desto weniger hat das Andere zu sagen: Ort oder Impuls z.B. Helena, die Paris traf und mit ihm eine Entscheidung: gegen die Feststellung, den Ort, im Impuls, in der Bewegung. Helena, die in Troja war und nicht in Troja oder gleichzeitig in Ägypten und nicht in Ägypten. Helen, the most beautiful. An experiment in difference. In love. In Relation: Paris ihr gleich, parallel, neben ihr, gleichgestellt: παρισοω, *pariter*, im Paar. Und Ort gleichen Namens, nicht ganz gleichen Namens, wie soll man das feststellen in dieser Stadt – jene spaltbreite Differenz, die die Stadt Paris von dem Trojaner trennt, dem ihre Gründung in einer Legende nachgesagt ist, und die, noch als Cliché »Stadt der Liebenden«, eine wie andere ist: unvergleichlich. Der Ort der Schönheit ist kein punktförmiger, feststellbarer, ist ein Wahrscheinlichkeits-Raum: ein Halbwegs-Ort im Entgegenkommen, im Abstand, in der Nähe, dieser Gegenwart, der stockende Atem in der Lücke zwischen IN und DIFFERENZ, stimmritzenbreit, ein Nichtsagen: Singen. Das Lied der Sirenen, the song of sirens, of silence, beider Stimmen, ihr Schweigen, Schwingen – Flügel schlagende Schwebung, Wellenschlag, Ruder- und Glottisschlag, Gaumensegel gespannt: le beau bateau, eine Insel. Augenblick, lidschlaglang, in dem eine Stätte sich findet, Statt gefunden wird, die Gegenwart gewahrt, gewährt. Unwahrscheinliches, das man nicht haben kann, nicht allein; woran sich aber teilhaben lässt: *pars*. Partizipien, Mittelwörter, auch zwischen ihr und ihm – der Liebende, die Liebende; Singende, Mitleidende, sich in der Tat Findende, im Wort; und möglicherweise einander. Es ist möglich und ist unwahrscheinlich; es ist unwahrscheinlich und es ist möglich. Es ist Sprache, es könnte Schönheit sein.

BARBARA KÖHLER

Mit der Grundform des Doppelspalt-Experiments bewies Thomas Young 1802 die Wellennatur des Lichts. 1961 gelang es Claus Jönsson mit Elektronen; es gilt als Beweis grundlegender Aspekte der Quantenphysik und wird 2002 von der Zeitschrift »Physics World« zum MOST BEAUTIFUL EXPERIMENT IN SCIENCE gekürt.

Raum 22 (Lesezimmer)

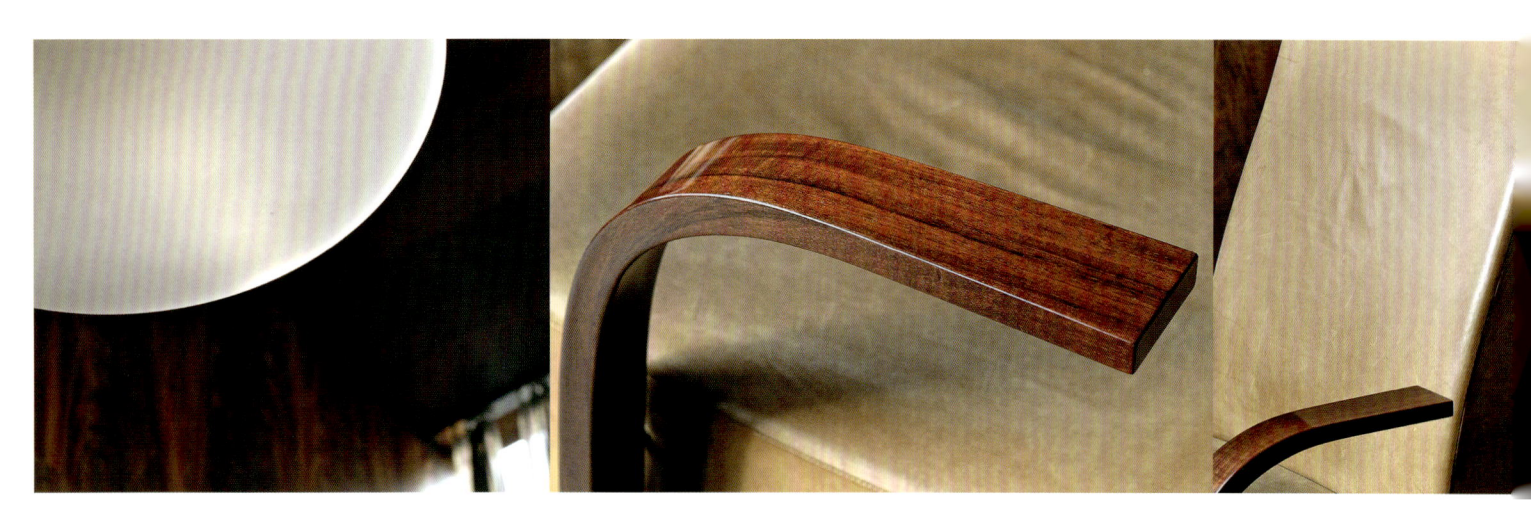

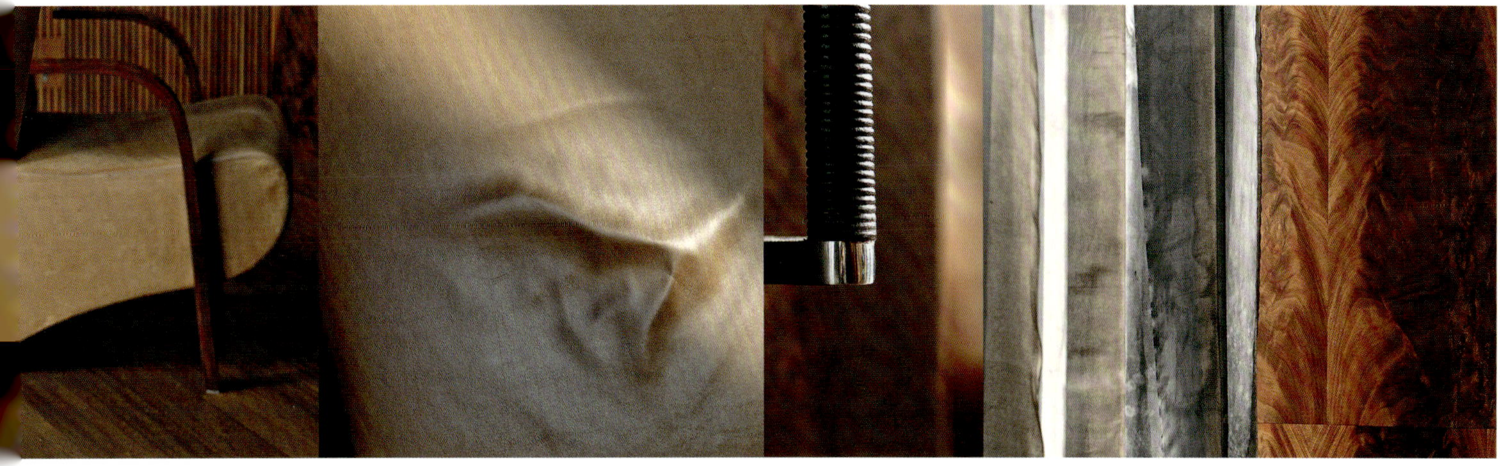

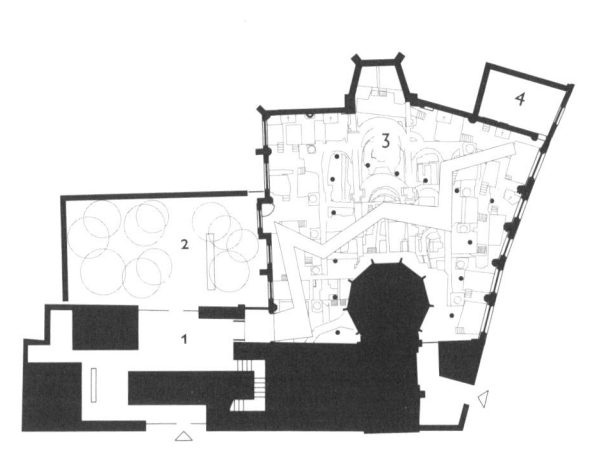

Ausstellungsübersicht

Der unendliche Raum dehnt sich aus
Eröffnungsausstellung
14. September 2007 bis 31. August 2008

Raum 1   in 2 Vitrinen:
PAUL THEK *Portable Ocean* (Tragbarer Ozean), 1969,
Wagen mit Bauklötzchen, blau-weiß lackiert

LEONHARD KERN *Adam und Eva verbergen sich vor Gott*,
Schwäbisch Hall, um 1630, Alabaster

Raum 2   HANS JOSEPHSOHN *Große Liegende*, abgeschlossen 2000,
Messing mit Rohguss-Patina

Raum 3   BILL FONTANA *Tauben von Kolumba*, 1994/2007, Klanginstallation

Raum 4   RICHARD SERRA *The Drowned and the Saved* (Die Untergegangenen und die Geretteten), 1992/1997, Schmiedestahl, 2-teilig

Raum 5   REBECCA HORN *Blindenstab*, 1993, mechanisierte Skulptur

GERHARD ALTENBOURG *Ecce homo*, 1949, Graphit und Kohle auf Papier, aufgezogen auf Leinwand

HERBERT FALKEN *Totentanz*, 29.1.1976, Bleistift auf Papier

Erdgeschoss
Raum 1   Foyer
Raum 2   Hof
Raum 3   Ausgrabung
Raum 4   Ehemalige Sakristei

Raum 6   HERBERT FALKEN *Tagebuchartige Zeichnungen*, 1976–1977:
Böser Engel, 29.1.1976 / *Mann mit Gedankentragegerät*, 13.8.1976 / *Der Zauberer*, 10.11.1976 / *Gefängnis (Hans Martin Schleier ist entführt)*, 7.9.1977 / *Tannenbaum*, 7.9.1977 / *Kreuzkiste*, 7.9.1977 / *Clown*, 7.9.1977 / *Flügel-Mensch*, 20.10.1977 / *Die Heiligen flogen auch – wie Papierdrachen/Das Land will sie nicht freigeben*, 10.11.1977 / *Himmelfahrt (Schmetterlinge)*, 10.11.1977 / *Mädchen mit Hasenscharte*, 14.12.1977 / *Falken spinnt*, 14.12.1977

ANDY WARHOL *Cross* und *3 Crosses*, 1981–1982, mehrfarbiger Siebdruck auf Leinwand

Ecce homo Köln, Anfang 16. Jh., Birnbaumholz mit mehreren Fassungen

in der Vitrine:
Reliquienklappaltar Köln, 1. Hälfte 14. Jh., Eichenholz mit alter Fassung, ursprgl. mit einer Vielzahl von Reliquienpartikeln gefüllt

Raum 7   auf dem Sockel:
LEIKO IKEMURA *Mit großem Miko auf linkem Arm*, 1996, Terracotta, farbig glasiert

3 Gemälde:
LEIKO IKEMURA *Kopffüßler / Sitzende in Grau / Ohne Titel*, 1991, Tempera auf Leinwand und Holz

Rahmenensemble:
MONIKA BARTHOLOMÉ *Kosmos Personalis*, 1957–2002, 185 Arbeiten verschiedener Größe in räumlicher Anordnung, darin Stift- und Pinselzeichnungen, Fotografien, Kopien (teils übermalt), Zeitungsausschnitte, Texte

1. Obergeschoss
Raum 5
Raum 6
Raum 7   Kabinett
Raum 8
Raum 9   Armarium

Der Mensch verlässt die Erde
2. Jahresausstellung
14. September 2008 bis 31. August 2009

Raum 1   FELIX DROESE *Friesischer Gruß (De drie naakte vrouwen)*,
1983–1985, Ulmenholz, Schenkung aus Privatbesitz

Raum 2   HANS JOSEPHSOHN *Große Liegende*, abgeschlossen 2000,
Messing mit Rohguss-Patina

Raum 3   BILL FONTANA *Tauben von Kolumba*, 1994/2007, Klanginstallation

Raum 4   Richard Serra *The Drowned and the Saved* (Die Untergegangenen
und die Geretteten), 1992/1997, Schmiedestahl, 2-teilig

Raum 5   BÉNÉDICTE PEYRAT *Simul et Singulis (Kopfwand)*, 2006,
Acryl auf Leinwand

Jesse / Schlafender Petrus Umkreis des Meisters H.L., Oberrhein,
um 1510–1520, Lindenholz (Schenkung Maria und Regina Härle)

Raum 6   MARCEL ODENBACH *In stillen Teichen lauern Krokodile*,
2002–2004, DVD-Doppelprojektion, 31:20 Min.

in der Vitrine:
Radio- und Fernsehgeräte der Werk- und Formensammlung /
Schenkung Werner Schriefers, darunter: WALTER M. KERSTING
Volksempfänger, ab 1933, G. Schaub, Pforzheim; DIETMAR PALLOKS,
Kofferradio *Stern Dynamik II*, 1971, VEB Sternradio, Berlin; Fernseher *Nivico*, 1970, JVC, Japan

Raum 7   MARTIN FROMMELT *Vähtreb* (Viehtrieb), 1975–1986,
Auswahl aus dem Mappenwerk mit 135 farbigen Kupferdrucken
auf Doppelblättern

kleine Vitrine:
Stundenbuch Hennegau, um 1480 (Sammlung Renate König)

größere Vitrine:
Karfreitagsratschen Mitte 18. Jh. und 19. Jh., Weichholz

Hinterlassenschaft
3. Jahresausstellung
14. September 2009 bis 30. August 2010

Raum 1   im Windfang:
HERBERT FALKEN *Asphaltfotos*, 2003, Farbfotografien

Römisches Wandfragment Lehmziegelmauerwerk mit mehrlagigem Kalkputz und Fassungsresten, 2. Jh. n. Chr.

Grabstein mit Stangenkreuz eines merowingischen Grabes neben
der einschiffigen Kirche St. Kolumba, 7. Jh., Kalkstein (Leihgabe
Römisch-Germanisches Museum, Köln)

3 Schlusssteine der Seitenschiffgewölbe von St. Kolumba 15./16. Jh.,
Weiberner Tuffstein mit Resten farbiger Fassung

DOROTHEE VON WINDHEIM *Z*, 1974, abgenommener Mauerputz
auf Gaze von der Fortezza da Basso in Florenz

Raum 2   HANS JOSEPHSOHN *Große Liegende*, abgeschlossen 2000,
Messing mit Rohguss-Patina

Raum 3   BILL FONTANA *Tauben von Kolumba*, 1994/2007, Klanginstallation

Raum 4   Richard Serra *The Drowned and the Saved* (Die Untergegangenen
und die Geretteten), 1992/1997, Schmiedestahl, 2-teilig

Raum 5   DUANE MICHALS *Ein Versprechen an Gott*, 2001, Silbergelatine-Abzüge, 25-teilig

Tunika Ägypten, 5.–7. Jh., mehrfarbige Wollwirkerei in einfacher
Wollkette

DUANE MICHALS *The Return of the Prodigal Son* (Die Rückkehr
des verlorenen Sohnes), 1982, Silbergelatine-Abzüge, 5-teilig

Raum 6   *Stundenbuch* für den Gebrauch in England, Goldrankenmeister,
Flandern, 2. Viertel 15. Jh. (Sammlung Renate König)

JACOB MÜLLER *Kirchengeschmuck. Das ist: kurzer Begriff der fürnembsten Dingen, damit ein jede recht und wol zugerichte Kirchen
gezieret und auffgebutzt seyn solle*, München 1591

Kaselstab und -kreuz mit Darstellungen von Heiligen, der Passion
Christi und der Anbetung der Könige auf jüngerer Kasel, Köln
oder England, um 1300

2 Dalmatiken mit Darstellungen von Heiligen und Szenen aus
der Jugend Christi, Köln, 2. Hälfte 15. Jh.

Hl. Nikolaus Köln, um 1320, Nussbaumholz mit farbiger Fassung

JÜRGEN PAATZ *Ohne Titel*, 1984, Eitempera/Ölfarbe auf Leinwand

Kasel mit Blumen- und Fruchtornamentik, 17. Jh., Plattstichstickerei und Sprengtechnik mit aufgenähten weißen Glasröhrchen auf grünem Seidendamast

Raum 7   PAUL THEK *Modezeichnungen*, um 1950, verschiedene Techniken auf
Transparentpapier, Papier und Karton

Palanter Altar Mittelteil, Köln 1419–1425, Nussbaumholz mit alter
Fassung (Schenkung Maria und Regina Härle)

Ausstellungsübersicht

Der unendliche Raum dehnt sich aus
Eröffnungsausstellung
14. September 2007 bis 31. August 2008

Raum 8 *Kruzifix aus Erp* Rheinland, 2. Hälfte 12. Jh., Nussbaumholz mit erneuerter Fassung

GEORGES ROUAULT *Das heilige Antlitz*, 1937, Ölfarbe auf Papier

GEORGES ROUAULT *Die Richter*, 1914, Mischtechnik auf Papier, (erworben mit Hilfe der Renate König-Stiftung)

Marientod Werkstatt Jörg Lederers, Kaufbeuren, um 1520, Lindenholz mit alter Fassung (Schenkung Maria u. Regina Härle)

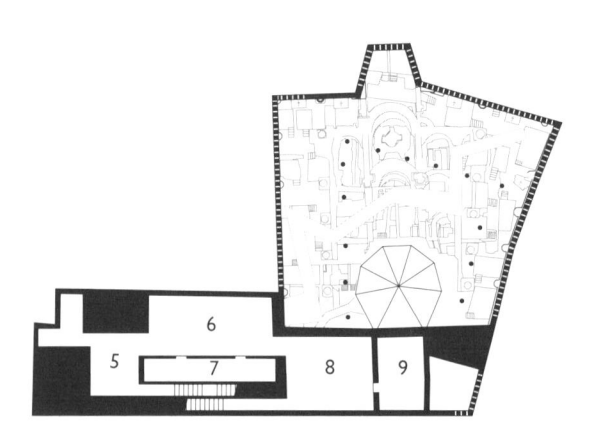

ARNT VAN TRICHT *Beweinung Christi*, Kalkar, um 1540, Eichenholz (erworben mit Hilfe der Renate König-Stiftung)

Muttergottes einer Pietà Mittelrhein, 2. Viertel 15. Jh., Ton mit Resten alter Fassung (Schenkung Maria u. Regina Härle)

im Durchgang zur Treppe:

DUANE MICHALS *The Journey of the Spirit After death* (Die Reise des Geistes nach dem Tod), 1970, 27-teilige Fotosequenz

Raum 9 *Kirchenschatz von St. Kolumba* (Leihgabe der Pfarrgemeinde St. Kolumba, Köln) und Handschriften (Sammlung Renate König)

1 *Vortragekreuz* Köln, Mitte 14. Jh./um 1400, Silber, tlw. vergoldet

2 *Monstranz* Köln, um 1400, Silber, vergoldet, Email, Bergkristall, Edelsteine, Perlen

3 *Reliquiar* Köln, um 1220, mit Reliquien der hll. Andreas, Laurentius, Georg, Kosmas, Damian und Walburga, Silber, Kupfer, vergoldet, Messing, Bergkristall, Edelsteine, Perlen

4 *Reliquienmonstranz* mit Dorn von der Dornenkrone Christi, Köln, um 1450, Silber, Gold, Bergkristall, Edelsteine

5 *Speisekelch* Hermann Lieker/Ferdinand Engelsbroich, Köln, um 1650/um 1740 (Fuß), Silber, tlw. vergoldet

6 *Pariser Psalter-Stundenbuch* um 1510

7 *Pariser Psalter* um 1415–1420

8 *Hausaltärchen des Konrad Zaunhack* Flügel: Jan Pollack zugeschr., Ikone: Umkreis Andreas Ritzos, Kreta, Ende 15. Jh. (erworben mit Mitteln der Renate König-Stiftung)

9 *Südniederländisches/Katalanisches Stundenbuch* Ende 14. Jh.

10 *Bayerisch-Österreichisches Gebetbuch* um 1509

11 FRANCESCO PETRARCA *Die sieben Bußpsalmen* Brügge, um 1500–1510

12 *Passionsgebetbuch* um 1500

13 *Elfenbeindiptychon* mit Passions- und Erscheinungsszenen, Paris, 1320–1340

14 *Elfenbeinrelief* mit Kreuzigung, Himmelfahrt und Majestas Christi, Köln, gegen 1050

15 *Evangeliar mit Walrosszahnrelief* Relief: Köln, Mitte 12. Jh.

16 *Anbetung des Kindes* Werkstatt Stefan Lochner, Köln, um 1450, Tüchleinmalerei auf Seide

17 *Pariser Stundenbuch* um 1410–1420

18 *Laval-Stundenbuch* Westfrankreich, um 1420

19 *Clarence-Stundenbuch* London, um 1428

20 *Brügger Stundenbuch* um 1475–1480

21 *Manderscheid-Stundenbuch* Brügge, um 1515

22 *Sigmaringer Gebetbuch* um 1500

1. Obergeschoss Raum 5
                 Raum 6
                 Raum 7 Kabinett
                 Raum 8
                 Raum 9 Armarium

Der Mensch verlässt die Erde
2. Jahresausstellung
14. September 2008 bis 31. August 2009

Raum 8   *Kruzifix aus Erp* Rheinland, 2. Hälfte 12. Jh., Nussbaumholz mit erneuerter Fassung

Erich Bödeker *Zebra / Löwe mit Jungem / Basset / Pudelpaar / Hirsch*, 1965–70, Beton, Holz, Eisen, Blech, Nägel, farbig bemalt

Purvis Young *Good Peoples*, 1988–1990, Tusche, Wasserfarbe, Farbkreide, Kugelschreiber auf montierten Papierblättern

Antependium mit der mystischen Jagd im verschlossenen Garten, Köln, 15./16. Jh, Applikationsstickerei auf Samt

im Durchgang zur Treppe:
Kinderzeichnungen von Friedo Wolff und Paul Wontorra: *Esel / Schäfchen auf der Wiese / Rücken einer Kuh mit Zaun / Im Weltall / Ich an einem Riesenloch mit Schmetterlingen / Wohnwagen mit Gewitter / Baum*, Wasserfarben, 2000–2004

Raum 9   *Kirchenschatz von St. Kolumba* (1 bis 6)
Leihgabe der Pfarrgemeinde St. Kolumba, Köln

1 *Reliquiar* Köln, um 1220, mit Reliquien der hll. Andreas, Laurentius, Georg, Kosmas, Damian und Walburga, Silber, Kupfer, vergoldet, Messing, Bergkristall, Edelsteine, Perlen

2 *Speisekelch* Hermann Lieker/Ferdinand Engelsbroich, Köln, um 1650/um 1740 (Fuß), Silber, tlw. vergoldet

3 *Reliquienmonstranz* mit Dorn von der Dornenkrone Christi, Köln, um 1450, Silber, Gold, Bergkristall, Edelsteine

4 *Monstranz* Köln, um 1400, Silber, vergoldet, Email, Bergkristall, Edelsteine, Perlen

5 *Monstranz* Köln, um 1500, Silber, neu vergoldet

6 *Vortragekreuz* Köln, Mitte 14. Jh./um 1400, Silber, vergoldet

7 Peter Hausmann *Liber Variorum Scriptorum* (Buch verschiedener Schriften), Neuss, um 1668–1669 (Leihgabe des Historischen Archivs des Erzbistums Köln)

Hinterlassenschaft
3. Jahresausstellung
14. September 2009 bis 30. August 2010

Raum 8   *Kruzifix aus Erp* Rheinland, 2. Hälfte 12. Jh., Nussbaumholz mit erneuerter Fassung

Soutanen, Mantel, Rochett und Cappa magna
von Josef Kardinal Frings (1887–1978)

Jürgen Klauke aus der Werkgruppe *Desaströses Ich*, 1996–1998, 2 grau-blau getonte Fotoarbeiten

Raum 9   *Kirchenschatz von St. Kolumba* (1 bis 6)
Leihgabe der Pfarrgemeinde St. Kolumba, Köln

1 *Reliquiar* Köln, um 1220, mit Reliquien der hll. Andreas, Laurentius, Georg, Kosmas, Damian und Walburga, Silber, Kupfer, vergoldet, Messing, Bergkristall, Edelsteine, Perlen

2 *Speisekelch* Hermann Lieker/Ferdinand Engelsbroich, Köln, um 1650/um 1740 (Fuß), Silber, tlw. vergoldet

3 *Reliquienmonstranz* mit Dorn von der Dornenkrone Christi, Köln, um 1450, Silber, Gold, Bergkristall, Edelsteine

4 *Monstranz* Köln, um 1400, Silber, vergoldet, Email, Bergkristall, Edelsteine, Perlen

5 *Monstranz* Köln, um 1500, Silber, neu vergoldet

6 *Vortragekreuz* Köln, Mitte 14. Jh./um 1400, Silber, vergoldet

7 *Reliquienkreuz* mit Dorn der Dornenkrone Christi, Silber, vergoldet, Email; Reliquienbehältnis: Bergkristall, Paris, 1267; rahmendes Scheibenreliquiar mit gravierten Evangelistensymbolen: Maasland, Ende 13. Jh.; Kreuz: Maasland, Mitte 14. Jh.; Kreuzfuß: Maasland, 4. Viertel 13. Jh. (erworben und restauriert mit Mitteln der Renate König-Stiftung)

8 Paul Thek *Shrine* (Schrein), 1969, Glaskästchen mit Fotografien, Dokumenten, Zeitschriften, Gegenständen aus dem persönlichen Besitz des Künstlers, Wachs, zwei Fruchtsaftflaschen, Goldkordel

Ausstellungsübersicht

Der unendliche Raum dehnt sich aus
Eröffnungsausstellung
14. September 2007 bis 31. August 2008

Raum 10 Jeremias Geisselbrunn *Muttergottes mit Kind vom Marienaltar in St. Kolumba*, Köln, um 1650, Alabaster (1945 zerstört, 1991/92 aus Fragmenten restauriert)

Georg Baumgarten *Embryonenapotheose*, 1923 / *Erdwölbung (Familienbild)*, 1924, jeweils Öl auf Leinwand

Peter Tollens *Gemälde 392/2001 (Weiß)*, 2001, Eitempera und Ölfarbe auf Leinen

Raum 11 Karl Burgeff *14 Kohlezeichnungen (Stillleben, Landschaften, Tiere)*, ca. 1990–2003 (Schenkung Irmgard Lauscher-Koch)

Roni Horn *Were 9 (Part 1 and 2)*, 2003, rote Pigmente auf Papier, geschnitten, collagiert

Gerhard Marcks *Maria und Joseph*, 1926, Birnbaumholz mit leichter Vergoldung

Heinrich Campendonk *Landschaft mit zwei Tieren*, 1914, Öl auf Leinwand

in der Vitrine:
Karl Burgeff *6 Löwenzahn-Denkmäler*, 1994, Ton

Raum 12 Raimund Girke *Ohne Titel*, 1972, Ei-Öltempera auf Leinwand (Schenkung Karin Girke)

Raimund Girke *Mit Horizont*, 1957, Mischtechnik auf Nessel (Schenkung Karin Girke)

Bodenskulptur:
Roni Horn *Thicket No. 1 (Dickicht Nr. 1)*, »To see a landscape as it is, when I am not there« (Eine Landschaft sehen, wie sie ist, wenn ich nicht da bin), 1989, Aluminium, blauer Kunststoff

3 kleine Studien:
Franz Ittenbach *Kleines Felsenstück*, um 1835, Öl auf Leinwand

Franz Heinrich Commans *2 Himmelsstudien*, um 1860, Öl auf Leinwand

großes Bild:
Agnes Martin *Untitled No. 9*, 1988 Acryl und Bleistift auf Leinwand

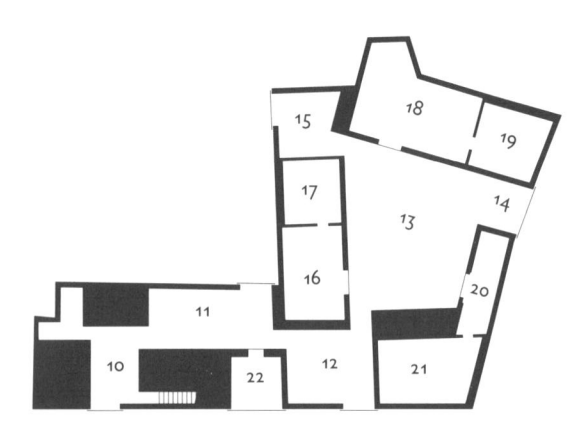

2. Obergeschoss

Raum 10
Raum 11
Raum 12
Raum 13
Raum 14
Raum 15
Raum 16 Nordkabinett
Raum 17 Nordturm
Raum 18 Ostkabinett
Raum 19 Ostturm
Raum 20 Südkabinett
Raum 21 Südturm
Raum 22 Lesezimmer

Raum 13 auf 3 Sockeln:
Heinz Breloh *Die badenden Bildhauer*, 1991, weiß glasierte Terrakotten, fünfteilig: *Der badende Otto Freundlich, Der badende Jean-Baptiste Carpeaux, Der badende Bruce Nauman, Der badende Medardo Rosso, Der badende Ignaz Günther*

Hermann Stenner *Hl. Sebastian*, 1913/14, Öl auf Leinwand

August Macke *Hl. Georg*, 1912, Öl auf Leinwand

Joseph Marioni *Yellow Painting*, 1982, Acryl auf Leinwand

Ecce homo Köln, Anfang 16. Jh., Eichenholzrelief mit alter Fassung (ehemals Hohe Domkirche Köln)

Antoni Tàpies *Petjades sobre fonds blanc (Spuren auf weißem Grund)*, 1965, Mischtechnik auf Leinwand

auf dem Sockel:
Hl. Michael Bayern oder Schwaben, um 1620–1630, Lindenholz mit alter Fassung (Schenkung Maria und Regina Härle)

Der Mensch verlässt die Erde
2. Jahresausstellung
14. September 2008 bis 31. August 2009

Raum 10 JEREMIAS GEISSELBRUNN *Muttergottes mit Kind vom Marienaltar in St. Kolumba*, Köln, um 1650, Alabaster (1945 zerstört, 1991/92 aus Fragmenten restauriert)
HEINER BINDING *Gemälde*, September bis Dezember 2008
HERMANN ABRELL *Gemälde seit 1978*, Januar bis April 2009
KOHO MORI-NEWTON *Room of columns*, Mai bis September 2009

Raum 11 PHIL SIMS *Tea Bowls* (Teeschalen), 2007/2008, gebrannter Ton mit Red Shino- und Ascheglasuren
WALTER HEUFELDER *Doppelhalsvase*, 1979, Steinzeug • HORST KERSTAN *Objekt*, 1969, Steinzeug • FLORENCE GONIN / WULF ROHLAND *Große Schale und Kugelvase*, 1995, Steinzeug mit verschiedenen Glasuren (Schenkung Adolf Egner)
PAUL THEK *Ohne Titel*, 1969, 4 Gouachen auf Zeitungspapier • *Life is like a bowl of cherries*, 1971, 4-teilig, Acryl auf Zeitungspapier (1/2 Jahr ausgestellt, danach:) • *Two-tailed-whale* (Zweischwänziger Wal), 1969, Farbkreide auf Schultafel
PAUL THEK *Ohne Titel* (Weltkugel), 1974, Gouache auf Zeitungspapier, 8-teilig
Hl. Dreifaltigkeit Süddeutschland (?), 17. Jh., Lindenholz mit Resten alter Fassung
HEINER BINDING *Ohne Titel*, 2008, Öl auf Leinwand

Raum 12 MANOS TSANGARIS *Kugelbahn, räumlich-installative Komposition für eine Person im Zentrum*, 1997
PETER DREHER *Gemälde aus der Reihe Tag um Tag ist guter Tag*, 1980 (mit grauem Rahmen), 1996–2007 (ohne Rahmen), Ölfarbe auf Leinwand

Raum 13 FELIX DROESE *Rot-Schwarz (Notnachbarn) / Rot-Grün (Mittag)* aus der Trilogie *Der Mensch verlässt die Erde*, 1983–1984, Ölfarbe auf Leinwand (Schenkung Heidi und Friedrich-Karl Klöck)
HEINZ BRELOH *Lebensgröße*, 1995, Bronzeguss
Ecce homo Köln, Anfang 16. Jh., Eichenholzrelief mit alter Fassung (ehemals Hohe Domkirche Köln)
in 4 Vitrinen:
ON KAWARA *I am still alive*, Edition Block, Berlin 1978 (Schenkung Missmahl)
Stundenbuch Cremona, 1495 (Sammlung Renate König)
PETER TOLLENS *Künstlerbuch*, 1987, Tusche und Sepia
Hausaltärchen mit Passionsszenen Brügge / Süddeutschland, 4. Viertel 15. Jh., Tempera auf Holz (Schenkung Härle)
PAUL THEK *Required Reading* (Pflichtlektüre), Ibiza, um 1972
HEINRICH KÜPPER *Künstlerbuch*, 1987, Filzstift, Pastellkreide
PETER TOLLENS *Künstlerbuch*, 1986, verdünnte Ölfarbe
KARL BURGEFF *Künstlerbuch*, undat., Aquarell, Bleistift
SIMON BENING UND WERKSTATT *Stundenbuch der Doña Isabel*, Gent (?), um 1510–1520 (Sammlung Renate König)
HERBERT FALKEN *Künstlerbuch*, 1995, Gouache, Bleistift
Stundenbuch Paris, um 1470–1480 (Sammlung König)
ANNAMARIA und MARZIO SALA *While Box*, 1980

Hinterlassenschaft
3. Jahresausstellung
14. September 2009 bis 30. August 2010

Raum 10 JEREMIAS GEISSELBRUNN *Muttergottes mit Kind vom Marienaltar in St. Kolumba*, Köln, um 1650, 1677 von Jacob de Groote gestiftet, Alabaster (1945 zerstört, 1991/92 aus Fragmenten restauriert)
STEFAN WEWERKA *Alte und neue Arbeiten*, September bis Dezember 2009
RENATE KÖHLER *Alte Arbeiten*, Januar bis Mitte Mai 2010
ROBERT HAISS *Malerei*, Mitte Mai bis Ende August 2010

Raum 11 STEFAN WEWERKA *Stuhlskulpturen*, 1969/1980er Jahre, Holz, lackiert / *Tisch 75°*, 2003, Schichtholz, braun lackiert
THOMAS BÖING *Und dann die nächste Tür rechts*, 2008, Fotografien, geschnitten, gerahmt, 16-teilig
OLAF EGGERS *»Willst Du nicht ein schöneres Bild kaufen«*, Farbabzüge, Wandinstallation, 2009
Josef verlässt Maria Niederrhein, Ende 15. Jh., Eichenholzrelief

Raum 12 GERD BONFERT *B 61-1 / B 61-14*, 1984, 2 s/w Fotografien, Handabzüge auf Barytpapier
THOMAS RENTMEISTER *Ohne Titel* (Kindereinkaufswagen), 2003

Raum 13 FELIX DROESE *Der Grafenberg*, 1971/72 (Konvolut)
Ecce homo Köln, Anfang 16. Jh., Eichenholzrelief mit alter Fassung
ANDOR WEININGER *Stijl-Bild*, 1922/ca.1962, Öl auf Leinwand

Raum 14 *Kruzifix* Rheinland (?), 2. Hälfte 12. Jh., Elfenbein
Kreuz Herimanns und Idas Werden oder Köln, 2. Viertel 11. Jh., Bronze, vergoldet; Filigran: Köln, 1220–1230; Lapislazuliköpfchen: 1. Jh.

Raum 15 STEFAN LOCHNER *Madonna mit dem Veilchen*, Köln, kurz vor 1450, Mischtechnik auf Holz (Leihgabe des Erzb. Priesterseminars)
BÄRBEL MESSMANN *Auswahl aus dem Konvolut mit Arbeiten auf Papier und Farbmalerei auf Holztäfelchen*, 1991–2009
Muttergottes im Erker Oberrhein, 2. Hälfte 15. Jh., Tempera
Dattenfelder Muttergottes Köln, 1. Hälfte 14. Jh., Nussbaumholz mit alter Fassung (Leihgabe der Pfarrgemeinde Dattenfeld/Sieg)

Raum 16 JANNIS KOUNELLIS *Tragedia civile* (Bürgerliches Trauerspiel), 1975, blattvergoldete Wand, Garderobenständer, Hut, Mantel, Öllampe
189 Hochzeitsfotos des 19. und 20. Jahrhunderts von Fotografen u.a. aus Deutschland, Belgien, Großbritannien, Frankreich und den USA in zeitgenössischen Rahmen (ehem. Sammlung Manfred Morchel / Schenkung Jochen Heufelder)
2 Chormäntel Köln, 15. Jh., Plattstichstickerei auf gelegtem Goldgrund, originaler blauer Samt aus Genua mit Granatapfelmuster

Raum 17 *Kruzifix* Rheinland, um 1150, Lindenholz, Fragment (restauriert mit Mitteln der Renate König-Stiftung)
JOSEPH BEUYS *Ohne Titel*, 1971, Munitionskiste mit *Kreuz mit Sonne* (1947–48) und Fichtenstamm mit *Berglampe* (1953)
KURT BENNING *Der Krieg in Mitteleuropa. Mitte XX. Jahrhundert*, 1994, vergrößertes Fotonegativ in Leuchtkasten

Ausstellungsübersicht

Der unendliche Raum dehnt sich aus
Eröffnungsausstellung
14. September 2007 bis 31. August 2008

Raum 14 *Kruzifix* Rheinland (?), 2. Hälfte 12. Jh., Elfenbein
Wolfgang Laib *2 Reishäuser*, 1991/92, Marmor, Reis

Raum 15 Stefan Lochner *Madonna mit dem Veilchen*, Köln, kurz vor 1450, Mischtechnik auf Holz (Leihgabe des Erzbischöflichen Priesterseminars Köln)

Muttergottes im Erker Oberrhein, 2. Hälfte 15. Jh., Tempera und Stuck auf Holz

Dattenfelder Muttergottes Köln, 1. Hälfte 14. Jh., Nussbaumholz mit alter Fassung (Leihgabe der Pfarrgemeinde St. Laurentius, Dattenfeld/Sieg)

Josef Albers *Homage to the Square – Yellow* (Huldigung an das Quadrat – Gelb), 1962, Öl auf Hartfaserplatte

Raum 16 Jannis Kounellis *Tragedia civile* (Bürgerliches Trauerspiel), 1975, blattvergoldete Wand, Garderobenständer, Hut, Mantel, Öllampe

Konrad Klapheck *Die Mütter*, 1960, Öl auf Leinwand

Hausaltärchen mit der Verkündigung an Maria, Köln, um 1440, Holzschrein und Tonfiguren mit alter Fassung

3 Vitrinen mit Realien:

Liturgische Geräte und Ölgefäße aus Zinn 16.–18. Jh.

Gießgefäße aus Bronze und Messing (Taube, Löwen), 12.–13. Jh.

Keramiken Wilhelm Koslar, Johann Broekema, Wolfgang und Karin Meer, Ilse Ludwig-Korbel, Görge Hohlt, Christine Atmer de Reig (Schenkung Adolf Egner)

Glasvasen Kastrup-Holmegaard (?) sowie *Kaffee- und Teekannen* Raymond Loewy, Service 2000, 1954, Rosenthal, *Bügeleisen und Plätten* (Werk- und Formensammlung – Schenkung Schriefers)

Raum 17 *Pingsdorfer Muttergottes* Köln (?), um 1170, Weidenholz mit farbiger Fassung (Leihgabe der Pfarrgemeinde St. Pantaleon, Brühl-Pingsdorf)

Eduardo Chillida *Gravitaciones – Homenaje a Juan de la Cruz*, 1993, schwarze Druckfarbe auf Filz

Raum 18 Chris Newman *Bedroom Jesus / Bathroom Jesus / 3 Selfportaits / Studio Jesus*, 1996, Arcyl auf Leinwand

an der Decke hängend:
Paul Thek *Fishman in Excelsis Table*, 1970/71

in der Vitrine:
Ars Moriendi (Das Buch über die Kunst des guten Sterbens), Neapel, 1480 (Sammlung Renate König)

in 4 Vitrinen:
Devotionalien (Schenkung Heinrich u. Elisabeth Küpper)

Heinrich Küpper *6 Leporellos*, Blei- und Farbstift, Farbkreide, um 2003

Hl. Nikolaus Köln, um 1320, Nussbaumholz mit Fassung

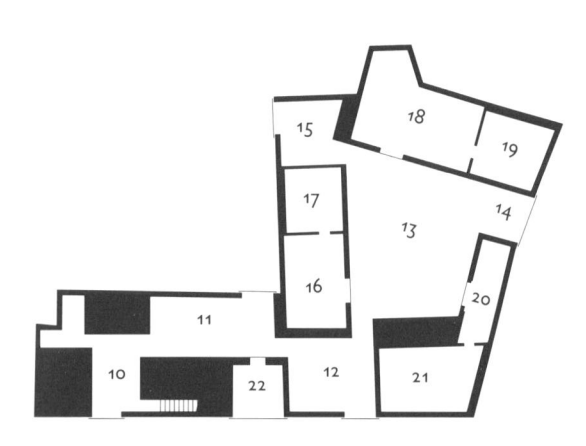

2. Obergeschoss

Raum 10	
Raum 11	
Raum 12	
Raum 13	
Raum 14	
Raum 15	
Raum 16	Nordkabinett
Raum 17	Nordturm
Raum 18	Ostkabinett
Raum 19	Ostturm
Raum 20	Südkabinett
Raum 21	Südturm
Raum 22	Lesezimmer

Der Mensch verlässt die Erde
2. Jahresausstellung
14. September 2008 bis 31. August 2009

Raum 14   *Kruzifix* Rheinland (?), 2. Hälfte 12. Jh., Elfenbein

Kelchschale Köln, um 1165–1170, Silber, vergoldet, Niello

Raum 15   STEFAN LOCHNER *Madonna mit dem Veilchen*, Köln, kurz vor 1450, Mischtechnik auf Holz (Leihgabe des Erzbischöflichen Priesterseminars Köln)

Muttergottes im Erker Oberrhein, 2. Hälfte 15. Jh., Tempera und Stuck auf Holz

Dattenfelder Muttergottes Köln, 1. Hälfte 14. Jh., Nussbaumholz mit alter Fassung (Leihgabe der Pfarrgemeinde St. Laurentius, Dattenfeld/Sieg)

PETER TOLLENS *Gemälde 314/1999*, August–September 1999, Eitempera und Ölfarbe auf Leinen

Raum 16   JANNIS KOUNELLIS *Tragedia civile* (Bürgerliches Trauerspiel), 1975, blattvergoldete Wand, Garderobenständer, Hut, Mantel, Öllampe

Apostelfiguren und Christusfigur aus einem Aussendungsaltar Franken (?), um 1500, Lindenholz mit alter Fassung

Bodenskulptur:
THOMAS RENTMEISTER *Ohne Titel*, 2004, Polyester, Schultafellack

Raum 17   *Pingsdorfer Muttergottes* Köln (?), um 1170, Weidenholz mit farbiger Fassung (Leihgabe der Pfarrgemeinde St. Pantaleon, Brühl-Pingsdorf)

EDUARDO CHILLIDA *Gravitaciónes – Homenaje a Juan de la Cruz*, 1993, schwarze Druckfarbe auf Filz

Raum 18   *Schmuckfußboden mit Kosmosbild* aus der Pfarrkirche St. Pankratius in Oberpleis, um 1220/30, gebrannte Tonfliesen

in 2 Vitrinen:
Stundenbuch Tournai, um 1450–1460 (Sammlung König)

Elfenbeinrelief mit Kreuzigung, Himmelfahrt und Majestas Christi, Köln, gegen 1050

an der Decke hängend:
PAUL THEK *Fishman in Excelsis Table*, 1970/71

auf dem Boden und in der Ecke abgestellt:
PAUL THEK Werke aus der Ausstellung A Procession in Honour of Aesthetic Progress: Objects to Theoretically Wear, Carry, Pull or Wave (Prozession zu Ehren des ästhetischen Fortschritts: Objekte zum theoretischen Anziehen, Tragen, Ziehen oder Schwenken), Essen 1968: *Headboxes* (Kopfkisten), *Chair with Crows and Meatpieces* (Stuhl mit Krähen und Fleischstücken), *Box with Butterfly* (Kiste mit Schmetterling), Holz, Glas, Wachs, Farbe

Hausaltar mit der Auferstehung Christi, Mecheln, um 1560, Alabaster, Holz

FELIX DROESE *Gelb-Blau (Tulipan/Rätsel der Ankunft)* aus der Trilogie *Der Mensch verlässt die Erde*, 1983–1984, Öl auf Leinwand (Schenkung Heidi und Friedrich-Karl Klöck)

Hinterlassenschaft
3. Jahresausstellung
14. September 2009 bis 30. August 2010

Raum 18 in 9 Vitrinen:

1 *Gegenstände des privaten Gebrauchs* darunter • *Essbesteck* und *Pfeife* des Dombaumeisters Hertel, †1927 • *Lederkoffer* und *Etui* des Architekten Hans Schwippert, †1973 (Schenkung Horst Peter) • *Tasse mit Untertasse* KPM, 1914–1918 (Schenkung Genrich) • *Bowler* von Wilhelm Nölke, †1945 (Schenkung Gülz) • *Dinge der Werk- und Formensammlung* (Schenkung Schriefers)

2 *Messkoffer eines amerikanischen Militärgeistlichen* New York, vor 1945 (Schenkung aus Privatbesitz) • *Kindergebetbücher* 1930er Jahre • *Gebetbücher* 19./20. Jh., Einbände aus Elfenbeinimitat • *Handgeschriebenes Gebetbuch* der Maria Margaretha Badorfs, 1755 (Schenkung aus Privatbesitz)

3 *Schreibgarnitur* Phenoplast, 1920er Jahre • *Briefe* von Anna und Willi Hausen, 1939–1944 (Historisches Archiv des Erzbistums Köln/Nachlass Hausen) • *Persönliche Gegenstände* von Willi Hausen (†1944 in einem Lazarettzug), darunter eine *Replik des Tüchleinbildes* mit der Geburt Christi aus der Sammlung des Erzbischöflichen Diözesanmuseums Köln (Leihgabe Adelheid Hausen) • *Spielzeug-Eisenbahn* um 1930, Märklin (Nachlass Pfr. Hermann Schläfer/Schenkung Michael Toenges)

4 *Muttergottes mit Kind* 17./18. Jh., Pfeifenton, Grabbeigabe aus St. Kolumba • *Archäologische Kleinfunde* von Kolumba: *jungneolithische Klinge*; aus römischer Zeit: *Spielzeug-Statuette* eines Gladiators, *Wildschweinköpfchen*, *Bodenstück* eines Napfes mit eingeritztem Namen des Besitzers, *Riegel* eines Steckschlosses (Römisch-Germanisches Museum, Köln) • *Urkunden und Akten* der Pfarrgemeinde St. Kolumba, teilweise mit Papstbulle und Stadtsiegel; • gegenüber im Rahmen: *Nachlassinventar* der Toelgyn van Bracht, Pfarrgemeinde St. Kolumba, 1485 (Leihgabe Historisches Archiv des Erzbistums Köln)

5 CHRISTIAN BOLTANSKI *16 Künstlerbücher* von 1972 bis 2002 (Schenkung Edith und Steffen Missmahl)

6 *Reliquienbüste eines Königs* Salzburg, 2. Hälfte 14. Jh., Lindenholz (?) mit alter Fassung (Schenkung Regina und Maria Härle)

7 *Spiegel des menschlichen Heils*, Paris, um 1450 (Sammlung Renate König) • *Anbetung des Kindes* Werkstatt Stefan Lochner, um 1450 • *Messkelch* Düren, 2. Viertel 16. Jh., Silber vergoldet (Leihgabe der Pfarrgemeinde in Dürboslar) • *Hüte/Schuhe/Handschuhe* von Josef Kardinal Frings

8 *Reliquiar mit Nepomukzunge*, 18. Jh., Holz, Glas, Wachs, Klosterarbeiten, Reliquien (Nachlass Dechant Gatzen) • *2 Reisereliquiare mit Kreuzigung und hl. Walburga (?)*, Süddeutschland, 18. Jh. (eines Schenkung Rodert) • *Eingerichte oder Geduldflaschen*, 19./20. Jh.; *Wettersegen*, Altbayern, 1. Hälfte 18. Jh. • *Wallfahrtsandenken* des 18. Jahrhunderts aus Loreto (Leihgabe Slg. Schulz)

9 *Hausaltärchen des Konrad Zaunhack*, Flügel: Jan Pollack zugeschrieben, Ikone: Andreas Ritzos, Kreta, Ende 15. Jh. (2007 erworben mit Mitteln der Renate König-Stiftung) • *Thronende Muttergottes mit Kind* Köln, 1. Hälfte 14. Jh., (Schenkung Härle) • *Hausaltärchen des Jakob Welser*, Brügge oder Süddeutschland, 4. Viertel 15. Jh. (Schenkung Härle) • *Christuskinder*, Brabant (Mecheln?), Anfang 16. Jh. (Schenkung Härle und Schenkung Hermann Schwartz) • *Hl. Margareta* im Hortus conclusus, Brüssel oder Mecheln, 1. Hälfte 16. Jh. (Figur), 18. Jh. (Reliquienkästchen) • *Rosenkranz mit den Fünf Wunden Christi* 17. Jh. • *Rosenkranz mit Wallfahrtszeichen* 17./18. Jh. • *Wismut-Kästchen und Minnekästchen* 1591/16. Jh. • *Embriachi-Kästchen* mit der Geschichte der Susanna im Bade, Venedig, 15. Jh., Beintäfelchen auf rekonstruiertem Holzkorpus (mit Mitteln der Renate König-Stiftung)

Ausstellungsübersicht

Der unendliche Raum dehnt sich aus
Eröffnungsausstellung
14. September 2007 bis 31. August 2008

7 Prozessionsfahnen von St. Kolumba Köln 1764, Öl auf Leinwand, Seidendamast; Hauptfahne mit der Darstellung der hl. Kolumba, daneben die hll. Ursula, Petrus, Drei Könige, die Verkündigung, der hl. Josef, Christus Salvator, die Himmelskönigin Maria, die hll. Anna, Katharina, Barbara, eine hl. Äbtissin und ein hl. Bischof

Rahmenensemble an der Wand: *Religiöse Volkskunst* Spitzenbilder, Haarbilder, Kulissenbilder, Klosterarbeiten, 18.–19. Jh. (Schenkung Axel Rodert / Hedwig Rodert-Rutt)

Raum 19 REBECCA HORN *Berlin–Earthbound* (erdgebunden), 1994, mechanisierte Skulptur, Höhe raumbezogen

PAUL THEK *Meatsculpture with butterflies* (Fleischskulptur mit Schmetterlingen), 1966, Wachs, Plexiglas, Metall

GERT H. WOLLHEIM *Friesische Landschaft*, 1919, Öl auf Leinwand

Raum 20 LOUIS SOUTTER *Le drame incompréhensible* (Die unfassbare Tragödie), 1937, Öl auf Karton (erworben mit Hilfe der Renate König-Stiftung)

JOSEPH BEUYS *Ohne Titel*, 1971, Munitionskiste mit *Kreuz mit Sonne* (1947/48), Fichtenstamm und *Berglampe* (1953) (erworben mit Hilfe der Kunststiftung NRW)

JÜRGEN PAATZ *Ohne Titel*, 1972, Pigment und Dispersion auf Leinwand

2. Obergeschoss

Raum 10	
Raum 11	
Raum 12	
Raum 13	
Raum 14	
Raum 15	
Raum 16	Nordkabinett
Raum 17	Nordturm
Raum 18	Ostkabinett
Raum 19	Ostturm
Raum 20	Südkabinett
Raum 21	Südturm
Raum 22	Lesezimmer

Raum 21 ALEXEJ VON JAWLENSKY *Der Mensch ist dunkler als die Nacht*, 1937, Öl auf Leinwand

RUDOLF DE CRIGNIS *Paintings # 05/07/08–05 (Dark Gray, Gray, Light Gray)*, 2005, Öl auf Leinwand

in Vitrinen:

Kelchschale Köln, um 1165–1170, Silber, vergoldet, Niello

Kreuz Herimanns und Idas Werden oder Köln, 2. Viertel 11. Jh., Bronze, vergoldet; Filigran: Köln, 1220–1230; Lapislaziluköpfchen: 1. Jh.; barocker Knauf

Reliquienkreuz mit Dorn der Dornenkrone Christi Silber, vergoldet, Email; Reliquienbehältnis: Bergkristall, Paris, 1267; rahmendes Scheibenreliquiar mit gravierten Evangelistensymbolen: Maasland, Ende 13. Jh.; Kreuz: Maasland, Mitte 14. Jh.; Kreuzfuß: Maasland, 4. Viertel 13. Jh.

Reliquienkreuz mit Partikeln des Kreuzes Christi Maasland (?), 4. Viertel 13. Jh., Silber (Kreuz), Kupfer (Kreuzfuß) und Bronze (tragende Figürchen), vergoldet, zwei Reliquienbehältnisse, Beschläge in Form von Rosetten, Wein- und Eichenlaub, Steinbesatz sowie Löwen und Fabelwesen

Der Mensch verlässt die Erde
2. Jahresausstellung
14. September 2008 bis 31. August 2009

Hinterlassenschaft
3. Jahresausstellung
14. September 2009 bis 30. August 2010

KURT BENNING *Hinterlassenschaft – Ein deutsches Erbe*, DVD-Projektion, basierend auf einem Typoskript, 1984 bis 1999

Kabinett-Stollenschrank Anfang 18. Jh., Nussbaum, Eiche, Zinn (Schenkung Irma von Bacsák-Müngersdorff)

Hl. Lanze, Nürnberg 1597, Öl auf Leinwand (erworben mit Mitteln der Renate König-Stiftung)

Hausaltar mit der Verkündigung der Geburt Christi, Mittelrhein, um 1440, gebrannter Ton und Holzschrein (Nachlass Ernst Franz August Münzenberger, Frankfurt)

WALTHER OPHEY *San Gimignano*, 1924, Öl auf Leinwand (Schenkung aus Privatbesitz)

Raum 19 MICHAEL KALMBACH *Mobile*, 2004, Pappmaché

WERNER SCHRIEFERS 6 Gemälde aus dem Zyklus *Smog*, 1969/71, sowie *Aufstand der Träume*, 1976, Hinterglasmalereien

Raum 19 *Johannesschüssel* aus dem Besitz der Fürsten von Ligne, Schwaben(?), Anfang 16. Jh., Kopf: Eichenholz mit originaler Fassung; Schüssel: Messing, getrieben und graviert, wahrscheinlich später vergoldet und versilbert (erworben mit Mitteln der Renate König-Stiftung)

JÜRGEN PAATZ *Ohne Titel*, 1972/1973, Dispersion auf Leinwand

Raum 20 *Schutzmantelmadonna* Jüngere Villacher Werkstatt, um 1517, Laubholz mit alter Fassung (Schenkung Härle)

ANDOR WEININGER *Surrealistische Kompositionen*, 1928–1946, Wasserfarben (Schenkung Eva Weininger)

Marientod Werkstatt Jörg Lederers, Kaufbeuren, um 1520, Lindenholz mit alter Fassung (Schenkung Härle)

Gebetbuch Atelier des Georg Glockendon d. Ä. (?), Nürnberg, um 1515 (Sammlung Renate König)

SIMON TROGER *Hl. Michael*, München, vor 1725, verschiedene Hölzer, Elfenbein, Glas, Kupfer, vergoldet (erworben mit Mitteln der Renate König-Stiftung)

Raum 20 STEFAN WEWERKA *3 Krümmlinge* (Stuhlskulpturen), 2003, Holz, rot, gelb und grün lackiert

ANDOR WEININGER Werke der 1920er bis 1940er Jahre (Schenkung Eva Weininger) – September bis Dezember

GEORG BAUMGARTEN Werke um 1933: *Die Geißel / Züchtigung (Geißelbild) / Durst / Insel der Hoffnung / Die Zeugung / Maschine Landmann / Schwirrstaffel (Fliegerbombenteufel) / Bild 1933 (Destruktion) / Schwanken (Eruption) / Zirkuspferde*, Mischtechnik auf glänzendem Karton – Januar bis Mai

HEINRICH KÜPPER Gedächtnisausstellung 9-teilige /4-teilige Werkserien, 2008, Farbstift u. Farbkreide auf Papier – Mai bis August

Raum 21 *Reliquienkreuz mit Dorn der Dornenkrone Christi*
Silber, vergoldet, Email; Reliquienbehältnis: Bergkristall, Paris, 1267; rahmendes Scheibenreliquiar mit gravierten Evangelistensymbolen: Maasland, Ende 13. Jh.; Kreuz: Maasland, Mitte 14. Jh.; Kreuzfuß: Maasland, 4. Viertel 13. Jh.

Reliquienkreuz mit Partikeln des Kreuzes Christi
Maasland(?), 4. Viertel 13. Jh., Silber (Kreuz), Kupfer (Kreuzfuß) und Bronze (tragende Figürchen), vergoldet, zwei Reliquienbehältnisse, Beschläge in Form von Rosetten, Wein- und Eichenlaub, Steinbesatz sowie Löwen und Fabelwesen

PHIL SIMS *The Cologne Painting (Pietà Cycle)*, 2002, Öl auf Leinwand

Raum 21 14. September bis 17. Mai:

HEINRICH KÜPPER *Künstlerbücher*, 1977–2009, Bleistift, Tusche, Farbstift und Farbkreiden auf Papier

in 4 weiteren Vitrinen:

Christus auf dem Weg nach Golgatha Erasmus Grasser (zugeschr.), um 1480, Lindenholz mit Resten alter Fassung (erworben mit Mitteln der Renate König-Stiftung)

HEINZ BRELOH *Ohne Titel*, 1994, glasierte Terrakotta (Schenkung Nachlass Breloh)

Hl. Theresa Entwurf J. J. Kändler, 1775, Meissen, Porzellan (Schenkung Rodert) • *Marienfiguren* 19. und 20. Jh., Porzellan, bemalt (Schenkung Heinrich und Elisabeth Küpper)

PETER ILSLEY / OTTO WICHMAN *4 Vasen*, 1999/2000 bzw. 1995/2003, Zink-Silikat-Glasuren (Schenkung Adolf Egner)

19. Mai bis 30. August:

Heilig-Geist-Retabel Werkstatt des Wolfgang-Retabels, Nürnberg, kurz vor 1449, Temperamalerei auf Nadelholz, (2009 erworben mit Unterstützung der Ernst von Siemens Kunststiftung sowie des Freundeskreises der Kulturstiftung der Länder, Berlin)

Kritiken (Auswahl)

Architekturkritik unmittelbar nach der Einweihung

»...denn das Ergebnis dieses so langwierigen wie konstruktiven Ringens ist ein weit über Köln hinaus strahlender, architektonischer Hauptgewinn.« (Christian Hümmeler, *Ein strahlender Hauptgewinn für die Architektur*, Kölner Stadt-Anzeiger, 14.9.2007).

»Aber zunächst einmal ist das Museum selbst, in dem klösterlich karge, schluchttiefe Treppen nach oben führen, das faszinierendste Exponat. Ein Ort der Einkehr von exklusiver Einfachheit, dessen Verbindung aus Detailsorgfalt, Materialaskese, Textur und handwerklicher Gediegenheit ihresgleichen sucht.« (Andreas Rossmann, *Die Kunst der Fugenlosigkeit*, Frankfurter Allgemeine Zeitung, 15.9.2007)

»Schon nach den ersten Schritten in das halbdunkle Innere kommt der Besucher zur Ruhe. Er spürt, dass dieses Museum keins für eilige Besuchergruppen sondern für Individuen ist – ein Haus, das keine schnellen Passagen bietet, sondern Räume zum Verweilen.« (Ira Mazzoni, *Ein Haus, das sich über die Spuren der Geschichte wölbt*, Süddeutsche Zeitung, 17.9.2007)

»Hinter dem Museum hat Peter Zumthor der Stadt eine historische Passage zurückgegeben und den alten Kirchhof von St. Kolumba; als Ort der Ruhe mit wenigen Bäumen auf hügeligem Grund und einer massigen Mauer aus grobem Stampfbeton. Wer hier sitzt und auf die Backsteine schaut, wünscht sich nirgendwo hin.« (Jörg Biesler, *Kunst, Zeit Architektur*, Frankfurter Rundschau, 18.9.2007)

»Die gesamte Architektur mit ihrer differenzierten Raumfolge stellt sich als Organismus, als lebendige Struktur, dar.« (Constantin Graf Hoensbroech, *Ein Haus voll Glorie schauet*, in: Tagespost, 18.9.2007)

»Köln hat ein Meisterwerk erhalten.« (Walter Gauer, *Gegenentwurf zum Bilbao-Effekt*, in: Luxemburger Wort, 18.9.2007)

»Dieses Ereignis muss bejubelt werden, Nüchternheit wäre völlig fehl am Platze.« (Melanie Weidemüller, *Kolumba wird eröffnet*, Stadt-Revue Kölnmagazin, 9/2007)

»Seit dem Wettbewerbsgewinn 1997 für den Neubau des Diözesanmuseums auf dem Gelände der Kirchenruine von St. Kolumba zwischen Kolumba- und Brückenstraße konnte man gewiss sein, eines Tages eine architektonische Sensation zu erleben.« (Be.K., *Weltvergessen mitten in Köln*, Deutsche Bauzeitschrift, 10.2007)

»Mit Kolumba ist Peter Zumthor ein Ort des Erlebens gelungen – ein stilles Museum, das zum Verweilen, Betrachten und Nachdenken einlädt und damit einen wirkungsvollen Kontrast setzt zu den heute üblichen, laut gestikulierenden Ausstellungshäusern.« (CS, *Kolumba in Köln – Ein Museum für die Kunst*, in: Detail, 11.2007, S.1266f.)

»Dieses Gebäude ist ein Jahrhundertbau. Wenn ich es betrete, macht es mich glücklich. Es gibt vielleicht eine leise Ahnung davon, was göttlich sein könnte.« (Stefan Worring, *Ein Geschenk für Köln*, Kölner Stadt-Anzeiger, Weihnachtsausgabe, 24.12.2007, Titelblatt)

Der unendliche Raum dehnt sich aus Eröffnungsausstellung 14. September 2007 bis 31. August 2008

»Da wird der Gegenwartskunst eine Spiritualität angedichtet, die sie nicht hat, und umgekehrt werden alle Kultgegenstände in eine Kunstsphäre gerückt, in der primär die ästhetischen Werte zählen.« (Hanno Rauterberg, *Aura der Ruinen*, Die Zeit, 20.9.2007)

»Die Werke sind herausgerissen aus ihrem kulturgeschichtlichen Zusammenhang auf der Gefühlsebene präsentiert. Zeitgenössische Kunst wird religiös aufgeladen, kirchliche Werke müssen sich ästhetisch behaupten.« (Doris Kleinlein, *Eine Kirche für die Kunst*, Bauwelt, 39, 2007, S.18-27)

»Irgendwie besinnlich vielleicht, aber ohne zu erregen, mitzureißen oder anzuecken. Oftmals beliebig: eine Melange aus dem Bauchladen der Formen.« (Manfred Schwarz, *Traumfabrik in klösterlichem Grau*, Berliner Zeitung, 18.9.2007)

»Die so entstandenen Konstellationen sind Sternstunden in der Geschichte des Kunstmuseums, Sternbilder, die vielen zur Orientierung dienen können.« (Peter Steiner, *Was ist Kunst? Was ist Andacht?*, Christ in der Gegenwart, 21.10.2007)

»Wer die Muße in einem Museum liebt, wer sich auf die Kunstwerke einlassen will, ohne durch raumfüllende Kommentare und Erläuterungen, die ungewollt sein Ohr malträtieren, abgelenkt zu werden, hat hier eine einmalige Chance.« (Peter Dittmar, *Die Stille kehrt zurück*, Die Welt, 30.10.2007)

»Wie gut Zumthors Bau funktioniert, zeigt die Premierenausstellung, die das Kolumba-Team mit eigenen Beständen bespielt.« (Thomas Kliemann, *Andy Warhol und der Schmerzensmann*, General-Anzeiger Bonn, 14.9.2007).

»Es ist ein Gegenentwurf geworden zu den lärmenden Blockbuster-Schauen und dem Schielen nach Publikumsrekorden.« (Susanne Schreiber, *Großer Wurf für Köln*, Handelsblatt, 12.10.2007)

»Vielleicht gelingt dieses Zusammenspiel deshalb so gut, weil die Museumsleute bewusst darauf verzichtet haben, die Räume mit Exponaten zu überladen.« (Robert Boecker, *Kolumba, öffne dich!*, Kirchenzeitung Köln, 14.9.2007)

»In der Tat bildet diese 'Bürgerliche Tragödie' mit den übrigen Exponaten im Nordkabinett von Kolumba ein Kraftfeld...« (Annette Schroeder, *Kunst zwischen Himmel und Erde gespannt*, Kölnische Rundschau, 26.9.2007)

»Hier gibt es ein Museum, das die Sinnfrage von Kunst auf seine Weise stellt und durch einen angelegentlichen Dialog über die Grenzen der Kunstgeschichte hinaus beatmet. ... Kolumba feiert Kunst in einer aufgehobenen, spirituellen Zeit! Die (alle) Werke sind hier nicht mehr das, was sie vorher waren.« (Reinhard Ermen, *Ein Sakralbau in den Dimensionen eines Museums*, in: Kunstforum International, 1/2008, S.343-344)

»Das Kolumba macht vieles anders als andere Häuser – und damit alles richtig.« (Barbara Gärtner, *Eine Stille, die stumm macht*, in: Monopol, 9/2008, S.107-111).

»Die Auseinandersetzung mit der Welt der Dinge aber, die derzeit in einer wunderbar relativierenden Kombination von Alltagsgegenständen aus der umfangreichen Sammlung Schriefers, präzise erfassten Objekten des Malers Konrad Klapheck und einer Installation von Jannis Kounellis exerziert wird, ist eindrucksvoller Beleg für den auch in Zukunft leitmotivischen dialogischen Charakter und den erweiterten Kunstbegriff von Kolumba.« (Kerstin Stremmel, *Ein Ort der Langsamkeit*, Neue Zürcher Zeitung, 14.9.2007)

Der Mensch verlässt die Erde
2. Jahresausstellung
14. September 2008 bis 31. August 2009

»Die Kuratoren plakatieren einen Slogan für die neue Hängung, doch applizieren sie nicht irgendetwas. Sie arbeiten mit ihrer Sammlung, mit dem, was die Künstler ihnen gegeben haben.« (Frank Frangenberg, *Ein Ort der Entschleunigung*, Kölner Stadt-Anzeiger, 13.9.2008)

»Mystisch taucht aus dem Dunkel eine Maria mit dem Einhorn auf einer Nonnenstickerei aus dem 14./15. Jahrhundert auf, die eine Treibjagd darstellt, nicht weit davon naive Tierfiguren von Erich Boedeker, ähnlich den ägyptischen Begleitern ins Totenreich. Warum sollte das Kruzifix aus dem 12. Jahrhundert damit nicht korrespondieren? Und natürlich glitzert und funkelt dann wie gehabt der Kirchenschatz von St. Kolumba. [...] Und wenn schon alles mit allem korrespondiert, so sind es diesmal die zittrigen Regenstreifen auf dem Panoramafenster, die im Raum 10 die zart vergehenden Bildgitter des in Köln lebenden Malers Heiner Binding aufnehmen.« (Heidrun Wirth, *Kolumba schiebt jetzt eine laute Kugel*, Kölnische Rundschau, 13.9.2008)

»Und wer diesen Ort verlässt, hat am Ende seinen Kraftspeicher aufgefüllt. Mit Bildern und spirituellen Botschaften aus zwei Jahrtausenden, die dialogisch und bewusst kontrastierend zueinander in den Raum gesetzt worden sind.« (Annette Bosetti, *Kolumba – das entschleunigte Museum*, Rheinische Post, 13.9.2008)

»Man könnte das eine antizyklische Erwerbspolitik nennen, hätte man nicht den Eindruck, dieses Museum denke ohnehin azyklisch. Nebenflüsse zählen hier jedenfalls mehr als der Mainstream und solitäre Wirbel mehr als aktuelle Strömungen. So bleibt man auch von dem bequemen Kanon verschont, der inzwischen fast überall von Beuys bis Warhol, von Baselitz bis Twombly durchbuchstabiert wird. Wer dagegen eine Allergie entwickelt hat, findet hier Remedur, denn im Kolumba regiert das Bild und nicht der Name. Der Versuch, das Wertvolle kostbar zu machen, – statt, wie die Pop-Art und ihre Kunstmarktschüler, das Billige teuer –, lässt religiöse Kunst und Kunstreligion aufeinandertreffen. Sie heben sich gegenseitig, ohne dass Konfessionen abzulegen wären, denn es wird schon lange nicht mehr nur religiöse Kunst gesammelt. Aber es ist doch schon eine sehr katholische Mischung aus Bilderlust und Deutungsernst, die das Museum trägt; [...] Nachdem zunächst Peter Zumthors bestechender Museumsbau markante Preise auf sich gezogen hatte, ist gerade das Kuratorenteam des Hauses für seine ›Gewitztheit und Solidität‹ mit dem Museumspreis der Kulturstiftung hbs ausgezeichnet worden; das kann man nur unterschreiben.« (Walter Grasskamp, *Hier ist Kunst unbequem*, in: Die Zeit, 4.6.2009)

»Und es kann ausgerechnet in einem Diözesanmuseum passieren, dass wir uns davon einen hervorragenden Eindruck machen können. Dass die Kunst sie selbst sein darf, ohne Lehranspruch in einen kuratorischen oder ideologischen Kanon gezwängt zu werden. Dass sie um ihrer selbst betrachtet werden darf, ohne dass ein wie auch immer gearteter Wert wie eine Monstranz vor ihr hergetragen würde.« (Hans-Jürgen Hafner, *Der Spagat des Kardinals*, in: artnet, online-magazin, 11.8.2009)

Hinterlassenschaft
3. Jahresausstellung
14. September 2009 bis 30. August 2010

»Ein anderes Experiment hat Kurt Benning gewagt. Er stand 1979 vor der Aufgabe, den elterlichen Haushalt aufzulösen. Diese Herausforderung hat er bewältigt, indem er den kompletten Bestand stichwortartig katalogisiert und beschrieben hat. Das Kolumba hat daraus ein Werkbuch gefertigt, das spätestens im bildlichen Teil anrührend wird. Eine Publikation auch, die sich für den Konsum im erhabenen Lesezimmer eignet. Und einer von vielen Beweisen dafür, dass in Kölns zurzeit wohl spannendstem Museum eines sicher ist: das kuratorische Risiko.« (Ralf Johnen, *Türen in alle Richtungen. Das Kölner Museum Kolumba erfindet sich mal eben neu*, Kölner Stadt-Anzeiger, 14.9.2009)

»Zum drittenmal haben Kraus und sein Kuratorenteam in Peter Zumthors asketisch-noblem Bau thematische Wechselspiele zwischen alter und zeitgenössischer Kunst inszeniert, die diesmal um Erinnerung und den Umgang mit dem historischen Erbe kreisen. ... Dabei wird darauf geachtet, dass es in dem Parcours auch sparsam bestückte Denkräume gibt, in denen Besucher Kraft schöpfen können.« (Hanna Styrie, *Schicksal der Staubsauger*, Kölnische Rundschau, 13.9.2009)

»Wie immer wagt die Kolumba-Ausstellung einen Spagat zwischen zeitgenössischer Kunst, Designobjekten und sakralen Gegenständen und lädt ein zu einer spannenden Schule des Sehens. Sehr gelungen und absolut empfehlenswert!« (Claudia Dichter, WDR 2, *Mittagsmagazin*, 25.9.2009)

»Hier bieten sich dem einfühlsamen Kunstinteressierten poetische Räume der Reflexion vor dem Hintergrund der passenden minimalistischen Architektur Peter Zumthors. Jahr für Jahr inszeniert es in immer neuen Konstellationen epochenübergreifende Kunsterfahrungen und einprägsame Diskurse abseits effekthascherischer Aktivitäten. Dafür sei Kolumba gedankt.« (Hans-Peter Schwanke, *Was so alles zurückbleibt*, kunstmarkt.com, 26.10.2009)

»Und wieder wird die pointierte Gegenüberstellung von dezidiert kirchlichen Kunstwerken aus weit auseinanderliegenden Jahrhunderten mit säkularen Kunstobjekten aus jüngster Zeit dem hohen Anspruch kongenial gerecht, den die auf einen gotischen Sockel aufgesetzte, über archäologischen Ausgrabungen gebreitete moderne Architektur stellt.« (Gottfried Knapp, *Kunst als eine Form der Erinnerung. Das wagemutige Kolumba-Museum in Köln hat sich für ein Jahr ganz neu eingerichtet*, in: Süddeutsche Zeitung, 9.11.2009)

Windfang

Die Herausgeber danken der Renate König-Stiftung sehr herzlich für die großzügige Förderung der Publikation.

2007

12.9. Vorbesichtigung des Neubaus und der ersten Ausstellung für alle an der Planung und Ausführung Beteiligten, für Nachbarn und für Angestellte des Generalvikariates

13.9. Pressekonferenz zur Einweihung des Neubaus mit Generalvikar Dominik Schwaderlapp, Peter Zumthor und Museumskuratoren

14.9. Pontifikalamt in der Hohen Domkirche, Prozession zum Neubau und Einweihung durch S.E. Joachim Kardinal Meisner, weitere Redner: Ministerpräsident Jürgen Rüttgers, Bürgermeister Müller, Joachim M. Plotzek, Peter Zumthor

15.9. Ausstellung: *Der unendliche Raum dehnt sich aus* (bis 31.8.2008)

14.10. Besuch der Jury des *Pritzker-Preises für Architektur*

3.11. Besuch des Apostolischen Nuntius in Deutschland S.E. Erzbischof Jean-Claude Périsset (in Begleitung des Dompropstes); Beteiligung an der *Langen Nacht der Kölner Museen*

12./13.11. Filmaufnahmen der *Tragedia Civile* für die Reihe *Meisterwerke* WDR (Martina Müller)

8.12. Tagung des Kirchensteuerrates in Kolumba

13.12. Besuch S.E. Dr. Werner Thissen, Erzbischof von Hamburg

15.12. Rundfunkübertragung: Kolumba eine Stunde live in der Sendung *Religionen* des Deutschlandradios (Herbert A. Gornik / Eva Wolk)

Leihgaben auf Ausstellungen in Bonn, Brügge, Wartburg, Osnabrück, Salzburg; Publikationen: *Kurzführer 1–4*; Werkheft *Elfenbein-Diptychon mit Passions- und Erscheinungsszenen*; Sammlungskatalog *Auswahl eins*

2008

21.1. Konzert: Die Alphornbläsergruppe *Engadina* aus St. Moritz (in Zusammenarbeit mit Dompropst und Hoher Domkirche)

22.4. Verabschiedung von Joachim M. Plotzek (Leiter seit 1990) und Einführung von Stefan Kraus (Kurator seit 1991). Reden: Generalvikar Schwaderlapp, Anton von Euw, Jürgen Keimer, Manos Tsangaris, Dompropst Feldhoff, Stefan Kraus, Joachim M. Plotzek. Abendmusik: Piccola Banda Metafisica, Ltg. Frank Köllges

23.4. Konzert: Werke von Karlheinz Stockhausen, u.a. *Kontakte – für elektronische Klänge, Schlagzeug und Klavier*, Jermolaj Albiker (Violine), Pi-hsien Chen / Robert Bauer (Klavier), Max Riefer (Schlagzeug), Johannes Fritsch (Klangregie)

25.4. Lesung: Pablo Neruda, *Melancholie in den Familien*, Jennifer Frank / Michael Wittenborn (Kooperation mit Schauspiel Köln)

27.4. Konzert: Werke von Franz Schubert und Ludwig van Beethoven, Jessica Rona (Viola), Pi-hsien Chen (Klavier)

14.5. Besuch S.E. Bischof Aloys Jousten aus Lüttich

22.5. Kolumba vertritt das Erzbistum Köln auf dem Katholikentag in Osnabrück mit der Skulptur *Zelt* von Thomas Böing

24.-26.6. *Kolumba singt!* – Klangwerkstatt internationaler Vokalistinnen, Ltg. Pauline Oliveros, und Konzert mit Chasan Jalda Rebling, Sema, Amelia Cuni, Katharina Livljanic und Ars Choralis Coeln, Ltg. Maria Jonas (Kooperation mit *Romanischer Sommer 2008*)

30.6. Besuch der Weihbischöfe der Bistümer in Nordrhein-Westfalen

11.9. Abendöffnung für die Teilnehmer der Kölner Mediaevistentagung

14.9. Vorbesichtigung der neuen Präsentation

15.9. Ausstellung: *Der Mensch verlässt die Erde* (bis 31.8.2009) Ausstellung in Raum 10: *Heiner Binding – Gemälde*

29.9. Vortrag von Stefan Kraus auf der Jahrestagung *Kirche – Kunst – Museum* der Görres-Gesellschaft in Würzburg

1.10. Marc Steinmann tritt die von der Renate König-Stiftung finanzierte Kuratorenstelle mit dem Schwerpunkt »Vermittlung« an.

18.10. Kolumba zu Gast auf den *Donaueschinger Musiktagen* mit Martin Frommelts Mappenwerk *Creation*, eine Performance für 5 Blätterer (Kuratorenteam) und 7 Lesende (Therese Dürrenberger / Renate Fuhrmann / Géraldine Aimée Graber / Ralf Herster / Dirk Müller); szenische Einrichtung Manos Tsangaris

25.10. Vortrag von Stefan Kraus auf dem Symposium *Glauben wozu? Die Sinnkrise der Moderne*, Abt-Herwegen-Institut, Maria Laach

8.11. *Klangwerkstatt in memoriam Barbara Thornton*, Ars Choralis, Coeln

13.12. Künstlergespräch mit Heiner Binding im Lesezimmer

150.000 Besucher (seit September 2007); über 600 geführte Gruppenbesuche; Beginn der bis heute fortgeführten Werkgespräche *…mit Blick auf*, jeden ersten Mittwoch im Monat (Kooperation mit dem Katholikenausschuss in der Stadt Köln, dem Katholischen Bildungswerk und dem Referat Dialog und Verkündigung im Generalvikariat); Übung von Ulrike Surmann *Der Museumsbetrieb: Ausstellen, Bewahren, Vermitteln, Verwalten*, Kunsthistorisches Institut der Universität Köln; Leihgaben auf Ausstellungen in Magdeburg, Mantua, Berlin; Publikationen: *Kurzführer 5–9*; (engl. Ausgabe No. 1); Werkheft *Die Muttergottes mit dem Veilchen*; Werkheft *Das Stundenbuch der Doña Isabel*; Künstlerheft *Heiner Binding*

2009

1.1. Ausstellung in Raum 10: *Hermann Abrell – Gemälde seit 1978*

16.1. Gemeinsam mit Peter Zumthor Entgegennahme des *1. Preises für Architektur in Deutschland* im Architekturmuseum Frankfurt

17./18.2. Filmaufnahmen der *Kugelbahn* für die Reihe *Meisterwerke* WDR

25.2. Aschermittwoch der Künstler, Vortrag von Stefan Kraus zur »Akademie«: *Der ästhetische Augenblick – Versuch über die Sprachlosigkeit* und Abendöffnung mit 350 Gästen

28.2. Filmaufnahmen für die Reihe *Museums-Check* des SWR

5.3. Filmaufnahmen für einen Beitrag des Goethe-Institutes

5.3. Preisverleihung: *Museumspreis der Kulturstiftung hbs* an das Kuratorenteam. Begrüßung Generalvikar Schwaderlapp, Laudatio Gottfried Korff *Museum im Gegensinn*

11.3. Preisgericht zum Wettbewerb *Kunst am Bau* im Historischen Archiv des Erzbistums Köln (1. Preis: Monika Bartholomé)

21.3. Künstlergespräch mit Hermann Abrell im Lesezimmer

26.3. Vortrag und Diskussion in der Katholischen Akademie in Berlin

1.4. Besuch von S.E. Heinrich Mussinghoff, Bischof von Aachen

1.4. Eva-Maria Klother tritt ihre auf fünf Jahre befristete Stelle zur computergestützten Inventarisation der Sammlung an.

21.4. Vormittagsempfang für die Vips der Art Cologne

29.4. Ausstellung in Raum 10: Koho Mori-Newton *Room of Columns*

5.5. Schulung der Referenten der Hauptabteilung Schule / Hochschule

6.5. Besuch der Landesarchäologen (Ltg. Hansgerd Hellenkemper)

13.5. Vortrag von Marc Steinmann auf dem Kolloquium *Altenberg und die Baukultur im 13. Jahrhundert* in Altenberg

17.5 Internationaler Museumstag: Öffentliche Gespräche *Schüler fragen – Kuratoren antworten* im Lesezimmer
19./20.5. Filmaufnahmen der Architektur für die Reihe *Meisterwerke* WDR
26.5. Vortrag von Stefan Kraus auf Einladung des *Vereins Galerie und Schloß* in der Städtischen Galerie Zander in Bergisch-Gladbach
28.5 Besuch der Teilnehmer des Kolloquiums *Die katholische Kirche in Deutschland und die zeitgenössische Kunst*, veranstaltet von der Deutschen Gesellschaft für Christliche Kunst
13.6. Konzert: Lauren Newton *Wanderung – Stimme und Raum*
19.6. Vortrag von Marc Steinmann beim *Denksalon Revitalisierender Städtebau* in Görlitz
20.6. Teilnahme am Kolloquium *Eine geplatzte Liaison. Zum Verhältnis von Kunst und Kirche* an der Katholisch-theologischen Fakultät der Universität Bonn
1.7. Vortrag von Marc Steinmann beim Institut für Baugeschichte der Universität Karlsruhe
13.7. Besuch S.E. Bischof Franz-Peter Tebartz-van Elst aus Limburg
16.7. Verleihung des päpstlichen *Gregorius-Ordens* an Renate König, überreicht von S.E. Joachim Kardinal Meisner
13.9. Vorbesichtigung der neuen Präsentation
14.9. Ausstellung *Hinterlassenschaft* (bis 30.8.2010)
Ausstellung in Raum 10: *Stefan Wewerka – Alte und neue Arbeiten*
Ausstellung in Raum 20: *Andor Weininger*
18.9. Bericht über zwei Jahre Kolumba vor dem Erzbischöflichen Rat
30.9. Besuch der Mitglieder der Deutschen Bischofskonferenz
2.10. Vortrag von Marc Steinmann auf dem Kolloquium *Der Magdeburger Dom im europäischen Kontext* in Magdeburg
22.10. Vortrag von Marc Steinmann auf der internationalen Tagung *Schutzbauten und Rekonstruktionen in der Archäologie* in Xanten
1.11. Klangwerkstatt: *Morgenland & Abendstern* (Ars Choralis, Coeln, Amelia Cuni / Maria Jonas)
5.11. Filmaufnahmen einer Kinderführung für die *Lokalzeit* des WDR
10./12.11 Diskussion und Vortrag von Stefan Kraus auf Einladung des Zentrums für Christliche Kunst und der Theologischen Fakultät der Karls-Universität in Prag (Norbert Schmidt / Tomáš Halík)
20.11. Abendöffnung: *Lange Nacht der Kölner Kirchen* (500 Besucher, freier Eintritt, kein Programm)
21.11. Besuch des Arbeitskreises *Ausstellungen* des Dt. Museumsbundes
24.11. Gründungsveranstaltung *Förderkreis Albertus Magnus Stiftung*
10.12. Seminar: Kunsthistorisches Institut der Universität Köln *Auf dem Weg zu einer Ästhetik des Ausstellens* (Antonia Wunderlich)
11.12. Tagung: *Arbeitskreis Moderne im Rheinland*

90.000 Besucher; 664 geführte Gruppenbesuche; Übung von Ulrike Surmann *Der Museumsbetrieb: Ausstellen, Bewahren, Vermitteln und Verwalten*, Kunsthistorisches Institut der Universität Köln; Beteiligung am Workshop *(Re)Präsentation historischer und kultureller Differenz*, Kunsthistorisches Institut der Universität Köln (Stefan Grohé); Beginn der Kooperation mit Partnerschulen; Leihgaben auf Ausstellungen in Los Angeles, Madrid, Barcelona, Wuppertal, Nürnberg, Bonn, Waiblingen, Bottrop, Braunschweig, Leiden, Bad-Honnef und Paderborn. Publikationen: *Jahresbericht 2008*; *Kurzführer Nr. 10–14* (engl. Ausgabe No. 2); *Werkbuch Kurt Benning*; *Werkbuch Heinrich Küpper*; Werkheft *Der heilige Nikolaus auf dem Thron*; Künstlerhefte *Hermann Abrell* und *Koho Mori-Newton*

2010

5.1. Besuch S.E. Franciszek Kardinal Macharski, Altbischof von Krakau
6.1. Ausstellung in Raum 10: *Renate Köhler – Alte Arbeiten*
Ausstellung in Raum 20: *Georg Baumgarten – Werke um 1933*
17.2. Abendöffnung zum Aschermittwoch der Künstler (Kooperation mit der Kölner Künstler-Union, Prälat Josef Sauerborn): *Zwischenraum: »Das Ephemere«*. Begrüßung im Foyer mit einem Text von Robert Grosche (Kuratoren und Manos Tsangaris); Sprachinstallation im Armarium: Steffen Krebber *Weissagungen*; Konzert in Raum 12: Mark Andre *iv2* (Michael M. Kasper, Violoncello solo); Autoren-Lesung im Lesezimmer: Barbara Köhler *The most beautiful* (s. S. 411–415); Architektur-akustische Installation in Raum 19: Bernhard Leitner *RaumReflexion*; Konzertinstallation in Raum 21: Morton Feldman *Werke für Klavier* (Pi-hsien Chen, Klavier)
22.2 Verleihung des Bundesverdienstkreuzes überreicht durch Oberbürgermeister Jürgen Roters an Joachim M. Plotzek für seine langjährige kuratorische Tätigkeit in Köln, sein Wirken als Leiter des Diözesanmuseums und die Verwirklichung von Kolumba
30.3. Vortrag von Stefan Kraus an der Pontificia Facoltà Teologica dell Italia Meridionale in Neapel innerhalb der Reihe *Incontri con i Protagonisti dell'Arte* (Einladung von Monica Coretti)
14.4. Soiree zum 65. Todestag von Georg Baumgarten
20.4. Vormittagsempfang für die Vips der Art Cologne
2.5. Besuch der britischen Dombaumeister (Barbara Schock-Werner)
19.5 Ausstellung in Raum 10: *Robert Haiss – Malerei*
Ausstellung in Raum 20: *Heinrich Küpper – Gedächtnisausstellung*
19.5. Erstpräsentation des neuerworbenen *Heilig-Geist-Altars* in Raum 21: Begrüßung und Dank: Stefan Kraus; Einführung: Ulrike Surmann; Grußworte: Martin Hoernes (Kulturstiftung der Länder), S.E. Joachim Kardinal Meisner
13.6. Konzert: Steffen Krebber *Nichtsattrappen*. Kooperation mit der *New Talents Biennale Köln 2010* (Jochen Heufelder)
23.6. Buchvorstellung: *Stefan Wewerka – Nahaufnahme* mit Lesung, Texte von Peter Tollens und Stefán Polónyi (Michael Wittenborn)
8.7. Podiumsgespräch in der Staatlichen Kunsthalle Karlsruhe, Stefan Kraus und Pia Müller-Tamm zum Thema *Lebendiges Museum*
17.7. Vortrag von Ulrike Surmann auf der Tagung *Bilder am Altar* des Kunsthistorischen Instituts der Universität Köln
14.9. Vorbesichtigung der neuen Präsentation und *Auswahl zwei*
15.9. Ausstellung: *Noli me tangere* (bis 30.7.2011)

Übung von Ulrike Surmann *Haupt- und Nebenwege einer Sammlung*, Kunsthistorisches Institut der Universität Köln; Im Oktober Beginn der Veranstaltungsreihe *Albert-Gespräche* (Kooperation mit dem Förderkreis der Albertus-Magnus-Stiftung); Beginn der Kooperationen mit dem Collegium Albertinum, Bonn, und dem Erzbischöflichen Priesterseminar, Köln, zur Heranführung der Studenten an ästhetische Fragestellungen; Leihgaben auf Ausstellungen in Leiden, Paderborn, Bonn, Pécs, Mettingen, New York; Publikationen: *Jahresbericht 2009*; *Kurzführer Nr. 15–16* (engl. Ausgabe No. 3); Werkheft *Das Retabel vom Zwölf-Boten-Altar im Heilig-Geist-Spital zu Nürnberg*; Künstlerhefte *Renate Köhler*, *Robert Haiss* und *Stefan Wewerka*; Sammlungskatalog *Auswahl zwei*

Auswahlbibliographie / Quellen

Abgekürzt zitierte Museumspublikationen:

Ars vivendi – ars moriendi. Die Kunst zu leben – die Kunst zu sterben. Die Handschriftensammlung Renate König, Ausst. Kat. Diözesanmuseum Köln (Kolumba, 13), mit Beiträgen von Gabriele Bartz, Bodo Brinkmann, Anton von Euw, Eberhard König, James H. Marrow, Joachim M. Plotzek, Ulrike Surmann, München 2001

Auswahl eins (Kolumba, 28), erschienen anlässlich der Einweihung des Neubaus 2007, hg. von Joachim M. Plotzek, Katharina Winnekes, Stefan Kraus, Ulrike Surmann und Marc Steinmann, Köln 2007

Der unendliche Raum dehnt sich aus. Das Diözesanmuseum Köln zu Gast in der Staatlichen Kunsthalle Baden-Baden, Ausst. Kat. Staatliche Kunsthalle Baden-Baden, mit Beiträgen von Margit Brehm, Ulrike Bühler, Claudia Hermes, Stefan Kraus, Jessica Mueller, Dirk Teuber, Ulrike Surmann, Katharina Winnekes, Baden-Baden 1998

Die koptischen Textilien: Annette Paetz gen. Schieck (Bearb.), *Die koptischen Textilien. Gewebe und Gewänder des ersten Jahrtausends aus Ägypten*, Ausst. Kat. Kolumba Köln (Kolumba, 19), Köln 2005

Die Schenkung Härle: Ulrike Surmann (Bearb.), *Die Schenkung Härle*, Ausst. Kat. Diözesanmuseum Köln (Kolumba, 10), Köln 2000

Ein Architekturwettbewerb in Köln 1997. Kolumba. Erzbischöfliches Diözesanmuseum Köln, mit Beiträgen von Norbert Feldhoff, Joachim M. Plotzek, Stefan Kraus, Eduard Hegel, Sven Seiler und Ulrich Krings, Köln 1997

Eschweiler: Jakob Eschweiler, *Das Erzbischöfliche Diözesanmuseum Köln*, Köln 1936

Hegel: Eduard Hegel, *St. Kolumba in Köln. Eine mittelalterliche Großstadtpfarrei in ihrem Werden und Vergehen* (Studien zur Kölner Kirchengeschichte, 30), Siegburg 1996

im Fenster: Diözesanmuseum Köln/Kolumba (Hg.), »... im Fenster« – Eine Ausstellungsreihe jüngster zeitgenössischer Positionen, Ausstellungskataloge und Künstlerhefte, Köln 1994ff.

Jahresbericht über den Stand und die Wirksamkeit des christlichen Kunstvereins 1853–1921

Kolumba. Werkhefte und Bücher, hg. von Joachim M. Plotzek, Katharina Winnekes, Stefan Kraus, Ulrike Surmann, Marc Steinmann, Köln 1996ff.

Kunstgabe des Vereins für christliche Kunst im Erzbistum Köln (und Bistum Aachen) 1927–1954

Rosenkranz: 500 Jahre Rosenkranz. 1475 Köln 1975, Ausst. Kat. Erzbischöfliches Diözesanmuseum Köln 1975/76

Schulten: Walter Schulten, *Kostbarkeiten in Köln. Erzbischöfliches Diözesanmuseum*, Köln 1978

Über die Wirklichkeit, mit einem Text von Raimundus Lullus, Ausst. Kat. Diözesanmuseum Köln (Kolumba, 9), Köln 2000

Verein: Wolfgang Schmitz, Geschichte des Vereins für christliche Kunst, in: Dominik M. Meiering/Karl Schein (Hgg.), *Himmel auf Erden? Festschrift zum 150-jährigen Jubiläum*, Köln 2003, S. 17-175

Werk- und Formensammlung. Schenkung Werner Schriefers, Ausst. Kat. Kolumba Köln (Kolumba, 24), mit Texten und Illustrationen von Thomas Schriefers, Fotografien von Lothar Schnepf und einer Einführung von Stefan Kraus, Köln 2006

wortwörtlich: Joachim M. Plotzek/Katharina Winnekes/Stefan Kraus/Ulrike Surmann (Hgg.), wortwörtlich. Textreihe Diözesanmuseum Köln, Köln 1995–2000

5 Zitat: ORHAN PAMUK, *Das Museum der Unschuld*, München 2008, S. 543

6–7 Vorbesichtigung des Neubaus und der ersten Präsentation in Kolumba für alle diejenigen, die am Bau des Museums beteiligt waren: Gemeinsam bauen Architekten und Kuratoren vor den Gästen in einer Vitrine im Foyer den *Portable Ocean* von Paul Thek auf. Das zum Kunstwerk verwandelte Kinderspielzeug war zehn Jahre lang, vom Architekturwettbewerb bis zur Einweihung des Neubaus, das durchgängige Bildmotiv der Museumsvision.

8–9 Einweihung des Neubaus: Nach dem feierlichen Pontifikalamt zur Einweihung verlässt die Festgemeinde den Kölner Dom durch das Südportal und zieht über den Roncalliplatz am alten Standort des Museums vorbei. Dort spielen Musiker aus den geöffneten Fenstern der Museumsverwaltung den *Donnerstag-Abschied* aus Donnerstag aus Licht von Karlheinz Stockhausen. Über Wallrafplatz, Ludwig- und Brückenstraße bewegt sich die Prozession in Richtung Neubau. Dort erklingt vor dem Haupteingang der *Michaels-Ruf* von Karlheinz Stockhausen. Dann öffnet der Architekt Peter Zumthor dem Bauherrn, Joachim Kardinal Meisner, nachdem dieser mit seinem Hirtenstab an die Tür geklopft hatte.

11–23 Literatur zum Museumskonzept: Joachim M. Plotzek, *Zur Konzeption des Diözesanmuseums*, in: Schwarz auf Weiß. Informationen und Berichte der Künstler-Union-Köln 1993/2, S. 10-18; Ders., *Zur Konzeption des Kölner Diözesanmuseums*, in: Schwarz auf Weiß. Informationen und Berichte der Künstler-Union-Köln 1994/6, S. 36-49; *Ein Architekturwettbewerb in Köln 1997*; Stefan Kraus, *Plädoyer für ein lebendes Museum*, in: Das Münster 56, 2003, Heft 1, S. 27-36; *Experiment Kolumba*, Interview mit Joachim Kardinal Meisner, in: Salve. Revue pro teologii a duchovní zivot 1/07, S. 91-102; *Auswahl eins* 2007, S. 11-27; Friedhelm Mennekes, *Lichtblicke in Köln*, in: Stimmen der Zeit 133, 2008, S. 48-64; Ders., *Im anderen Blick. Die Kunst in der Kölner Sammlung Kolumba*, in: Die Kunst zu sammeln (Kunst und Kirche 72, 2009, Heft 2), S. 5-10; Gottfried Korff, *Ein Museum im Gegensinn. Versuch einer Laudatio auf das Kuratorenteam von Kolumba*, in: Die Kunst zu sammeln (Kunst und Kirche 72, 2009, Heft 2), S. 11-15; Stefan Kraus, *Der ästhetische Augenblick – Versuch über die Sprachlosigkeit*, in: Schwarz auf Weiß. Informationen und Berichte der Künstler-Union-Köln 2009, S. 8-20

23 HUGO VON ST. VICTOR, *In Hierarchiam coelestem expositio*, zit. nach Umberto Eco, *Kunst und Schönheit im Mittelalter*, München/Wien 1991, S. 91f.; ORHAN PAMUK, *Das Museum der Unschuld*, München 2008, S. 553 (Zitate)

24–72 PETER ZUMTHOR (Basel 1943 – lebt in Haldenstein b. Chur): Peter Zumthor [u.a.], *Wieviel Licht braucht der Mensch, um leben zu können, und wieviel Dunkelheit?* (Studies on Alpine History, 3), Zürich 2006; *Auswahl eins* 2007, S. 96-99, 558 (Lit.); Jürg Buchli, *Implantiert*, in: TEC 21, 48/2007, S. 24-27; Rahel Hartmann Schweizer, *Echo und Aura*, in: TEC 21, 48/2007, S. 17-23; *brick '08. Brick Award 2008*, S. 18-25; Deutsches Architekturjahrbuch 2008/09, S. 1-16; Veronica Dal Buono, *Peter Zumthor. Kolumba Museum, Colonia (Germania)*, in: Energia e Ambiente, Sept./Okt. 2008, S. 4-9; Elisabeth Plessen, *Vom Fügen und Feilen. Diözesanmuseum Kolumba in Köln*, in: Deutsche Bauzeitung 2008, Heft 3, S. 48-55; Heiner Scharfenorth, *Sinnliche Askese*, in: Architektur und Wohnen 2008, Heft 3, S. 156-161; Achim Pilz, *Weicher Lehm an den Wänden von Kolumba in Köln*, in: applica. Zeitschrift für das Maler- und Gipsgewerbe 7, 2008, S. 4-11; Andreas Denk, *Respekt vor dem Anderen. Zeitgenössische Strategien des Bauens im Kontext*, in: der architekt 2008, Heft 1, S. 22-26; Reinhard Ermen, *Ein Sakralbau in den Dimensionen eines Museums*, in: Kunstforum 189, 2008, S. 343f.; Jürg Sulzer, *Zeit-

geist und Überzeitlichkeit im Städtebau, in: Jürg Sulzer/Anne Pfeil (Hgg.), *Stadt Raum Zeit. Stadtentwicklung zwischen Kontinuität und Wandel* (Stadtentwicklung und Denkmalpflege, 10), Berlin 2008, S. 44-51; Hubertus Adam, *Reduktion und Sinnlichkeit. Peter Zumthor: Kolumba, Kunstmuseum des Erzbistums Köln*, in: *Archithese* 38, 2008, Heft 1, S. 22-27; Thomas Hasler, *Atmosphäre und lesbare Geschichte. Kolumba, Erzbischöfliches Museum in Köln von Peter Zumthor*, in: *Werk, Bauen + Wohnen* 2008, Heft 4, S. 4-13; Judikje Kiers, *Gebouwde transcendentie*, in: *Museumvisie* 2009, Heft 2, S. 58-63; Thomas Goege, *Die Ruine von St. Kolumba im Bau des Kölner Diözesan-Museums von Peter Zumthor*, in: *Jahrbuch der rheinischen Denkmalpflege* 40/41, 2009, S. 477-489; Marc Steinmann, *Hören, was der Ort einem sagt!*, in: Jürg Sulzer (Hg.), *IntraURBAN. Stadt erfinden, erproben, erneuern* (Stadtentwicklung und Denkmalpflege, 13), Berlin 2010, S. 146-157

57 Zitat: JOHANNA SCHOPENHAUER, *Der Bettler von Sankt Columba*, in: *Penelope. Taschenbuch für das Jahr 1832*, hg. v. Theodor Hell, S. 212f.

73–76 MANOS TSANGARIS (Düsseldorf 1956 – lebt in Köln): *Lassen Sie...*, in: *kunstMUSIK* 2, hg. von Maria de Alvear und Raoul Mörchen, Köln 2004, S. 46f.; anlässlich der Verabschiedung von Museumsdirektor Joachim M. Plotzek am 22. April 2008 von Manos Tsangaris vorgetragen.

80–82 Joachim M. Plotzek, *Von der Dialogfähigkeit der Kunst* (wortwörtlich, 6), Köln 1996, S. 17-23; Dirk Teuber, *Das Diözesanmuseum Köln zu Gast*, in: *Der unendliche Raum dehnt sich aus* 1998, S. 8f.; Amine Haase, *Das Diözesanmuseum Köln zu Gast in der Kunsthalle Baden-Baden*, in: *Kunstforum International* 9/1998, S. 400-402

84 LEONHARD KERN (Forchtenberg 1588 – 1662 Schwäbisch Hall): *Auswahl eins* 2007, S. 6, 554, 556 (Lit.)

86 Stefan Kraus, *Über (Um)Wege zum Wettbewerb*, in: *Ein Architekturwettbewerb in Köln* 1997, S. 17f.

86–87 PAUL THEK (Brooklyn 1933–1988 New York): *Auswahl eins* 2007, S. 10, 25, 556, 558f. (Lit.); vgl. Harald Falckenberg/Peter Weibel (Hgg.), *Paul Thek. Artist's Artist*, Ausst. Kat. ZKM Karlsruhe [u.a.] 2008/09 (Lit.); Margrit Brehm [u.a.], *Paul Thek. Tales the Tortoise Taught Us* (the future of the past, 1), Köln 2008; Raul Rispa [u.a.] (Hgg.), *Paul Thek, artista de artistas. Obras y procesiones de 1958–1988*, Ausst. Kat. Museo Nacional Centro de Arte Reina Sofia Madrid 2009; *Paul Thek: Diver, A Retrospective*, Ausst. Kat. Whitney Museum of American Art New York [u.a.] 2010/11

90–91 RICHARD SERRA (San Francisco 1939 – lebt in New York und Inverness, Nova Scotia/Kanada): Katharina Winnekes, *Richard Serra. The Drowned and the Saved* (Kolumba, 2), Köln 1997; *Auswahl eins* 2007, S. 90f., 558 (Lit.); vgl. Magdalena Nieslony, *Richard Serra in Germany*, in: *Res*, 53/54, 2008, S. 47-58; Fabien Faure, *Richard Serra. Ma réponse à Kyoto*, Lyon 2008; *Monumenta 2008: Richard Serra. Promenade*, Ausst. Kat. Galeries Nationales d'Exposition du Grand Palais Paris 2008; *Richard Serra im Gespräch mit Eckhard Schneider* (KUB-Texte, 1), erschienen anlässlich der Ausstellung »Richard Serra. Drawings – Work Comes out of Work« im Kunsthaus Bregenz 2009; Kunibert Bering, *Richard Serra. Skulptur – Zeichnung – Film* (Artificium, 32), Oberhausen 2009; Dietmar Rübel, *Fabriken als Erkenntnisorte. Richard Serra und der Gang in die Produktion*, in: *Topos Atelier. Werkstatt und Wissensform*, hg. von Michael Diers und Monika Wagner (Hamburger Forschungen zur Kunstgeschichte, 7), Berlin 2010, S. 111-135

92–93 REBECCA HORN (Michelstadt 1944 – lebt in Bad König u. Berlin): *Auswahl eins* 2007, S. 498f., 572 (Lit.); vgl. *Rebecca Horn. Love and Hate*, Ausst. Kat Rupertinum Museum der Moderne Salzburg 2008; *Rebecca Horn. Fata Morgana*, Ausst. Kat. Fondazione Bevilaqua La Masa, Galleria di Piazza San Marco Venedig, Mailand 2009 • GERHARD ALTENBOURG (Rödischen-Schnepfenthal / Thüringen 1926–1989 Meißen) *Auswahl eins* 2007, S. 344f., 566 (Lit.); Gerhard Altenbourg/Lothar Lang, *Briefwechsel 1965–1988*, hg. von Christa Grimm, Leipzig 2008; *Gerhard Altenbourg – Horst Hussel. Werke im Museum Gunzenhauser*, Ausst. Kat. Kunstsammlungen Chemnitz, hg. von Ingrid Mössinger und Thomas Friedrich, Köln 2009

94 HERBERT FALKEN (Aachen 1932 – lebt in Langenbroich/Düren): Stefan Kraus [u.a.], *Herbert Falken. Arbeiten der 70er und 80er Jahre* (Kolumba, 1), Köln 1996, Nr. 42; Ders., *Mann im Block, Schwimmer, Erdfrau. Zur Bildfindung im Werk von Herbert Falken*, in: *Schwarz auf Weiß. Informationen und Berichte der Künstler-Union-Köln* 1996/1, S. 21-25; *Der unendliche Raum dehnt sich aus* 1998, S. 20-23; *Auswahl eins* 2007, S. 377, 565 (Lit.); vgl. Ralf van Bühren, *Kunst und Kirche im 20. Jahrhundert. Die Rezeption des Zweiten Vatikanischen Konzils*, Paderborn 2008; Hans-Ulrich Wiese, *Leucht in meines Herzens Schrein. Reflexionen und Predigten auf dem Weg zu Gott* (Ästhetik – Liturgie – Liturgik, 49), Münster/Berlin 2009

95 Zitat: FRANZ KAFKA, *Die Verwandlung*, in: Ders., *Sämtliche Erzählungen*, hg. von Paul Raabe, Frankfurt a.M./Hamburg 1970, S. 59

96–98 ANDY WARHOL (Pittsburgh 1928–1987 New York): *Warhol. Crosses* (Kolumba, 5), mit Beiträgen von Robert Rosenblum und Joachim M. Plotzek, Köln 1999; *Auswahl eins* 2007, S. 320-322, 566 (Lit.); vgl. Uta Catharina Sienel, *Der Siebdruck und seine Druckträger. Zur Materialität eines jungen Druckverfahrens*, München 2008; *Le grand monde d'Andy Warhol*, Ausst. Kat. Galeries Nationales d'Exposition du Grand Palais Paris 2009; *Pop Life*, Ausst. Kat. Hamburger Kunsthalle [u.a.], hg. von Jack Bankowsky, Köln 2010 • *Ecce homo* (Leihgabe St. Johann Baptist, Kendenich): *Auswahl eins* 2007, S. 328, 566 (Lit.) • GEORGES ROUAULT (Paris 1871–1958 Paris): *Auswahl eins* 2007, S. 351, 567 (Lit.) • *Reliquienklappaltar*: Eschweiler 1936, S. 13, Nr. 29; Schulten 1978, S. 29, Nr. 55; Anton Legner, *Kölnische Hagiophilie. Die Domreliquienschränke und ihre Nachfolgeschaft in Kölner Kirchen*, in: *Kölner Domblatt* 51, 1986, S. 195-274, bes. S. 231f., Abb. 38f.; Martina Junghans, *Ein Reliquientriptychon im Gräfrather Kirchenschatz und die Reliquiare des 13. und 14. Jahrhunderts*, in: *Zeitschrift des Bergischen Geschichtsvereins* 96, 1993/94, S. 1-38, bes. S. 30f.; Dagmar Preising, *Bild und Reliquie. Gestalt und Funktion gotischer Reliquientafeln und -altärchen*, in: *Aachener Kunstblätter* 61, 1995-1997, S. 13-84, bes. S. 66, Nr. 46, Abb. 32; Anton Legner, *Kölner Heilige und Heiligtümer. Ein Jahrtausend europäischer Reliquienkultur*, Köln 2003, S. 76, Abb. 36

99–101 HERBERT FALKEN: Stefan Kraus [u.a.], *Herbert Falken. Arbeiten der 70er und 80er Jahre* (Kolumba, 1), Köln 1996, Nr. 44, 98, 130, 149-153, 166, 176f., 182f.; siehe auch S. 94

102–103 LEIKO IKEMURA (Tsu/Mie 1951 – lebt in Köln und Belrin): *Werkbuch Leiko Ikemura. Skulpturen – Gemälde – Arbeiten auf Papier* (Kolumba, 23), Köln 2005; *Auswahl eins* 2007, S. 560 (Lit.); vgl. *Leiko Ikemura. Tag, Nacht, Halbmond*, Ausst. Kat. Sturzenegger-Stiftung Schaffhausen, hg. von Hortensia von Roda, Zürich 2008; *Leiko Ikemura*, Ausst. Kat. Sauerland-Museum Arnsberg, Köln 2010 (Lit.)

104–107 MONIKA BARTHOLOMÉ (Neukirchen-Vlyn 1950 – lebt in Köln): *Werkbuch Monika Bartholomé. innen ist außen ist innen* (Kolumba, 14), Köln 2004 (Lit.); *Auswahl eins* 2007, S. 563 (Lit.); vgl. *Monika Bartholomé. Mit den Augen der Hand folgen. Zeichnungen und Texte*, Ausst. Kat. Kardinal Wendel Haus München, Bremen 2008; *Alte Bekannte – neue Verwandte. Zeichnungen von Monika Bartholomé*, Ausst. Kat. Kunsthalle Bremen, Köln 2008

Auswahlbibliographie / Quellen

108–109 JÖRG LEDERER (Füssen [?] um 1475 – vor 1550 Kaufbeuren): *Die Schenkung Härle 2000*, S. 112-117 (Lit.); *Auswahl eins 2007*, S. 367, 567 (Lit.) • ARNT VAN TRICHT († 1570 in Kalkar): *Auswahl eins 2007*, S. 366, 567 (Lit.) • *Pietà Die Schenkung Härle 2000*, S. 82-84, Nr. 23 (Lit.); *Auswahl eins 2007*, S. 364 • *Kruzifx aus Erp: Auswahl eins 2007*, S. 384f., 568 (Lit.) • DUANE MICHALS (McKeesport/Penn. 1932 – lebt in New York): *Duane Michals. The journey of the spirit after death*, Ausst. Kat. Sprengel Museum Hannover 1998, hg. von Ann und Jürgen Wilde, Hannover 1998; *Auswahl eins 2007*, S. 568 (Lit.); vgl. *Duane Michals. Photographs from the Floating World*, Göttingen 2010; *Duane Michals. A Visit with Magritte*, Göttingen 2010

110 JEREMIAS GEISSELBRUNN (Augsburg 1594/96 – 1659/64 Köln): *Auswahl eins 2007*, S. 58f., 557 (Lit.) • GEORG BAUMGARTEN (Neudamm/Küstrin 1894 – 1945 Berlin): Matthias Koch, *Georg Baumgarten (1894–1945). Ein Maler im Umfeld des Sturms*, Mag. Arb. Düsseldorf 2001 (Typoskript); *Auswahl eins 2007*, S. 140f., 195, 559 (Lit.)

111–113 KARL BURGEFF (Würzburg 1928 – 2005 Lohmar): *Auswahl eins 2007*, S. 176-179, 560 (Lit.); Thomas Hirsch (Bearb.), *Karl Burgeff. Zeichnungen*, Köln 2007; Thomas Hirsch (Bearb.), *Karl Burgeff, Plastische Arbeiten*, Köln 2008 • RAIMUND GIRKE (Heinzendorf 1930 – 2002 Köln): *Auswahl eins 2007*, S. 286f., 563 (Lit.); vgl. *Raimund Girke. Farbe und Licht. Malerei aus fünf Jahrzehnten*, Ausst. Kat. Josef Albers Museum Quadrat Bottrop 2009

114–115 GERHARD MARCKS (Berlin 1889 – 1981 Burgbrohl/Eifel): *Auswahl eins 2007*, S. 194, 561 (Lit.); vgl. *Wir sind letzte Mohikaner. Der Briefwechsel von Gerhard Marcks und Hans Wimmer 1942–1981*, bearb. von Uta Kuhl, Nürnberg 2008 • HEINRICH CAMPENDONK (Krefeld 1889 – 1957 Amsterdam): *Auswahl eins 2007*, S. 136-138, 559 (Lit.); vgl. *Heinrich Campendonk. Rausch und Reduktion*, Ausst. Kat. Stadtmuseum Penzberg, Köln 2007

116 Jennifer Frank während der Lesung des Gedichtes *Melancholie in den Familien* von Pablo Neruda durch Jennifer Frank und Michael Wittenborn am 25. April 2008. Eine Veranstaltung anlässlich der Verabschiedung von Joachim M. Plotzek (in Kooperation mit dem Schauspiel Köln)

117 Zitat: PABLO NERUDA, aus: *Melancholie in den Familien*, in: Ders., *Aufenthalt auf Erden. Gedichte*, München 2004, S. 64f.

118–120 RONI HORN (New York 1955 – lebt in New York): *Roni Horn. Dessins/Drawings*, Ausst. Kat. Galerie d'art graphique Centre Pompidou Paris 2003/04, S. 66f.; *Auswahl eins 2007*, S. 563 (Lit.); vgl. *Roni Horn. Vatnasafn/Library of water, Stykkishólmur, Iceland/Artangel*, hg. von James Lingwood und Gerrie van Noord, Göttingen 2009; *Roni Horn. Collection Lambert en Avignon*, hg. von Éric Mézil, Paris 2009; *Roni Horn. Well and Truly*, hg. von Yilmaz Dziewior, Köln 2010

122 RONI HORN: *Roni Horn. Making Being Here enough. Installations from 1980–1995*, Ausst. Kat. Kunsthalle Basel [u.a.] 1995, S. 29f.; Katharina Winnekes, »Wenn Du nicht da bist ...«, in: *Der unendliche Raum dehnt sich aus* 1998, S. 58f.; *Über die Wirklichkeit* 2000, Abb. S. 53; *Auswahl eins 2007*, S. 246f., 563 (Lit.); siehe auch S. 118-120 • FRANZ ITTENBACH (Königswinter 1813 – 1879 Düsseldorf): *Auswahl eins 2007*, S. 238, 562, 572f. (Lit.) • FRANZ HEINRICH COMMANS (Köln 1837 – 1919 Düsseldorf): *Auswahl eins 2007*, S. 236, 560 (Lit.)

123 AGNES MARTIN (Provinz Saskatchewan/Kanada 1912 – 2004 Taos/New Mexico): *Auswahl eins 2007*, S. 230f., 562f.; vgl. Karen Moss, *Illumination. The Paintings of Georgia O'Keeffe, Agnes Pelton, Agnes Martin, and Florence Miller Pierce*, Ausst. Kat. Orange County Museum of Art Newport Beach, London 2009

126–127 Konzert am 23. April 2008, Werke von Karlheinz Stockhausen: *Sonatine für Violine und Klavier*, 1951 (Jermolaj Albiker, Violine/Pi-hsien Chen, Klavier) / *Klavierstück V*, 1954 (Robert Bauer, Klavier) / *Kontakte* (Für elektronische Klänge, Schlagzeug und Klavier), 1959–1960 (Max Riefer, Schlagzeug/ Pi-hsien Chen, Klavier/ Johannes Fritsch, Klangregie)

128 HEINZ BRELOH (Hilden 1940 – 2001 Köln): *Heinz Breloh. Die badenden Bildhauer*, Kat. Galerie Ursula Waldbröl Hilden 1992; *Heinz Breloh. Men and Art* (im Fenster 2001); *Auswahl eins 2007*, S. 506-509, 572 (Lit.); vgl. *Heinz Breloh. Skulptur als Körperspur*, Ausst. Kat. Kunstmuseum Bayreuth [u.a.] 2008/09, Magdeburg 2008

129–131 JOSEPH MARIONI (Cincinnati/Ohio 1943 – lebt in New York und Tamaqua/Penn.): *Joseph Marioni. Triptych* (Kolumba, 6), mit Beiträgen von Stefan Kraus, Joseph Marioni und Katharina Winnekes, Köln 1999; *Auswahl eins 2007*, S. 327f., 562 (Lit.); vgl. *Joseph Marioni. Liquid Light. Exhibition of three large scale yellow-based paintings*, Kat. Wade Wilson Art Houston, Texas, 2007/08 • *Hl. Michael: Die Schenkung Härle 2000*, S. 134-136, Nr. 42 (Lit.); *Auswahl eins 2007*, S. 300

132–133 *Elfenbeinkruzifix*: Ulrike Surmann, *Ein romanischer Elfenbeinkruzifixus* (Patrimonia, 200), Köln/Berlin 2007; *Auswahl eins 2007*, S. 546f., 573 (Lit.)

134 WOLFGANG LAIB (Metzingen 1950 – lebt in Süddeutschland): *Auswahl eins 2007*, S. 294f., 564 (Lit.); vgl. *Wolfgang Laib. Reishäuser*, Kat. Buchmann-Galerie Berlin 2007; *Wolfgang Laib. Without Place – Without Time – Without Body*, Ausst. Kat. Musée de Grenoble, Arles 2008; *Wolfgang Laib*, Ausst. Kat. Fondazione Merz Turin 2009

135 Zitat: ROBERT MUSIL, *Nachlaß zu Lebzeiten*, Reinbeck b. Hamburg 2004 (24. Aufl.), S. 47

136 AUGUST MACKE (Meschede 1887 – 1914 Perthes-les-Hurlus/Champagne): *Auswahl eins 2007*, S. 448-451, 570 (Lit.); Ursula Heiderich, *August Macke. Gemälde, Werkverzeichnis*, Ostfildern 2008, S. 444, Nr. 426; vgl. *August Macke, ganz privat. Eine Reise durch das Leben von August Macke*, Ausst. Kat. Kunsthaus Stade [u.a.], Köln 2009

137 JOSEF ALBERS (Bottrop 1888 – 1976 Orange/Connecticut.): *Auswahl eins 2007*, S. 282f., 564 (Lit.); vgl. *Nur der Schein trügt nicht. Das Sehen als interaktiver Prozess*, hg. von Silke von Berswordt-Wallrabe, Bielefeld 2008; Rainer K. Wick, *Bauhaus. Kunst und Pädagogik* (Artificium, 33), Oberhausen 2009, S. 252-268; Heinz Liesbrock/Michael Semff (Hgg.), *Josef Albers. Farbige Arbeiten auf Papier*, Ostfildern 2010

139–140 STEFAN LOCHNER († 1451 in Köln): *Auswahl eins 2007*, S. 212-214, 562 (Lit.); Ulrike Surmann, *Die Muttergottes mit dem Veilchen* (Kolumba, 29), Köln 2008; Simone Widauer, *Marienpflanzen. Der geheimnisvolle Garten Marias in Symbolik, Heilkunde und Kunst*, Baden/München 2009, S. 60-62 • *Muttergottes im Erker: Auswahl eins 2007*, S. 458, 570f. (Lit.)

141 *Dattenfelder Muttergottes* (Leihgabe der Pfarrgemeinde St. Laurentius, Dattenfeld/Sieg): *Auswahl eins 2007*, S. 202, 561 (Lit.)

142–145 JANNIS KOUNELLIS (Piraeus 1936 – lebt in Rom): *Auswahl eins 2007*, S. 536-539, 573 (Lit.); *Jannis Kounellis*, Ausst. Kat. Neue Nationalgalerie Berlin, hg. von Angela Schneider und Anke Daemgen, Ostfildern 2007; Ines Goldbach, *Wege aus der Arte Povera. Jannis Kounellis im Kontext internationaler Kunstentwicklung* (Neue Frankfurter Forschungen zur Kunst, 9), Berlin 2010, S. 46f., Abb. 34; Anne Schloen, *Das goldene Zeitalter. Die Renaissance des Goldes* (in Vorbereitung); Dies., *Werkheft zur Tragedia Civile* (in Vorbereitung)

146–147 Zitat: Pablo Neruda, *Melancholie in den Familien*, in: Ders., *Aufenthalt auf Erden. Gedichte,* München 2004, S. 64f.

148–149 Albertus Magnus, *De divinis nominibus,* zitiert nach Umberto Eco, *Kunst und Schönheit im Mittelalter,* München/Wien 1991, S. 45 (Zitat) • Konrad Klapheck (Düsseldorf 1935 – lebt in Düsseldorf): Auswahl eins 2007, S. 365, 565 (Lit.); *Konrad Klapheck. Paintings,* Ausst. Kat. Zwirner & Wirth New York, Göttingen 2007, Abb. 47; Christine Mehring, *Die Kunst eines Wunders. Eine Geschichte des deutschen Pop 1955–1972,* in: *Kunst und Kalter Krieg. Deutsche Positionen 1945–89,* hg. von Stephanie Barron und Sabine Eckmann, Köln 2009, S. 152-169; Peter Chametzky, *Objects as History in Twentieth Century German Art,* Berkeley [u. a.] 2010 • Verkündigungsaltärchen: Auswahl eins 2007, S. 462-464, 571 (Lit.); Robert Suckale (Hg.), *Schöne Madonnen am Rhein,* Ausst. Kat. LVR-Landesmuseum Bonn, Leipzig 2009, S. 98f. • Liturgische Geräte und Ölgefäße: Auswahl eins 2007, S. 401, 569 (Lit.) • Aquamanilien: *Die Schenkung Härle* 2000, S. 22-24, Nr. 2; Auswahl eins 2007, S. 124f., 558 (Lit.); Renata Salvarani / Liana Castelfranchi (Hgg.), *Matilde di Canossa. Il Papato. L'Impero,* Ausst. Kat. Casa del Mantegna Mantua, Mailand 2008, S. 340, Nr. V. 20 (Gianpaolo Gregori); vgl. *Bild und Bestie. Hildesheimer Bronzen der Stauferzeit,* Ausst. Kat. Dommuseum Hildesheim, hg. von Michael Brandt, Regensburg 2008 • Keramik (Schenkung Egner): Auswahl eins 2007, S. 477-479, 571 (Lit.); Marc Steinmann, *La donación Egner en el Kolumba,* in: *La colección Adolf Egner,* Ausst. Kat. Museo Nacional de Cerámica y Artes Suntuarias González Martí València 2010, S. 50-57 • Gebrauchsgegenstände (Schenkung Schriefers): *Werk- und Formensammlung* 2006; Auswahl eins 2007, S. 480-485

150–153 Pingsdorfer Madonna (Leihgabe aus St. Pantaleon, Pingsdorf): Auswahl eins 2007, S. 20f., 561 (Lit.) • Eduardo Chillida (San Sebastian 1924–2002 San Sebastian): Victoria Scheibler / Kurt Danch (Hgg.), *Chillida Raum,* Kunst-Station St. Peter Köln 2000/01; Auswahl eins 2007, S. 544f., 573 (Lit.); vgl. *Eduardo Chillida. Schriften,* hg. von Ingo Offermanns, Düsseldorf 2009

154–159 *Paul Thek. The wonderful world that almost was.,* Ausst. Kat. Witte de With Rotterdam [u. a.] 1995/96, S. 58, 84 (Zitate) • Ars moriendi (Leihgabe Slg. Renate König): *Ars vivendi* 2001, S. 546-571, Nr. 34 (Lit.); Auswahl eins 2007, S. 412-414; vgl. Berndt Hamm, *Ars moriendi, Totenmemoria und Gregorsmesse. Neue Nahdimensionen des Heiligen im ausgehenden Mittelalter,* in: Thomas Lentes / Andreas Gormans (Hgg.), *Das Bild der Erscheinung. Die Gregorsmesse im Mittelalter* (KultBild. Visualität und Religion in der Vormoderne, 3), Berlin 2007 • Chris Newman (London 1958 – lebt in Berlin): Auswahl eins 2007, S. 352f., 567 (Lit.); vgl. *Chris Newman, Solid State Variation,* Ausst. Kat. Leonhardi-Museum Dresden, Nürnberg 2008 • Paul Thek: Auswahl eins 2007, S. 380-383; siehe auch S. 86f. • Religiöse Volkskunst (Schenkung Rodert): Auswahl eins 2007, S. 438f., 570 (Lit.); vgl. Alfred A. Peters (Hg.), *Schmuck und Bilder aus Haaren – ein europäisches Kulturerbe,* erschienen anlässlich der Ausst. »Europäische Haarkunst des 18. und 19. Jahrhunderts« im Schloss Britz Berlin 1995; Christa Svoboda, *»Haargenau«. Schmuck und Bilder aus Haar aus der Sammlung des Salzburger Museums Carolino Augusteum,* Kat. zur 193. Sonderausstellung 1996; Nicole Tiedemann, *Haar-Kunst. Zur Geschichte und Bedeutung eines menschlichen Schmuckstücks,* Köln [u. a.] 2007; Wolfgang Brückner, *Die Sprache christlicher Bilder* (Kulturgeschichtliche Spaziergänge im Germanischen Nationalmuseum, 12), Nürnberg 2010 (Lit.) • Prozessionsfahnen: Auswahl eins 2007, S. 62f., 557 (Lit.) • Devotionalien (Schenkung Küpper): Auswahl eins 2007, S. 431-433, 570 (Lit.) • Heinrich Küpper (Düren 1919–2009 Ruppichteroth): *Heinrich Küpper* (im Fenster 2004); Auswahl eins 2007, S. 560 (Lit.); *Werkbuch Heinrich Küpper* (Kolumba, 32), Köln 2009, S. 20-23 • Hl. Nikolaus: Auswahl eins 2007, S. 442-445, 570 (Lit.); Nina Gülicher, *Der heilige Nikolaus auf dem Thron* (Kolumba, 27), Köln 2009

160–164 Rebecca Horn: Auswahl eins 2007, S. 542f., 573 (Lit.); siehe auch S. 92f. • Paul Thek: Dirk Teuber, *Reliquiare und Prozessionen,* in: *Der unendliche Raum dehnt sich aus* 1998, S. 24-30; Auswahl eins 2007, S. 378f.; siehe auch S. 86f. • Gert H. Wollheim (Loschwitz / Dresden 1894–1974 New York): Auswahl eins 2007, S. 302f., 565 (Lit.); vgl. *L'autre Allemagne: Rêver de la paix (1914–1924),* Ausst. Kat. Historial de la Grande Guerre Péronne, Mailand 2008

165 Zitat: Georg Baumgarten, *Prosa, Lyrik, Drama. Erstdrucke aus dem Nachlaß* (Vergessene Autoren der Moderne, 71), hg. von Walter Fähnders und Helga Karrenbrock, Siegen 1997, S. 16

166 Louis Soutter (Morges 1871–1942 Ballaigues): Auswahl eins 2007, S. 356, 567 (Lit.); vgl. Silke Röckelein, *Identität und Weltbild. Die Wiederholung im Schaffen von Außenseiter-Künstlern,* Taunusstein 2008, S. 114-123 • Jürgen Paatz (Wernigerode 1943 – lebt in Kleve): *Über die Farbe* (im Fenster 1996); Auswahl eins 2007, S. 534f., 560 (Lit.); vgl. *Jürgen Paatz. Optische und haptische Farbreize,* Ausst. Kat. Pfalzgalerie Kaiserslautern 2007/08, hg. von Britta E. Buhlmann

167–168 Joseph Beuys (Krefeld 1921–1986 Düsseldorf): Sabine Röder, *»Durch den Tod vollzieht sich das eigentliche Leben«,* in: *Transit. Joseph Beuys, Plastische Arbeiten 1947–1985,* Ausst. Kat. Kaiser Wilhelm-Museum Krefeld 1991, S. 6-19, Abb. S. 130f.; *Der unendliche Raum dehnt sich aus* 1998, S. 96f.; *Über die Wirklichkeit* 2000, Abb. S. 39; Auswahl eins 2007, S. 296f., 564f. (Lit.); Eugen Blume / Catherine Nichols (Hgg.), *Beuys. Die Revolution sind wir,* Ausst. Kat. Nationalgalerie im Hamburger Bahnhof – Museum für Gegenwart Berlin, Göttingen 2008, S. 165, Nr. 07 18

169 Zitat: Walter Warnach, *Kunst und Wirklichkeit. Reflexionen zu Joseph Beuys,* in: Ders., *Wege im Labyrinth. Schriften zur Zeit,* hg. von Karl-Dieter Ulke, Pfullingen 1982, S. 874-882

170–173 Reliquienkreuze: Auswahl eins 2007, S. 404-408, 569 (Lit.) • Rudolf de Crignis (Winterthur 1948–2006 New York): Auswahl eins 2007, S. 222f., 562 (Lit.) • Kreuz Herimanns und Idas: Ulrike Surmann, *Das Kreuz Herimanns und Idas* (Kolumba, 4), Köln 1999 (Lit.); Auswahl eins 2007, S. 388-390, 568 (Lit.); César García Castro Valdés (Hg.), *Signum Salutis. Cruces de Orfebrería de los siglos V al XII,* Oviedo 2008, S. 250-254, Nr. 46 (Ulrike Surmann); Erika Zwierlein-Diehl, *Antike Gemmen im Mittelalter: Wiederverwendung, Umdeutung, Nachahmung,* in: Dietrich Boschung / Susanne Wittekind (Hgg.), *Persistenz und Rezeption. Weiterverwendung, Wiederverwendung und Neuinterpretation antiker Werke im Mittelalter* (Schriften des Lehr- und Forschungszentrums für die antiken Kulturen des Mittelmeerraumes, 6), Wiesbaden 2008, S. 260f.; Sabine Czymmek, *Die Kölner Romanischen Kirchen. Schatzkunst,* Bd. 2 (zugl. Colonia Romanica 23, 2008), S. 11f.; Bruno Reudenbach (Hg.), *Karolingische und ottonische Kunst* (Geschichte der bildenden Kunst in Deutschland, 1), München [u. a.] 2009, S. 228f., Nr. 22 (Rebecca Müller) • Alexej von Jawlensky (Torschok 1864–1941 Wiesbaden): Auswahl eins 2007, S. 527, 573 (Lit.) • Kelchkuppa: Auswahl eins 2007, S. 396f., 569 (Lit.)

179–181 Felix Droese (Singen / Hohentwiel 1950 – lebt nahe Düsseldorf): *Felix Droese. Übereinander, gegeneinander, durcheinander und zugleich. Zeichnung – Skulptur – Malerei,* Ausst. Kat. Kunstmuseum Luzern [u. a.] 1986, S. 12f., 59-72; Auswahl eins 2007, S. 566 (Lit.)

Auswahlbibliographie / Quellen

184–186 BÉNÉDICTE PEYRAT (PARIS 1967–lebt in Paris und Karlsruhe): vgl. *Bénédicte Peyrat*, in: Jahrbuch Künstlerhaus Schloß Balmoral 2003; *Bénédicte Peyrat. Zehn Bilder*, Kat. Galerie Michael Schultz Berlin 2005; Charlotte Mullins, *Painting People. The State of Art*, London 2006; *Bénédicte Peyrat*, Ausst. Kat. Mannheimer Kunstverein, Nürnberg 2007; *Was soll ich lieben, wenn nicht Rätsel?*, Ausst. Kat. Neuer Kunstverein Aschaffenburg 2009

187 *Jesse oder hl. Petrus: Die Schenkung Härle* 2000, S. 124-126, Nr. 38 (Lit.); *Auswahl eins* 2007, S. 526

188–192 MARCEL ODENBACH (Köln 1953–lebt in Köln): *Auswahl eins* 2007, S. 306-309, 565 (Lit.) • Fernsehgeräte und Radios (Schenkung Schriefers): Werk- und Formensammlung 2006

192–194 MARTIN FROMMELT (Schaan/Liechtenstein 1933–lebt in Schaan): *Werkbuch Martin Frommelt* (Kolumba, 22), Köln 2005; *Auswahl eins* 2007, S. 116-118, 558 (Lit.); vgl. *Martin Frommelt. Malerei in Email auf Kupfer gebrannt. 63 Stelen 2004–2007*, Ausst. Kat. Kunstraum Engländerbau Vaduz, Schaan 2007; *Martin Frommelt. Frühe und neue Malerei*, Ausst. Kat. Kunstmuseum Liechtenstein Vaduz 2008/09 • *Karfreitagsratschen: Wörterbuch der deutschen Volkskunde* (Kröners Taschenausgabe, 127), bearb. von Richard Beitl, Stuttgart 1974 (3. Aufl.), S. 66 of.; Manfred Becker-Huberti, *Lexikon der Bräuche und Feste*, Freiburg i. Br. [u.a.] 2000, S. 188 f. • *Stundenbuch* (Slg. Renate König): Ars vivendi 2001, S. 322-339, Nr. 20 (Lit.)

195 Zitat: ALFRED DÖBLIN, *Berlin Alexanderplatz*, zitiert nach: Umberto Eco, *Die unendliche Liste*, München 2009, S. 315

196–199 PURVIS YOUNG (Miami 1943–2010 Miami): vgl. Arthur C. Danto [u.a.], *Self-Taught Artists of the 20th Century. An American Anthology*, New York 1999; Kinshasha Conwill/Arthur C. Danto, *Testimony. Vernacular Art of the African-American South. The Ronald and June Shelp Collection*, New York 2001; William Arnett/Paul Arnett/Lowery Sims, *Souls Grown Deep*, Bd. 2: *African American Vernacular Art*, Atlanta 2001; Carol Crown (Hg.), *Coming Home! Self-Taught Artists, the Bible, and the American South*, Jackson 2004; Donald Kuspit, *Purvis Young. Social Expressionism* (in Vorbereitung) • ERICH BÖDEKER (Recklinghausen 1904–1971 Recklinghausen): *Auswahl eins* 2007, S. 122f., 558 (Lit.) • *Antependium mit der Mystische Jagd: Auswahl eins* 2007, S. 186-189, 560f. (Lit.)

200 *Kruzifx aus Erp*: siehe S. 108 f.

204–207 HEINER BINDING (Tuttlingen 1958–lebt in Köln): *Über die Wirklichkeit* 2000, Abb. S. 41; *Auswahl eins* 2007, S. 240-242, 563 (Lit.); Heiner Binding, *In der Gegend von Camus*, Künstlerheft, Kolumba 2008; *griffelkunst, 335. und 336. Wahl*, Hamburg 2009, S. 21-23

208–211 HERMANN ABRELL (Dreis/Eifel 1932–lebt in Köln und Dreis): *Farbe–Material*, Ausst. Kat. Forum der VHS Köln 1975; *Hermann Abrell*, Kat. Galerie Beatrix Wilhelm Stuttgart 1990; Walter Vitt, *Annäherung an Bilder von Hermann Abrell*, in: Kölner Skizzen 12, 1990, Heft 2, S. 6-14; *Hermann Abrell. Zwanzig Zeichnungen*, mit einem Beitrag von Reinhard Ermen, Köln 1994; Hermann Abrell, Künstlerheft, Kolumba 2009

213 Zitat: INGER CHRISTENSEN, *Unsere Erzählung von der Welt*, in: *Ein chemisches Gedicht zu Ehren der Erde. Auswahl ohne Anfang und Ende*, hg. von Peter Waterhouse, Salzburg/Wien 1997, S. 152

214–217 KOHO MORI-NEWTON (Katsuyama/Japan 1951–lebt in Tübingen): *Koho Mori-Newton*, mit Beiträgen von Garry Hagberg und Johannes Meinhardt, 2000; Werner Esser (Hg.), *Koho Mori-Newton. Plötzlich ein Bild. Eine Ausstellung an zwei Orten*, Ausst. Kat. Sammlung Domnick und Kunstverein Nürtingen 2007; *Koho Mori-Newton. Room of Columns*, Künstlerheft, Kolumba 2009

218–219 PHIL SIMS (Richmond/Calif. 1940–lebt in Pennsylvania): *Phil Sims. Color in my Mind*, Ausst. Kat. Museum Pfalzgalerie Kaiserslautern, hg. von Britta E. Buhlmann, Düsseldorf 2008; siehe auch S. 280f. • Keramik (Schenkung Egner): siehe auch S. 148f.: WALTER HEUFELDER (*1926 in Höhr-Grenzhausen) *Who's Who in Contemporary Ceramic Arts. A Comprehensive Bio-Bibliographical Guide to Austria–Germany–Switzerland*, München 1996, S. 275-277 (Lit.); HORST KERSTAN (* 1941 in Frankfurt/M.) *Who's Who in Contemporary Ceramic Arts*, 1996, S. 328-332 (Lit.); FLORENCE GONIN/WULF ROHLAND (1952/1946–leben in Détain-et-Bruant) *Salon de la céramique d'art contemporaine* 2005 (Céramique 14 Paris), S. 32

220–221 PAUL THEK: *Auswahl eins* 2007, S. 135, 146, 558 f. (Lit.); siehe auch S. 86 f.

222–224 *Dreigesicht/Trinität: Auswahl eins* 2007, S. 500-502, 572 (Lit.) • HEINER BINDING: siehe S. 204-207

226 PETER DREHER (Mannheim 1932–lebt in St. Märgen u. Freiburg): *Über die Wirklichkeit* 2000, Abb. S. 79-81; Werk- und Formensammlung 2006, S. 15 f.; *Auswahl eins* 2007, S. 218, 562 (Lit.); *Peter Dreher. Tag um Tag ist guter Tag*, Ausst. Kat. Kunstverein Ulm [u.a.], hg. von Monika Machnicki und Kai Uwe Schierz, Freiburg 2008

226–233 MANOS TSANGARIS (Düsseldorf 1956–lebt in Köln): Stefan Kraus, »... um irgendwo bei den Klängen zu enden« – Die Kugelbahn, in: *Manos Tsangaris. Små stykker / Kleine Stücke*, Ausst. Kat. Kunsthalle Brandts Klædefabrik Odense 2002, S. 53-55; *Auswahl eins* 2007, S. 496 f., 562 (Lit.); vgl. Raoul Mörchen, in: MGG Suppl., Kassel [u.a.] 2008, Sp. 977 f. (Lit.); Jörn Peter Hiekel, *Erhellende Passagen. Zum Stationentheater von Manos Tsangaris*, in: Musik & Ästhetik 13, 2009, Heft 52, S. 48-60

233–235 PETER DREHER: siehe S. 226

236–239 HEINZ BRELOH: *Breloh. Lebensgröße von Ferne*, mit einem Vorwort von Gerhard Kolberg, Köln 1987; siehe auch S. 128

237 Zitat: HEINZ BRELOH, *Heinz Breloh. Skulptur als Körperspur*, Ausst. Kat. Kunstmuseum Bayreuth 2008, S. 98

240–244 PAUL THEK: Dirk Teuber, *Reliquiare und Prozessionen. Hintergründe zu Paul Theks Werk zwischen 1966–1968*, in: Der unendliche Raum dehnt sich aus 1998, S. 26-28 (Zitat) • ON KAWARA (Aichiken/Japan 1932?–lebt in New York): Karin Hennig, *Spuren objektiver Zeitstrukturen*, in: Kritisches Lexikon der Gegenwartskunst, Ausg. 39, 1997; *On Kawara. Date paintings in 89 cities*, Ausst. Kat. Museum Boymans-van-Beuningen Rotterdam [u.a.] 1991/93, S. 240-251; *On Kawara. Horizontality, Verticality*, Ausst. Kat. Städtische Galerie im Lenbachhaus und Kunstbau München, hg. von Ulrich Wilmes, Köln 2000; *On Kawara. Consciousness. Meditation. Watcher on the hills*, Ausst. Kat. Ikon Gallery Birmingham und Le Consortium Dijon 2002 • *Stundenbuch aus Cremona* (Leihgabe Slg. Renate König): Ars vivendi 2001, S. 250-263 (Lit.) • PETER TOLLENS (Kleve 1956–lebt in Köln): *Werkbuch Peter Tollens. Studien, Gemälde, Bücher 1981-2001* (Kolumba, 11), Köln 2001, Nr. 22 und 16 (Lit.); *Auswahl eins* 2007, S. 559 (Lit.) • *Hausaltärchen mit Passionsszenen: Der unendliche Raum dehnt sich aus* 1998, S. 31; *Die Schenkung Härle* 2000, S. 99-101, Nr. 29 (Lit.); *Auswahl eins* 2007, S. 324, 566 (Lit.) • PAUL THEK: siehe S. 86 f. • HEINRICH KÜPPER: *Werkbuch Heinrich Küpper* (Kolumba, 32), Köln 2009, S. 5-7; siehe auch S. 154-159 • KARL BURGEFF: siehe S. 111-113 • *Stundenbuch der Doña Isabel* (Leihgabe Slg. Renate König): James H. Marrow, *Das Stundenbuch der Doña Isabel, Sammlung Renate König VI* (Kolumba, 30), Köln 2008 • HERBERT FALKEN: *Werkbuch Herbert Falken* (Kolumba, 20), Köln 2005, S. 40-45; siehe auch S. 94 • *Stunden- und Gebetbuch* (Leihgabe Slg. Renate König): Ars vivendi 2001, S. 200-

213 (Lit.) • ANNAMARIA (Meran 1930 – lebt in Bonn) UND MARZIO (Turin 1928 – 2009 Bonn) SALA: *Annamaria und Marzio Sala*, Ausst. Kat. Kölnischer Kunstverein [u.a.] 1986, S. 44f.; vgl. *Annamaria & Marzio Sala. Licht, Raum, Europa*, Ausst. Kat. Reithalle im Klenzpark Ingolstadt 2003; *Annamaria & Marzio Sala*, Ausst. Kat. Museo di Arte Moderna e Contemporanea di Trento e Rovereto [u.a.] 2006/07

246–247 FELIX DROESE: *Felix Droese. Über die menschliche Fleischfarbe*, Ausst. Kat. Städtisches Kunstmuseum Bonn 1985, S. 79-103; *Felix Droese. Übereinander, gegeneinander, durcheinander und zugleich. Zeichnung – Skulptur – Malerei*, Ausst. Kat. Kunstmuseum Luzern [u.a.] 1986, S. 11f., 47-58; siehe auch S. 179-181

250–251 PETER TOLLENS: *Werkbuch Peter Tollens. Studien, Gemälde, Bücher 1981–2001* (Kolumba, 11), Köln 2001, S. 100-102, Nr. 68; siehe auch S. 240-244 • DATTENFELDER MUTTERGOTTES siehe S. 141

254 JANNIS KOUNELLIS: siehe S. 142-145

255 Zitat: GOTTFRIED KORFF, *Ein Museum im Gegensinn. Versuch einer Laudatio auf das Kuratorenteam von Kolumba*, in: *Die Kunst zu sammeln* (Kunst und Kirche 72, 2009, Heft 2), S. 15; Laudatio anlässlich der Verleihung des *Museumspreises 2009* der Kulturstiftung hbs am 5. März 2009 (vollständiger Text auf der Internetseite www.kolumba.de im Menü *Texte*)

256–257 AUSSENDUNGSALTAR: *Auswahl eins 2007*, S. 368, 567f. (Lit.); vgl. Robert Suckale, *Die Erneuerung der Malkunst vor Dürer, Bd. 1*, Petersberg 2009, S. 173-183

258–259 THOMAS RENTMEISTER (Reken/Westfalen 1964 – lebt in Berlin): *Auswahl eins 2007*, S. 491, 571 (Lit.); vgl. Mark Gisbourne, *Unter gleichen Bedingungen*, in: *Drei Farben – Weiss*, Ausst. Kat. XIV. Rohkunstbau in Schloss Sacrow Potsdam, hg. von Arvid Boellert, Berlin 2007, S. 32f.; Carmela Thiele, *Appetit und Ekel*, in: *Kritisches Lexikon der Gegenwartskunst*, Ausg. 77, 2007

260–263 PAUL THEK: siehe S. 86f. und 154-159

260–265 Schmuckfußboden aus St. Pankratius in Oberpleis: Ruth Schmitz-Ehmke, *Das Kosmosbild von Oberpleis*, in: *Monumenta Annonis. Köln und Siegburg. Weltbild und Kunst im hohen Mittelalter*, Ausst. Kat. Schütgen-Museum Köln 1975, S. 120-123; vgl. Richard Foster, *Patterns of Thought. The Hidden Meaning of the Great Pavement of Westminster Abbey*, London 1991

266–269 FELIX DROESE: siehe S. 246f. • Stundenbuch aus Tournai (Leihgabe Slg. Renate König): *Ars vivendi 2001*, S. 300-315, Nr. 18 (Lit.) • Elfenbeinrelief: Joachim M. Plotzek, *Ein frühromanisches Elfenbein aus Köln* (Patrimonia, 72), Berlin/Köln 1994; *Auswahl eins 2007*, S. 392, 568 (Lit.) • PAUL THEK: *Paul Thek. Processions*, Ausst. Kat. Institute of Contemporary Art University of Pennsylvania Philadelphia 1977; Dirk Teuber, *Reliquiare und Prozessionen*, in: *Der unendliche Raum dehnt sich aus* 1998, S. 24-30; siehe auch S. 86f. • Hausaltar mit Alabasterreliefs: *Auswahl eins 2007*, S. 372f.-374, 568 (Lit.)

270–271 MICHAEL KALMBACH (Landau/Pfalz 1962 – lebt in Frankfurt/M. und Berlin): *Michael Kalmbach. Zeichnungen, Skulpturen, Installationen*, Ausst. Kat. Stadtmuseum Jena 2004, hg. von Erik Stephan; *Auswahl eins 2007*, S. 566 (Lit.); *Michael Kalmbach. 7. Glied*, Ausst. Kat. Bielefelder Kunstverein, hg. von Stefanie Heraeus, Nürnberg 2008

272–275 WERNER SCHRIEFERS (Dülken/Niederrhein 1926 – 2003 Köln): *Auswahl eins 2007*, S. 142-144, 559 (Lit.)

276–278 ANDOR WEININGER (Karancs/Ungarn 1899 – 1986 New York): *Der unendliche Raum dehnt sich aus* 1998, S. 52-53; *Andor Weininger – Weimar Dessau Berlin Amsterdam Toronto New York* (Kolumba, 8), Köln 1999, Nr. 62-69, 100; *Auswahl eins 2007*, S. 158f., 559f. (Lit.); vgl. András Körner, *The Stages of Andor Weininger. From the Bauhaus to New York*, Brooklyn 2008 (Lit.); Gladys Fabre / Doris Wintgens Hötte / Michael White (Hgg.), *Van Doesburg and the International Avant-Garde. Constructing a New World*, Ausst. Kat. Stedelijk Museum De Lakenhal Leiden und Tate Modern London 2009/10; Oliver A.I. Botar, *A Bauhausler in Canada. Andor Weininger in the '50s*, The Robert McLaughlin Gallery Oshawa 2009 • Glockendon-Gebetbuch (Leihgabe Slg. Renate König): *Ars vivendi 2001*, S. 500-511, Nr. 32 (Lit.); vgl. Anja Grebe, *Ein Gebetbuch aus Nürnberg im Germanischen Nationalmuseum und das Frühwerk von Nikolaus Glockendon*, in: *Anzeiger des Germanischen Nationalmuseums* 2005, S. 97-120; *Heilige und Hasen. Bücherschätze der Dürerzeit*, bearb. von Thomas Eser und Anja Grebe, Ausst. Kat. Germanisches Nationalmuseum Nürnberg 2008 • Schutzmantelgruppe: *Die Schenkung Härle* 2000, S. 118-120 (Lit.); *Auswahl eins 2007*, S. 209, 562 (Lit.) • SIMON TROGER (Abfaltersbach 1683 – 1768 München): *Auswahl eins 2007*, S. 299, 565 (Lit.)

279 Zitat: UWE TELLKAMP, *Der Turm* (suhrkamp taschenbuch, 4160), Frankfurt 2010, S. 460

280–283 PHIL SIMS: *Die Gegenwart der Farbe*, Ausst. Kat. Kunsthalle Bielefeld 1986; *Phil Sims. Red Spectrum Paintings*, Ausst. Kat. Kunstverein Grafschaft Bentheim 2001; *Phil Sims. The Cologne Painting (Pietà Cycle)*, Kat. Kunstraum Fuhrwerkswaage Köln 2002 (Kunstraum Fuhrwerkswaage, 41), mit einem Beitrag von Christoph Schreier; *Phil Sims. Emotion of Colour*, Ausst. Kat. Lenbachhaus München [u.a.] 2005; Herbert Köhler, *Die sinnliche Intelligenz der Farbe*, in: *Kritisches Lexikon der Gegenwartskunst*, Ausg. 71, 2005; siehe auch S. 218f. • Reliquienkreuze: siehe S. 170-173

290–291 HERBERT FALKEN: siehe S. 94 • Fragmente aus der Geschichte der Kolumba-Kirche: Angela Kulenkampff, *Stifter und Stiftungen in der Pfarre St. Kolumba von 1464–1487*, in: *Wallraf-Richartz-Jahrbuch* 48/49, 1987/88, S. 443-452; Dies., *Der Dreikönigsaltar (Columba-Altar) des Rogier van der Weyden. Zur Frage seines ursprünglichen Standortes und des Stifters*, in: *Annalen des Historischen Vereins für den Niederrhein* 192/193, 1990, S. 9-46; Alfred Acres, *The Columba Altarpiece and the Time of the World*, in: *Art Bulletin* 80, 1998, Heft 3, S. 422-451; Werner Wessel (Hg.), *Der Kolumbapfarrer Kaspar Ulenberg und die Geschichte der Kolumbapfarre. Eine Ausstellung der Diözesan- und Dombibliothek Köln anlässlich der Neueröffnung des Diözesanmuseums »Kolumba«*, Köln 2007; *Auswahl eins 2007*, S. 40-89, 556f. (Lit.); Toni Diederich (Bearb.), *Regesten zu den Urkunden des Amtleutearchivs St. Columba in Köln* (Publikationen der Gesellschaft für rheinische Geschichtskunde, 78), Düsseldorf 2009

292–293 DOROTHEE VON WINDHEIM (Volmerdingen/Kreis Minden 1945 – lebt in Köln): *Dorothee von Windheim. Strappo. Mauerfresko aus der Fortezza da Basso, Florenz Juni 1972*, Edition Ernst Hannover; *Dorothee von Windheim*, Ausst. Kat. Museum Wiesbaden 1989, Abb. 26-32; Günter Metken, *Spurensicherung – Eine Revision. Texte 1977-1995* (Fundus, 139), Amsterdam 1996, S. 186-195; *Über die Wirklichkeit* 2000, S. 93-95; *Dorothee von Windheim. Not made by hand. Arbeiten und Archivalien*, Ausst. Kat. Akademie der Künste Berlin 2003/04 (Sehen und Denken, 20); *Dorothee von Windheim. Vorstellungen*, erschienen anlässlich der Ausstellung »Das wahre Bild« im Museum am Ostwall Dortmund, hg. von Kurt Wettengel, Bönen 2007; Mona Mollweide-Siegert, *Dorothee von Windheim. Auf der Suche nach (Ab)bildern von Wirklichkeit. Zwei Werkgruppen im Kontext von Spurensicherung und Erinnerungskultur*, Weimar 2008 (Lit.)

Auswahlbibliographie / Quellen

294–295 Hans Josephsohn (Königsberg 1920 – lebt in Zürich): *Werkbuch Josephsohn* (Kolumba, 21), Köln 2005, S. 55, Nr. 9, Abb. S. 46f.; *Auswahl eins 2007*, 111, 558 (Lit.); vgl. *Hans Josephsohn. Bilder einer Ausstellung*, Dokumentation der Ausstellung im Museum Liner Appenzell, hg. von Roland Scotti und Toni Stooss, Appenzell 2007; Udo Kittelmann / Felix Lehner (Hgg.), *Kesselhaus Josephsohn*, Ausst. Kat. Museum für Moderne Kunst Frankfurt/M., Köln 2008

298 Richard Serra: siehe S. 90f.

299 Zitat: Karl Jaspers, Rede zur »*Erneuerung der Unversität*« am 15.8.1945, zitiert nach Fritz Bauer Institut (Hg.), *Auschwitz-Prozess 4 Ks 2/63*, Ausst. Kat. Frankfurt 2004, S. 736

300–309 Duane Michals: L. Fritz Gruber, *There Is Something I Must Tell You*, in: *Duane Michals. Photographien 1958–1988*, Ausst. Kat. Hamburg 1989, S. 8-12 (Zitat); siehe auch S. 108f.

310–311 Tunika: *Die koptischen Textilien* 2005, S. 82-92, Nr. 29 (Lit.); *Auswahl eins 2007*, S. 472f. • Duane Michals: *Auswahl eins 2007*, S. 370f., 568 (Lit.); siehe auch S. 108f.

312–313 *Kaselstab und -kreuz* (Leihgabe der Pfarrgemeinde St. Clemens, Grevenbroich-Kapellen): *Schulten 1978*, S. 39f., Nr. 76 • *Spätgotische Dalmatiken*: *Jahresbericht 1900*, S. 8; *Eschweiler 1936*, S. 83, Nr. 386f. • *Barocke Kasel*: *Jahresbericht 1911*, S. 6; *Eschweiler 1936*, S. 87f., Nr. 407

314 *Stundenbuch* (Leihgabe Sammlung Renate König): Joachim M. Plotzek (Bearb.), *Andachtsbücher des Mittelalters aus Privatbesitz*, Ausst. Kat. Schnütgen-Museum Köln 1987, S. 178-182, Nr. 53

314–315 *Hl. Nikolaus*: siehe S. 154-159

316 *Barocke Kasel*: siehe S. 312f.

318–319 *Palanter Altar* (Mittelteil): *Die Schenkung Härle 2000*, S. 73-78, Nr. 21 (Lit.); Gisela Meyer, *Die Familie Palant im Mittelalter* (Veröffentlichungen des Max-Planck-Instituts für Geschichte, 202), Göttingen 2004, S. 131f., 138; *Auswahl eins 2007*, S. 208, 561 (Lit.)

320–321 Paul Thek: *Auswahl eins 2007*, S. 470f.; siehe auch S. 86f.

322–323 Jürgen Klauke (Kliding b. Cochem 1943 – lebt in Köln): *Jürgen Klauke. Hoffnungsträger. Aspekte des Desaströsen Ich*, hg. von Hans-Peter Wipplinger, Nürnberg 2006; *Auswahl eins 2007*, S. 514f., 572 (Lit.); vgl. *Surréalités. Aspekte des Surreellen in der zeitgenössischen Kunst*, Ausst. Kat. CentrePasquArt Biel, hg. von Dolores Denaro, Nürnberg 2007; *Jürgen Klauke speaks with Heinz-Norbert Jocks*, Madrid 2007; *Jürgen Klauke. Ästhetische Paranoia*, hg. von Peter Weibel, Ostfildern 2010 • Josef Kardinal Frings: Norbert Trippen, *Josef Kardinal Frings (1887–1978)*, 2 Bde., Paderborn 2003

324–329 *Schatz von St. Kolumba* (Leihgabe der Pfarrgemeinde von St. Kolumba, Köln): *Auswahl eins 2007*, S. 48-51, 557 (Lit.); Heather McCune Bruhn, *The Parish Monstrance of St. Kolumba. Community Pride and Eucharistic Devotion in Cologne around 1400*, in: *Athanor* 25, 2007, S. 17-27; Toni Diederich (Bearb.), *Regesten zu den Urkunden des Amtleutearchivs St. Columba in Köln* (Publikationen der Gesellschaft für rheinische Geschichtskunde, 78), Düsseldorf 2009 • *Reliquienkreuz*: siehe S. 170-173 • Paul Thek: *A Document Made by Paul Tek and Edwin Klein*, published by the Stedelijk Museum Amsterdam and Moderna Museet Stockholm during the Amsterdam exhibition of Paul Thek, May 1969 (Moderna Museets utställningskatalog, 98); siehe auch S. 86f.

330–331 Stefan Wewerka (Magdeburg 1928 – lebt in Berlin): *Stefan Wewerka. Skizzen im Zug*, erscheinen anlässlich der Ausstellung »*Stefan Wewerka. Skulpturen und Möbel*« im Wewerka-Pavillon am Aasee Münster, Berlin 1992; Volker Fischer / Andrea Gleiniger, *Stefan Wewerka. Architekt, Designer, Objektkünstler*, Stuttgart / London 1998; *Wewerka. Tradition einer Künstlerfamilie*, Ausst. Kat. Georg Kolbe Museum Berlin, Berlin 2001, S. 26-85; *Nahaufnahme Stefan Wewerka*, hg. von Wulf Herzogenrath und Alexander Wewerka, Berlin 2010 (Lit.); Stefan Wewerka, *Bäume*, Künstlerheft, Kolumba 2010

332–335 Renate Köhler (Dortmund 1957 – lebt in Köln): *Stefan Wewerka, Sabine Beckmann, Holger Block* [u. a.], Ausst. Kat. Kölnischer Kunstverein 1985; *Renate Köhler*, Künstlerheft, Kolumba 2010

336–339 Robert Haiss (Offenbach 1960 – lebt in Köln): *Zeichnen – Systematisieren – Erfinden*, Ausst. Kat. Museen der Stadt Lüdenscheid 1990; *Robert Haiss. Mal sehen*, Ausst. Kat. Kunstverein und Studiogalerie Braunschweig 1998; *Robert Haiss. unter anderem*, Galerie Tedden, Düsseldorf 2000; *Robert Haiss. da entlang*, Galerie Tedden, Düsseldorf 2001; *Robert Haiss. Bilder*, Galerie Tedden Düsseldorf 2007; *Robert Haiss*, Künstlerheft, Kolumba 2010

340–341 Stefan Wewerka: siehe S. 330f. • *Josef verlässt Maria*: *Eschweiler 1936*, S. 65, Nr. 259; *Schulten 1978*, S. 69, Nr. 157

342–343 Thomas Böing (Rhede 1963 – lebt in Köln): *Thomas Böing. Sommer 2001* (im Fenster 2001); *Thomas Böing. Pool*, Installationsprojekt des Museum Folkwang für den RWE Turm [Essen] 2004/05; *Thomas Böing. Notes* (crox book, 4), Gent 2006; *Roland. Temporäre Kleingärten*, Kat. Galerie von der Milwe, Köln 2009, S. 14-17

344–347 Olaf Eggers (Hamburg 1959 – lebt in Köln): *Olaf Eggers. A Secco. Wandbilder*, Kat. Hiltrud Jordan Galerie Köln 1992; *Über die Wirklichkeit 2000*, S. 70; *Olaf Eggers. Installation und Wandzeichnung* (im Fenster 2001)

348–349 Thomas Rentmeister: *Thomas Rentmeister. Zwischenlandung*, Ausst. Kat. Kunsthalle Nürnberg [u. a.], Ostfildern-Ruit 2004, S. 13, 15; siehe auch S. 258f.

350–353 Gerd Bonfert (Blaj / Rumänien 1953 – lebt in Köln): Kurt Benning, *Gerd Bonfert – Fotograf*, in: *Gerd Bonfert. Photosynthesen*, Köln 2008, S. 62 (Zitat); *Gerd Bonfert*, Ausst. Kat. Bibliothèque municipale de Lyon 2003; *Gerd Bonfert. Sehungen*, hg. von Reiner Speck und Gerhard Theewen (édition séparée, 41), Köln 2004; *Gerd Bonfert. Photosynthesen*, Köln 2008 (Lit.)

354–361 Felix Droese: Stephan von Wiese, *Hinter der Welt: Der Grafenberg. Bemerkungen zu Felix Droeses Zeichnungen aus der Psychiatrischen Landesheilanstalt*, in: *Felix Droese. Die Welt hinter der Welt*, Ausst. Kat. Kunstmuseum Düsseldorf Kunstpalast 1990, S. 63-65; *Über die Wirklichkeit 2000*, Abb. S. 5-16; *Auswahl eins 2007*, S. 338-342, 566 (Lit.); siehe auch S. 179-181

360 Andor Weininger: *Andor Weininger – Weimar Dessau Berlin Amsterdam Toronto New York* (Kolumba, 8), Köln 1999, S. 183, Nr. 184; *Auswahl eins 2007*, S. 276; Andreas Rossmann, *Mehr als nur Muse. Zum Tod von Eva Weininger*, in: *Frankfurter Allgemeine Zeitung*, 25.10.2007, S. 38; siehe auch S. 276-278

361 Zitat: Gedicht eines anonymen Autors aus der Psychiatrie in Düsseldorf-Grafenberg (Typoskript im Konvolut *Der Grafenberg*)

362–363 *Kreuz Herimanns und Idas*: siehe S. 170-173

364–367 BÄRBEL MESSMANN (Münster 1955 – lebt in Köln): Sabine Müller, in: *Über die Farbe (im Fenster 1996)*, S. 11; *Bärbel Messmann, Künstlerheft (im Fenster 2001)*; Auswahl eins 2007, S. 154-156, 559 (Lit.); vgl. *Bärbel Messmann. Zeichnungen und Farbtexte*, hg. von Gerhard Theewen, Köln 2008

368–373 *Chormäntel*: Eschweiler 1936, S. 81f., Nr. 378f., Abb. 84

376 KURT BENNING (Pleystein/Oberpfalz 1945 – lebt in München und Gundelfing): Auswahl eins 2007, S. 313, 563 (Lit.); vgl. *Kurt Benning. Nachrichten von gestern/Burgtreswitzmensch*, Ausst. Kat. Rathausgalerie München 2008, 3 Bde.; siehe auch S. 380-382 • JOSEPH BEUYS: siehe S. 167f.

377 Zitat: ROBERT GROSCHE, *Tagebucheintrag vom 17. Februar 1945*, in: Robert Grosche, *Kölner Tagebuch 1944–1946*, Köln 1992, S. 108f.; auf den Tag genau 65 Jahre später vorgetragen von den Kuratoren zur Begrüßung im Foyer von Kolumba bei der Abendveranstaltung am »Aschermittwoch der Künstler«, 17. Februar 2010

378–379 *Kruzifix*: Heinrich Lützeler, *Kunstgabe 1934*, S. 14, Abb. 11; Eschweiler 1936, S. 10, Nr. 21, Abb. 18f.; Hanns-Ulrich Haedeke, *Rheinische Holzkruzifixe von ihren Anfängen bis zur hochromanischen Zeit*, Diss. Köln 1954 (Typoskript), S. 122ff.; Ursula Hüneke, *Das romanische Kruzifix in Güsten*, in: *Jahrbuch der rheinischen Denkmalpflege* 23, 1953/59, S. 125-164; Rudolf Wesenberg, *Der Frauenberger Kruzifixus*, in: *Jahrbuch der rheinischen Denkmalpflege* 24, 1962, S. 9-22; Schulten 1978, S. 67f., Nr. 155; Manuela Beer, *Triumphkreuze des Mittelalters. Ein Beitrag zu Typus und Genese im 12. und 13. Jahrhundert*, Regensburg 2005, S. 819, Abb. 441

380–381 KURT BENNING: *Über die Wirklichkeit 2000*, Abb. S. 56-60; *Werk- und Formensammlung 2006*, S. 16f.; *Werkbuch Kurt Benning. Hinterlassenschaft. Ein deutsches Erbe* (Kolumba, 31), Köln 2009; siehe auch S. 376

382–383 Vitrine 1: *Künstlerbücher der Sammlung Missmahl*: *Christian Boltanski. Livres*, Paris/Köln 1991; *Printed Matter. Künstlerbücher aus der Sammlung Missmahl*, hg. von Gerhard Theewen, Köln 2000; *(un)limited. Künstlerbücher aus der Sammlung Missmahl*, hg. von Hans Günter Golinski/Liselotte Kugler, Ausst. Kat. Bochum/Leipzig 2005; Bob Calle, *Christian Boltanski. Artist's Books 1969–2007*, Paris 2008 • Vitrine 2: *Büstenreliquiar*: *Die Schenkung Härle 2000*, S. 70-72, Nr. 20 (Lit.) • Vitrine 3: *Spiegel des menschlichen Heils* (Leihgabe Slg. Renate König): Ars vivendi 2001, S. 512-545, Nr. 33 (Lit.) • Vitrine 4: *Reliquiare, Eingerichte, Wettersegen*: vgl. Nina Gockerell, *Bilder und Zeichen der Frömmigkeit. Sammlung Rudolf Kriss*, München 1995; *Maria allerorten. Die Muttergottes mit dem geneigten Haupt. 1699–1999. Das Gnadenbild der Ursulinen zu Landshut – Altbayerische Marienfrömmigkeit im 18. Jahrhundert*, Ausst. Kat. Spitalkirche Heiliggeist Landshut 1999; Christoph Kürzeder, *Als die Dinge heilig waren. Gelebte Frömmigkeit im Zeitalter des Barock*, Regensburg 2005; Bernard Berthod/Élisabeth Hardouin-Fugier, *Dictionnaire des objets de dévotion dans l'Europe catholique*, Paris 2006 • *Wallfahrtsandenken* (Leihgabe Slg. Schulz): *Wallfahrt kennt keine Grenzen*, Ausst. Kat. Bayerisches Nationalmuseum München 1984, S. 222f., Nr. 351; vgl. *Das Heilige Grab, das Heilige Kreuz und die Wahre Länge Christi*, Ausst. Kat. Museum im Prediger Schwäbisch Gmünd 2007/08 • *Kabinett-Stollenschrank* (Schenkung von Bascák): Auswahl eins 2007, S. 460

384–387 Zitat: *Nachlassinventar der Toelgyn van Bracht aus der Pfarrgemeinde St. Kolumba, 1485* (Historisches Archiv des Erzbistums Köln, PfA St. Kolumba A I 102): transkribiert von Joachim Oepen, übersetzt von Ulrike Surmann und Joachim Oepen

388–389 WALTER OPHEY (Eupen 1882–1930 Düsseldorf): Stefan Kraus, *Walter Ophey. Leben und Werk*, Stuttgart 1993, S. 111, 132, 230, Nr. G 568; Auswahl eins 2007, S. 253-255, 304f., 563, 565 (Lit.); vgl. *L'autre Allemagne: Rêver de la paix (1914–1924)*, Ausst. Kat. Historial de la Grande Guerre Péronne, Mailand 2008 • *Verkündigungsaltärchen* siehe S. 148f.

390–393 *Johannesschüssel*: Kat. Sotheby & Co, 16. Mai 1968, lot 55; vgl. Hella Arndt/Renate Kroos, *Zur Ikonographie der Johannesschüssel*, in: *Aachener Kunstblätter* 38, 1969, S. 243-328; Barbara Baert, *A Head on a Platter. The »Johannesschüssel« or the Image of the Mediator and Precursor*, in: *Jaarboek Koninklijk Museum voor Schone Kunsten* 2003 (2006), S. 8-41; Dies., *The Head of St. John the Baptist on a Tazza by Andrea Solario (1507). The Transformation and the Transition of the Johannesschüssel from the Middle Ages to the Renaissance*, in: *Critica d'arte* 8. Ser. 69, 2007, 29/31, S. 60-82

394–395 JÜRGEN PAATZ: siehe S. 166

396–401 GEORG BAUMGARTEN: siehe S. 110 • STEFAN WEWERKA: siehe S. 330f.

397 Zitat: HANNAH ARENDT, *Vita activa oder Vom tätigen Leben*, München/Zürich 2010 (8. Aufl.), S. 202

402–407 HEINRICH KÜPPER: siehe S. 154-159 • PETER ILSLEY: Peter Ilsey, *Macro-Crystalline Glazes. The Challenge of Crystals*, Ramsbury 1999 • OTTO WICHMANN (*1934 in Stettin): *Who's Who in Contemporary Ceramic Arts. A Comprehensive Bio-Bibliographical Guide to Austria – Germany – Switzerland*, München 1996, S. 804 (Lit.) • *Schenkung Egner*: siehe S. 148f. • *Christus auf dem Weg nach Golgatha*: Sammlung Dr. Albert Figdor Wien. Teil 1, Bd. 4, Verst. Kat. Paul Cassirer Berlin 1930, hg. von Otto von Falke, S. 88f., Nr. 169; vgl. Philipp Maria Halm, *Erasmus Grasser* (Studien zur süddeutschen Plastik, 3), Augsburg 1928, Abb. 38-41; Kornelius Otto, *Erasmus Grasser und der Meister des Blutenburger Apostelzyklus. Studien zur Münchner Plastik des späten 15. Jahrhunderts* (Miscellanea Bavarica Monacensia, 150), München 1988, S. 52-69 • HEINZ BRELOH: siehe S. 128 • *Porzellanmadonnen*: Auswahl eins 2007, S. 432f.

408–410 *Heilig-Geist-Retabel*: Henry Thode, *Die Malerschule von Nürnberg im XIV. und XV. Jahrhundert in ihrer Entwicklung bis auf Dürer*, Frankfurt/M. 1891, S. 49-55; Eberhard Lutze, *Der Meister des Wolfgang-Altares in der Lorenzkirche zu Nürnberg und sein Kreis*, in: *Anzeiger des Germanischen Nationalmuseums* 1932/33, S. 8-42; Alfred Stange, *Deutsche Malerei der Gotik*, Bd. 9: *Franken, Böhmen und Thüringen-Sachsen in der Zeit von 1400 bis 1500*, München/Berlin 1958, S. 38-41; Ders., *Kritisches Verzeichnis der deutschen Tafelbilder vor Dürer*, Bd. 3: *Franken*, München 1978, S. 47-57; Peter Strieder, *Tafelmalerei in Nürnberg 1350–1550*, Königstein i. T. 1993, S. 46-51, 188-192; Ulrike Surmann, *Das Retabel vom Zwölf-Boten-Altar im Heilig-Geist-Spital zu Nürnberg* (Kolumba, 34), Köln 2010 (Lit.)

411–415 BARBARA KÖHLER (Burgstädt 1959 – lebt in Duisburg): Der hier erstmals publizierte Text wurde im Rahmen des »Aschermittwochs der Künstler« am 17. Februar 2010 von Barbara Köhler im Lesezimmer von Kolumba mehrfach vorgetragen.

Abrell, Hermann 432
    Raum 10 208-211, 423
Aitmatow, Tschingis 314
Albers, Josef 266, 274
    Hommage to the Square – Yellow 282f.,
    124, 136f., 424
Albertus Magnus 148
Albiker, Jermolaj 126, 436
Altar/Retabel
    Hausaltärchen des Jakob Welser
    324, 240-242, 423, 425
    Hausaltärchen des Konrad Zaunhack
    446f., 420, 425
    Hausaltar, Antwerpen, um 1500 197, 460
    Hausaltar, Mechen, um 1560
    373f., 266, 268f., 425
    Hausaltar, Mittelrhein, um 1440
    462-464, 148f., 388, 424, 427
    Reliquienklappaltar 96f.
    Retabel d. Fam. Palant, Köln, um 1420 208, 318f.
    Retabel, Franken, um 1500 368, 254, 256f., 425
    Retabel, Nottingham, Mitte 15. Jh. 190
    Retabel, Nürnberg, Mitte 15. Jh. 408-410, 427
    Retabel, Villach, um 1517 209, 276, 427
Altenbourg, Gerhard
    Ecce homo 344f., 92f., 418
Altes Testament
    Abel 396f.
    Arche Noah 114f.
    Erschaffung Adams 476
    Ezechielvision 244
    Makkabäer 325
    Melchisedech 396f.
    Sündenfall 6, 362, 552, 82-85, 418
    Susanna 425
Amenoff, Gregory 268
Andre, Mark 433
Antes, Horst
    Bilder zu Alexej von Jawlensky »Der Mensch ist
    dunkler als die Nacht« 288f.
Anzinger, Siegfried
    Plakatkarren 268
Apollonio da Calvisano, Fra 244
Arendt, Hannah 296, 467, 397
Arnt van Tricht
    Beweinung Christi 366, 108, 420
    Mariae Heimsuchung 193
Ars Choralis Coeln 432f.
Atmer de Reig, Christine 424
    Vase 479
Augustinus 391
Ausländer, Rose 333
Bablok, Karin
    Vase, 1999 477
Bach, Lotte 130
Badorfs, Maria Margaretha 425
Bartholomé, Monika 432
    Kosmos Personalis 104-107, 418
    Nachtflug 248f.
    Ohne Titel, 1985 512f.
Bauer, Robert 126, 436

Baumann, Hans Theo
    Kaffeekanne, Arzberg 5500 Brasilia 483
Baumeister, Willi 157, 326
Baumgarten, Georg 165, 433
    Bild 1933 (Destruktion) 398, 400, 427
    Die Geißel 398, 400f., 427
    Die Zeugung 427
    Durst 427
    Embryonenapotheose 110, 422
    Erdwölbung 195, 111
    Insel der Hoffnung 398f., 427
    Maschine Landmann 427
    Raum 20 396
    Schwanken (Eruption) 427
    Schwirrstaffel (Fliegerbombenteufel) 398, 400, 427
    Vogelparadies 140
    Zirkuspferde 141, 427
    Züchtigung 427
Baumkötter, Stephan
    Ohne Titel, 2005 163-165
Beauneveu, André 48
Becker, Krimhild 506
Beer, Jan de
    Kreuzigungsgruppe 357f.
Bell, Victoria
    Borrego Springs, Yaqui Pass 258
    Fliegende Lokomotive 494f.
    Living Desert, Palm Desert 259
Bening, Simon
    Stundenbuch der Dona Isabel 240, 244
Benning, Kurt
    Der Krieg in Mitteleuropa, Mitte XX. Jh.
    313, 376, 423
    Deutsches Dorf im Winter 250f.
    Hinterlassenschaft – Ein deutsches Erbe
    286, 380-383, 427
Beuys, Joseph 268, 304, 476
    Berglampe 296f., 166-168, 376, 423
    Beuys-Block 20
    Handkreuz 398
    Kreuz mit Sonne 296f., 166-168, 376, 423
    Ohne Titel, 1947 [Landschaft] 145
    Ohne Titel, 1971 [Munitionskiste]
    296f., 21, 124f., 148, 166-168, 376, 423, 426
Beywegh, Familie von 84
Bierfreund, Georg Nicolaus
    Ostensorium mit Gnadenbild 219
Binding, Heiner
    Ohne Titel, 1998 240
    Ohne Titel, 2001 241f.
    Ohne Titel, 2008 218, 223, 423
    Raum 10 204-207, 423
Blitterswich, von, Familie 84
Bödeker, Erich
    Basset, Hirsch, Löwe mit Jungem, Pudelpaar, Zebra
    122f., 178, 194, 196-200, 421
Böhm, Dominikus 80, 130, 476
Böhm, Gottfried
    Madonna in den Trümmern 18, 80f., 26, 50
Böing, Thomas
    Und dann die nächste Tür rechts 288, 342f., 423
Böll, Heinrich 79, 296

Boltanski, Christian 287, 381, 382-384, 425
Bonfert, Gerd
    B 61-1 / B 61-14 350-353, 423
Bonhert, Rémy
    Ohne Titel, 1975 174
Bostík, Vaclav
    Fissionement en bleu I 236f.
Bourgeois, Louise
    Ohne Titel, 1949, 1951, 1953 152f.
Breloh, Heinz 237
    Die badenden Bildhauer 506-509, 124-128, 422
    Hausaltar 332
    Lebensgröße 177, 235f., 239, 245, 248f., 423
    Ohne Titel, 1994 400, 402-405, 427
Breuer, Marcel 274
Brodwolf, Jürgen 268
Broekema, Johan 424
    Vase 479
Broelmann, Familie 84
Broich, Familie de 84
Brown, James 268
Buchholz, Hildegard 130
Buchli, Jürg 48
Buchmalerei
    Ars Moriendi, Neapel, 1480
    412-414, 154f., 158, 424
    Gebetbuch, Bayern/Österreich, um 1509 420
    Gebetbuch d. Maria Margaretha Badorfs 425
    Gebetbuch, Georg Glockendon (Atelier) 276, 427
    Heilsspiegel, Paris, um 1450 381-383, 425
    Passionsgebetbuch, um 1500 420
    Petrarca, Bußpsalmen 420
    Psalter, Paris, um 1415-1420 420
    Psalter-Stundenbuch, Paris, um 1510 420
    Sigmaringer Gebetbuch, um 1500 420
    Stundenbuch, Brügge, um 1475-1480 420
    Stundenbuch, Cremona, 1495 240f., 244, 423
    Stundenbuch d. Doña Isabel 240, 244, 423
    Stundenbuch d. Grafen von Manderscheid
    387, 410, 420
    Stundenbuch d. Guy de Laval 420
    Stundenbuch d. Margaret, Duchess of Clarence
    411, 420
    Stundenbuch, Goldrankenmeister 314, 419
    Stundenbuch, Hennegau, um 1480 194, 419
    Stundenbuch, Katalonien/Brügge, Ende 14. Jh.
    416, 420
    Stundenbuch, Paris, um 1410-1420 420
    Stundenbuch, Tournai, um 1450/60 266f., 425
    Stunden- u. Gebetbuch, Paris, 1470/1480 240, 423
Bukowski, Wladimir 338
Burgeff, Karl 120
    Kohlezeichnungen, 1990-2003 111-114, 422
    Künstlerbuch 240, 243, 423
    Löwenzahn-Denkmäler 178f., 114, 422
    Ohne Titel (Pilz) / Ohne Titel (Löwenzahn) 176f.
Cage, John 496
    HV 2 266f.
Calvino, Italo 185
Campendonk, Heinrich 348
    Der grüne Christus 349
    Landschaft mit zwei Tieren 136-138, 114f., 422

Campin, Robert 198
Chen, Pi-hsien 126, 432f., 436
Chillida, Eduardo 268
   Gravitaciónes (Homenaje a Juan de la Cruz)
   544f., 150-153, 424f.
Christensen, Inger 213
Christus
   Anbetung der Könige 197, 290, 429
   Arma Christi 386, 454-456, 290f.
   Auferstehung 372-374, 408-410, 425
   Aussendung der Apostel 368, 254, 256f., 425
   Berufung der ersten Jünger 369
   Beweinung 362f., 366, 108, 420
   Christkind 210f., 425
   Divisio Apostolorum 368
   Ecce homo 328, 330f., 344-346, 92f., 96-98, 124f.
   Erscheinung Christi 372
   Geburt Christi 196, 408f., 420, 425
   Guter Hirte 348
   Herz Jesu 395
   Himmelfahrt 392, 266f., 420, 425
   Hostienspende 394
   Imago Pietatis 330, 386
   Jüngstes Gericht 453, 408
   Kreuz 320-322
   Kreuzigung 349-358, 392f., 266f., 420, 425
   Kreuzweg 400, 402-407, 427
   Kruzifix 296, 384f., 398, 546f., 21, 109, 124f., 130-133, 200, 378f., 420f., 423-425
   Majestas 392, 396f., 266f., 420, 425
   Passion 324, 361, 372, 240-242, 420, 423, 425
   Pietà 364
   Salvator 410
   Schmerzensmann 291, 332, 373, 387, 394f.
   Trinität 500-502, 218, 221-224, 423
   Vera icon 330, 386
Claasen, Hermann
   Muttergottes in den Trümmern 78
Cölln, Johann von 58
Cole, Max
   Anza Borrego 238f.
Commans, Franz Heinrich 256, 426
   Himmelslichtstudien 236, 122, 422
   Rankengewächs 173
Creeley, Robert 272
Crignis, Rudolf de
   Paintings #05-05 (Gray), #05-07 (Light Gray), #05-08 (Dark Gray) 222f., 170, 172f., 426
Cuni, Amelia 432f.
Deger, Ernst 256
   Schächer am Kreuz 350
Dehmen, Anna Katharina von 69
Delaunay, Robert 398
Dix, Otto
   Der Krieg 316f.
Doeblin, Alfred 195
Doesburg, Theo van 274, 360
Domizlaff, Hildegard
   Wiesenpippau und Hafer 150f.
Douwerman, Henrick
   Mariae Heimsuchung 193

Dreher, Peter
   Tag um Tag ist guter Tag II (1196f.) 218, 226, 233, 234f., 423
Droese, Felix
   De drie naakte vrouwen (Friesischer Gruß) 177, 179-181, 419
   Der Grafenberg 338-342, 18f., 288, 354-361, 423
   Der Mensch verlässt die Erde 176, 246-249, 266f., 423, 425
Dubuffet, Jean 356
Eggers, Olaf
   »Willst Du nicht ein schöneres Bild kaufen« 288, 344-347, 423
Eiermann, Egon
   Modell S.E.18 469
Elisabeth von Reichenstein 212f., 124, 139f., 287
Ellend, Elisabeth 130
Embriachi, Familie 425
Engadina, Alphornbläsergruppe 432
Engelsbroich, Ferdinand
   Speisekelch 48, 326, 328f., 420f.
Eschweiler, Jakob Hubert 130
Fabri, Albrecht 5
Falken, Herbert 268
   Asphaltfotos 287, 290, 419
   Der Zauberer, 10.11.1976 377
   Figuren nach links (Studie »Pietà Rondanini«) 510f.
   Flügel-Mensch, 20.10.1977 377
   Künstlerbuch, 1995 240f., 423
   Sachalin-Tod 315
   Sklave 510
   Tagebuchartige Zeichnungen 1976/1977 99-101, 418
   Totentanz 92-94, 418
   Zeichnungen vom 7.9.1977 100f.
Faßbender, Joseph 534
Feinhals, Josef 270
Feldman, Morton 433
Felixmüller, Konrad
   Menschen über der Welt 376
Felsing, Otto 316
Fick, Wilhelm 132
Figdor, Albert 404
Fischer, Theodor 326
Fontana, Bill
   Pigeon-Soundings 19, 89, 418f.
Fotografie (s.a. Künstlernamen)
   Hochzeitsfotos 287, 369, 372-375, 423
Francé, Raoul
Frank, Jennifer 116, 436
Freund, Erika 130
Freundlich, Otto 132, 304
   Komposition, um 1940 270f.
Frings, Josef Kardinal 288, 320, 322f., 382f., 421, 425
Fritsch, Johannes 126, 436
Frommelt, Martin
   Creation 432
   Vähtreb (Viehtrieb) 116-118, 192-194, 419
Fußboden
   Köln, St. Severin 298
   Oberpleis, St. Pankratius 178, 260, 262, 264f., 425

Gasiorowski, Gérard
   Les régressions: Retour à un stade antérieur de développement affectif et mental
   – La guerre 312
   – Les pots de fleur 168f.
Geisselbrunn, Jeremias
   Muttergottes mit Kind 58f., 77, 110, 204, 208, 214, 217, 331, 334, 422f.
Geller, Joseph 80, 270, 476, 50
Gerät
   Bügeleisen 484, 149, 424
   Fernsehgeräte 188, 190f., 419
   Radiogeräte 310, 188, 190f., 419
   Rechenmaschine 485
   Telefon 310
Gerekingh Lemgovius, Jodocus 86
Gerhard, Elisabeth 448
Gerhard, Hubert 58, 299
Geyr, Familie von 48, 69, 84
Gilberch vanme Ryne 385
Gies, Ludwig 120, 176
   Kapellenfenster, Madonna i.d. Trümmern 80, 49, 50f., 88f.
Girke, Raimund
   Mit Horizont 286f., 110f., 122, 422
   Ohne Titel, 1972 233f., 422
   Starker Kontrast 529
Gleichnis
   Barmherziger Samariter 360
   Verlorener Sohn 370f.
Glockendon, Georg 276, 427
Goller, Bruno 486
Gonin, Florence
   Kugelvase und Schale 218f., 423
Grasser, Erasmus 400, 402-407, 427
Gretsch, Hermann
   Kaffeekanne, Arzberg 1840 482
Griemert, Hubert
   Kaffeekanne, Fürstenberg 644 482
Grieshaber, HAP
   Gethsemane/Klage aus der »Passion« 361
Grimm, Jacob und Wilhelm 31
Grinten, Franz Joseph van der 268
Groote, Familie von 48, 58, 69, 84
Gropius, Walter 274
Gropper, Peter 330
Grosche, Robert 377
Grosz, George 318
   Ecce homo 346
Gruber, L. Fritz 300
Haiss, Robert
   Raum 10 336-339, 423
Hardevust, Margareta 310
Hausen, Anna und Willi 425
Hausmann, Peter 60f.
   Liber Variorum Scriptorum 417-420, 421
Hausmann, Raoul 132
Hecker, Peter 130
Hegel, Eduard 72
Hegemann, Martha 132
Heiberg, Jean
   Telefon 310

Heilige
 Adrian 429
 Andreas 446f., 394
 Apostel 368, 254, 256f., 408-410
 Barbara 441, 446
 Bartholomäus 446f.
 Christophorus 411
 Chrysanthus und Daria 368, 370
 Cornelius 429
 Dionysius 368
 Elisabeth 336f.
 Georg 448-451, 124, 136
 Gregor 386f., 454-456
 Hubertus 368
 Johannes d. T. 368, 388, 390-393, 427
 Katharina 441, 446
 Kolumba 62f.
 Margarete 440, 425
 Martin 368
 Michael 299f., 124f., 129f., 136, 276f., 422, 427
 Nepomuk 381-383, 425
 Nikolaus 442-445, 154, 159, 312-315, 419, 424
 Paulus 368
 Petrus 526, 186f., 368, 419
 Sebastian 326
 Siebenschläfer 453
 Simon Stock 428
 Theresa 404f., 427
 Thomas Becket 314
 Ursula 368
 Vier Gekrönte 520
Heinersdorff, Gottfried 270
Helmont, Johann F. van 58, 68f., 87
Herimann II., Erzbischof 388, 390, 170, 362f., 423, 426
Hertel, Dombaumeister 425
Heufelder, Walter
 Doppelhalsvase 218f., 423
Heynricus van der Horst 385
Hirtz, Johannes vom 310
Hoehme, Gerhard 534
Hölzel, Adolf 326
Hoerle, Angelika 132
Hoerle, Heinrich 132
 Krüppel 318f.
Hohlt, Görge 424
 Vase 479
Hopyl, Wolfgang 325
Horn, Rebecca
 Berlin Earthbound 542f., 160-163, 426
 Blindenstab 498f., 92f., 418
Horn, Roni
 Also III 263f.
 That III 262
 Thicket No. I 246f., 122, 422
 Were 9 114, 118-120, 422
Hrdlicka, Alfred 268
Hugo von St. Victor 23
Hujar, Peter 154
Huws, Bethan
 3 Boats 149
Ida, Äbtissin 388, 390, 170, 362f., 423, 426

Ikemura, Leiko
 Hase-Säule (Hase–Rom)/Hase-Säule M 170f.
 Kopffüßler 102f., 418
 Mit großem Miko auf linkem Arm 102f., 418
 Ohne Titel (La Palma) 224f.
 Ohne Titel, 1991 102f., 418
 Sitzende in Grau 102f., 418
Ikone 446f., 452f., 420, 425
Ilsley, Peter
 Kugelhalsvasen, 1999/2000 478
 Vasen, 1999/2000 400, 404f., 427
Itten, Johannes 274
Ittenbach, Franz 256, 426
 Assisi 257
 Berufung der ersten Jünger durch Jesus 369
 Felsen (Studie) 238, 122, 422
 Segnender Christusknabe 210f.
 Selbstbildnis 521
Jaccottet, Philippe 525
Jacobsen, Arne
 Modell Serie 7 468
Jaspers, Karl 299
Jawlensky, Alexej von
 Große Meditation – Der Mensch ist dunkler als die Nacht 527, 170f., 426
Joachim, Dorothee
 Ohne Titel (#42-39) 220f.
Johannes de Ecclesia 416
Jonas, Maria 432f.
Josephsohn, Hans
 Große Liegende 111, 44f., 292, 294f., 418f.
 Relief 548f.
Jungh, Hans
 Kelch 399
Jungmann, Lydia 130
Kabakov, Ilya
 School No.6 21
Kändler, J.J.
 Hl. Theresa 400, 404f., 427
Kafka, Franz 95
Kalmbach, Michael
 Mobile 268-271, 427
 Ohne Titel, 1998 334f.
Kandinsky, Wassily 275
Kasper, Michael M. 433
Kawara, On
 I am still alive 240f., 243, 423
Kemper, Thomas
 Ohne Titel, 1996 273
Kerich, Familie von 84
Kern, Leonhard
 Adam und Eva verbergen sich vor Gott 6, 362, 554, 82-85, 418
 Beweinung Christi 362f.
Kerstan, Horst
 Objekt, 1969 218f., 423
Kersting, Walter M.
 Volksempfänger 310, 188, 190f., 419
Kevan, Nadia 104
Kieser, Friedrich 496
Kirchhoff, Theodor 64
Klapheck, Anna 304

Klapheck, Konrad
 Der Dämon des Fortschritts 486-488
 Der Wille zur Macht 311
 Die Mütter 365, 148f., 424
Klauke, Jürgen
 Desaströses Ich # I und II 514f., 320, 322f., 421
Klee, Paul 136, 144, 527
Kliemand, Evi 293
Klümpen, Robert
 Kirche 434f.
Kochs, Petrus 87, 428
Kochs-Koegl, Barbara
 Trichtervase 175
Köhler, Barbara
 The most beautiful 411-415
Koehler, Bernhard 448
Köhler, Renate
 Raum 10 332-335, 423
Koerbecke, Johann
 Verkündigung (Werkstatt) 459
Koetschau, Karl 304
Kopten
 Kindertunika 472
 Tunika für einen Erwachsenen 473, 288, 310f., 419
 Tunikafragmente 126-128
Korff, Gottfried 255
Koslar, Wilhelm 424
 Vase 479
Kounellis, Jannis
 Tragedia Civile 536-539, 142-145, 148, 254, 287f., 423-425
Kovács, Attila
 Studien, 1958-1960 278f.
 Synthese 10, Kreis 280f.
Krebber, Steffen 433
Kuball, Mischa
 World-Rorschach/Rorschach-World 504
Küpper, Heinrich
 Leporellos 158f., 424
 Künstlerbuch 1987 240f., 423
 Künstlerbücher 1977-2009 400, 402-404, 427
 Ohne Titel (9-teilig), um 1990 260f.
 Ohne Titel, 2003-2004 160f.
 Raum 20 427
Kuyn, Konrad
 Epitaph des Nikolaus von Bueren 520
Labyrinth 298
Laib, Wolfgang 24
 Reishäuser 294f., 124, 130f., 134, 424
Latham, Richard
 Kaffeekanne, Rosenthal 2000 483
Lederer, Jörg
 Marientod 367, 108, 420, 427
Lehnerer, Thomas
 Selbstbewusstsein 518
Leihgaben
 Dattenfeld, St. Laurentius 202, 136f., 138f., 250, 423-425
 Dürboslar, Pfarrgemeinde 399, 425
 Kendenich, St. Johannes Bapt. 328, 96-98
 Köln, Erzb. Priesterseminar 212-214, 124, 139f., 423-425

Köln, St. Cosmas und Damian 403
Köln, St. Kolumba 48-51, 324-329, , 420f.
Köln, St. Severin 298
Nachlass Dechant Gatzen 381-383, 425
Pingsdorf, St. Pantaleon 200f., 150, 152f., 424f.
Sammlung Renate König 387, 410-416, 154f., 158, 194, 240f., 244, 266f., 276, 314, 381-383, 419f., 423, 425, 427
Sammlung Schulz 381-383, 425
Leipziger Buchkinder 492f.
Leitner, Bernhard 433
Levi, Primo 90
Lieker, Hermann
   Speisekelch 48, 326, 328f., 420f.
Ligne, Fürsten von 392, 427
Liturgie
   Burse/Palla 196, 325, 395
   Evangeliar mit Walrosszahnrelief 393, 420
   Gießgefäße 124f., 148f., 424
   Herimann-Kreuz 388-390, 170-173, 362f., 423, 426
   Kelche 396f., 399, 401, 148f., 425
   Messbuchpult 466
   Messkoffer eines Militärgeistlichen 384
   Messpollen 401, 148f.
   Monstranzen 292, 402f.
   Monstranzen aus St. Kolumba 48, 50, 326, 328f., 420f.
   Ölgefäße 401, 148f.
   Ostensorien 48, 219, 292
   Rauchfass 400
   Romanische Kelchkuppa 396f., 170f., 425f.
   Scheibenmonstranz 402
   Sonnenmonstranz 402
   Speisekelch aus St. Kolumba 48, 326, 328f., 420f.
   Vortragekreuz aus St. Kolumba 48, 51, 326-329, 420f.
   Ziborium 399
   Zimbeln 400
   Zinngerät 401, 431, 148f., 424
Lochner, Stefan
   Anbetung des Kindes (Werkstatt) 196, 420, 425
   Madonna mit dem Veilchen 212-214, 426, 124, 177, 287, 139f., 250, 287, 364, 423-425
Loewy, Raymond
   Kaffeekanne, Rosenthal 2000 483, 424
Ludwig-Korbel, Ilse 424
   Vase 479
Luyken, Jan
   Bau der Arche Noah 114f.
Macke, August 304, 348
   Hl. Georg 448-451, 124, 136, 422
Malerei, Gotik (s.a. Künstlernamen)
   Hausaltärchen mit Passionsszenen 324, 240-242, 423, 425
   Hostienspende 394
   Muttergottes im Erker 458, 140, 423-425
   Tüchleinmalerei 196, 198, 325, 420, 425
Manderscheid, Grafen von 325, 387, 410
Marc, Franz 348f., 448
Marcks, Gerhard 150
   Maria und Joseph 194, 114f., 422

Marckoulff, Gerart 386
Margaret, Herzogin von Clarence 411f.
Maria
   Anbetung d. Könige 197, 290, 429
   Geburt Christi 196, 244, 408f., 420, 425
   Glykophilousa 446f., 420, 425
   Heimsuchung 193
   Josef verlässt Maria 340f., 423
   Maria gravida 192
   Maria lactans 198
   Maria orans 396f.
   Maria und Joseph 194, 114f.
   Marientod 367, 108, 408f., 420, 427
   Muttergottes mit Kind 58f., 78, 200-208, 212f., 430-433, 458, 77, 110, 124, 136f., 139-141, 150, 152f., 250, 318f., 331, 334, 422-425
   Muttergottes von Kazan' 452f.
   Muttergottes von Tichvin 452f.
   Mystische Jagd 186-189, 194, 196-199, 421
   Pfingsten 408f., 427
   Pietà 364, 108f., 420
   Schmerzensmutter 291, 394
   Schutzmantelmadonna 209, 276, 427
   Sedes Sapientiae 200f., 150, 152
   Unerwartete Freude 452
   Verkündigung 291, 411, 452, 459, 462-464, 148f., 388, 408f., 424, 427
   Wurzel Jesse 190, 526, 186f., 419
Marioni, Joseph 244, 522, 8
   Blue Painting 216f.
   [Ohne Titel] 1974 533
   Yellow Painting #1–82 327f., 124f., 129f., 422
Martens, André von 475
Martin, Agnes 235
   Untitled No.9 230f., 122f., 422
Marut, Ret 132
Mataré, Ewald 80, 304
   Vase mit der Erschaffung Adams 476
Meer, Wolfgang und Karin 479, 424
Meidner, Ludwig 318, 376
Meisner, Joachim Kardinal 7-9, 9, 432, 433, 434
Meister des Aachener Altars
   Gregorsmesse 386
Meister des Wolfgang-Retabels
   Heilig-Geist-Retabel 408-410, 427
Meister H.L.
   Jesse oder hl. Petrus (Umkreis) 526, 186f., 419
Meister von Schöppingen
   Verkündigung (Werkstatt) 459
Meistermann, Georg 286, 534
   Am Museum (Hans Schmitt-Rost) 74f.
   Katharinenfenster, Madonna i.d. Trümmern 80, 50
   Orakellandschaft 268f.
Meller, Ingo 244
Meneler, Caspar 58
Mennekes, Friedhelm 268
Messmann, Bärbel
   Ohne Titel, 1991-2009 154-156, 364-367, 423
Michals, Duane
   Ein Versprechen an Gott 300-309, 419
   The Journey of the Spirit After Death 108f., 420
   The Return of the Prodigal Son 370f., 310f., 419

Mields, Rune 25f.
   Der unendliche Raum – dehnt sich aus 552f., 80f.
   Steinzeitgeometrie 550f.
Möbel
   Intarsienschrank 461
   Kabinett-Stollenschrank 460, 381-383, 427
   Kästchen 425
   Messbuchpult 466
   Stühle 468f.
Mönch von Salzburg 318
Moholy-Nagy, László 496
Molnár, Farkas 496
Mori-Newton, Koho 7
   Raum 10 214-217, 423
Muche, Georg 144
Müller, Andreas 256, 426
Müller, Carl 256, 426
   Hll. Katharina und Barbara 441
   Kleinkinder (2 Studien) 199
   Walderdbeeren/Königskerze 172
Müller, Jacob
   Kirchengeschmuck, München 1591 419
Münzenberger, E.F.A. 368, 462
Murakami, Haruki 541
Musil, Robert 519, 135
Mylius, Familie von 84
Nazarener 256, 426, 122
Neruda, Pablo 116f., 146f.
Neues Testament (s.a. Christus, Maria)
   Pfingsten 408f., 427
Newman, Barnett 555
Newman, Chris
   Bedroom Jesus/Bathroom Jesus/Selfportraits/Studio Jesus 352f., 154f., 424
Newton, Lauren 433
Nierendorf, Karl 316
Nigg, Ferdinand 130
   Reiter und Schicksalstiere 129
   Springende Tiere 131
Nikolaus von Bueren 520
Nitsch, Hermann 268
Nölke, Wilhelm 384, 425
Oberpleis
   Schmuckfußboden 178, 260, 262, 264f., 425
Odenbach, Marcel
   In stillen Teichen lauern Krokodile 306-309, 18, 177, 188-192, 200, 419
Oliveros, Pauline 432
Ophey, Walter
   Aetna 254
   Dorfkirche 304f.
   San Gimignano 287, 388f., 427
   Sizilianische Stadt 253, 255
Overbeck, Friedrich 256, 426f.
Paatz, Jürgen 240, 522
   Ohne Titel, 1972 166, 426
   Ohne Titel, 1972/73 390, 394f., 427
   Ohne Titel, 1984 419
   Ohne Titel, 1985 167
   Tuch, 1979 534f.
Palant, Familie von 208, 318f., 419

Palloks, Dietmar
    Stern Dynamik II 188, 190f., 419
Pamuk, Orhan 5, 23
Paramente
    Chormäntel, Köln, 3. Viertel 15. Jh.
    288, 368-373, 423
    Dalmatiken, Köln, 2. Hälfte 15. Jh.
    288, 310, 312f., 419
    Kasel mit Blumen- und Fruchtornamentik, 17. Jh.
    288, 310, 312f., 316, 419
    Kaselstab und -kreuz, Köln od. England, um 1300
    288, 310, 312f., 419
    Paramente der Jesuiten-Sammlung 268
Paul, Bruno 70
Pechau, Jochem
    Holzschnitte 120f.
Peer, Rudolf 80
Petrarca, Francesco
    Bußpsalmen 420
Petzold, Eduard 23
Peyrat, Bénédicte
    Simul et singulis (Kopfwand) 184-186, 419
Polack, Jan
    Hausaltärchen des Konrad Zaunhack
    446f., 420, 425
Prato, Lucretia del 58
Preysing, Graf Joh. Maximilian 446
Pseudo-Dionysius Areopagita 505
Pückler-Muskau, Fürst Hermann von 23
Räderscheidt, Anton 132
Pütz, Familie von 84
Rainer, Arnulf 268
Ravari, Matteo 244
Rebling, Chasan Jalda 432
Reidt, Melchior von
    Intarsienschrank 461
Reliquie 378, 384
    Heilige Lanze 454-456, 427
    Maigelein 291
    Reliquiar 381-383, 425
    Reliquiar aus St. Kolumba
    48f., 287, 324f., 328f., 420f.
    Reliquienaltärchen des Konrad Zaunhack
    446f., 420, 425
    Reliquienbüste 381f., 425
    Reliquienkästchen 290f.
    Reliquienklappaltar 96f., 418
    Schaugefäße 292, 420f.
    Wettiner Kreuze 404-408, 170-173, 278, 288, 326, 328f., 421, 426f.
Remarque, Erich Maria 316
Renard, Agnes 130
Rentmeister, Thomas
    Ohne Titel, 2002 [rosa] 490
    Ohne Titel, 2003 [Einkaufswagen]
    284, 288, 348f., 353, 423
    Ohne Titel, 2004 [schwarz] 491, 254, 258f., 425
Riday, Wayra
    Herr Melko Müller 492f.
Riefer, Max 126, 436
Riemenschneider, Tilman
    Hl. Elisabeth (Umkreis) 336f.

Rinck, Familie 54-56, 84, 290
Ritzos, Andreas
    Marienikone (Werkstatt) 446f., 420, 425
Rohland, Wulf
    Kugelvase und Schale 218f., 423
Rona, Jessica 432
Ronig, Ludwig Ernst
    Der barmherzige Samariter 360
Rottkirchen, Familie von 84
Rouault, Georges
    La Sainte Face 522f., 420
    Juges 351, 98, 420
Saarinen, Eero
    Tulpenstuhl 468
Sala, Annamaria und Marzio
    While Box 240, 423
Sankt Kolumba 68-71
    Ausgrabung 29-43, 82-89, 92-95, 474, 48, 287, 289-291, 419
    Ausstattung 56-59, 62f., 66-69, 78, 110, 154, 157-159, 287, 289-291, 419, 422f., 426
    Geschichte 44-47, 52-57, 60f., 64f., 417-420, 384-387, 419, 425
    Madonna in den Trümmern 80f.
    Schatz 48-51, 324-329, 420f.
    Zerstörung 72-79
Sapper, Richard
    Fernseher, Brionvega 485
Saura, Antonio
    Crucifixión 354f.
    Cura 528
Schadow, Wilhelm 256, 426
Scharffenstein, Familie von 84
Schenkung
    Bacsák-Müngersdorff 197, 460f., 381-383, 427
    Baudri/Nachlass Baudri 388-390, 442-445, 154, 159, 170-173, 312-315, 362f., 419, 423f., 426
    Dickel 452f.
    Dumont 395
    Egner 174f., 475, 477-479, 148f., 218f., 404f., 423f., 427
    Genrich 425
    Gierse 426f.
    Girke 286f., 529, 110f., 422
    Goebbels 373, 266, 268f., 425
    Gülz 384, 425
    Härle 125, 206-210, 290, 300, 324, 364, 367, 398, 459, 526, 108f., 124f., 129f., 136, 186f., 240-242, 276, 318f., 381f., 404, 422-425, 427
    Heufelder 368, 369, 372-375, 423
    Ittenbach 238, 256f., 521, 122, 422
    Jesuiten 268f.
    Klöck 246-249, 266f., 423, 425
    König-Stiftung 6, 299, 348, 351, 356, 366, 398, 404-408, 446f., 455f., 552, 84f., 108, 166, 170-173, 276f., 278, 280f., 287, 326, 328f., 388, 390-393, 402-407, 420f., 425-427
    Küpper 431-433, 154, 157-159, /400, 402-405, 424f., 427
    Lauscher-Koch 120f., 176-179, 110-114, 240, 243
    Missmahl 240f., 243, 287, 381, 382-384, 423, 425
    Morchel 287, 368, 369, 372-375, 423

Müller 476, 154, 157
Nachlass Breloh 400, 402-405, 427
Nachlass Münzenberger 368, 462-464, 148f., 254, 256f., 388, 424f., 427
Neuhoff 393
Nigg-Stiftung 129-131
Pattoni 291
Peter 425
Prisac 124
Privatbesitz 179-181, 287, 388f., 425, 427
Rodert 438f., 154, 157f., 381-383, 400, 403-405, 425-427
Schachtmann 465
Schriefers 310, 468f., 480-485, 148f., 188, 190f., 384, 419, 424f.
Schwartz 425
Thek Orr 470f., 320f.
Toenges 425
Weininger 158f., 274-277, 540, 276, 278, 360, 427
Schlemmer, Oskar 274, 326, 332
    Schwarze Figur, Akt und Eintretender 540
Schmitt-Rost, Hans 74f., 318
Schnütgen, Alexander 480
Schopenhauer, Johanna 57
Schreyer, Lothar 332
    Spielgang Kreuzigung (Partitur) 323
Schriefers, Werner 143
    Aufstand der Träume 275
    Garten an der Mosel 144
    Ohne Titel, 1987 142
    Smog 272-274, 427
Schulte, Karl Joseph Kardinal 320
Schwarz, Rudolf 80
Schwippert, Hans 384, 425
Schwippert, Kurt 176
Seehaus, Paul Adolf 304
Seiwert, Franz Wilhelm 304
    Geschöpfe 132f.
    Großer Kopf mit offenem Mund 524
Sema 432
Serra, Richard
    The Drowned and the Saved
    19, 90f., 90f., 287, 298, 418f.
Shar, Gertrude von der 86
Simon, Klaus 268
Sims, Phil
    Tea Bowls 218f., 423
    The Cologne Painting 278, 280-283, 427
Skulptur, Afrika 268
Skulptur, Barock (s. a. Künstlernamen)
    Dreigesicht 500-502, 218, 221-224, 423
    Hausaltar, Mechlen, um 1560
    373f., 266, 268f., 425
    Hl. Michael 299f., 124f., 129f., 136, 422
    Muttergottes in der Hoffnung 192
Skulptur, Gotik (s. a. Künstlernamen)
    Aussendungsretabel 368, 254, 256f., 425
    Christuskind 210, 425
    Datenfelder Muttergottes
    202, 136f., 140f., 250, 423-425
    Ecce homo 328, 330f., 96-98, 124f., 418, 422f.

Elfenbeindiptychon mit Passionsszenen 372, 420
Hausaltar mit der Anbetung der Könige 197
Hausaltar m. d. Verkündigung
 462-464, 148f., 388, 424, 427
Hl. Margarete im Hortus conclusus 440, 425
Hl. Nikolaus 442-445, 154, 159, 312-315, 419, 424
Johannesschüssel 287, 388, 390-393, 427
Josef verlässt Maria 340f., 423
Michels'sche Muttergottes 207
Muttergottes mit Kind 203f.
Palanter Retabel 208, 318f., 419
Pietà aus Ton 364, 108f., 420
Reliquienbüste Heinrichs II. 382f.
Schlusssteine aus St. Kolumba
 56, 287, 289-291, 419
Schutzmantelgruppe 209, 276, 427
Thronende Muttergottes mit Kind, 14. Jh. 425
Wappenengel aus der Kolumba-Kirche 57
Wurzel Jesse 190
Skulptur, Romanik
 Elfenbeinkruzifix 546f., 21, 124f., 130-133, 423-425
 Elfenbeintafel mit Kreuzigung, Himmelfahrt und Majestas 392f., 266f., 420, 425
 Erper Kruzifix 384f., 21, 108f., 178,
  200, 288, 420f.
 Kruzifix, Rheinland, um 1150 177, 287, 378f., 423
 Pingsdorfer Muttergottes 200f., 150, 152f., 424f.
Soutter, Louis
 Le drame incompréhensible 356, 166, 426
Spielzeug
 Märklin-Eisenbahn 425
Steinle, Edward von 256, 427
Stenner, Hermann
 Hl. Sebastian 326, 124, 422
Stockhausen, Karlheinz 8, 126f., 434, 436
Strevesdorf, Helena von 69
Tàpies, Antoni
 Petjades sobre fonds blanc 516f., 21, 124, 127, 422
Tellkamp, Uwe 279
Textil (s.a. Kopten, Paramente)
 Antependium mit mystischer Jagd
  186-189, 194, 196-199, 421
 Burse/Palla m. Schmerzensmann u. Herz Jesu 395
 Kleidung von Josef Kardinal Frings
  288, 320, 322f., 381f., 421, 425
 Prozessionsfahnen von Kolumba
  62f., 78, 154, 157-159, 426
 Wandbehang 465
Thek, Paul 15
 A Procession in Honour of Aesthetic Progress
  178, 266-269, 425
 Fishman in Excelsis Table
  380-383, 154f., 157, 178, 260, 262f., 424f.
 Meat-sculpture with butterflies
  378f., 158, 160, 426
 Modezeichnungen 470f., 288, 320f., 419
 Ohne Titel, 1969 [Ozean] 220, 423
 Ohne Titel, 1971 (Life is like a bowl of cherries)
  146f., 220, 423
 Ohne Titel, 1974 [Weltkugel]
  135, 177, 218, 221, 423
 Plumed Serpent 228f.

Portable Ocean 10, 25, 6f., 86f., 418
Pyramid/A Work in Progress 20f.
Required Reading 134, 240-242, 423
Shrine 326, 328f., 421
Terrarium 191
Two-tailed-whale 423
Thorn-Prikker, Jan 130, 270
 Heilig-Geist-Fenster 80, 50
Thursz, Frederic 522
Tillmann, Ulrich
 Kolumba-Portfolio 88f.
Toelgyn van Bracht 384-387, 425
Toenges, Michael 240, 522
 Ohne Titel, 2006 166
Tollens, Peter 244, 522, 433
 Gemälde 314 177, 250f., 425
 Gemälde 392 530, 532, 422
 Künstlerbuch 1986 240f., 423
 Künstlerbuch 1987 240f., 243, 423
 Landschaft (Studie) 245
 Von Pflanzen und Steinen 148
Topp, Arnold
 Gelbes Fieber 348
 Rote Sonne mit Häusern 347
Traut, Thea 130
Traven, B. 132
Treskow, Elisabeth 80
Trockel, Rosemarie 268
Troger, Simon
 Hl. Michael 299, 276f., 427
Tsangaris, Manos 227, 432
 Kugelbahn 496f., 18, 178, 226-233, 423, 432
 Lassen Sie... 73-76
 Zeitsprung, Einzelblatt (Ohne Titel) 226
Tuttle, Richard
 40 Days 180-184
Ulenberg, Kaspar 414f.
Umberg, Günther 244
Valzner, Herdegen und Margarethe 408
Verdon, Angela 477
Verein zur Verbreitung religiöser Bilder 426f.
Volksfrömmigkeit
 Andachtsbilder 422-427, 438f., 154, 157f., 426
 Besloten Hofje 440, 425
 Devotionalien 154, 158f., 424
 Eingerichte 154, 157, 381-383, 425
 Haarbilder 438f., 154, 157f., 426
 Karfreitagsklappern 192f., 419
 Klosterarbeiten 438f., 440, 446f.,
  154, 157f., 381f., 425f.
 Marienfigürchen 430-433, 159, 400, 402-405, 427
 Nepomukzunge 381-383, 425
 Reisereliquiare 381-383
 Rosenkränze 436f., 425
 Skapulier 428
 Sterbekreuze 159
 Wettersegen 381-383, 425
Walden, Herwarth 348, 398
Wallfahrt
 Andenken (Loreto) 381-383, 425
 Gnadenbilder 192, 219, 428, 430f., 438f.
 Pilgerzeichen 429

Warhol, Andy
 Cross/Crosses 320-322, 96-98, 418
Warnach, Walter 25, 296, 169
Wartenberg, Franz Wilhelm von 58
Wasservas, Familie 19, 54, 84
Wauer, William 140
Weidenfeld, Familie von 84
Weininger, Andor 496, 332
 Kegler (Details) 274f.
 Komposition mit vier Figuren in surrealistischer Landschaft 159
 Ornamentale Komposition 158
 Raum 20 427
 Stijl-Komposition mit Gitter 277
 Stijl-Bild 276, 360, 423
 Surrealistische Kompositionen 276, 278, 427
Weininger, Eva 274, 360
Weitschies, Rainer 7, 25
Wellmann, Ulrich 244
Welser, Jakob 324, 425
Westerburg, Arnt von 56, 290
Wettin, Haus 404
Wewerka, Stefan 244, 332, 433
 Krümmlinge 396, 398, 427
 Raum 10 330f., 423
 Stuhlskulpturen 288, 330f., 332, 334f., 340f., 423
 Tisch 75° 340f., 423
Weyer, Johann Peter 70f.
Wichman, Otto
 Vasen, 1995/2003 400, 404f., 427
Widderspan, Anna 86
Wilson, Ann 154
Windheim, Dorothee von
 Z 292f., 419
With, Karl 132
Wittenborn, Michael 433, 436
Wolf, Josef
 Ohne Titel, 2001 284f.
Wolff, Friedo
 Zeichnungen 178, 203, 421
Wollheim, Gert 304
 Friesische Landschaft 302f., 158, 161, 426
Wontorra, Paul
 Zeichnungen 178, 202, 421
Wutscheid, Göbel 368
Young, Purvis
 Good Peoples 194, 196f., 421
Young, Thomas 415
Zanuso, Marco
 Fernseher, Brionvega 485
Zwiesel, Glasfachschule
 Bodenvase 481
Zaunhack, Konrad 446, 420, 425
Zogmayer, Leo 268
Zumthor, Peter 15f., 7, 9, 13
 Kolumba-Gebäude 24-77, 416f., 428-429
 Pläne für den Kolumba-Neubau 96-99

KOLUMBA
Werkhefte und Bücher

Begründet von Joachim M. Plotzek, Katharina Winnekes, Stefan Kraus, Ulrike Surmann

Band 35   *Auswahl zwei*
Erschienen anlässlich der 4. Jahresausstellung *Noli me tangere*
14. September 2010

HERAUSGEBER / BEARBEITUNG
Stefan Kraus, Katharina Winnekes,
Ulrike Surmann, Marc Steinmann

MITARBEIT
Eva-Maria Klother, Joachim M. Plotzek,
Anja Becker-Chouati (246/266),
Joachim Oepen (385-387)

ARCHITEKTURFOTOGRAFIE
Hélène Binet (24-77)

AUSSTELLUNGS- UND WERKFOTOGRAFIE
Lothar Schnepf

BILDBEARBEITUNG
Marco Lietz

ANDERE BILDVORLAGEN
Stefan Kraus / Marc Steinmann (»Filmstreifen«),
Heiner Binding (207/245), Stefan Worring (157)

GESTALTUNG
Stefan Kraus

BILDBEARBEITUNG / LITHOGRAPHIE
Farbanalyse Köln

DRUCK
Druckhaus Duisburg OMD

© Für die Werke von Josef Albers, Monika Bartholomé, Joseph Beuys, Heiner Binding, Gerd Bonfert, Heinrich Campendonk, Eduardo Chillida, Peter Dreher, Felix Droese, Robert Haiss, Rebecca Horn, Konrad Klapheck, Jürgen Klauke, Agnes Martin, Bärbel Messmann, Marcel Odenbach, Thomas Rentmeister, Richard Serra, Manos Tsangaris, Andor Weininger, Dorothee von Windheim: VG Bild-Kunst, Bonn 2010

© Kolumba und Autoren, Köln 2010
www.kolumba.de

ISBN 978-3-9813182-4-1

LEITUNGSTEAM
Stefan Kraus, Katharina Winnekes,
Ulrike Surmann, Marc Steinmann

GASTKURATOR KLANG
Manos Tsangaris

INVENTARISATION
Eva-Maria Klother

LEITUNGSASSISTENZ
Anja Bütehorn

VERWALTUNG
Barbara Manthey, Doris Lo Presti, Dagmar Wolff

RESTAURIERUNG
Bernhard Matthäi (Leitung),
Sabine Allroggen / Andreas Hoppenrath (256-257),
Ulrike Baumgart (93, 221), Viola Beier (312-313, 369),
Peter Bolg / Susanne Conrad (170-171, 280), Roland Ellerich (268), Dirk Ferlmann (244), Anke Freund (277), Stefan Gloßner/ Thomas Sieverding (264-265), Ruth Hacker-de Graaff (379),
Werner Henneberger (325-329, 363), Sabine Hermes (221, 256-257),
Andreas Hoppmann (115, 164), Karl-Heinz Kreuzberg (383),
Patricia Langen (109, 130, 136, 199), Marieluise Lindner (320-321),
Anja Lienemann (78, 157), Melanie Münchau (268, 290-291),
Ulrike Reichert (151, 311), Wolfgang Sassmannshausen/ Cornelia Budde (78, 142-143, 157), Carmen Seuffert (78, 157),
Michael Woznik (110, 208)

HAUSTECHNIK
Bernard Hartmann, Dieter Hafke

AUFSICHT / KASSE / REINIGUNG
WWS Strube: Monika Schmitz (Teamleitung),
Pavlo Alyeksyeyev, Naiemeh Ariamajd, John-Ifeanyi Chukwu, Krystyna Daniel, Tatjana Demkina, Robert Dellweg, Wolfgang Dohmen, Roswitha Freundlieb, Stephanie Friedrich, Jasmin Friedrichs, Mariette Heckers, Andre Hullmann, Timo Knopf, Dmitry Nikishaev, Martin Schäfer, Alessandra Siciliano, Kirsten Te Brake, Natalja Titova, Norbert Wontorra, Nicoleta Zsako, sowie Mitarbeiter des Erzbistums Köln:
Elzbieta Basinski, Paul Deussen, Monika Weifeuer

BESUCHERINFORMATION
Hans-Georg Hartmann

FÜHRUNGEN / GASTGEBER
Kuratorenteam, André Dumont, Reinhild Kappenstein, Torsten Korte, Anne Krings, Friedhelm Mennekes, Viola Michely, Guido Schlimbach, Helga Stoverock, Antonia Wunderlich, Annette Ziegert